气象气候

QIXIANG QIHOU YU RENLEI SHEHUI FAZHAN

与人类社会发展

陈 良／著

人民出版社

责任编辑:陈鹏鸣
装帧设计:徐　晖

图书在版编目(CIP)数据

气象气候与人类社会发展/陈良著. -北京:人民出版社,2008.11
ISBN 978 - 7 - 01 - 007446 - 7

Ⅰ. 气…　Ⅱ. 陈…　Ⅲ.①气象学-应用-国民经济-经济发展-研究-
中国②气候学-应用-国民经济-经济发展-研究-中国　Ⅳ. F124

中国版本图书馆 CIP 数据核字(2008)第 168866 号

气象气候与人类社会发展
QIXIANG QIHOU YU RENLEI SHEHUI FAZHAN

陈　良　著

人民出版社 出版发行
(100706　北京朝阳门内大街 166 号)

北京中科印刷有限公司印刷　新华书店经销

2008 年 11 月第 1 版　2008 年 11 月北京第 1 次印刷
开本:710 毫米×1000 毫米 1/16　印张:26.5
字数:410 千字　印数:0,001 - 3,000 册

ISBN 978 - 7 - 01 - 007446 - 7　定价:49.90 元

邮购地址 100706　北京朝阳门内大街 166 号
人民东方图书销售中心　电话 (010)65250042　65289539

目　录

前　言

　　应用气象气候学是一门利用气象气候学理论,解决国民经济各部门的具体气象气候应用问题的实用性很强的学科,近几十年已经受到世界各国人民的普遍重视。相信随着人类文明和社会经济的发展,应用气象气候学的理论应用和实践,会越来越广泛的被社会所重视。

　　但是应用气象气候学目前正式出版的书籍不多,特别是系统的全面的论述这门科学的著作就更少。相信本书的出版定会推动应用气象气候学这门学科的建设和发展,同时本书也会对应用气象气候学在国民经济各部门的实践起到一定的技术指导作用。

　　本书以气象学与气候学的基本理论和方法为依据,比较全面地介绍了气象气候学在国民经济各部门的实践和应用。主要内容包括气象气候与农牧业、气象气候与林业、气象气候与交通运输业、气象气候与人类健康、气象气候与商业、气象气候与旅游等部门的实践应用,以及气候变化与国际公约、全球气候变暖对人类社会环境的影响及人类应采取的对策等多方面的内容,共计十章。

　　为了便于未学习过气象气候学基础知识的读者,也能很好地读懂本书,作者特别增加了气象学和气候学基础知识两章内容,即使没有学习和掌握气象学和气候学知识背景的读者,通过前面两章的学习,也能读懂全书。同时增加了全球气候变暖和 2008 年初异常天气给我们带来的影响及我们的反思等方面内容,使知识体系更完整,内容更系统全面,结构体系更紧密。写作具有由浅入深,由一般到具体,由点到面,通过资料分析,再上升到理论,结构紧凑,引人入胜。特别是全球气候变暖对人类社会经济的影响,作者用了大量篇幅进行介绍,内容比较翔实,资料较为丰富。全球气候变暖和国际公约,都是与时俱进,紧跟时代步伐,反映当今世界对全球气候变暖的重视与采取的具体措施,因此可读性强,又具有一定的理论深度。

本书注意吸收近年来国内外应用气象气候学研究的最新成果,向提供资料和被引用的作品的作者表示感谢。我校的尚正永、蔡安宁、曹玉华等老师在收集资料、绘图和校对等方面,都提供了很大的帮助,在此表示感谢。

气象气候学与人类的关系如此密切,作为在校本专科大学生,是未来建设伟大祖国的栋梁之材,更应具有这方面的综合知识,因此,作为本专科生的文化综合素质课程教材《气候与人类》,应运而生。本课程是作者多年从事气候与人类的教学实践经验和体会的总结,也是历次选修本课程的大学生优秀论文的总结。由于时间较紧,作者水平有限,因此错误和不到之处难免有之,恳请广大读者批评指正。

陈 良

2008 年 9 月

绪　论

　　人类居住的地球周围包围着一层厚厚的大气圈,大气圈的上界可以达到1200千米的高度。在大气圈中我们按照大气在垂直方向上的物理性质和变化状况,把大气圈分为五层:对流层、平流层、中间层、热层和外逸层。对流层是大气中最低一个层次,云、雾、雨、雪等主要大气现象都出现在此层。对流层和人类生产、生活关系最为密切,也是气象气候学研究的重点层次。大气圈是人类地理环境的重要组成部分。气象气候和人类社会息息相关,是人类生活和生产中不可缺少的重要条件。农业与气象、气候的关系最为密切,因为在农作物整个生长发育过程中,都处于大自然的环境条件当中,受自然条件的制约和影响非常大。因此,气象科学应及时正确地提供天气预报,以避免和减少农作物因受寒潮、霜冻、低温、阴雨、大风、暴雨等自然灾害的影响。同时农村耕作制度的改革,作物的合理布局,新品种的引进等,也必须考虑当地的农业气象气候条件,需要最新的气象资料和气候状况的分析。其他如工厂、矿山、大型水库的建设、植树造林、航空、水利以及国防工业等,都需要利用气象资料和天气预报。北京的工业区选择在东南郊,其原因之一就是因为北京常年盛行西北风的缘由。工厂区位于城市的下风方向,工厂的烟尘就不至于扩散到市区上空,可减少市区的大气污染,有利于人民的身心健康。在水利建设中,为了做好流域总体规划,水库设计、防洪等,就需要该流域有关水文,气候资料,特别是降水资料(雨季长短、平均降水量、降水强度、暴雨范围持续时间、降水变率等),设计水库容量时,就特别需要可能最大降水资料,并且还需要把大型水库建成后所产生的气候效应考虑进去。气象对国防的关系也很密切,现代战争中气象情报是军事行动的重要依据之一。例如,风、云、雷暴、雾等天气现象就直接影响着航空、航海以及炮兵、装甲兵等兵种的行动、作战、后勤保障等活动。充分利用有利的天气条件,利用准确的天气预报,常常是克敌制胜的重要条件。另外,海港、机场、航线的选定都需要应用气候资料,雾日和低云多,能见度差的地区就不适宜作这种建筑选址,沿线各地多年平均云量、云状、云高及沿途盛行风向和能见度资料也必须考虑,只有充分考虑沿线的气象与气候资料,才能确定最有利的航线和飞机飞行高度。

由于气象与气候的应用十分广泛和重要,所以应用气象气候学很早就为人类所重视。

一、气象气候与人类社会: 简短的历史回顾

1819 年夏天,巴伐利亚城镇维尔茨堡爆发了德国近代历史上第一次不祥的反犹太人骚乱。饥饿和革命激情又加重了紧张关系和愤怒情绪,使这种骚乱蔓延到全德国,并向北发展至阿姆斯特丹和哥本哈根。

并没有人知道,引起这次灾难和社会动乱的直接原因是地球大气层的组成成分有了变化,是 1815 年春天印度尼西亚松巴瓦岛上的坦博拉火山不寻常的一系列爆发的结果。科学家估计火山爆发时约有 1 万人丧生,在随后的几个月中有将近 8.2 万人死于饥饿和疾病。而对世界其他地区的最严重的影响在一年以后才能感觉到,这时喷射入空中的火山尘埃弥漫到整个大气层,大大减少了投射到地球表面的太阳光线,致使气温下降。

在新英格兰,1816 年 6 月普遍下雪,整个夏天都有霜冻。从爱尔兰经英格兰直到波罗的海沿岸各国,从 5 月至 10 月几乎不中断地下

雨。气候型态的扰动准确地预示了社会后果：粮食歉收，食品短缺，从不列颠群岛到欧洲，社会几乎崩溃。历史学家 J. D. 波斯特称之为"西方世界最糟糕的一次生存危机"。促使这次危机发生的气候变化持续了不到三年，可能因为火山喷射到大气层中的物质在较短的时间内落下来了。历史上有记录的大型火山爆发的长期影响对人类的启发有三个重要方面。

第一，它显示出人类文明在很大程度上依赖于最近 1 万年以来的通常稳定的气候状况。

第二，它说明冲击世界某个地方的悲剧可能由距离遥远的世界另一角落的气候变化所引起。

第三，它表明人为地对地球气候型态作突然而巨大的改变会引起的破坏性结果。

在人类历史形成的过程中气候的作用当然是极其复杂的，气候历史学家常常争论在多大程度上可以认为气候起了决定性作用。气候总是和社会的、政治的、经济的因素交织在一起，但是有些气候剧变，从详细证据来看极其重要，甚至是在政治剧变之前激起群众情绪和态度的主导因素，正像 1816 年至 1819 年气候灾难导致欧洲政治动荡一样，1783 年至 1789 年，气候变化在法国诱发的灾难，在恶化政治情绪方面起了主要作用，从而触发了法国大革命。无论如何，气候变化对人类社会政治和经济稳定的影响是强有力的，如能考虑到目前人类改变全球气候的程度可能比历史上任何时候都要深得多，而且快得多，仔细研究一下大自然提供给我们的教训，我们处理问题可能会更得当一些。

气候变化对人类的巨大影响还表现为人口的大规模迁徙，从一个地理区域迁移到另一地理区域。人类来到北美洲和南美洲是历史上规模最大的迁徙之一，这次转移就是气候变化的直接结果。大约 2 万年前，最后的冰期期间，巨量海水结冰，海平面比现在低大约 300 英尺。我们现在称之为大陆架的那部分洋底，大面积暴露为干旱的土地，一些浅的海峡如白令海峡和卡彭塔利亚湾变成了陆桥。现在称作澳洲土著的人，以及现在在北美称作美洲土人、在南美称作印第安人或土著的亚洲游牧民，都是沿着陆桥的路线迁移的。1万年前，冰川后退，海平面又上升，美洲土著和澳洲土著就滞留在新大陆。与此同时，气温上升，全球气候转入新模式，大致一直维持到现在。

有些历史学家认为在底格里斯河、幼发拉底河和尼罗河的肥沃河谷中最早出现有高度组织的社会，是大约3000年前一次重要的气候变迁所致。一种新的气候型态，其特点是一年中大多数时候干旱，每年都有洪水泛滥，迫使人类社区集中于河谷。保存和分配灌溉用的泛滥河水、收藏每年的粮食收获、分发食品等任务都要求人类社会的基本机能要设置得当。

这反映了人类开始认识到在气候型态改变时自己是很脆弱的。然而，气候对于人类发展所起的作用甚至还要更为基本。这一点已变得越来越明确。E.S.弗尔巴、D.皮尔比姆等人类学家、进化论生物学家和气候专家们最近把气候变迁史和人类学事件结合起来，得出新的一致意见：人类进化本身就是由最近600万年内全球气候型态的剧变塑造出来的。

例如，被称为北大西洋恶化期的公元前500年至公元前400年的气候变动，导致遍布欧洲的风和温度分布的变化。就在这一时期，马其顿人征服了希腊。紧接着下一代，约公元前300年，整个世界都开始变暖，而亚历山大大帝就在这一时期，将希腊文明传遍地中海及其周围地区。在这相对温暖的同一时期，原来隔开的意大利和欧洲其他地方的阿尔卑斯山各山口变得畅通了，这相应地激发了罗马的帝国野心。与此同时，亚洲一些山口也畅通了，这促进了中国文明的扩散，促进了丝绸之路的开通。在公元450年至500年间，全球气候型态突然改变，导致中欧出现冰冷的持续干旱，这可能引发了后来称之为异族入侵的大规模移民浪潮。16世纪，印度完全放弃了当时的都城法特普尔西克里，这正好发生在西南季风模式突然改变，剥夺了该城水源之后。该城的居民被迫迁往他乡，这只不过是在印度次大陆早已出现的情况的重复。事实上，伟大的印度河文明在现今的印度西北部及巴基斯坦一带十分繁荣。然后，突然间，在气候历史学家所说的极地冷空气南下，印度河一带的气候型态改变了，曾经是大城市及居民点的地方被埋在拉杰普塔纳沙漠的沙丘之下，居民被迫迁移他处。

在西半球，对全球气候记录的新分析也许能说明古代玛雅文化的神秘兴衰。玛雅文化在公元250年至300年前后在墨西哥南部现今的尤卡坦地区以及中美洲繁荣发展。玛雅文化于950年前后突然衰亡，这在考古学家及历史学家中引起了激烈争论。玛雅人建造了神奇的城市，内有精美的地下储藏所以及与同期世界各处规模一样的大建筑物。这些建筑物包括复杂的天文台，玛雅天文学家在此计算出太阳年和太阴月的精确天数。他们知道金星的精确运转轨道，并能预报日食、月食等现象。他们的数学家独立地获得了零这个数学概念。然而这样博大而复杂的文化居然突然终结了。不知什么原因，城市并没有遭受毁坏，却被遗弃。精美的陶器生产和雕刻生产、纪念碑和寺庙的建造都突然停止，各种记录、历法和写作都一下子中断了，各典礼中心和乡村的人口急剧减少。所有这一切都发生在50年至100年之间。科学家们提出了各种理论：从自相残杀的暴力行动和社会瓦解到飓风、地震的袭击、土壤肥力耗尽、水源枯竭、稀树草原的生存竞争和人口过多，都提到了。唯一没有研究的是全球气候型态的改变是否能说明玛雅文化的消亡。但西半球气候历史记录表明，950年左右气温曾升高，气候曾变动。就与玛雅文明崩溃的时间相同。说明玛雅文明兴衰与当时气温升高、气候变动有关系。

温暖期过后，气温于14世纪初再度下降，在欧洲和亚洲引起了重大问题。首先，气候的转变突然反复，使大量湿气从北大西洋横扫不列颠群岛及欧洲大陆的广大地区将近10年，西欧人民因庄稼腐烂、河水泛滥而连续遭灾，以1315年至1317年的大饥荒为顶点。1316年夏天"潮湿得连剪羊毛的好天气都没有"。连年灾荒使死亡人数达到前所未有的高峰，但最糟糕的情况还是30年后的黑死病。就在黑死病发生之前,连续 4 年的恶劣天气和庄稼失收,造成普遍营养不良及对疾病的抵抗力下降。这种惧怕促使人们从小亚细亚进口粮食,把染病的老鼠首先带到君士坦丁堡,再进入墨西哥和马赛各港口。这些老鼠及所携带的鼠疫只用两年时间便席卷西欧,夺去了 1/3 人口的生命。

全球性天气变化也使中国出现异常的暴雨,导致黄河不断泛滥,自 1327 年起,情况越来越坏;到 1332 年,发生了中世纪最大的一次洪水,据报道当时死亡人数为 700 万。气候学家 H. 兰姆写道:"毫无疑问,洪水不仅迫使人类迁徙,野生动物也要另觅栖息地,其中包括携带鼠疫的鼠类。"

枯萎病毁灭了决定爱尔兰命运的唯一粮食作物。如果只选用单一作物的单一品种,这种脆弱性就更突出了。爱尔兰人曾依赖马铃薯的单一品种作为他们唯一的粮食来源,这个品种在过去 300 年的气候条件下产量最高。马铃薯饥荒事件提醒我们,像单作制这样人为地改变我们与自然的关系而不考虑气候的变幻莫测,就会削弱社会养活其人口的能力。这件事还说明了急剧变暖会引发灾难。

从历史上看,造成马铃薯饥荒这样的气候悲剧曾导致向富国,特别是向美国的大量移民。此次饥荒前 30 年,生存危机也激发了移民潮,不仅从欧洲移民至美国,在美国国内人口也在流动,因为气候变化的影响在欧洲以外同样感受得到。从缅因出走的移民潮与 1816 年—1817 年坦博拉火山爆发引起的异常气候型态之间的关系,可以从以下资料得到印证:1818 年,异常气候刚一结束,火山灰自大气层落回地面,缅因的人口就恢复了稳定增长的势头。同样的情况在新罕布什尔、佛蒙特、康涅狄格和南、北卡罗来纳等州都有记载。美国历史上最大规模的被迫移民潮也许出现于 20 世纪 30 年代初"干旱尘暴"时期,大批大批的人从堪萨斯、俄克拉荷马、得克萨斯、新墨西哥的一部分、科罗拉多、内布拉斯加和其他平原州弃家出逃。和马铃薯大饥荒一样,产生干旱尘暴的原因是错误地使用土地,结果使土地及其人民对不测风云更加难以承受。20 世纪 20 年代,在高地平原各州,进行了普遍的农业革命。机械化运动促进了拖拉机、联合收割机、单向犁和卡车的发展，这些机械又推动了 20 年代末的"大翻耕"。农业专家错误地认为，反复耕犁直至土地平滑，成粉末状，会有利于吸收和保存雨水。当时的农业研究把焦点放在以不同方式增加吸水量，却完全忽视了风蚀作用。然而，由于耕作方法的高度改变，风蚀作用成了一个严重得多的问题。当然，气候变化的历史也就是人类适应气候变化的历史。

所有这些气候型态变动带来的气温变化都只有 1℃—2℃。而今天，在 20 世纪结束时，气温变化正发展到过去气温变化的 3 至 4 倍，以引起人类社会问题。在发达国家，我们现在有能力使大多数人免受疾病、饥荒、逃亡之苦，而在古代，这些灾难常是全球性气候动荡的产物，它破坏了脆弱的人类文明所依赖的气候型态。但是，我们不断燃烧更多的化石燃料，排放出更多的二氧化碳，等于把我们自己隔离起来。在我们继续挤占每一块能找到的小片生存环境时，人类文明的脆弱性就越来越明显了。而且，世界人口继续膨胀，面临恶劣气候时我们的回旋余地正在消失。无论如何，我们现在因改变地球大气层而带来的气候变化很可能会使造成 1816 年—1819 年生存危机或为黑死病奠定背景的那些气候变化相形见绌。

由于紫外线辐射削弱人体的免疫系统，特别是在热带，由于人口爆炸及城市化继续破坏传统的文化模式，当害虫、病菌及病毒随气候型态改变而扩散时，数以亿计的人将更加易于感染疾病。

人类不断地侵占大自然领域，不断破坏地球的生态系统，这就削弱了自然环境本身的恢复能力，使它维持自身平衡的起码能力受到威胁。

新的气候分析十分肯定地说明发生在埃塞俄比亚、苏丹和索马里等非洲国家的日益严重的饥荒和降雨模式的剧变是一致的。科学家在 1987 年的《科学》杂志上报道说："20 世纪 50 年代以前，降水量一直没有什么变化，到了 50 年代，经过相对雨水较多的一段时期后，北非和中东降雨量极大地减少。"近 40 年来，干旱持续，并且出现得更加频繁，同一时期，"欧洲的降水量显著增加"。他们的研究发现，当非洲萨赫勒地区和中东地区的降雨量呈下降趋势时,欧洲的雨量则按比例呈上升趋势。这40年的气温变化趋势是造成反复、持久饥荒的因素之一。而那些研究人员担心,这一趋势只是全球变暖的早期结果。如果是这样,继续变暖可能预示气候型态还有更具破坏性的变化。

不过,从他们的观察所得,我们可以得出一些必然的结论。至少可以肯定:不管气候变化的原因是什么,在现代化的、富裕的全球文明之中,仍有一些脆弱的社会正多多少少由于气候型态的变化而承受巨大的苦难。而且,虽然几乎全世界的科学界都在大声疾呼,警告我们说,人类文明的现行模式正在使全球气候条件发生剧变,其后果很可能数倍于近1万年来人类所经历过的后果,我们对于正在形成的灾难的主要成因却仍然毫无作为。我们可以从历史上知道气候变化能够引发空前的社会及政治动乱,特别是人口密集的社会承受灾难的能力更差。这一历史事件提出的教训再明显不过了。经过几千代人的繁衍,到第二次世界大战结束时,全球人口略少于25亿。而此后在一个生命周期之内,人口几乎增长了4倍。这时候来面对人类自身正在引发的气候剧变,人类文明的适应能力将变得十分软弱。

适应能力降低的迹象已很明显,不仅见于萨赫勒、亚马逊和咸海,而且在加利福尼亚、佛罗里达和各高地平原州都到处可见。这些地方的地下蓄水层已经枯竭,这一点正像堪萨斯人把表土犁成粉末并让它被吹走一样确凿无疑。喜马拉雅山麓的人口压力导致过去数十年中广泛地滥伐森林,以致雨水毫无遮挡地冲下山坡,淹没孟加拉国和印度东部,带走巨量表土,造成恒河水系淤塞,洪涝灾害更加严重。孟加拉湾的水几乎永远是棕色的,因为充满了本该用来种植庄稼的泥土。在我所在的田纳西州,同样的现象以不同的形式出现:山腰上新建的住宅小区铲光了一向能吸收雨水的植被,大小河流淤塞,在有些县,过去称为百年不遇的洪水现在每几年就有一次。难道这不是人类对自然环境破坏的结果吗!

全球变暖问题会促进什么?无数社会动乱和政治动乱、大量移民、继续毁坏自然环境,这些正在引发难以想象的问题。人类与地球关系的演变也可以看作充满神秘色彩的持续冒险或悲剧。我们可以做出选择。"没有夏天的一年"告诉我们即使面对较小的全球气候变化,人类社会的承受能力也十分脆弱。在我们一生中,也许会遇到"没有冬天的一年"。但是与火山喷发引起的短暂气候变化不同,我们正在漫不经心地驱动气候变化,而它的后果会持续数百年甚至数千年。历史上伴随重大自然气候变化而消失的古代文明,告诉我们许多我们不愿听的事情。如果我们的子孙后代由于我们的错误行为,须面对不是没有冬天的一年而是没有冬天的十年,那又将如何? 这就是我们留给后人的最重要的遗产吗? 答案取决于我们是否能从古代文化的消亡中吸取教训。

如果不能吸取教训,如果顽固地对我们自己推动的强烈变化有意视而不见,我们终将给遥远未来的新的人类社会留下一个谜,他们将要努力研究:在遥远的过去曾经创造那么巨大的水泥、钢铁和塑料建筑群的古代文明究竟因为什么而黯然消亡?

二、应用气象气候学对经济建设和
发展具有战略意义

我国劳动人民自古以来就重视大气中各种现象的观测和预测。三千多年前,在殷代甲骨文中已有关于风、云、雨、雪等文字记载。周代曾设立了进行天文和云气光象观测的高台,其中就有观测"云物"来判断未来天气变化的项目。春秋战国时代已能根据风、云、物候观测记录,确定24节气,对指导农业生产和农事活动有很大意义,并且一直沿用到现在。测风仪和雨量器都是我国最先应用的,利用头发伸缩,兽毛竖伏,琴弦松紧等现象判断晴雨,也是我国民间常用的观测湿度的方法。在古代的广大劳动人民中间,积累了许多天气谚语,其中有不少对于局部地区的天气预报有参考价值,也是我们祖先在生产实践中积累的宝

贵看天经验。

我国对气象气候的研究,虽有悠久的历史,但由于旧中国长期封建统治的压迫和剥削,再加上列强帝国主义的侵略,使得我国的气象事业远远落后于应有水平。新中国成立后,我国的气象事业得到了普遍发展。各地普遍建立了气象台站。还有高山、海洋、军事等专业气象站,开展天气预报、气象预报和气象资料统计分析工作。为国民经济各行各业的建设和发展服务。气象事业有力地促进了我国的社会主义建设事业和四个现代化的发展。

一次台风造成的灾害,是天气预报不准确造成的?还是在工程设计时气候指标取值不当造成的?人们以往常常忽视气候的作用,但近年来,人们广泛重视运用气候知识,以减轻灾害性天气对人类的损害。每一个专业部门的生产建设,除利用关于气候的成因、气象要素的分布和变化等一般知识外,有些还要求得到专门的气候指标值,以充分而有效的利用有利的气候条件,避免其不利和有害的一面,所以应用气候的一般指标值常常影响到基本建设的投资,指标取值偏大会造成浪费,偏小就会造成损失,例如设计的风压和可能最大降水值偏小,一次大风暴可以毁坏工程建筑,即使短期天气预报完全正确,也无法挽回这样的重大损失。

气象气候事关国民经济和社会发展的方方面面,事关生态与环境保护、能源与水资源、食物安全与人类健康,事关人类社会可持续发展,已经受到各国政府的关心和重视。我国幅员辽阔,自北向南跨越寒温带到赤道带等多个气候带,气候类型多种多样,每年洪涝、干旱等极端气候事件频繁发生,对中国经济建设和社会发展有很大影响。中国政府一贯重视气象气候变化。气候变化是构成"气候系统"的大气圈、水圈、生物圈、岩石圈和冰雪圈中各种过程,以及各圈层之间相互作用结果的过程。因此,寻求理解和认识气候变化,必须将气候系统作为一个整体,加强对各个圈层及其相互作用的观测。对气候变化问题的研究,开始主要是研究人类活动造成的温室气体的增加与几十年来全球变暖之间的关系,但由于这个问题涉及多学科、多部门的相互配合,现在已演变成一个综合性的全球气候环境问题,越来越引起世界各国政府和人民的关注与重视。

我国开展气象气候研究和预测工作已有五十多年的历史,改革开放以来的二十多年,这一工作得到了更快的发展,取得了一些重要的成果。但也要清醒地看到,我国气象气候工作各方面还存在许多问题和不足。如1992年联合国环境与发展大会以来,国际社会对气候的认识已经迅速地从经典的气候学概念拓展为气候系统的概念,在组织观测、模拟、预测和应用服务方面,取得了前所未有的进展,而我国对气候工作认识的范围还有待深化;目前我国从事气象气候系统观测、气候研究等方面工作的各部门和单位基本上是各自为战,未能形成整体合力,就连现有的与气候系统观测相关的资料和信息的共享都未实现。

今后,国家气候委员会将站在国家的层面上,打破部门壁垒,开展联合协作,从气候观察系统做起,统一规划,统一安排,全国一盘棋,把我国气象气候工作提高到一个新的水平,并真正达到与国际接轨,与中国的大国地位相适应。努力使中国的气象气候工作在可持续发展战略中发挥重要作用,为经济发展、国防建设、社会进步和人民生活提供服务。

我国气象气候工作者的主要任务是:加强气象气候观测系统建设,促进气候系统观测资料共享,加强气象气候研究,努力提高短期气象气候预测准确率;加强我国气象气候变化研究工作,推进气候影响评估与适用对策研究,大力拓展气候应用服务领域;促进气候资源的合理开发和利用,努力使我国气候工作在广度和深度上迈上一个新台阶。

第 1 章

气象学基础知识

第 1 节　大气的组成

在地球周围的大气层中,存在着各种不同的物理现象和物理过程,这些现象和过程的发生与发展,是与大气本身紧密联系在一起的,正因为有这些现象和过程的发生,才有天气的不断发展和变化:刮风、下雨、雷电、冰雹、天晴等过程的发生,这些都和大气的物理性质有重要关系。

大气是由多种气体和悬浮在空气中各种固态和液态杂质所组成,是一种无色、无味的气体。其中主要成分是氮(N_2)、氧(O_2)和氩(Ar)这三种气体,其体积大约占大气总体积的 99.96%,其他气体,如二氧化碳(CO_2)、甲烷(CH_4)、臭氧(O_3)、二氧化硫(SO_2)、水汽(H_2O)等,含量甚微。除水汽外,这些气体在自然界的温度和压力下总呈气体状态,而且在标准状况下(纬度是北纬45°,温度是0℃的海平面上),气压值是 1013.25 百帕,大气密度是 1293 克/立方米。

大气中的氧是一切生命存在的物质基础。动物和植物都需要呼吸,都要进行氧化过程,生命才能得以维持。同时氧也是决定有机体的燃烧、腐败等过程不可缺少的物质材料。氧在大气中的含量多少还取决于大气中氮的含量,因为氮和氧能起反应,氧大约占干洁空气质量的 23%。

氮气是大气中含量最多的成分,大约占干洁空气质量的 75%。它是地球上生命体的基本成分,也是合成氨的基本原料。大气中的氮能够冲淡氧,使氧不致太浓,氧化作用不过于激烈。空气中的氮在自然条件下,通过豆科植物根瘤菌的作用,把大气中的氮固定到土壤中,改造为被植物可以吸收利用的化合物。因此民间常有说法:豆茬地是肥茬田,下季作物不用施肥,也能获高产,原因就在于此。

大气中的水汽,主要来自于江河湖海及潮湿物体表面水分的蒸发,以及植物叶面的蒸腾作用,把地表水分蒸发蒸腾到大气当中,并且通过对流运动和大气环流的作用,把水汽输送到不同高度和不同纬度地区,是天气变化的主要成分之一,也是地球上淡水的主要来源。空气中水汽含量具有明显的时空变化,一般情况是夏季多于冬季,低纬度地区多于高纬度地区。就垂直方向而言,空气中水汽含量随着高度的增加而减少。根据观测证明,在离地面 2 千米高度,水汽含量减少为地面的一半,在 5 千米高空,减少为地面的 1/10。再向上就更少了。因此飞机飞行一般都在 10 千米左右,就是为了克服云层对飞机飞行的干扰。

大气中的臭氧,是在太阳短波辐射下,通过光化学作用,氧分子分解为氧原子后再和另外氧分子结合而形成。另外有机物的氧化和雷电的作用也能形成臭氧。根据资料分析表明,大气中的臭氧随高度的变化,分布很不均匀,在近地层臭氧含量极少,在 10 千米高空臭氧含量逐渐增加,在 25 千米—30 千米高度臭氧含量达到最大值,人们习惯上称为臭氧层,再向上,臭氧含量又逐渐减少。造成这一现象的原因,是因为在大气上层,太阳短波辐射的强度很大,使得氧分子解离增多,氧分子和氧原子结合的机会增多,这一层有足够的氧分子和氧原子,造成臭氧形成的适宜条件,故在这一高度容易形成臭氧层。臭氧能够大量吸收太阳紫外线,使得地球上的生物免遭太阳紫外线的伤害,从这个意义上说,臭氧层可以说是地球生物的保护伞。而穿过臭氧层的少量紫外线,可以起到杀菌消毒作用,对促进人类身体健康有好处。所以在春天和冬天,提倡人们经常把自己的被褥、衣物拿到太阳下照晒,以利于紫外线杀菌。体质较差的老人,经常晒太阳,有利于增强体质。婴幼儿经常晒太阳可以预防佝偻病。都是这个道理。

但是由于人类不合理的工农业生产,特别是氟氯烃化物的大量生产和使用,使得臭氧层或多或少的遭到破坏,特别是在南极上空,甚至出现臭氧层"空洞",导致南美洲南面的部分地区不适宜人类居住,这直接威胁到人类生存安全。保护臭氧层免遭破坏,是人类社会共同的目标。1995年1月23日,联合国大会考虑到保护臭氧层对地球生命的紧迫性,决定并宣布每年9月16日为国际保护臭氧层日。要求所有成员国,按照《关于消耗臭氧层物质的蒙特利尔议定书》及其修正案的目标,采取具体行动,来纪念这个日子。2000年国际保护臭氧层的主题是:"拯救我们的天空:保护你自己,保护臭氧层。"早在2000年,我国政府和企业的代表响应联合国环境署的号召,在北京庄严承诺尽最大努力减少直至永远停止生产、使用消耗臭氧层的物质,保护臭氧层。

大气中的温室气体。温室气体指二氧化碳(CO_2)、甲烷(CH_4)、一氧化二氮(N_2O)等气体。这些气体对太阳短波辐射吸收甚少,但却能强烈地吸收地面的长波辐射,同时又向周围空气和地面放射长波辐射,因此它们有使地面和空气增温的效应。大气辐射指向地面的部分,称为逆辐射。大气逆辐射使地面因放射长波辐射而损耗的能量得到一定的补偿,因此,大气对地面有一种保温作用,这种作用,称为大气的保温效应。根据计算,如果没有大气逆辐射作用,近地面层的平均温度为$-23℃$,但实际上近地面层的均温是$15℃$,也就是说,大气的逆辐射,使近地面层的温度提高了$38℃$。但是,值得关注的是,近十几年来这些温室气体的含量有与年俱增的趋势,这与人类活动关系十分密切。人类工农业生产排放大量的废气、微尘等污染物进入大气,这些气体如甲烷、一氧化二氮等气体在大气窗口均各有其吸收带,这些温室气体在大气中浓度增加,必然对气候变化起着重要作用。

大气中的二氧化碳浓度在工业化之前很长一段时间里大致稳定在约$(280 \pm 10) \times 10^{-3} ml/L$的范围,但在近几十年来,增长速度很快,到1990年已增至$345 \times 10^{-3} ml/L$,90年代以后增长速度更大。大气中二氧化碳浓度急剧增加的原因,主要是由于大量燃烧石化燃料和大量砍伐森林草原所致。根据科学家研究表明:排入大气中的二氧化碳有50%左右为海洋所吸收,另一半被森林草原吸收变成固态生物体,储存于自然界。但由于目前森林大量被砍伐,致使森林不但减少了对大气中二氧化碳的吸收,而且由于被毁森林的燃烧和腐烂,更增加大量的二氧化碳排放至大气中。根据现在二氧化碳的排放水平推测,在2025年大气中二氧化碳浓度可能为 4.25×10^{-3} ml/L,为工业化前的1.55倍。

甲烷(CH_4)是另一种重要的温室气体。它主要由水稻田、反刍动物、沼泽地和生物体的燃烧而排放入大气。根据目前大气中甲烷增长率外延,大气中甲烷的含量预计到2030年可达到 2.34×10^{-3} ml/L。

污染气体。由于工业交通运输业的发展,而废气未加以回收利用,空气中增加了许多污染气体,如一氧化碳(CO)、氨(NH_4)、二氧化硫(SO_2)、硫化氢(H_2S)等都是污染气体,它们的含量虽少,但确能给人类生产生活带来一定的危害。

气溶胶粒子。大气中悬浮着各种各样的固体杂质和液体微粒,这些固体杂质和液体微粒就称为大气气溶胶粒子。它们主要来自于火山爆发,被风扬起的土壤微粒,海水飞溅进入大气后,被蒸发剩下的盐粒,还有的来自于流星在大气中燃烧后产生的宇宙尘埃;有的是细菌、动物呼出的病毒、植物花粉等;还有是人类工业生产,农事活动排放入大气中的烟尘。气溶胶粒子多集中于大气的底层,它含量的多少,因时间、地区、高度而异。就地区来讲,城市多、农村少、陆地多、海洋少;就季节来说,一般是冬季多,夏季少;就一天时间来说,一般是清晨和夜间多,午后少。大气中的固体杂质悬浮在空气中,会使大气能见度变坏,像我们春季常见到灰暗色天空,普遍都是这种情况。大气气溶胶粒子可以充当水汽凝结的核心,对云、雨的形成起着重要作用。

第 2 节　大气污染

大气污染指由于人为因素所产生的有毒有害气体、液体和固体杂质进入大气中,对人类生产和生活、动物和植物产生一定的危害,就是大气污染。

大气污染物可以分为两大类:一类是有害气体和液体微粒存在于大气中,如二氧化硫、一氧化碳、氟化氢、硫化氢、碳化氢等。另一类是固体微粒,如煤烟、煤尘、金属粉尘,光化学烟雾等。这些污染物主要来自于工业生产过程中排放的烟尘、粉尘等,如水泥生产企业的粉尘,炼焦企业的烟尘,根据统计,全世界每年排放的有毒有害物质总量达到 71×10^8 吨之多。

大气污染,一般也可以分为两类:一类是污染物因其性质、浓度及时间等因素而能造成危害的直接污染;另一类是因为污染物之间相互作用以及污染物与大气正常成分发生反应,或因太阳光引起光化学反应而使污染物变质,从而产生新的污染物。

大气的污染程度不仅与废气排放量有关,而且与气象状况也有关系。如1952年伦敦发生的光化学烟雾事件,就是因为烟雾形成以后,伦敦上空为高气压控制,有逆温层存在,使大气层结稳定,大气不流通,故致使烟雾笼罩持续四天之久,导致数千人死亡。世界其他地方也有过类似事件发生。

解决大气污染的主要措施:人类在工农业生产中,要实行清洁生产以减少污染物的排放。城市要大力发展绿地。城市绿地是城市中的主要自然因素,因此,大力发展城市绿化,是减轻城市热岛影响的关键措施。绿地能吸收太阳辐射,而所吸收的辐射能量又大部分用于植物蒸腾耗热和在光合作用中转化为化学能,因而用于增加环境温度的热量会大大减少,使环境温度不会过高。医学研究表明:环境温度与人体的生理活动密切相关,环境温度高于28℃时,人们就会有不舒适感觉;温度再高则易导致人烦躁、中暑、神经紊乱,气温高于34℃,并且频繁的热浪冲击,还可以引发一系列疾病,特别是使心脏、脑血管和呼吸系统疾病的发病率上升,死亡率明显增加。此外,高温还会加快光化学反应速率,从而使大气中臭氧浓度上升,加剧大气污染,进一步伤害人体的健康。绿地中的园林植物,通过蒸腾作用,不断地从环境中吸收热量,降低环境空气中的温度。根据试验研究,每公顷绿地平均每天可以从周围环境中吸收81.8兆焦耳的热量,相当于189台空调的制冷作用。园林植物通过光合作用,吸收空气中的二氧化碳,1公顷绿地,平均每天可以吸收1.8吨的二氧化碳,削弱了温室效应。此外,园林植物能够滞留空气中的粉尘,每公顷绿地可以滞留粉尘2.2吨,降低环境大气含尘量50%左右,进一步抑制大气增温。

研究表明:城市绿化覆盖率与热岛强度成反比,绿化覆盖率越高,则热岛强度越低,当绿地覆盖率大于30%后,热岛效应可以得到明显的削弱;覆盖率大于50%,绿地对热岛的削减作用极其明显。规模大于3公顷且绿化覆盖率达到60%以上的集中绿地,基本上与郊区自然地面的温度相当,即消除了热岛现象,在城市中形成了以绿地为中心的低温区域,成为人们户外游憩活动的优良环境。

世界上许多国家为了绿化城市,改善生态环境,提供自然美好的享受和蓬勃的生活气息,都特别重视草坪的建设。在欧洲,有不少城市的公园都以草坪唱主角,形成了"草原牧歌"式的独特风格。

草坪能给人以清新、凉爽和愉悦的感受,为人们提供一个愉快、干净、安全的工作和生活环境。绿茵芳草能像吸尘器一样净化空气、过滤灰尘,减少了尘埃也就减少了空气中的细菌含量。根据测定,南京火车站灰尘数量较大,每立方米空气中含细菌达49100个,而南京中山植物园大草坪上空仅为688个。

草坪还是二氧化碳的最好消耗者。生长良好的草坪,每平方米1小时可吸收二氧化碳1.5克,每人每小时呼出的二氧化碳约为38克,所以如有25平方米的草坪,就可以把一个人呼出的二氧化碳全部吸收。由此可见,城市中的草坪对净化空气有何等重要的作用,这也是人们站立于大草坪上感到空气特别新鲜的原因。

减弱噪声。草坪还能减弱噪声,一块20平方米大小的草坪,能减弱噪声2分贝左右。杭州植物园中一块面积为250平方米的草坪,经测定,与同面积的石板路面相比较,其音量降低200分贝。草坪又能调节温度和湿度。在南京市的夏天,没有长草的土壤表面温度为40℃,沥青路面温度为55℃,而草坪地表温度仅为32℃。

降低城市气温。多铺设草坪可减少地表放热,降低城市气温。根据测定,夏季的草坪能降低气温3℃—3.5℃,冬季的草坪却能增高气温6℃—6.5℃。同时,草坪还能增加空气湿度,它能把从土壤中吸收来的水分变为水蒸气蒸发到大气中去。翠绿的草坪给人带来舒适安静的绿色空间,给城市带来了文明和优美的环境。城市要保护高质量的草坪,不是人们所想象的那样简便和轻巧。可以说从整地、土壤改良、播种,到剪草、喷水、施肥、病虫害防治等,每一个环节都十分重要,而且费用相当大。据说,美国每年用于维护草坪的费用高达40亿美元。种草容易养草难。要保护好草坪,需要每个人的爱心,属于草坪的东西请勿带走,不属于草坪的东西也请勿留下,这是每个公民应具备的环境意识。

第3节　大气的结构

大气的总质量5.27×10^{15}吨,相当于地球质量的百万分之一。假如地球周围大气分布均匀,那么它分布的高度仅为8千米。但实际上大气的密度随着高度的增加越来越小,所以平原上生活习惯的人,到高原地区,就感到呼吸困难,实际是高原地区气压降低,氧气的分压也降低的缘故。从总体上说,5千米以下的空气质量大约占大气总质量的50%,10千米以下占到大气总质量的75%,20千米以下占到大气总质量的95%,其余5%的空气散布在20千米以上的高空。地球大气的质量是模糊的,地球大气和星际气体之间并不存在一个截然的上界。为了研究需要,一般根据大气中极光出现的高度定为大气的上界,即1200千米高度称为大气的物理上界。

根据大气在垂直方向上的物理性质差异,可以把大气分为五层。

一、对流层

对流层是地球大气中最低的一层。对流层中集中了 75% 的大气质量和 90% 以上的水汽质量，主要天气现象，云、雾、雨、云、雷、电等都发生在这一层。对流层有三个最主要特征。

1. 气温随高度的增加而降低。这是因为，对流层中空气增温主要依靠吸收地面的长波辐射，离地面越近，空气接收地面长波辐射的能量愈多，因此，气温就越高，反之气温则较低，一般地说，海拔高度每升高 100 米，气温下降大约 0.65℃，在气象学上，把此称为气温直减率。

2. 在对流层中，大气具有强烈的对流运动。这主要是由于地面不均匀加热引起的。当然，高、中、低纬度空气垂直对流运动是不一样的，一般地说，低纬高空大气垂直对流运动剧烈，对流层厚度可以达到 17 千米—18 千米高度，而高纬度地区空气垂直对流运动就较弱，对流层厚度也只有 8 千米—9 千米左右。在同一纬度，对流层厚度夏季较大，冬季较小。因此，在对流层中，空气的垂直对流运动的强度随纬度和季节发生变化。

正因为对流层中，空气的垂直对流运动，使高层和低层的空气进行交换，近地层的热量、水汽和其他杂质能向高层输送，对于成云致雨起重要作用。

3. 对流层天气现象复杂多变。由于对流层中空气的垂直对流运动和水平运动，以及湍流运动等，使对流层中空气的湿度、温度、气压等水平分布是不均匀的。因此大气可以产生一系列的物理变化，形成复杂的天气现象。有时晴空万里，有时乌云密布，雷电交加，狂风暴雨……这一切都发生在对流层中。因此，对流层与地表自然状态和人类的关系最为密切。影响人类社会工业、农业及人类的衣食住行。对流层也是气象学研究的重点领域。

二、平流层

自对流层顶到高空 55 千米左右为平流层。这一层的主要特点是垂直对流显著减弱，温度随高度的分布由等温分布变成递温分布；水汽和尘埃很少,云层几乎没有。平流层的这种温度分布特征,使空气不会产生对流运动,只能作水平流动,故称平流层。

导弹、火箭和飞机能进入平流层,平流层的风会影响它们的飞行。随着世界各国航天、航空事业的发展,对平流层的研究也越来越重视,同时平流层空气流动情况也可以导致对流层里大范围的天气变化,这一点已经引起世界各地气象学家的高度重视。

三、中间层

自平流层顶到 85 千米左右为中间层,该层的特点是气温随高度而迅速下降。中间层水汽含量极少,几乎没有云层出现。

四、暖层

暖层位于中间层顶至 800 千米的高度上,这一层空气密度非常小。根据测算,在 120 千米高空,空气密度已小到声波难以传播的程度。由于空气密度小,在太阳紫外线和宇宙射线的作用下,氧分子和部分氮分子被分解为原子,并处于高度的电离状态,所以暖层也叫电离层,电离层具有反射无线电波的能力,正是由于高层大气电离层的存在,人们才可以收听到很远地方的无线电台的广播。

五、外逸层

又称外层,此层空气极其稀薄,大气质点碰撞频率很小。气温随高度增高而迅速升高,由于温度高,远离地面,受地心引力作用很小,因而大气质点能不断地向星际空间逸散。故称外逸层。

第4节　大气的重要物理特性

一、主要气象要素

表示大气状态的物理量和物理现象,统称气象要素。包括气压、温度、湿度、风、能见度、降水量等。气象要素是大气宏观物理现象的表征,也是气象学、气候学的研究基础,跟人类关系特别密切。

1. 气压,是指单位面积上所承受的大气柱的重量。气压的单位是

hpa,当选定温度是 0℃,纬度是 45°的海平面时,此时气压值是 1013.25 百帕,又称 1 个标准大气压。

2. 气温,表示大气冷热状态的物理量,称为气温。气温实质上是空气分子平均动能大小的表现。当空气获得热量时,它的分子运动平均速度增大,平均动能增加,气温也升高;反之,当空气失去热量时,它的分子运动平均速度减小,平均动能减少,气温也降低。大气中的温度一般以百叶箱中干球温度为代表,气温的单位,我国规定用摄氏度(℃)温标。但理论研究上常用绝对温标,以 K 表示,两者换算关系式是 $T = t + 273.15$。

3. 湿度,表示大气中水汽含量多少的物理量称为湿度。大气湿度状况是决定云、雾、降水等天气现象的重要因素。

a. 水汽压和饱和水汽压。大气中的水汽所产生的那部分压力称为水汽压(e)。当温度一定时,单位体积空气中的水汽量有一定限度,如果水汽达到其限度,空气即成饱和状态,这时空气称为饱和空气。饱和空气的水汽压(E)称为饱和水汽压。实验和理论都证明饱和水汽压随温度的升高,而迅速增大。水汽压(e)和饱和水汽压的比值即为相对湿度 $f = \dfrac{e}{E} \times 100\%$。相对湿度直接反映空气距离饱和的程度。当水汽压不变时,气温升高,饱和水汽压增大,相对湿度会减小。

b. 露点。在空气中水汽含量不变,气压一定下,使空气冷却达到饱和时的温度,称露点温度,简称露点。气压一定时,露点的高低只与空气中的水汽含量有关,水汽含量越多,露点越高,所以露点也是反映空气中水汽含量的物理量。

c. 风。空气的水平运动称为风。风是矢量,不但有大小,而且有方向,风的来向即为风向,地面风向常用十六个方位来表示。风速是指单位时间内空气质点移动的距离,通常用米/秒表示。

d. 降水是指从天空降落到地面的液态或固态水,包括雨、毛毛雨、雪等。降水量是指降水落到地面后(固态降水则需要融化后),未蒸发、渗透、流失等在水平面上积聚的深度,降水量以毫米为单位。

高纬度地区冬季降雪较多,需要测量雪深和雪压。降水量是表示某地气候干旱程度的重要因素。而雪深和雪压则表示当地的寒冷程度。

二、普适气体常数

空气状态常用密度(ρ)、体积(V)、压强(P)、温度(t 或 T)表示。对一定质量的空气来说,其 P、V、T 之间存在函数关系。例如,当一小团空气从地面上升时,随着高度的增大,其受到的压力减小,随之发生体积膨胀增大,因膨胀时做功,消耗了内能,气温即降低。这说明该过程中一个量变化了,其余的量也随之发生变化,即空气状态发生了变化。根据大量科学实验总结得出,一切气体在压强不太大,温度不太低的条件下,一定质量气体的压强和体积的乘积除以其绝对温度等于常数,即

$$\frac{P_1 V_1}{T_1} = \frac{P_2 V_2}{T_2} \cdots \frac{P_n V_n}{T_n} \qquad \frac{PV}{T} = 常量$$

此式为理想气体的状态方程。实际上,理想气体并不存在,但在通常状况下,干空气和未饱和的湿空气都十分接近于理想气体。

在标准状况下($P_0 = 1013.25 hpa$,$T_0 = 273k$),1mol 气体的体积约等于 22.4L,即 $V_0 = 22.4L/mol$。

此时,$\frac{PV}{T} = \frac{P_0 V_0}{T_0} = R^*$ 即 $PV = R^* T$ 带入数字,即求得 $R^* \approx$ 8.31J/(mol·k)称为普适气体常数。

第 5 节　大气的热量和温度

地球表层与大气之间进行着各种各样的物质循环和能量交换,存在着各种不同的运动过程,推动和维持这些过程的能量源泉是太阳辐射能。

一、太阳辐射

太阳辐射是以电磁波的形式传输能量,辐射的电磁波的范围很广,从波长为 0.0000000001 微米的宇宙射线,到波长达几公里的无线电波都属于辐射的范围。

可见光的波长范围从 0.4 微米—0.76 微米,经三棱镜分光后成为一条红、橙、黄、绿、青、蓝、紫的七色光谱。波长大于 0.76 微米和小于 0.36 微米的光谱是人眼看不见的,但可以用仪器测量。

气象学着重研究的是太阳、地球和大气的热辐射,它们的波长范围大约在 0.15 微米—120 微米之间。根据测量,太阳辐射主要波长范围大约是 0.15 微米—4 微米;地面辐射和大气辐射的主要波长范围大约是 3 微米—120 微米。因此,气象学习惯于把太阳辐射称为短波辐射,而把地面及大气的辐射称为长波辐射。

太阳是个炽热的气态球体,其表面温度可达 6000 开氏度左右,它不断地以电磁波形式向四周发射光和热,总称太阳辐射。太阳辐射中,辐射按波长的分布,称为太阳辐射光谱。

大气上界的太阳辐射光谱是在 0.1 微米—5 微米的范围内,其中 99% 以上的能量在 0.15 微米—4 微米的范围内,主要是可见光和红外区。

二、太阳辐射在大气中的减弱

太阳辐射通过大气层时,由于大气层的吸收和散射作用而有显著变化。大气中的二氧化碳和臭氧以及水汽能有选择性地吸收太阳辐射。应当指出,大气对太阳辐射的吸收带,都位于太阳辐射光谱两端的低能区,而太阳辐射能量主要集中在可见光区,因而大气对太阳辐射的吸收,使太阳辐射能量的减弱作用不大,可以说,大气因吸收太阳辐射而增温的作用很小。

大气对太阳辐射的散射,太阳辐射通过大气层时,由于空气分子、云滴、尘埃等质点作用,都要发生散射,散射只是改变辐射的方向。如果太阳辐射遇到直径比波长小的空气分子时,则辐射的波长越短,散射得越强。其散射能力与波长的对比关系是:对于一定大小的分子来说,散射能力的大小与波长的四次方成反比,这种散射是有选择性的,称为分子散射,也称蕾利散射。典型天气现象是雨过天晴,天空是青蓝色,就是因为太阳辐射中青蓝色波长较短,容易被大气散射的缘故。如果太阳辐射遇到的直径比波长大一些的质点,辐射虽然也要被散射,但这种散射是没有选择性的,即辐射的各种波长同样地被散射。这种散射称粗粒散射,也称米散射。例如,当空气中存在着较多的尘埃或雾粒时,一定范围的长短波都被同样的散射,使天空呈灰白色。

云层对太阳辐射的减弱作用也很显著,除了吸收散射太阳辐射外,还有强烈的反射作用。云的反射能力决定于云的厚薄。薄云的反射率为10%—20%,厚云的反射率可达90%,平均反射率为50%—55%,因此,阴天地面接收太阳光特别少。

到达地面的太阳辐射有两部分:一是太阳以平行光线的形式直接投射到地面上,称为太阳直接辐射;另一部分是经过散射后到达地面的,称为散射辐射,两者之和称为总辐射。直接辐射的大小决定于太阳高度和大气透明度,太阳高度越大,直接辐射也越大,太阳高度越小,直接辐射也越小,云层越厚,大气透明度越小,直接辐射就减少。

散射辐射的强弱也与太阳高度和大气透明度有关。太阳高度角大时,到达地面层的直接辐射增强,散射辐射也相应地增强;相反,太阳高度角小时,散射辐射也减弱。大气透明度不好时,散射辐射增强;反之减弱。

总辐射的时空分布与大气上界的太阳辐射基本一致,只是受大气干扰,尤其是受云层的影响比大气上界大。

一天之内,夜间总辐射为零,日出后逐渐增强,正午时达到最大值,午后又逐渐减少,到日出前达极小值。一年内,总辐射月平均值,以夏季为最大,冬季最小。总辐射分布随纬度也有不同,一般说来,纬度越低,总辐射越大;反之就越小。

根据研究,我国年辐射总量最高值在西藏地区,为700至800千焦耳/平方厘米·年。而长江流域和大部分华南地区较少,只有380至

500 千焦耳/平方厘米·年。

到达地面的太阳辐射被地面吸收一部分,被反射一部分。地表对太阳辐射的反射率,决定于地表的性质和状态。如新雪的反射率为85%以上,干黑土的反射率为14%,潮湿黑土只有80%。(表1.1)

表1.1 不同性质地面对太阳辐射的反射率 (%)

地面	反射率	地面	反射率
砂土	29—35	耕地	14
黏土	20	绿草地	26
浅色土	22—32	小麦土	10—25
深色土	10—15	黑钙土	8

第6节 地面辐射和大气辐射

一、地面辐射

是指地面向大气放射的长波辐射,大部分能量被大气吸收,也有少量透过大气,向宇宙空间传递,大气主要靠吸收地面的长波辐射而增温,大气中对长波辐射的吸收起重要作用的成分有水汽,液态水,二氧化碳和臭氧等,它们对长波辐射的吸收也具有选择性。

二、大气辐射和大气保温效应

大气直接吸收太阳短波辐射很少,大气吸收地面长波辐射增温后,随着温度的升高,大气本身也日益不停地向外放射辐射,称为大气辐射,其中指向地面的部分称为大气逆辐射。大气逆辐射使地面因放射辐射而损耗的能量得到一定的补偿。对地面起着保温作用,这种作用称大气的保温效应。根据计算,如果没有大气,近地面的平均温度应为 -23℃左右。但实际上近地面的均温是15℃,也就是说大气的存在使近地面温度提高了38℃。

第7节 大气温度的变化及分布状况

一、大气温度的变化

大气温度的变化有周期性变化及非周期性变化:周期性变化主要表现在大气温度的日变化和年变化。大气温度一天中有一个最高值和一个最低值。最高值出现在 14 时—15 时,最低值出现在清晨日出前后。由于日出时间随纬度和季节变化而不同,因而各地最低温度出现的时间也不尽相同。

日出以后,地面开始积累热量,同时地面将部分热量输送给大气,空气也积累热量,直到 14 时—15 时低层大气积累热量达到最多,因而出现了一天的最高温度。15 时以后,大气得到的热量少于支出的热量,大气积累的热量开始逐渐减少,直到次日日出前后,大气剩余热量达到最低值,因而出现了一天的最低温度。

一天中,最高气温与最低气温的差值,称为气温的日较差。气温日较差也受纬度、季节、地形、天空云况、下垫面性质等因子的影响。

气温的年变化。气温一年中有一个最高值和一个最低值,陆地上一年中最高气温出现在夏季,即 7 月。海洋上一年中最高气温出现在 8 月。最低气温出现在冬季,大陆上多出现在 1 月,海洋上多出现在 2 月。

气温年变化的幅度称为年较差,它是一年内最热月的平均气温与最冷月的平均气温之差。由于太阳辐射的年变化是随纬度增高而增大的,所以气温的年变化也随纬度的增高而增大,在赤道大约为 1℃,中纬度约为 20℃左右,高纬度可达 30℃以上。

气温年较差随着下垫面的性质、地形、高度而不同。海洋上气温年较差小于陆地;沿海小于内陆;有植被的小于裸地;凸地形小于凹地形;云雨多的地方气温年较差小,云雨少的地方气温年较差大;海拔越高的地方,气温年较差越小。

二、大气温度的空间分布状况

大气温度的空间分布状况有气温的水平分布和垂直分布：气温的水平分布通常是用等温线图表示，等温线即地面上气温相等点的连线。等温线的不同排列，反映出不同的气温分布特点。如等温线稀疏，则表示各地气温相差不大。等温线密集，表示各地气温悬殊。等温线平直，表示影响气温分布的因素较少。等温线弯曲，表示影响气温分布的因素较多。等温线沿东西向平行排列，表示温度随纬度而不同，即以纬度为主要因素。等温线与海岸线平行，表示气温因距离海洋远近而不同。

影响气温分布的主要因素有纬度、海陆和海拔高度。但是，气象工作者在绘制等温线图时，常把温度值订正到同一高度即海平面上，以便消除高度的影响因素，从而把纬度、海陆及其他影响气温的因素更明显地凸显出来。

气温的垂直分布，在对流层中，气温随高度的升高而降低，对流层中气温之所以随高度而降低，是因为地面长波辐射是大气的主要热源，故越靠近地面，空气获得的热量越多，温度越高。

对流层顶的高度以及气温状况与纬度、季节以及天气系统的活动有关。因此，低纬度地区的对流层顶比高纬度地区高，同一纬度夏季的对流层顶比冬季高；暖气团控制时对流层顶较高；冷气团控制时对流层顶较低。

逆温现象。一般来说，气温直减率越大，大气越不稳定，反之大气越稳定。逆温现象形成的原因有多种，根据成因，分为以下几种：

辐射逆温，在晴朗无风或微风的夜晚，地表因辐射而失去热量，与地面接近的气层冷却最为强烈，而较高的气层冷却较为缓慢。因此，低层大气产生逆温现象，即为辐射逆温。辐射逆温厚度可以从数十米到数百米。一般日出以后，地面温度升高，逆温现象会逐渐消失，夏季夜短，逆温层较薄，消失也快，冬季夜长，逆温层较厚，消失也慢。

平流逆温：由于暖空气平流到冷的下垫面上而形成的逆温，称为平流逆温。当暖空气移动到冷地表面上空时，底层空气因受冷地表面的影响,而迅速降温,上层空气因离地远,降温少,这样就容易形成逆温。冬半年,在中纬度的沿海地区,因为那里海陆温差显著,当海上暖空气流到大陆上时,经常会出现平流逆温。

第8节 大气中的水分

大气从海洋、湖泊、河流以及潮湿土壤的蒸发中或者从植物的蒸腾作用中获得水分,水分进入大气以后,由于本身的分子扩散和气流的传输而广泛地散布于大气中,使大气具有不同的潮湿程度,即大气湿度。在一定条件下,水汽会发生凝结,产生云雾等天气现象,并且以雨雪等降水形式重新落回到地面。地球上的水分就是通过蒸发、凝结和降水等过程循环不已,对天气变化起着重要作用。

一、饱和水汽压

大气中有水汽,水汽本身的压力称为水汽压。在一定温度下,一定体积空气中能容纳水汽分子的数量是有一定限度的。如果水汽含量恰好到达此限度,叫饱和空气;如水汽含量未达到此限度,叫未饱和空气;如果水汽含量超过此限度,叫过饱和空气。饱和空气的水汽压,叫饱和水汽压(E),也叫最大水汽压。因此,超过此限度,水汽就要开始发生凝结。

饱和水汽压随温度的升高,而按指数规律迅速增大。这主要是因为蒸发面温度升高时,水分子平均动能增大,单位时间内脱离水面的分子增多,高温时,饱和水汽压比低温时要大。高温时,饱和水汽压大,空气中所能容纳的水汽含量增多。例如,当饱和空气的温度由15℃降为10℃时,每立方米的空气就会有3.4克的水汽凝结出来,所以降低同样的温度,在高温饱和空气中形成的云雾就要浓些,这也说明了为什么暴雨总发生在暖季。

二、大气湿度的变化

大气湿度随着水汽蒸发的年、日变化,也呈现出明显的年、日变化。

一般来说,水汽压的年变化比较简单,它和温度的年变化相似,有一个最高值和一个最低值。最高值出现在蒸发强的七八月份,最低值出现在蒸发弱的一二月份。

相对湿度的日变化主要决定于温度。温度增高时,虽然蒸发加强,但饱和水汽压增大得更多,结果相对湿度反而减小。温度降低时则相反,相对湿度增大。相对湿度最高值出现在清晨,最低值出现在 14 时—15 时;由于夏季风来自海洋,冬季风来自内陆,相对湿度的年变化,是夏季大、冬季小。

三、地表面和大气中的凝结现象

1. 露和霜。在晴朗无风的夜晚,地表面辐射冷却,降温迅速,当近地面的薄层空气与冷地面接触后,空气将逐渐冷却并达到露点,空气中的水汽就凝结在所接触的地表面或地表面的物体上。如果此时露点温度在 0℃ 以上,在这个接触面上就出现微小的水滴,称为露;如果露点温度在 0℃ 以下,则水汽直接在接触面上凝结为白色冰晶,称为霜。

2. 雾凇和雪凇。雾凇是积聚在地面物体迎风面上呈针状和粒状的乳白色疏松的微小冰晶或冰粒。粒状雾凇出现在气温 -2℃—-7℃ 有雾且风速较大的天气里,它是由于风的作用,将过冷却雾滴吹到物体表面冰结而成,形态呈球状。

虽然雾凇和霜在形状上相似,但在形成过程中却有差别。霜主要是在晴朗微风的夜晚形成。而雾凇可在任何时间内形成。霜形成在强烈辐射冷却的水平面上,而雾凇主要形成在垂直面上。

雾凇聚集在电线上,严重时可压断电线,使输电、通讯受到影响。

雨凇是在地面、电线杆、电线、树枝上形成的光滑而透明的冰晶。它是由过冷却的雨或毛毛雨滴在所接触的物体表面上冰结而形成的。它可发生在水平面上,也可发生在垂直面上,它的形成一般与风向有很大的关系,一般是在迎风面处聚集得较多。

雨凇的破坏性很大,它能压断电线,折损树木,对交通运输以及农业都有很大影响,是一种影响范围较广的灾害性天气。

3. 雾。雾是由悬浮在空气中的微小水滴或冰晶组成。其下层与地面接触。雾对能见度的影响很大。由于雾的存在,妨碍交通运输的正常进行,尤其是对航空运输影响较大。

形成雾的基本条件是近地面空气中水汽充足,有使水汽发生凝结的冷却过程和凝结核的存在。一般在风力微弱、大气层结稳定并有充足的凝结核存在的条件下最易形成。

雾有辐射雾、平流雾、蒸发雾、上坡雾、锋面雾等。

辐射雾。是因空气辐射冷却达到饱和而形成。这种雾多见于晴朗、微风、近地面水汽又比较充沛的夜间或早晨。因为在晴朗的夜间或早晨,天空无云阻挡,地面的热量迅速向外辐射出去,地面散热冷却,使气温很快降下来,如果空气中水汽较多,很快便达到过饱和而凝结成雾。一般在早晨日出以后,地面温度升高,雾就逐渐消散。

辐射雾在我国一般出现在秋冬两季,因为这时候是少雨季节,昼短夜长,辐射冷却作用显著,容易形成雾。辐射雾有明显的地方性。我国四川盆地是有名的辐射雾区,其中,重庆冬季无云的夜晚或早晨,雾日几乎占80%,有时还可终日不散,甚至连续几天。

平流雾。是暖湿空气流经冷的下垫面而逐渐冷却形成的。海洋上暖而湿的空气流到冷的大陆上或者冷的海面上,都可以形成平流雾。平流雾的范围和厚度一般比辐射雾大,在海洋上四季皆可以出现。由于它的生消主要取决于有无暖湿空气的平流,因此,只要有暖湿空气不断流来,雾可以持久不散,而且范围很广。海雾是平流雾中很重要的一种,有时可以持续很长时间。在我国沿海,以春夏为多雾季节,这是因为平流性质的海雾,只有当夏季风盛行时才能到达陆上。

蒸发雾。这种雾是由雨滴蒸发作用而形成的。如果水面是暖的,而空气是冷的,当它们温差较大时,水汽便源源不断地从水面蒸发出来进入上面的冷空气里,然后又从冷空气里凝结出来成为蒸发雾。如冬天的早晨,有时我们看到农村的河塘里水面上蒸发出来的水汽,实际上即是蒸发雾。

上坡雾。这种雾是由于潮湿空气遇到山坡上升,绝热冷却,温度降低到使水汽含量超过饱和状态,从而使水汽凝结而产生的。这种潮湿空气必须处在稳定的状态,山坡的坡度又不能太大,否则就会形成对流,雾就难以形成。我国青藏高原、云贵高原的东部常常出现上坡雾。

锋面雾。发生在冷暖气团的交界处——锋面附近的雾。它主要是暖气团的降水落到冷空气层时,雨滴在冷空气中蒸发,使冷空气达到过饱和,从而使水汽凝结而形成。

锋面雾通常随锋面一起移动,雾区沿锋面成带状分布,范围较广。梅雨季节,常常出现锋面雾。

4. 云。云是降水的基础,是地球上水分循环的中间环节,并且云的发生发展总伴随着能量的交换。云的形状千变万化,一定的云状常伴随着一定的天气出现,因而云对于天气变化具有一定的指示意义。

云的形成,最基本的条件有两个:一是要有水汽;二是要有使水汽发生凝结的空气冷却。这两个条件是不可缺少的。

按照云的上升气流特点,可以把云分为积状云、层状云和波状云三大类。

①积状云。是指地表受热不均和大气层结不稳定而引起的对流上升运动,而形成的云多属积状云。积状云包括淡积云、浓积云和雨积云。积状云多形成于夏季午后,具有孤立分散、云底平坦和顶部凸起的外貌特征。

热力对流形成的积状云具有明显的变化。通常,上午多为淡积云,随着对流的增强,逐渐发展为浓积云。下午对流最旺盛,往往可发展为积雨云。傍晚对流减弱,积雨云逐渐消散。如果到了下午,天空还只是淡积云,这表明空气比较稳定,积云不能再发展长大,天气较好,所以淡积云又叫晴天积云,是连续晴天的预兆。夏天,如果早上很早出现浓积云,则表示空气层结很不稳定,就可能发展为积雨云。因此,早上有浓积云是有雷雨的预兆。傍晚层积云是积状云消散后演变成的,说明空气层结稳定,一到夜间云就散去,这是连续晴天的预兆。由此可知,利用热力对流形成的积状云日变化特点,有助于直接判断短期天气变化。

②层状云。包括卷层云、卷云、高层云和雨层云。层状云是由于空气大规模的系统性上升运动而产生的。主要是由锋面上的上升运动引起的,即暖湿空气沿着冷空气的斜坡滑升,因空气冷却而凝结成大范围的层状云。在暖锋上可顺序出现卷层云、高层云、雨层云。如卷层云通常出现在层状云系的前部,其出现还往往伴随着日、月晕,因此,如看到天空有晕,便知道有卷层云移来,则未来将有雨层云移来,天气可能转雨。农谚常道"日晕三更雨,月晕午时风"就是指此征兆。

③波状云。包括卷积云、高积云、层积云和层云。它们像一片片鱼鳞,是大气中因波状运动而形成的,如果相对湿度较大,在波峰处因空气上升变冷凝结成云块;波谷则因空气下沉增温,相对湿度减小,无云产生,于是便形成排列整齐,中间隔着蓝天,犹如海面上的波浪一般的云朵。

5. 大气降水

从云层中降落到地面的液态水或固态水,统称为降水。

降水的形成:降水的形成过程,就是云滴增大成为雨滴、雪花及其他降水物的过程。云滴增长的物理过程有两种:凝结增长和冲并增长。

在云的发展阶段,由于云体继续上升,而绝热冷却,或云外不断有水汽输入云中,使得云滴周围的实有水汽压大于云滴表面上的饱和水汽压,云滴就会因水汽凝结(凝华)而增大。

云滴相互冲并增长。云滴下降时,个体大的降落快,个体小的降落慢。因此,降落快的大云滴就会追上降落慢的小云滴而相互合并,成为更大云滴,大云滴在下降过程中又能合并更多的小云滴,犹如滚雪球一样,越滚越大。云滴相互合并的增大率,与云中含水量和云滴大小不均匀有密切的关系。云中含水量越大、云滴大小越不均匀,云滴相互合并增大得越快。

云滴增大的这两种方式,在云滴增大的整个过程中始终都是存在的。观测事实表明,在云滴增大的初期,凝结(凝华)作用是主要的。

当云滴增大到 50 微米—70 微米时,合并作用就成为主要的了。在低纬度地区,由于云中出现冰水共存的机会比较少,所以,云滴的相互合并作用对降水的形成就更为重要。

6. 人工影响云雨

人工影响云雨是人类控制自然的重要方面。一百多年前,我国就有炮轰雷雨云的防雹尝试。近几十年来,随着科学技术的进步,国内外人工影响云、雾、降水的方法取得了很大进展。人工降雨就是根据自然界降水形成的原理,人为地补充某些形成降水的必需的条件,促使云滴迅速凝结或合并增大,形成降水。

(1) 人工影响冷云降水。冷云主要由过冷却水组成,云内缺乏冰晶,云滴得不到增长。影响冷云降水的基本原理是设法破坏云的物态结构,也就是在云内制造适量的冰晶,使其产生冰晶效应。促使冰晶加快增长而形成降水的常用方法是撒播干冰和碘化银。干冰(固态二氧化碳)本身温度低,是一种很好的制冷剂,当它升华时,要吸收大量热量,使周围空气温度急剧下降,从而使云中的水汽、过冷却水滴凝华或冰结成冰晶,并继续增大,产生降水。碘化银的微粒也是性能良好的凝华核,只要它的温度达到 -5℃时,水汽就能以它为核心凝化成冰晶并继续增大,产生降水。

(2) 人工影响暖云降水。暖云是由大小不同的水滴组成,云内温度都在 0℃ 以上,人工影响暖云,促使水滴加快冲并。最常用的方法就是播撒盐粉。盐的吸湿性很强,是很好的凝结核,它吸收水分以后,能迅速变成大小水滴,再经过冲并作用,最后成为雨滴掉落下来。

第 9 节 大气的运动

大气时刻不停地运动着,运动的形式和规模复杂多样。既有水平运动,也有垂直运动。大气的运动使不同地区、不同高度间的热量和水分得以传输和交换,使不同性质的空气得以相互接近、相互作用,直接影响着天气、气候的形成和演变。

一、大气运动的原因

一个地方的气压值经常有变化,主要是其上空大气柱质量发生变化。当气柱增厚、密度增大时,则空气质量增多,气压就升高,反之,气压减小。任何地方的气压值总是随着海拔高度的增高而递减。根据实测,在近地面层中,高度每升高 100 米,气压平均降低 12.7 百帕。

表 1.2　标准大气中气压与高度的对应值

气压(hpa)	1013.3	845.4	700.8	504.7	410.4	307.1	193.1
高度(m)	0	1500	3000	5500	7000	9000	12000

空气总是从气压高的地方向气压低的地方运动。气压是推动空气由静止到运动的根本原因。由于空气是在转动着的地球上运动,运动后要产生地转偏向力。由于地球转动而使在地球上运动的物体发生方向偏转的力,称为地转偏向力。在赤道,地球自转轴与地表面的垂直轴正交,表明赤道上的地平面不随地球自转而旋转,因而赤道上没有水平地转偏向力。

在北半球的其他纬度上,地球自转轴与地平面垂直轴的交角小于 90°,因而任何一地的地平面都有绕地轴转动的角速度 w,单位质量空气的水平地转偏向力为 $A = 2vw\sin\varphi$。

w 为旋转角速度(对于地球来说,它等于 15 度/h 或 7.29×10^{-5} 弧度/s);φ 为地理纬度;v 为风速。$2vw\sin\varphi$ 称为科氏参数(f)。显然,地转偏向力的大小同风速和所在纬度的正弦成正比。

地转偏向力只是在物体相对于地面有运动时才产生。地转偏向力的方向同物体运动的方向相垂直,它只能改变物体运动的方向,不能改变物体运动的速率。

空气作曲线运动时,还要受到惯性离心力的作用。惯性离心力的方向同空气运动的方向相反,并自曲线路径的曲率中心指向外缘,其大小与空气转动角度(w)的平方和曲率半径(r)成正比。对单位质量空气来说,它的表达式为 $C = w^2 r$。在实际大气中,运动的空气受到的惯性离心力通常很小。但当空气运动速度很大,而运动路径的曲率半径特别小时,惯性离心力也可以达到很大值,并有可能大于地转偏向力。

摩擦力。两个相互接触的物体作相对运动时,接触面之间所产生的一种阻碍运动的力,称为摩擦力。摩擦力分为内摩擦力和外摩擦力。内摩擦力是指在速度不同或方向不同的相互接触的两个空气层之间产生的一种相互牵制的力。它主要是通过湍流交换作用使气流速度发生改变的力。

外摩擦力是空气贴近下垫面运动时,下垫面对空气运动的阻力,它的方向与空气运动的方向相反,大小与空气运动的速度和摩擦系数成正比。

以上的几个力都是水平方向上的作用于空气的力。一般地说,气压梯度力是主要的,它是使空气产生运动的直接动力,其他的力,则是空气在运动以后,视具体情况而确定。

二、自由大气中空气的水平运动

大量观测表明,自由大气中空气的水平运动比较稳定,由于在自由大气层中,摩擦力对空气运动的作用,一般可以忽略不计,因而空气运动的规模比摩擦层中要简单一些。当自由大气中的空气作直线运动时,只要考虑气压梯度力和地转偏向力的作用就行;而当空气作曲线运动时,除了这两个力之外,还必须考虑惯性离心力的作用。

1. 地转风

气压梯度力和地转偏向力相平衡时的风,称为地转风。地转风是怎样形成的呢? 在平直等压线的气压场中,原来静止的单位质量空气,因受气压梯度力(G)的作用,由高压区向低压区运动。当空气质点开始运动时,它就受到地转偏向力的作用,并迫使它向运动方向的右边偏离(在北半球);尔后,在气压梯度力的作用下,它的速率会越来越大,而地转偏向力使它向右偏离的程度也越来越大;最后,当地转偏向力增大到与气压梯度力大小相等,而方向相反时,空气就沿着等压线作匀速直线运动,地转风就形成了。

地转风方向与水平气压场之间存在一定的关系,这个关系,就是白贝罗风压定律:在北半球,背风而立,高压在右,低压在左;南半球相反。我们理解和记住了这一关系,就可根据空中的风向来确定在此高度上的气压分布情况;同理,可根据空中气压场的分布情况就能了解所在高度的气流情况。

2. 梯度风

在自由大气中的空气作曲线运动时,作用于空气的力,除了气压梯度力和地转偏向力外,还有惯性离心力。这三个力达到平衡时的风,叫做梯度风。可以看出,空气作直线运动时,所受的惯性离心力等于零。梯度风也就成为地转风,因此地转风是梯度风的一个特例。在北半球,低压中的梯度风必然平行于等压线,绕低压中心作逆时针旋转。高压中梯度风平行于等压线,绕高压中心作顺时针旋转。南半球则相反。(图 1.1)

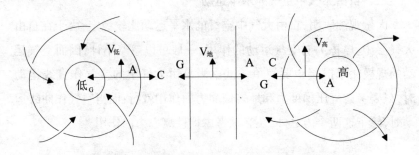

图 1.1　北半球高压、低压中梯度风与地转风比较

很显然,在一定的纬度带,当地转偏向力相等时,低压梯度风风速小于地转风风速,高压梯度风风速大于地转风风速。即 $V_{高} > V_{地} > V_{低}$。

3. 风的日变化和风的阵性

近地层中,风存在着有规律的日变化。白天风速增大,午后增至最大,夜间风速减小,清晨减至最小。而摩擦层上层则相反,白天风速小,夜晚风速大。这是因为在摩擦层中,通常是上层风速大于下层。白天地面受热,空气逐渐变得不稳定,湍流得以发展,上下层间空气动量交换增强,使上层风速大的空气进入下层,造成下层风速增大,风向向右偏转。同理,下层风速小的空气进入上层,造成上层风速减少,风向向左偏转。风的日变化,晴天比阴天大,夏季比冬季大,陆地比海洋大。当有强烈天气系统过境时,日变化规律可能被扰乱。

风的阵性是指风向变动不定,风速忽大忽小的现象。它是因为大气中湍流运动引起的。当大气中出现强烈扰动时,空气上下层间交换频繁,这时与空气一起移动的大小涡旋可使局部气流加强、减弱或改变方向。风的阵性在摩擦层中经常出现,特别是山区更甚,随着高度的增高,风的阵性在逐渐减弱,以夏季和午后最为明显。

4. 季风

大范围地区的盛行风随季节而显著改变的现象,叫做季风。根据季风的成因,可分为两类:一类是由于海陆热力差异而产生的;另一类则是由于行星风带随季节移动而引起的。

由海陆热力差异而产生的季风,大都发生在海陆相接的地方,如亚洲东部由于温带、副热带地区海陆势力差异最大,这种季风最显著,所以也常称为温带季风或副热带季风。

由行星风带季节性移动而引起的季风和海陆热力差异而产生的季风不同。行星风带的分布很有规律,其位置随季节有显著的移动,因此,在两个行星风带相接的地区,便会发生风的显著季节性变动现象。由行星风带随季节移动而引起的季风,可以发生在沿海地区和陆地,也可以出现在大洋中央。季风是大气环流的重要组成部分之一。某地区的季风,实际上是所在地区的行星风带,海陆、地形等多种因素综合作用下产生的现象。

东亚是世界上最著名的季风区。这主要是由于太平洋是世界最大的大洋,而亚欧非是世界上最大的大陆并且东西延伸甚广,东亚居于两者之间,海陆的气温对比和季节变化都比其他任何地区显著,再加上青藏高原的影响,所以东亚季风特别显著,其影响范围大致包括我国东部、朝鲜、韩国和日本等地。夏季风盛行时,这些地区高温、湿润多雨。而冬季风盛行,则低温,干燥和少雨。

5. 局地环流

由于局部地区空气受热不均而产生的环流称为局地环流,它包括海陆风、山谷风和焚风等地方性风。

a. 海陆风

在滨海地区,白天常有风从海上吹向陆地;晚上常有风从陆地吹向海洋,这就是海陆风。

海陆风的产生原因:当大范围水平气压场比较弱时,白天,太阳照射后,陆地增温比海洋上快,因而陆上的气温比海上高。陆地上的暖空气膨胀上升,到某一高度上,陆地上空的气压要高于同高度海洋上空的气压,于是在上层便产生自陆地指向海洋的水平气压梯度力,使空气由陆地流向海洋。这样一来,陆地上的空气质量减少了,地面气压因而下降,而海洋上的空气质量增多了,海面气压升高,于是在下层便产生了自海洋指向陆地的气压梯度力,使下层空气自海洋流向陆地,这就是海风。到了夜间,陆地辐射冷却比海面快,气温比海上低。陆上空气冷却收缩,致使上层气压比海面上空同高度上的气压低,地面气压比海面气压高,于是便形成了同白天相反的热力环境,下层风向由陆地指向海洋,这就是陆风。

海风和陆风转换的时间随地区和天气条件而定。一般说来,海风开始于9时—11时,到13时—15时最强,之后逐渐减弱,17时—20时转为陆风。如果是阴天,海风出现的时间要推迟。通常海风的强度比陆风大。

b. 山谷风

当大范围水平气压场比较弱时,在山区,白天地面风常从谷地吹向山坡;晚上地面风常从山坡吹向谷地,这就是山谷风。山谷风形成的原理与海陆风相似。白天,山坡上的空气比同高度的自由大气增热强烈,于是暖空气沿坡上升,成为谷风。谷地上面较冷自由大气,由于补偿作用从相反方向流向谷地,称为反谷风;夜间由于山坡上辐射冷却,使邻近坡面的空气迅速变冷,密度增大,因而沿坡下滑,流入谷地,成为山风。谷底的空气因辐射而上升,并在谷地上面向山顶上空分流,称为反山风,形成与白天相反的热力环流。

山谷风是山区经常出现的现象,只要大范围气压场比较弱时,就表现得十分明显。例如我国乌鲁木齐南依天山,北临准噶尔盆地,因此山谷风交替很明显。

c. 焚风

沿着山坡向下吹的干热风叫焚风。当气流越过山脉时,在迎风坡上空上升冷却,起初是按干绝热直减率降温,当空气湿度达到饱和状态时,水汽凝结,气温就按湿绝热直减率(即空气平均每上升100米,温度降低0.5℃—0.6℃)降低,大部水分在山前降落。过山顶后,空气沿背风坡下降,并基本上按干绝热直减率(即每降低100米,温度升高1℃)增温。这样,过山后的空气温度比山前同高度上的空气温度要高得多,湿度也小得多。由此可见,焚风吹来时,气温迅速增高,湿度显著减少,确有干热如焚的现象。

不论冬季还是夏季,昼间还是夜间,焚风在山区都可出现。初春的焚风可以使雪融化,有利于农田灌溉,夏末的焚风可以使粮食与水果早熟。但强大的焚风却会增大森林火灾可能性。或者使农业旱情加重。应该引起足够的重视。

第 2 章

气候学基础知识

天气与气候是两个既有联系,又有区别的不同概念。天气是指某一地区在短时间内大气中气象要素和天气现象的综合,是时间尺度比较短的天气过程;而气候则是指一个地区在太阳辐射、下垫面性质、大气环流和人类活动长时间作用下,在某一时段内大量天气过程的综合。它不仅包括该地多年经常发生的天气状况,也包括某些年份偶尔出现的极端天气状况,但它经常指某一地区平均的天气状况,因此气候是指时间尺度较长的天气过程。要了解某地气候,必须进行多年观测,包括温度、湿度、风、云、降水等各个气象要素,将多年观测的要素值,用不同的方法进行统计分析、整理、归纳得出某一地区的气候特征。

气候与天气相比较,气候有一定的稳定性。但是,形成气候的各因子是在逐渐变化的,人类活动对气候影响也是在不断增强。所以气候还是在渐渐变化,只不过变化的时间尺度较长。

第 1 节　气候学发展简史与研究内容

气候学是研究气候的特征、形成和演变,及其与人类活动的相互关系的一门学科。它既是大气科学的分支,又是地理学的组成部分。随着生产规模的日益扩大,气候和人类社会的关系越来越密切。为了合理地开发和利用气候资源,减轻气候灾害的影响,避免人类活动对大气环境造成的不良后果,无论是大规模的开垦、重大工程的设计和管理,

还是制订各种发展规划和研究工农业的布局,都需要了解所在地区的
气候特征及其演变规律。气候学的研究成果及其应用,正日益受到各
方面的重视。

一、气候学发展简史

气候学成为一门科学是有了气象仪器观测以后的事。但是,有关
气候现象的记载和气候知识的积累却可追溯到三千年前。中国在殷代
就已知一年四季和某些农事季节的划分。到春秋时代,更创造了利用
圭表测日影以定气候季节的方法。秦汉时期,二十四节气已成为农事
活动的主要依据。《逸周书·时训解》系统地记载了反映气候年变化
规律的七十二候的自然物候历。《吕氏春秋·十二纪》更对 12 个月的
气候特点及其异常现象作了概括的记述。

随着人类活动范围的扩大,古代学者还进一步认识到,气候除与纬
度密切有关外,还与地势高低,海陆分布和气流方向等许多因素有关。
在古埃及、古巴比伦和古印度等地,在这个时期也有许多关于气候的记
载。到了 16 世纪至 18 世纪,随着气象观测仪器的出现和气象观测网
的建立,气象观测资料大量积累。这些为气候学的形成准备了条件。
1817 年,德国的洪堡首先绘制了全球等温线图,成为近代气候学研究
的开端。

1883 年,奥地利的汉恩编著了《气候学手册》一书,不仅为研
究全球气候提供了宝贵的资料,更重要的是提出了较完整的研究气候
学的方法体系。1884 年俄国的沃耶伊科夫出版了《全球气候及俄国
气候》一书,分析了太阳辐射、水分循环、下垫面等对气候的作用。
同年,德国的柯本对世界气候进行了分类。这些成果奠定了气候学的
基础。

20 世纪初,随着气团概念、气旋模式和锋面理论的出现,天气图资
料的积累,人们进一步研究气候的形成原因。特别是 1930 年瑞典气象
学家伯杰龙提出的天气气候学,影响很大。从此,气候学便从以描述性
为主转而向理论方面的研究发展。这个时期气候学在各方面的应用也

开始受到重视。

第二次世界大战以后,随着高空气象观测、气象卫星和电子计算机的广泛应用,气候学进入蓬勃发展的新时期。尤其是 20 世纪 70 年代以来,在世界上出现大范围灾害性气候异常,气候问题成为世界瞩目的中心问题之一。

二、气候学的研究内容

气候学是大气科学的一个重要分支,它的任务是研究气候的特征,气候的形成,气候的变化,以及气候与人类活动的关系,并进行气候预报和气候应用服务。气候学对于社会的作用和天气学不同,天气服务是短期的战术性的服务,而气候服务是长期的战略性服务。例如:人们在建造房屋、桥梁、大坝、水库、农田规划等百年大计时,显然,仅仅考虑当地几天、几个月的天气状况是不够的,必须考虑当地长期的气候背景条件,以趋利避害,充分利用该地的自然资源。

根据进行气候研究的理论和方法的差别,可以分为地理气候学,天气气候学,统计气候学,物理气候学,动力气候学和天文气候学等。

地理气候学是从地理角度出发,把气候看成是自然地理环境的组成部分,也是大气和地理环境各部分(包括纬度,海陆分布,地形,冰雪,生物等)相互联系和影响的结果,用分析法和综合法探讨气候的发生、变化及空间分布规律,这就是地理气候学。这是一种最古老和成熟的气候学。但随着气候系统的引入,地理气候学也注入了新的活力。

天气气候学是通过研究大气环流的结构、组成和天气系统的变动规律来研究气候的方法叫天气气候学。例如:从气团和极锋的南北移动可以分析我国季风和雨季的进退;从大气活动中心的移动和消长可以研究气候的四季变化和异常等。

统计气候学。由于气候受多种因素影响,很难用有限的自变量和数学方程组准确地表达它的发展演变,但它又确实存在一定的规律,为此,人们设想把气候要素看作是一组随机变量,应用概率论和数理统计方法研究气候,这样一种以气候学为主,应用数理统计理论来分析气候的分布规律,气候异常,气候变化和进行气候预报的科学叫统计气候学。我国著名气候学者么枕生在这方面倾注了他的毕生精力。

动力气候学是运用动力学和物理学来研究气候形成、气候异常和气候长期变化趋势的科学。动力气候一词始于20世纪30年代,人们试图探索气候形成的动力机制。但由于条件限制,当时实际上只是天气气候学方法。60年代开始国外气候专家转向气候数值模拟的研究,并在模拟气候和解释气候方面取得重大进展,尤其在气候敏感性试验方面取得的结果引起各国政府和人民的密切关注,为了保护人类自身的生存环境,气候学家正在进行全球范围的研究和合作,动力气候学的发展方兴未艾。

天文气候学是以天文因素或地球轨道的自然变化来解释地质历史上气候变迁的科学。它以20世纪二三十年代南斯拉夫学者米兰柯维奇提出的《米兰柯维奇理论》和1981年澳大利亚学者威廉斯提出的《大旋回学说》为基础。他们认为以天为周期的气候变化是由地球自转运动造成;以年为周期的气候变化是由地球公转运动产生;而以2亿年—3亿年为尺度的气候变迁是由地球的黄道倾斜的自然大波动所致,这就是地质历史上非冰期和大冰期的交替出现;另外以10万年为尺度的气候变迁是由地球轨道三要素(黄道倾斜,偏心率,岁差运动)的自然小波动形成。这也为第四纪大冰期、中冰期和间冰期反复交替所证实。因此,天文气候学家认为:天文因素或地球轨道的自然变化是气候变迁的主要原因,但不是唯一原因。在这方面,我国的徐钦琦、任振球等已做了不少工作。

"气候"一词早已众所周知,然而正确理解气候的含义却不是很容易的。古典的气候定义为大气的平均状态,显然它忽视了大气的变化和极端状态也是一地的气候特征所在;后来人们把某地区在一个相对长时间内大气的统计特征称为该地区的气候,这里"相对长时间"按世界气象组织规定为30年左右,所谓"大气的统计特征"一般仅指气象要素的平均值和变率(标准差),随着人们对气候成因的深入研究和认识,提出了气候系统的概念,钱永甫认为:气候是气候系统内部各成员间所达到的一种缓变平衡态,这一定义首先强调气候系统各成员的联系,其次它指出气候总是在不停地变化着,通常所说的一地的气候是指在相对较长时期中得到的相对平衡(即缓变)的状态,至于到底采用哪些要素来表征气候的这种平衡状态,这是一个比较复杂的问题,它还随各种气候类型而异,但无疑表示一地气候状态的要素应该是多维的,任何单独或有限的变量都不能很好地表示一地的气候状态。例如:尽管两地的年平均气温相同,但可能一地是四季如春,另一地是冬寒夏热,因此,还必须用最冷(热)月平均气温或年较差才能把它们区别开来。由上可见,人们对"气候"的理解是随着气候学科的发展而不断深入和提高的。

由于太阳辐射,大气环流和下垫面的特征不同,各地的气候特征有显著的差异。如大陆东岸和西岸的气候特征各异;即使同属东岸,欧亚大陆东岸和北美大陆东岸的气候也不相同。这种地域性的特点,正是气候学成为地理学分支的重要原因,也是气候学中进行气候分类研究的基础。只有在广阔的范围内进行观测和调查研究,才能得出具有同类气候特征的区域和界限。

按气候学研究的空间尺度划分,有全球气候、北半球气候、大区域气候和地方气候等不同尺度的气候。按时间尺度划分,有年际气候变化、几十年以上的气候变化和万年以上变化周期的气候变迁等。要研究年际气候变化和较短时期的气候变化,至少需要有连续三十年的观测资料。而要研究几十年周期的变化,就需要有至少十倍于该周期时间长度的资料,所以,除现代气象资料外,还需要利用历史记载和树木年轮等进行分析,以延长资料年限。对于万年以上的变化,常利用地质岩心、冰心、化石等资料进行分析推测。

气候学是应用性很强的学科。从工农业生产、交通、通信、能源、军事以至人类的一切活动,都和气候有密切的关系,大量的边缘学科,如城市气候、建筑气候、军事气候、农业气候、森林气候、海洋气候以及旅游气候等逐渐形成。

太阳辐射、大气环流,下垫面状况(如海、陆、植被)是气候形成的几个主要因子,然而,这些因子之间如何互相作用而形成一个地方的气候特征,尚待进一步研究;还有,由于人类活动使大气中的微量元素和污染物质含量的增加而对气候变化的影响,以及各种地球天文参数对气候的影响等。这些都使气候形成理论的研究变得极其复杂,至今还缺乏精确有效的理论模式。

气候学概论包括气候学一般原理、气候特征的时间和空间分布、演变及其分类等。人们常以气候要素的空间分布图和时间分布图、气候要素的综合关系图和各种气候统计图等记述某地点、某区域或全球范围的基本气候特征。某个地方的气候志是对该地多年气象资料整理和分析概括出的基本气候状况的资料。

天气气候学是研究多年间大气环流的一般状态及其变动的规律性。如:环流的分型及其出现的频率,天气系统的频率、强度和路径,大范围气候异常与大气环流的关系等问题。

应用气候学根据工农业生产和生活等各方面的特殊需要,研究它们同气候的相互关系,以及如何将气候知识广泛应用于各个方面。主要研究内容为:气候资源的利用,气候灾害的防御,大气环境的分析、评定和区划,以及各有关专业相应的气候问题。

气候学同各门基础科学、技术科学乃至社会科学间有着广泛的联系。无论是从理论还是从方法看,气候学和数学、物理学、化学、天文学、地学等基本学科以及大气科学各分支都有密切的关系。气候监测更需要应用各种技术科学。所以,气候学是同其他多种学科广泛联系的一门学科。

由于气候涉及人类生活和生产的各个方面,从 1972 年以来,在国际上关于环境、粮食、水资源、沙漠化等一系列重要会议上,气候问题都占有显著地位。1979 年世界气候大会提出了世界气候计划,使气候问题成为国际协作的重大课题,气候学成了日益活跃的学科,气候学的含义也正在不断发展,包括大气圈、水圈、冰雪圈、岩石圈和生物圈在内的气候系统的概念也正在形成。

虽然,当前气候学仍以大气为其主要研究对象,但其内容正在不断地充实,从大气科学的一个分支向着综合性的气候系统的学科发展。

第2节 气候系统及其形成因素

一、气候系统

气候系统是一个包括大气圈、水圈、陆地表面、冰雪圈和生物圈在内的,能够决定气候形成、气候分布和气候变化的统一的物理系统。太阳辐射是这个系统的能量来源。能量在气候系统各个组成部分之间进行交换,其中大气圈是主体部分,也是最容易变化的部分,其他几个圈层都是大气圈的下垫面。

气候系统有四个方面的属性:

1. 热力属性:包括空气、水分、冰的热量变化。
2. 动力属性:包括大气环流、洋流以及与之相联系的垂直运动。
3. 水分属性:包括空气湿度、云量及云中含水量、降水量、土壤湿度等。
4. 静力属性:包括大气、海水的密度和压强、大洋盐度变化等。

以上这些属性在一定的外界条件下,通过气候系统内部的物理过程而相互联系,并在不同的时间尺度和空间尺度内变化。

决定或形成某地气候的因子很多,传统的认识认为太阳辐射,下垫面和大气环流是形成气候的三大因子。1974年世界气象组织在瑞典的斯德哥尔摩召开的《气候物理基础和气候模拟》国际会议上,提出了气候系统的概念。认为气候形成是由一个复杂的物理系统通过复杂的物理、化学和生化过程所造成,这一系统叫做气候系统。它包括大气、海洋、冰雪、陆地和生物五个部分。大气指包围地球的气体层,是影响气候最活跃和直接的部分,大气通过它的垂直和水平运动进行热力调整达到平衡的时间大约为一个月;海洋是指世界海洋和邻近海域,由于水的巨大热容量,它是气候系统的巨大能量库,它的热力调整时间从几个月到世纪尺度,对气候起着重要作用;冰雪圈由全球的冰体和积雪组成。

陆地指大陆上的山脉、岩石、土壤、江湖和地表水等;生物圈包括在空气、陆地、海洋中的动植物,也包括人类自己。在气候系统各成员内部及各成员之间存在着多种物理、化学过程,从而形成了千姿百态的气候类型。

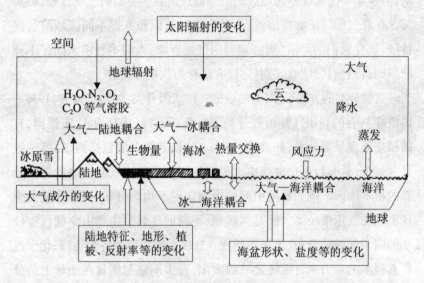

图 2.1　大气—海洋—冰雪—陆地—生物圈耦合气候系统示意图

用各种技术方法对气候系统各部分进行观测、记录其发展演变过程,从而为气候分析诊断及预测提供可靠依据,这就是气候监测。气候监测并不等于一般的气象台站的常规观测,一般的气象观测只是它的一小部分,而且还需进行一定的加工。真正的气候监测资料包括:

(1)常规观测资料为基础加工而成的均值、距平、百分率、标准差等。

（2）专项观测资料,如反映大气活动中心的南方涛动指数,反映厄尔尼诺消长的太平洋敏感区的海温指数等。

（3）非常规观测资料,如北半球雪盖面积,两极的海冰面积,南极臭氧洞等。随着空间遥感技术的进步,由于卫星监测不受时间、空间和环境条件的限制,已广泛地用在气候监测中。目前世界上许多国家都定时出版气候监测公报,中国国家气候中心自1990年7月起也按月发布气候监测公报。

气候系统内部的物理、化学过程错综复杂,全球各地的气候千差万别,但在某一区域或不同地区的两个地点因某些类似的气候过程,确实又存在着气候特征的相似性,为了客观地认识和掌握不同区域的气候特征,研究它们的形成,更好地利用气候资源,人们本着求大同存小异的原则,将它们归纳或区别,这种方法称为气候分类。

气候分类的方法很多,有的根据气候成因分类,如阿里索夫(1936—1949年),有的利用气候指数分类,如:桑斯韦特(1931年)、布德柯,有的根据地理景观分类,如贝格、柯本。气候分类一般包括两级,第一级是气候带,具有行星尺度或更大尺度的因子是造成气候呈纬向带状分布的根本原因。例如纬度引起的太阳辐射不均匀分布,行星环流及全球范围的气压带。第二级是气候型,不同的气候型主要由空间尺度较小的因子如海陆分布、地形等所致。气候系统内部的各种物理、化学过程其根本的动力来自系统之外的太阳,而太阳辐射能量在地球上的分布是随纬度增高而递减的,这就决定了地球气候的基本状态也随纬度变化出现地带性。

最简单的气候带是古希腊学者亚里士多德提出的以回归线和极圈作为气候带的界线,把全球划分为五个气候带:热带,南(北)温带,南(北)寒带,因为它只考虑太阳辐射单一因子,故称为"天文气候带"。在山区,虽然太阳辐射随高度增加,但反射辐射和有效辐射也随高度而变化,总的辐射平衡随高度增加而递减,所以气温随海拔高度增加而降低,加上降水先随高度而增加,到一定高度又随高度而减少,所以在山区,气候也随高度而变化,在赤道地区的山地,从山麓到山顶可出现从热带到终年积雪的寒带,类似从赤道到极地的各个气候带,这叫做垂直气候带。

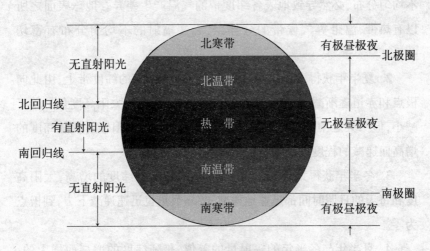

图 2.2　五个气候带

从经济效益出发,运用气候学理论和方法,讨论某一时期气候(一般是当年的气候)和重大天气气候事件对国民经济各部门造成的利弊影响,估算气候因素所占的比重,提供决策、规划、总结等部门工作的气候依据,这样一种密切结合当时当地气候对社会和经济各方面影响的评述或评价称为气候影响评价,有时简称气候评价。它不仅有为社会服务的现实意义,而且评价的日积月累能使我们对该地气候怎样影响社会经济和人类活动有逐步深入的认识,从而为人们更好地趋利避害提供可靠依据。

二、太阳辐射对气候形成的作用

太阳辐射是气候系统物理过程和物理变化的基本动力,是气候形成的基本因素,不同地区的气候差异,以及各地的季节变化,主要是由于太阳辐射在地球表面分布不均及其随时间变化的结果。

在一年之内到达地球表面上各地的太阳辐射总量,主要由该地的太阳高度角、日地距离、日照时间所决定。一般地说：

1. 全年获得太阳总辐射量最多的赤道，向两极随着纬度的增高辐射量逐渐减少。极小值点出现在极点，仅为赤道的40%，这种能量的不均匀分布，必然导致地表各纬度带的气温产生差异。地球表面之所以有热带、温带等气候带的分异，与天文辐射的不均衡分布有密切关系。

2. 夏半年获得太阳辐射最多的是在20°—25°的纬度带上，由此向极点和赤道逐渐减少，最小值在极点。因纬度越高，太阳高度角虽趋于减小，但一天之中的日照时间却逐渐拉长，所以，太阳辐射量随纬度的增高而递减的程度也越来越趋于缓和。

3. 冬半年获得太阳辐射最多的是赤道，随着纬度的增高，太阳高度和每天的日照时间都迅速地递减，故辐射量也迅速递减下去，到极点为零。

4. 夏半年与冬半年的辐射量的差值，是随纬度的增高而增大的。上述天文辐射决定的气候称为天文气候。故把地球上相应分为：

（1）赤道带

在南北纬10°之间，占地球表面总面积的17.36%，在此地带，太阳高度角全年皆大，因此，全年得到的太阳辐射量最强。

（2）热带

在南北纬10°—25°之间，南北半球各占地球表面总面积的12.45%，夏半年受热最多。

（3）副热带

位于南北纬25°—35°之间，在南北半球各占地球表面总面积的7.55%，是热带和温带之间的过渡地带。这里夏半年受到太阳天文辐射量仅次于热带，而大于赤道带，冬半年则较少。

（4）温带

位于南北纬35°—55°之间，在南北半球各占地球表面总面积的12.28%，全年天文辐射的季度变化最显著，有四季分明的特点。

（5）副寒带

位于南北纬 55°—60° 之间,在南北半球各占地球表面总面积的 2.34%,是温带和寒带的过渡地带。此带昼夜长短差别大。

（6）寒带

位于南北纬 60°—75° 之间,在南北半球各占地球表面总面积的 5%,有极昼、极夜现象。全年天文辐射总量显著减少。

（7）极地

位于南北纬 75°—90° 之间,在南北半球各占地球表面总面积的 1.7%,昼夜长短差别最大,在极点半年为昼,半年为夜。即使在昼半年正午,太阳高度角亦很小,是天文辐射量最小,年变化最大的地区。上述天文辐射决定世界气候带的基本轮廓。当然,各地气候状况如何,还与该地的海陆分布、地形起伏,以及天空云量等因素有关。

三、大气环流在气候形成中的作用

大气环流即大范围的大气运动,大气环流和洋流对气候系统中热量的重新分配起重要作用。它一方面将低纬度地区的热量传输到高纬度,调节了赤道和两极间的热量差异,另一方面又因大气环流的方向,有由海向陆或由陆向海的差异的冷暖洋流的不同,使同一纬度带上大陆东西两岸气温产生有明显的差别,破坏了天文气候的地带性分布。

大气环流还直接影响到水分循环。地球表面错综复杂地分布着陆地和海洋,从陆地和海洋表面上蒸发出来的水汽随着大气环流被输送到各地,在输送过程中,又以降水形式重新回到地球表面。这种由水分蒸发为水汽,再凝结为降水重新降落到地面的循环往复过程叫做水分循环。水分的蒸发、水汽输送、降水、径流等必须由大气环流来实现。由此可见,大气环流对降水的分布和季节分配关系更为直接。

四、地表性质对气候的影响

地表性质包括海洋、陆地、地形、土壤、植物覆盖等,它们对气候的形成也有重要作用。

1. 海陆分布对气候的影响

海陆的物理性质不同,对太阳辐射的吸收、反射,以及地—气和海—气之间的热量交换的形成都有显著的差异,使得同一纬度、同一季节海洋和大陆的增温和冷却明显不同,从 1 月和 7 月世界等温线图来看,等温线就不完全与纬度平行。夏季低纬大陆特别炎热,冬季高纬大陆特别寒冷,海陆温度差异非常明显,这就破坏了温度的纬度地带性分布,从而影响气压分布状况,以及对水分的影响,因此同一纬度带内出现了海洋性气候与大陆性气候的差异。海陆气温差异,在冬季的高纬度最为突出;夏季则以副热带最显著。就全球而言,由于北半球海洋面积相对比南半球小,所以北半球冬季比南半球冷,夏季比南半球热。

2. 地形对气候的影响

地形对气候的影响是错综复杂的,不但不同地形的本身会产生多种多样的气候特点,而且高耸庞大的地形往往是气流移动的壁垒,因而一山之隔气候悬殊,连绵的高山往往形成不同气候区域的界限,破坏了气候的纬度地带性,导致地面气候更加复杂多样。例如,在同一高山上,不同高度可以有热带到寒带多种气候特征,而在同一山脉的两侧又可以同时具备海洋性气候和大陆性气候。高山上随着海拔高度的增高,太阳光经过大气的路径缩短,空气稀薄,水汽和微尘等含量都减少,空气的透明度大,这就使大气对太阳辐射的削弱减少,因此,高山上的太阳直接辐射强度比低地要大,特别是在白天强烈日光照射下,高山上的土壤温度很高,但由于高山空气吸热物质少,空气密度小,所以高山上的气温都远较土壤温度低,气温与土壤温度差异大,这是山地区域的一个特征。并且光照充足,所以在农业上可以充分利用这个有利的条件。地形与气温关系的变化十分复杂,大地形的宏观影响能对大范围内分布和变化产生明显的作用,局部地形的影响也能使近距离内的气温有很大的差异。

(1)高大地形对气温的影响

绵亘的高山山系和庞大的高原是气流运行的阻碍,它们对寒潮和热浪移动都有相当大的障壁作用,同时它们本身的辐射差额和热量平

衡情况又具有其独特性,因此它们对气温的影响是非常显著而广泛的。以我国青藏高原为例说明如下:

　　a. 机械阻挡作用

　　庞大的青藏高原对东亚的大气环流和我国天气气候有着巨大的影响。青藏高原的东西长度在 3000 千米以上,南北宽达 1500 千米,平均高度在 4500 米以上,占据了对流层 1/3 以上的空间,所以它是西风带上的最大障碍物。冬季西风气流遇到青藏高原的阻碍被迫分支,分别沿高原绕行。在高原北部,冬季各月都是西北侧暖于东北侧,高原南半部,则东南侧暖于西南侧,这显然是受到上述分支冷暖平流的影响所致。因西风在高原西侧发生分支,于是高原西北侧为暖平流,西南为冷平流,绕过高原之后,气流辐合,东北侧为冷平流,东南侧为暖平流。

　　夏季,青藏高原对南来暖湿气流的北上,也有一定的阻挡作用,不过暖湿气流一般具有不稳定层结,比冷空气易于爬越山地。从夏季月平均气温分布图上可以看出,由巴基斯坦北部和东北部阿萨姆两个地区总是有两个伸向西藏方向的暖舌,其中部分暖湿气流越过高原南部的山口或河谷凹地,流入高原南部,这是形成雅鲁藏布江谷地由东向西伸展的暖区的重要原因。

　　b. 热力作用

　　将青藏高原地面的气温与同高度的自由大气相比,冬季高原气温偏低,夏季则偏高。青藏高原由于海拔高,气温特别低,冬夏皆比同纬度东部平原平均气温低 18℃—20℃;同时青藏高原气温日较差和年较差比同纬度东部平原和四川盆地都大,比同高度的自由大气更大。青藏高原春季升温强度大,秋季降温速度也快,春温高于秋温,说明高原气温具有明显的大陆性气候特性。

　　(2)地形对降水的影响

　　地形既能影响降水的形成,又影响降水的分布和强度。一般地说,迎风山地对降水有促进作用,迎风坡多形成"雨坡",背风坡则形成"雨影"区域,如印度的乞拉朋齐年降水量可以达到 12000 毫米以上,最多年份降水可以达到 26000 毫米以上,而喜马拉雅山北面年降水量一般不超过 250 毫米—500 毫米,其中如羌塘地区仅 50 毫米左右。

另外,我国秦岭山脉横亘东西,其一般高度约在 2000 米—3000 米,使冬季风的南下与夏季风的北上受到阻挡,使华北、华中气候显然不同。西安和南郑相距不远,气温和降水显然不同,西安年降水量只有 518 毫米左右,而南郑则有 791 毫米左右。又如,天山山脉是南疆沙漠与北疆半沙漠气候分界线,因为新疆降水的水汽来源主要是北冰洋,所以北疆较湿润,南疆极干旱。

3. 冰雪覆盖与气候

海冰、大陆冰原、高山冰川和季节性积雪等,由于它们的辐射性质和其他热力性质与海洋和无冰雪覆盖的陆地迥然不同,形成一种特殊性质的下垫面,它们不仅影响其所在地的气候,而且还对大气环境和气温产生巨大影响。根据卫星提供的资料可以看出,全球冰雪覆盖面积有明显的季节变化。北半球 1 月份冰雪覆盖面积最大,9 月份为最小;南半球相反,9、10 月份冰雪面积达到最大,2 月份最小;全球冰雪面积季节变化以 1 月份为最大,8 月份为最小。

冰雪覆盖的季节变化,使全球的平均气温也发生相应的季节变化。冰雪覆盖是冷源,它能使冰雪覆盖地区气温降低,并且可影响到远方。冰雪表面具有制冷效应:一是主要由于冰雪表面对太阳辐射的反射率大,能够吸收的太阳辐射能小,这是冰雪表面能够制冷的重要因素;二是由于冰雪表面的能量交换和水分交换能力微弱。冰雪对太阳辐射的透射率和导热率都很小。当冰雪厚度达到 50 厘米时,地表与大气之间的热量交换基本上被切断。另一方面,冰雪表面的饱和水汽压比同温度的水面低,冰雪供给空气的水分很少,因此冰雪还有致干空气的作用。冰雪覆盖的变化也常使气压场和大气环流发生变化,从而导致气候异常。

第 3 节　小气候

气候,根据它的区域差异性,可以分为三种:大气候、地方气候和小气候。大气候主要决定于太阳辐射、大气环流、海陆分布、洋流、大地形和广大冰雪覆盖等的气候现象。地方性气候决定于范围比较小的气候形成因素,如大片森林、湖泊、中等地形、城市等。它的气温和湿度的水平梯度和垂直梯度比相应的大气候梯度超过好多倍。小气候指的是近地面 1.5 米—2.0 米以下的气层内的气候现象,它的温度和湿度的垂直梯度更大。小气候具有很大的实践意义,因为植物(特别是农作物)和动物,都是在这个区域中生活和生长,人类也是在近地面层进行活动的,因此,研究小气候有特别的实际意义。

一、小气候的形成

土壤、植被、雪面等都能借辐射作用吸热和放热,从而调节空气和下垫面表层的温度,这种表面称为活动面。由于活动面的性质不同,具有不同的热量平衡和水分平衡,再加上湍流作用的差异,会产生各种各样的小气候。

在同一纬度、同一季节,同样的天气条件下,由于活动面性质的不同(如土丘、耕地、田埂以及坡位和坡度不同),会造成活动面辐射差额的不同,这是形成小气候差异的根本原因。

在白天,活动面吸收了一定的正值净辐射后,这个热量一方面来增加它自己的温度;另一方面则分别通过土壤内部热交换向下层传递,土壤水分蒸发将潜热向空气层输送。在夜间,没有太阳辐射,活动面通过有效辐射而散失热量,辐射差额为负值,活动面将降低温度,空气湍流热交换的方向,将由空气指向活动面,如果是露水凝结,活动面上将通过水汽凝结而获得潜热。活动面与下层空气间的湍流热交换,主要取决于地表气温垂直梯度和湍流传导作用大小。因此,在小气候形成的物理基础上,最关键的因子是活动面的性质和湍流热交换的强弱。

由下垫面条件影响而形成与大范围气候不同的贴地层和土壤上层的气候，称为小气候。根据下垫面类别的不同，可分为农田小气候，森林小气候，湖泊小气候等。与大范围气候相比较，小气候有四大特点：

（1）范围小，铅直方向大概在100米以内，主要在2米以下，水平方向可以从几毫米到几十公里，因此，常规气象站网的观测不能反映小气候差异。对小气候研究必须专门设置测点密度大，观测次数多，仪器精度高的小气候考察。

（2）差别大，无论铅直方向或水平方向气象要素的差异都很大，例如：在靠近地面的贴地层内，温度在铅直方向递减率往往比上层大2个—3个量级。

（3）变化快，在小气候范围内，温度、湿度或风速随时间的变化都比大气候快，具有脉动性。例如：M. N. 戈尔兹曼曾在5厘米高度上，25分钟内测得温度最大变幅为7.1℃。日变化剧烈，越接近下垫面，温度、湿度、风速的日变化越大，例如：夏日地表温度日变化可达40℃，而2米高处只有10℃。

（4）小气候规律较稳定。只要形成小气候的下垫面物理性质不变，它的小气候差异也就不变。因此，可从短期考察了解某种小气候特点。由于小气候影响的范围正是人类生产和生活的空间，研究小气候具有很大的实用意义。我们还可以利用小气候知识为人类服务，例如：城市中合理植树种花，绿化庭院，改善城市下垫面状况，可以使城市居民住宅区或工厂区的小气候条件得到改善，减少空气污染。

二、小气候的一般特征

1. 小气候的温度特征

小气候的温度有两种最显著的特点：一是温度的垂直变化特别大，越贴近地面，温度的直减率越大；二是温度的日变化很剧烈，越贴近地面，气温的昼夜变化越大。

（1）日射型：盛行于夏季午间，在太阳强烈照射下，土温迅速升高，有显热向贴近地面的空气层输送，输送方式以分子传导为主。所以只能慢慢地把热能传导给贴近地面的空气层,致使越接近地面,温度的直减率越大。到了较高的高度,湍流交换作用逐渐加强,空气很快混合起来,气温直减率就变小。

(2)辐射型:在冬季晴朗无风的夜晚,由于有效辐射强,活动面大量散失热量,活动面的温度特别低;又因气层稳定,缺少湍流扰动,活动面的冷却效应只波及最贴近地面的空气,所以出现下冷上暖的强烈逆温。

2. 小气候的湿度特征

近地面空气层的湿度随着高度的不同而有变化。空气中水汽的来源是地面,所以近地表空气的绝对湿度总是大于较高空气层的湿度。地表空气层的绝对湿度有日变化,其特点是有两个最大值和最小值。第一个最小值出现在早晨,它和夜间交换减弱和低温蒸发有关;第二最小值在中午,它和更高层交换增强和土壤变干,蒸发减少有关。

3. 小气候风的特性

近地面层的风具有越近地面风速越小和阵性的特性,这是由于近地面层摩擦力大和湍流交换作用的结果。近地面层中风速白天最大,夜间最小,而在高层空气中则相反。

三、几种小气候

1. 坡地小气候

在山地区域,由于地形条件不同,小气候的差异十分显著,其中以坡向和坡度的影响尤其大。在北半球的山地,日照时间以南坡较长,北坡较短。因而南坡气温不仅比北坡高,而且土壤也比北坡干燥。

坡向不同,受热不等,表现在土壤温度与近地面气温上升有一定的差别。就土温来说,在冬季,西坡表层的最高土温比东坡要高。这是因为表层土壤有冻结,东坡受太阳辐射最强的时间在上午,大部分热量用于土壤解冻,所以最高土温大为削弱。而西坡受到辐射最强的时间在下午,土壤早已解冻,且较干燥。因此有较多的热量用于土壤增温,坡向越南,白天受到太阳辐射越强,下层土壤积存的热量就越多,夜间土壤冷却也就较慢,北坡情况则相反。由于以上原因,冬季出现霜冻的几率和霜冻程度,以南向坡地最少、最轻,北向坡地最多、最重。

2. 森林小气候

研究森林及林冠下的灌木丛和草被等形成的小气候特征,并为森林防火、防病和林木业生产提供气候服务的气候学分支叫森林小气候。

地表面有植物覆盖时,改变了活动面的数目和位置,这使得贴地气层和土壤层内的热量、水分交换的影响变得更为复杂。另外,植物的枝叶、躯干对太阳辐射和气流有遮蔽和阻挡作用,可使植被内外的辐射和风速产生明显的不同,因而造成植被内外的气候差异。

最高的植被是森林,在成片的森林地区以及林冠层的下部都能形成一种特殊的气候,且森林对邻近地区的气候也有一定的影响。森林小气候的主要特征是:

(1)林内的辐射和温度:林冠能吸收80%以上的太阳辐射,而到达林内地表面的只有5%左右。林冠所吸收的大部分辐射用来促进光合作用和蒸腾作用,而对其本身温度的增高并不多。林冠能减弱林内的辐射,也能防止地面辐射散失,所以林内的温度变化和缓,其最高温度比林外低,而最低温度却比林外高。

(2)林内的湿度与降水:森林中的水汽来源,主要来自林内土壤蒸发与林冠外的植物蒸腾。此外,森林能减少径流而增加土壤水分,使可能蒸发量增多,再加上林内受热不强,空气铅直对流交换微弱,所有这些综合因素作用的结果,使林内的湿度增加,造成林内外的湿度差异加大。一般而言,森林中的湿度要比田间高5%左右。

森林对降水的影响:一是林冠对降水的遮阻,中纬度平均可阻留25%的降水,而热带可遮阻65%以上;二是有利于雨量的增加。当气流在森林上空流动时,因所受的障碍和摩擦作用较大,致使大气湍流和强迫上升作用加强。同时森林地区低层空气的湿度较高,温度较低,空气的饱和程度大,凝结高度低,因此,森林附近地区容易形成降水,雨量增多。根据研究表明,森林一般可增加6%的年降水量,且在干旱年代的影响大于潮湿年代。

（3）林区的风：森林可以减弱风速，当树林相当厚密时，林内几乎完全无风。林间气候与旷野不同的原因之一，就在于林内近地气层中湍流交换的减弱。森林不但可使林内的风速减小，而且对森林周围地区的风速也有减弱作用。

综上所述，森林可使温度变化趋于缓和，增大湿度和降水，加速水分循环，改变风向和风速等。所以，有计划地大规模植树造林是改造自然环境的有效措施之一。

第 4 节　我国气候资源概况

一、气候资源

气候是自然环境的组成部分，也是一种自然资源。但它不像矿藏资源那样为人们熟知和关心，其实它无时无刻不和人类的生产、生活有密不可分的关系，缺少了它，人类就不能生存。气候资源包括以下一些类型：

（1）光资源：太阳辐射穿过大气到达陆地表面的辐射能约为 17 万亿千瓦，绿色植物中干物质有 90%—95% 是利用太阳有效辐射进行光合作用合成的，但在自然条件下的植物或作物的光能利用率还不到 1%，光能利用的潜力还很大。由于太阳辐射强度和光照时间的可变性极大，如何有效地利用太阳能正是科技工作者的研究内容。

a. 生理辐射。我国生理辐射资源，除四川盆地和贵州高原外，其余都在 209 千焦/平方厘米·年以上。青藏高原生理辐射特强，大部分地区都在 293 千焦/平方厘米·年以上。黑河至拉萨一线以西可达 377 千焦/平方厘米·年以上，高出东部四川盆地一倍。秦岭淮河以南，南岭以北的长江流域和浙闽两省是一个低值区，一般不足 230 千焦/平方厘米·年。特别是四川盆地和贵州高原，不足 209 千焦/平方厘米·年。嘉陵江和乌江两河流域则更低，不到 188 千焦/平方厘米·

年,成为全国的低值中心。

应该指出,通常情况下,只有在植物生长季内,即气温≥5℃时,太阳辐射能才可能被绿色植物所利用。因此,植物可能利用的生理辐射要比年生理辐射少些。少了多少,则随着各地区的生长季长短而不同。根据我国各地生长季内的生理辐射能量,按生理辐射能利用率2%计算各地的生产潜力,得到的结果可为各地安排农业生产布局服务。

b. 日照时数。这里指实照时数,它部分地反映了对农作物生长发育所需太阳辐射能条件。我国各地区全年总日照时数,西北地区多于东南,华北多于华南,其中在哈密和敦煌之间,有一个多日照中心在3400小时以上。拉萨以西,雅鲁藏布江上游两岸有另一个多日照中心,在3200小时以上。是我国日照时数最高的地区。

(2)热量资源。热量资源是指太阳辐射到达下垫面以后转变而成的能量,我们可以通过测量近地层气温、地温、无霜期,通过各种界限温度的初终期以及积温等,了解一地的热量资源,热量资源与农业生产的关系十分密切。

对于农业生产热量资源的鉴定,通常采用的有年平均温度,最热月平均温度,最冷月平均温度,年绝对最低温度,以及农业界限温度的通过日期和持续日数。此外,还有活动积温和霜冻特征等。

a. 界限温度。凡指示农业生产的温度,通称为农业界限温度。通用的有日平均0℃、5℃、10℃、15℃等。通常把日平均温度稳定在0℃以上的持续期称为农耕期。我国农耕期随着地理纬度和海拔高度的不同,差异很大。

b. 无霜期分布。东南沿海无霜期超过10个月。长江流域约7个半月。华北平原和黄土高原约6个月。东北约4个月。总括起来,北部无霜期短于南部,内陆短于沿海,地势高的短于低地。

c. 日均温不低于10℃的活动积温。大体以青藏高原和东北大兴安岭及内蒙古东部为最小,均在2000℃以下,但大部分河谷低地仍可种春小麦。雷州半岛和海南、台湾两岛是全国最多的地区,均在

8000℃以上,是我国栽培热带作物的地区。

南岭以北,杭州湾、皖南和长江中游以南,在5000℃—6000℃之间,副热带植物得到普遍种植。南岭以南到南海沿岸在7000℃—8000℃之间,热带植物虽亦可以种植,个别冬季受到冷害也是有的。四川盆地近似南岭以北的赣南湘南地区,在5500℃—6000℃之间,副热带植物受到冻害较长江中游为少。云贵高原的大部和南疆在4000℃以下。

在杭州湾、黄山一线向北直达燕山,太行山豫西,鄂西山地以东,整个江淮平原、黄淮平原和河北平原,除山东半岛在4000℃以下,其余均在4000℃—5000℃之间,北疆、河西走廊,陇东和山陕高原均在3000℃以下。

(3)水资源:水资源主要指大气降水,高山冰川、积雪和蒸发量等,它们在各地时空分布的不同,决定了我国农业生产的布局,水也是工业生产的必备因素。我国的水资源不算丰富,就陆地降水而言,全国平均年降水648毫米,较全球平均年降水量800毫米偏少19%,比亚洲平均740毫米少12%,而且降水的时空分布极不均匀,因此,保护水资源,科学、合理地使用水资源是我们发展工农业生产的关键。

(4)气象能源:气象能源包括太阳能、风能,它是取之不尽,用之不竭的再生能源或称永久性能源,不污染环境的清洁能源。我国的新疆、甘肃、青藏高原有丰富的太阳能,沿海从汕头沿东南沿海经江苏、山东、辽宁到东北,以及内蒙古、新疆都是风能资源丰富区。

二、我国气候的基本特征

我国气候有三大特点:显著的季风特色,明显的大陆性气候和多样的气候类型。

显著的季风特色:我国绝大多数地区一年中风向发生着规律性的季节更替,这是由我国所处的地理位置主要是海陆的配置所决定的。由于大陆和海洋热力特性的差异,冬季严寒的亚洲内陆形成一个冷性高气压,东方和南方的海洋上相对成为一个热性低气压,高气压区的空气要流向低气压区,就形成我国冬季多偏北和西北风;相反夏季大陆热于海洋,高温的大陆成为低气压区,凉爽的海洋成为高气压区,因此,我国夏季盛行从海洋向大陆的东南风或西南风。由于大陆来的风带来干燥气流,海洋来的风带来湿润空气,所以我国的降水多发生在偏南风盛行的夏半年 5 月—9 月。可见,我国的季风特色不仅反映在风向的转换,也反映在干湿的变化上。形成我国季风气候特点为:冬冷夏热,冬干夏雨。

这种雨热同季的气候特点对农业生产十分有利,冬季作物已收割或停止生长,一般并不需要太多水分,夏季作物生长旺盛,正是需要大量水分的季节。我国降水量的季节分配与同纬度地带相比,在副热带范围内和美国东部、印度相似,但与同纬度的北非相比,那里是极端干燥的沙漠气候,年降雨量仅 110 毫米,而我国华南年降雨量都在 1500 毫米以上,撒哈拉沙漠北部地区降水只有 200 毫米,而我国长江流域年降雨量可达 1200 毫米,黄河流域年降雨量达 600 毫米以上,比同纬度的地中海地区多 1/3,而且地中海地区雨水集中在秋冬。由此可见,我国东部地区的繁荣和发达与季风给我们带来的优越性不无关系。

明显的大陆性气候:由于陆地的热容量较海洋为小,所以当太阳辐射减弱或消失时,大陆又比海洋容易降温,因此,大陆温差比海洋大,这种特性我们称之为大陆性。我国大陆性气候表现在:与同纬度其他地区相比,冬季我国是世界上同纬度最冷的国家,一月平均气温东北地区比同纬度平均要偏低 15℃—20℃,黄淮流域偏低 10℃—15℃,长江以南偏低 6℃—10℃,华南沿海也偏低 5℃;夏季则是世界上同纬度平均最暖的国家(沙漠除外)。七月平均气温东北比同纬度平均偏高 4℃,华北偏高 2.5℃,长江中下游偏高 1.5℃—2℃。

多样的气候类型:我国幅员辽阔,最北的漠河位于北纬 53°以北,属寒温带,最南的南沙群岛位于北纬 3°,属赤道气候,而且高山深谷,丘陵盆地众多,青藏高原 4500 米以上的地区四季常冬,南海诸岛终年皆夏,云南中部四季如春,其余绝大部分地区四季分明。可以说我国既有热带雨林气候,又有高寒气候;既有大陆性干旱气候,又有东南部海洋性气候,气候类型多种多样。

我国东部的旱涝和低温。由于我国东部气候深受季风影响,季风进退的迟早和强弱变化极易形成我国东部的旱涝和低温冻害。但这里的旱涝和低温并非像西北沙漠化和华北干旱那样,它不是一种气候变化的趋势,它的危害之处在于气候的年际变化大,同一地区常常有时旱有时涝,有时冷有时热。

旱涝:黄河流域大旱多于大涝,20 世纪已发生大涝两次,大旱 8 次,长江流域大涝多于大旱,20 世纪已发生大旱 6 次,大涝 10 次;华南地区影响最大的春旱,发生频繁,其次是秋旱,有时也发生洪涝。

低温:我国有 3 个经常受冻害的地带,一个从东北中部经华北北部到西北东部,这个带中有两个高频中心,即内蒙古乌盟及河北山西两省北部,该带以秋季冻害为主;第二带在甘肃陇东、宁夏,该带以春季冻害为主;第三带在长江下游和南岭山地,冻害频次低于前两个地带,冻害主要发生在冬季。夏季的低温可以发生在全国各地区,但东北地区影响最大。夏季低温对我国农业生产是一个不利因素,而且虽然近百年来全球气温有上升趋势,但我国夏季气温却有下降趋势,因此,冷夏对我国的影响不可忽视。

第 3 章

农作物生长发育与气象气候的关系

第 1 节　农业气象学概念及研究内容

　　农业气象学是研究农业与气象条件之间相互关系及其规律的科学,它既是应用气象学的一个分支,又是农学的一门基础学科。

　　农业主要是在自然条件下进行的生产活动,光、热、水、气的某种组合对某项生产有利,形成有效的农业自然资源;另一种不同的组合可能就会对农业生产有害,构成农业自然灾害。农业气象学的基本任务就在于研究这些农业自然资源和农业自然灾害的时空分布规律,为农业的区划和规划、作物的合理布局、人工调节小气候和农作物的栽培管理等服务;另外还要开展农业气象预报和情报服务,对农业生产提供咨询和建议,以合理利用气候资源,战胜不利气象因素,采取适当的农业措施,促进农业丰产,降低成本,提高经济效益。

　　一方面,农业气象学作为生态学的重要组成部分,通过定量观测、研究植物或动物的生长发育与环境气象因子的关系而发展起来。如1735 年著名的列氏温度表创始人列奥米尔发现,可用积温来衡量植物的生长速度,这一学说至今仍是农业气象学的一个重要基础理论。

　　另一方面,农业气象学又是作为地理气候学的一个重要分支而发展起来。如:俄国的沃耶伊科夫、奥地利的苏潘、德国的柯本、中国的竺可桢等人,对植被、动物、土壤与气候的关系以及地区分布进行了研究,为农业气候学和农业物候学的发展开辟了道路。但是农业气象学形成一门完整的独立的学科,并进行系统的研究则只是 20 世纪三四十年代以后的事。第二次世界大战之后,由于人口增长对粮食需求的压力,加之气候异常引起粮食生产的巨大波动,使各国政府对粮食生产极为关切,农业气象学在世界范围内受到重视。在农业科学和大气科学迅速发展的同时,农业气象学也得到相应的迅速发展。

现代农业气象学的主要研究领域有:作物气象、畜牧气象、林业气象、病虫害气象、农业气候、农田小气候和小气候改良、农业气象预报、农业气象观测和仪器等。

作物的生长、发育和产量形成,同气象条件有密切的关系,农作物光合作用和生长发育的全部能量来自太阳辐射。光对植物的作用有三个方面,即光合作用、光周期效应和向光性效应。不同波长的辐射对植物有不同的影响。太阳光谱中决定植物光合作用的主要是 0.38 微米—0.71 微米波段的可见光,称之为光合有效辐射,光合有效辐射一般占总辐射的 45%—53%。

温度对光合作用强度的影响有两种效应:一方面温度增高时光化学过程加快而使总光合作用强度增加,另一方面温度增高时呼吸消耗增加。因此净光合产物在初期随温度增加而增加,而当超过最适温度以后,净光合产物则随温度增加而减少。

作物气象指标是反映作物生长发育或受害同气象条件关系的量值,它是评价气象条件的农业意义、开展农业气象预报和进行农业气候区划的客观标尺,因此研究和确定作物的气象指标是农业气象学的基础工作之一。作物气象指标主要为温度指标和水分指标,对于某些感光性强的作物,还应有光照指标。

温度指标是指作物生长发育的下限温度、最适温度、最高温度、致死温度和积温等。积温是作物生长发育阶段内逐日温度的总和,它是衡量农作物生长发育过程的一种标尺。农作物通过某一发育阶段或完成全部生长发育过程所需的积温为一个相对固定值。

水分指标是反映农田水分状况对作物生长发育的影响的指标,常用土壤湿度和蒸散量来表示。一般划分为过干、适宜、过湿三个等级，大多数旱地作物的适宜水分指标为土壤相对湿度60%—80%。水分亏缺对产量影响十分明显，根据土壤水分的多寡影响作物生长和产量的程度，可确定作物旱害或湿害的指标。

蒸散量是由作物叶面蒸腾和土壤表面蒸发造成的农田水分损失量。它是决定农田水分状况，作物光合作用和生长状况的重要因素。土面完全被植物覆盖和土壤充分湿润时的蒸散量称为可能蒸散。实际蒸散量是可能蒸散、土壤含水量和植被覆盖状况的函数。

小气候是指由于地形、下垫面特征或其他因子引起的小范围的气象过程或气候特征。由于耕作措施和农作物群体动态变化的影响，改变了农田活动面状况和物理特性，导致辐射平衡和热量平衡各分量的变化，从而形成不同类型的独特的农田小气候。而农田小气候又反过来影响农作物的生长发育进程和产量形成。

从20世纪70年代以来，农业气象学在观测手段研究方面正逐步实现自动化、遥测和精确化。在作物气象条件研究方面，从过去单因子研究向多因子综合研究发展，其方法上突出的特点是开展数值模拟和模型实验。如作物—天气—土壤的各种统计模式和动态模式的试验研究，作物的生长发育和产量同气象条件的关系等。

农业气象学的发展，也促进了有关学科的发展，例如：同植物生理学的交叉渗透，通过对植物的外界环境和内部生理过程关系的研究，发展了植物生理生态学。而同多学科的交叉综合，也促进了农业生态学和农业系统工程的发展。

影响农业生产的外界自然环境中，气象条件对农作物生产影响作用最为明显。

首先，它为第一性生产和第二性生产直接和间接地提供它们所需要的能量和物质，生物体如不能从自然界中摄取光、热、二氧化碳等因子以及从土壤中获取水分和营养物质，就不可能有生命活动。

其次，农业生物的生命过程既然在外界环境中完成，就必然受到气象条件的有利和不利影响。即使将来科学技术达到很高水平,人们还是要根据以至控制外界气象条件取得最优方案来安排农业生产。另外,气象条件中光、热、水、气等因子的不同组合对农业生产会有不同的影响,不利的组合会导致农业减产,有利的组合会使农业增产增效。正是由于生物体生长发育深受气象条件的制约,人们历来都重视研究农作物生长发育与气象气候条件的关系。

研究农业生产与气象条件的相互关系及其规律的科学就是农业气象学。它是根据农业生产的需要,运用农业和气象科学技术来不断揭示和解决农业生产中的农业气象问题,以谋求合理利用气象气候资源,克服不利气象条件,促使农业发展的实用性学科。

农业气象学的研究对象不能单指生物体及其生产过程,也不能单指生物体所处的气象环境,而是生物体与气象条件两者相互作用的规律及其影响。一方面要研究农业生产对气象条件的要求和反应,气象条件对农业生产的影响;另一方面要研究农业生产对气象条件的影响。

农业气象学是一门边缘而又独立的学科,也是一门应用性很强的实践科学。农业气象学的任务就是根据农作物生长发育的气象条件要求,来鉴定当地气象条件对这些农作物生长发育和产量的影响,进一步充分而合理地利用有利的气象条件,为克服和改善不利的气象条件提供依据,以便及时采取有效措施,扬长避短,趋利避害,夺取农业生产的稳定高产和优质高效。

第 2 节　太阳辐射与农业生产的关系

一、光的生物学意义与植物的光合特性

太阳以电磁波的形式向四周传递能量的过程叫太阳辐射。按照太阳辐射波长的次序排列成的波谱叫太阳辐射光谱。太阳辐射光谱分成三个光谱区:红外线、可见光和紫外线。红外线的波长最长,紫外线的波长最短。

太阳辐射是地球上生物有机体的主要能量源泉。地球上所有生命都靠来自太阳辐射提供生命活动的能量。首先,由绿色植物吸收太阳光能合成有机物质,把太阳能转化为储藏于生物有机体中的化学能,供给生物圈中动植物和微生物以及人类的需要。

光的生物学特性包括光合作用、刺激作用,作物的光周期现象、向光性、趋光性、感光性等。光和热是动植物生长发育和产量形成的根本条件。没有光就不能产生叶绿素,也不能进行二氧化碳的合成,光是植物光合作用的能量源泉。光对生物有机体的影响是由光照强度、光照长度、光谱成分的对比关系构成。它们各有其时空变化规律,在地球表面的分布也是不均匀的。光的这些特点及其变化,都对有机体生长发育产生影响。如光照强弱和光谱成分不同,会影响植物的光合强度刺激和支配组织的分化以及形态建成等。日照时间的长短则制约很多植物的开花、休眠、地下储藏器官的形成过程,不同光谱成分对植物光合作用影响也不同,有些波段对光合作用有利,有些波段甚至对植物有害。所以光对植物具有重要的生理、生态作用,是一切绿色植物生长发育过程中的一个极为重要的因子。

1. 红外线对作物生长发育的影响

到达作物表面的太阳辐射红外线光谱区的能量,大约占太阳辐射总能量的一半,其中15%被反射回大气中,12.5%穿过农作物茎叶透射到植株群体的下层和土壤表面,22.5%被作物茎叶吸收了。红外线在植物光合作用中不能被直接利用,但对植物生活也起了一定作用。红外线的主要作用是转化为热能,其中分为被作物吸收的部分,消耗在作物水分的蒸腾和叶面向外辐射上被透射和被反射的部分,可以增高土壤温度和空气温度。因此,红外线给作物生长发育提供了热能。

红外线可以促使作物植株伸长,对光周期和种子的形成有重要作用,并且还能控制开花与果实的颜色。730纳米附近的远红外和波长660纳米附近的红光影响长日照和短日照植物的开花,影响植株茎的伸长和种子萌发等。例如红光能促进莴苣种子发芽,远红光则抑制莴苣种子的发芽,这两种光的效应是相反而又可逆的。

2. 可见光对植物生长发育的影响

在各种光化学反应中,起决定作用的是叶片所吸收的光。叶片所吸收的以可见光和紫外线为主。这个波段区域对植物的生活机能具有决定性作用。

到达作物表面的可见光能量大约占太阳辐射总能量的一半,其中有 5% 可见光被叶面反射回大气中去,2.5% 穿过作物茎叶透射到作物下层和土壤表面,有 42.5% 被作物吸收了。被吸收的部分,消耗在水分蒸腾和叶面辐射方面的能量占 42% ,只有 0.5%—1% 的能量用在了光合作用方面。

(1)可见光的光合作用

可见光是农作物进行光合作用,制造作物所需要的有机质的主要能源。没有可见光,作物就不能进行光合作用,作物就得不到生长发育所需要的营养。只有在水分、二氧化碳的参与下,在阳光照射下,才能进行光的化学作用即光合作用,作物也才能正常地生长发育。作物的叶绿素吸收最多的是可见光的红、橙光和蓝、紫光,绿光只有微弱的吸收。

在进行光合作用的过程中,红、橙光的光合作用本领最强,蓝、紫光就差一些,绿光的本领最差。红、橙光部分波长为 610 纳米—710 纳米。它几乎是叶绿素最强吸收的光谱带,也是红光区域中具有最强光合特性的光谱带。在这个波段作用下,植物的光合作用、肉质直根、鳞茎等形成过程,植物开花过程和光周期过程都以最大的速度来完成。它对形成光学机构起着主导作用,对植物的化学成分也影响强烈,形成碳水化合物多。在光合作用中,红光还有利于糖的合成,紫光却有利于蛋白质的合成,同时形成了各种对作物生长发育有用的养料和建成植株形态的物质。也就是说,对作物的开花、植株的形态,红、橙、蓝、紫光起了很大的作用,而绿光起的作用不大。

（2）作物对各种可见光的要求

能够被叶绿素吸收的各种波长的太阳辐射，称为合理辐射。不同的作物，因为它们长期生长的自然环境条件不一样，对光谱成分的要求也不一样。例如，水稻、小麦、玉米等作物，在红、橙光的照射下，能迅速地生长发育，而且还可以早日成熟；而黄瓜在红、橙、黄光的长时间照射下，它的植株就小，产量也低，但是在蓝、紫光的照射下，就可以形成大量的有机质，产量也高。蓝、紫光被叶绿素、胡萝卜素和酶所吸收，它可以使作物开花的进程延迟，这样就可以促进蛋白质的形成。

一个地方在一天中的太阳高度角早晚不同，各种波长的光谱组成的比例也不同。早晨和傍晚的太阳高度角小，斜射大地，光的强度不如正午，但红、橙光所占有的比例却很大，这对作物的生长有利，而且谷类作物的叶子大多和地面相垂直，吸收侧面的光多于正面，所以充分地利用早晚光照，对于提高作物的产量是很有意义的。北方的玉米、高粱长得比南方粗壮、高产，原因之一就是北方纬度高，太阳比较长时间的斜射，获得红、橙光的机会多。

蓝、紫光可以促使秧苗生长粗壮，所以利用浅蓝色塑料膜覆盖水稻秧田，比用无色的长得健壮。因为浅蓝色的塑料膜可以让蓝、紫光通过。人们经过试验证明，短日照作物用波长短的蓝、紫光在早晚照射，进行长日照处理，它的生长发育最快；长日照作物用波长长的红、橙光照射（中午遮光），进行短日照处理，它的生长发育也最快。

（3）紫外线对作物生长发育的影响

紫外线所含的能量是最大的，它能够把人的皮肤灼伤，也能够毁灭植物。但是由于高空有臭氧层的存在，像巨大的筛子一样，经过筛选，只漏下少量的紫外线到达地面上来。却有利于动植物的生长发育。

紫外线对农作物的作用有两个方面，紫外线中波长较短的部分，能够抑制作物生长，可以杀死病菌。此外紫外线中波长较长的部分，对作物有刺激作用，可以促使种子发芽，果实成熟早，并且可以提高蛋白质和维生素的含量。

　　紫外线对果实成熟有利,果实成熟期间,在紫外线较多的光照下,果实中会含糖多,所以山地的果树结果质量好。新疆吐鲁番等地盛产的哈密瓜,果大水多糖分多。其所以这样,就是因为新疆地形较高,哈密瓜生长收获的 5 月—9 月,大多数日子晴空万里,太阳光照强烈,紫外线到达地面较多所致。不仅哈密瓜如此,就是吐鲁番的葡萄、库车的梨同样也非常香甜。当然另一方面也和那里的温度日差较大,作物的有机质积累多有着重要的关系。

　　紫外线辐射还对植物的向性、感性和趋性有很大的作用。当紫外线定向作用于根部,可观察到地上器官有向光性,这可能是胡萝卜素的作用。

　　根据不同光谱成分对植物生长的影响,就可以用人工改变光质以改善作物的生长。近年来有色塑料膜在农业上的应用,受到国内外的广泛注意。通过有色塑料膜改变光质以影响作物、蔬菜的生长发育,一般都能起到增加产量,改善品质的效果。如果用浅蓝色薄膜育秧与用无色薄膜育秧相比,前者秧苗及根系都较粗壮,插后成活快,分叶早而多,生长茁壮,叶色浓绿,鲜重和干重都有增加。据测定粗纤维和粗淀粉以及含氮量和蛋白质的含量都较高。这主要是由于浅蓝色薄膜可以大量透过光合作用所需要的 380 纳米—490 纳米波长的光,因而有利于植物的光合过程和代谢过程。再如黄色薄膜能促进黄瓜叶色浓绿、叶片肥大、防病,并能延长生长期,增产效果明显。不同波长的植物生理和形态所起的作用是一个值得进一步研究的问题,它将为农林、牧业生产更广泛地应用有色薄膜提供依据。

　　二、光照时间对作物的影响

　　生物的活动性深受光照时间长短变化的制约,称为光周期现象。光周期随季节和纬度的不同而变化。现已证实光周期是生物活动的定时器或启动器。它可启动一系列导致许多植物生长和开花,鸟类和哺乳类换毛、脂肪沉淀、迁移和繁殖、昆虫开始滞育等生理活动。光周期通过感觉接收器,如动物的眼睛或植物叶子的特殊色素而起作用。在高等植物中,有些种类在日照长、黑夜短时开花;另一些种类在日照短、黑夜长时开花。动物也同样对光周期变化产生一定的反应,许多对光周期敏感的动物,可以通过在自然状态下人工控制光周期改变它们的定时作用。如在自然状态下雪兔春季和夏季毛色为棕黄,冬季则换成白色。将雪兔置于人工控制的冬季短日照条件下(每天光照9小时),尽管温度保持夏季21℃,但毛色仍为白色。

自然界很多植物的开花和结果对光照时间长短特别敏感。这是植物内部节奏生物钟的一种表现。自然季节的光周期变化使每天光长按规律加长或缩短。它是对植物内部节奏的信号,植物知觉到光照长度的变化,由此来识别一年内时间的推移,因而光周期现象事实上是利用对光长的测量控制植物生理反应的现象。

我们根据光照时间的长短与作物开花结果的关系,把作物分为长日照、短日照和中性三大类。

有的作物在光照长度超过一个临界值时开花,否则停留在营养状态,这类作物称为长日照作物,如麦类作物、豌豆、菠菜、油菜、甜菜、向日葵、胡萝卜、亚麻等,这类作物原产于高纬度地区。一般是头一年种植,第二年收获。这类作物每天的光照时间在14小时—17小时以上才能形成花芽,光照时间越长,则开花越早。因此,人工延长光照时间,可促使这类作物开花。

有的作物在生长发育过程中,需要有一段昼短夜长的时间。才能正常开花结实,这类作物称为短日照作物。如水稻、大豆、玉米、甘薯、棉花等,这类作物原产于低纬地区,一般都是当年播种当年收获。短日照作物通常是春季或秋季开花,若用人工方法缩短光照时数,也可促使提前开花。

有些作物对日照时间的长短反应不敏感,不论是长日照条件,还是短日照条件,都可以正常地开花结实。如荞麦、黄瓜、番茄、四季豆等,它们对日照长短都可适应。只要其他条件满足,各个地区都可以种植。

表 3.1　不同纬度地区的日照最长日与最短日时间

(单位:小时)

纬度	0°	10°	20°	30°	40°	50°	60°	65°	70°
最长日	12.00	12.58	13.22	13.93	14.85	16.15	18.50	21.15	24.00
最短日	12.00	11.42	10.78	10.07	9.15	7.85	5.50	2.85	0.00

资料来源:李博等 2000 年。

　　作物的光周期现象的产生,主要是原产地遗传给它的特性,这是作物在它们自身历史发展的过程中,逐渐在某种自然环境条件下形成的。中性作物的产生多半是人工栽培下改变了原产地的条件,使它们长期生活在新的环境下,削弱了它原来的遗传特性产生的结果。

三、光周期现象在农业生产上的应用

(一)引种

　　不同作物与品种具有不同的光周期现象和感光性,而不同地区与季节的光照时间不同,所以在不同地区引种工作中,必须注意作物的光周期特性及引种地区的光照特点,才有可能使引种获得成功。否则必然会失败。现就光照时间长短对作物生育期的影响进行讨论。

　　(1)短日性作物的北方品种向南方引种时,由于北方的光照时间长,温度也低,而引种到南方,光照时间变短,温度也升高,导致生育期缩短,可能出现早穗现象,穗小粒少,甚至导致引种失败。南方品种引种到北方时,由于光照变长,温度降低,导致延迟成熟,甚至不能抽穗开花。

　　南种北引,早稻感光性弱,易获成功。晚稻感光性强,适应范围狭窄,要特别注意。例如,华南早稻中熟品种引至华中分别作早中稻栽培,表现最好,产量最高,但晚稻早熟品种只能引至长沙,中迟熟品种到韶关以北就不能黄熟。

　　(2)长日性作物的北方品种引种到南方时,由于新植区的日照时间短,就要延缓发育,推迟成熟。但南方温度较高,生育期是否延长,还要综合考虑。南方品种引种到北方时,由于新植区的日照时间长,就会加快发育提前成熟。但北方温度较低,作物发育速度减缓,因此,生育期的长短也应综合分析。

(3)纬度和海拔高度相近的地区相互引种,光温条件大致相同,生育期变化小,较易成功。如江苏南京11号水稻品种引至川、鄂、湘等省获得成功,便是东西引种成功的典型。

(4)在同一地区,平原与高原间相互引种,其延长和缩短的日数,决定于高度差引起的温度变化。

(5)在同一地区,早中稻作晚稻种植时,提早成熟;而晚稻过早播时,延迟成熟,因此,在双季稻区,早稻可用作晚稻栽培,而晚稻不能用作早稻栽培。当然,早晚稻生育期的长短,要考虑光、温特性的综合影响。

相对来说,各地的光温条件还是比较稳定的因素,而各地的栽培条件和技术措施是可变的因素,因此,有些品种特性只要大致能适应当地的光、温条件,就可以通过改变因素而引种成功。

(二)育种

杂交育种常因亲本花期不一,给育种工作带来困难。采用人工光照处理,即根据亲本对光长反应的特性,人为地延长或缩短光照时间,便可使亲本延迟或提早开花,促使花期相遇。

(三)其他

了解光照强度对植物的影响,对防御农业自然灾害也有作用。如北方某些地区冬小麦易遭晚霜冻害,若种植对光长高度敏感的冬小麦品种,使拔节期延迟,就可能躲过晚霜冻害。利用作物长短日照特性,也可以促使人们利用营养器官的发育而提高产量。如甘蔗为短日性作物,把南方品种引入,晚熟当早熟栽培,生育期延长,产量提高。

四、光照强度对作物的影响

1. 光照强度

光照强度是指太阳可见光在植物体表面上的照度。照度的强弱是用米烛光表示。在自然条件下,天气、季节、植物的长势和植株密度都会影响光照强度。

作物对光照强度的要求,可以按照它们对阳光的需求不同,分为两大类,就是喜光性作物和耐阴性作物。喜光性作物对光照强度的要求很高,玉米、小麦、棉花、向日葵和谷子最喜欢强光,其次是水稻、高粱、花生、豆类和薯类作物,它们只有在强光的照射下,生理机能才能正常,植株生长发育才能健壮。如果这些作物在弱的光照强度下,植株就会发育不良,形体细弱,产量就要减少。

耐阴作物,在弱的光照强度下,却比强的光照强度下生长发育良好,并可收到高产的效果。不过真正的耐阴作物并不多,只有一些蔬菜作物才属于这一类。

2. 光的饱和点和补偿点

作物的光合作用,在很大程度上决定于光照强度,光照强度增加,光合作用也加强。但当光照强度增加到一定程度以后,光照强度再增加,光合作用就不会增加了。这种现象叫做光饱和现象,这个时候的光照强度叫做光饱和点。作物的叶片,只有在饱和点的光照下才能最大限度地制造和积累作物本身需要的有机质。在饱和点以上的光照强度对光合作用是不起什么作用的。

光合作用的补偿点,是指光合作用所制造的有机质和通过呼吸作用所消耗的有机质相等,以致作物体内没有有机质的积累,这时的光照强度叫做光的补偿点。如果光照强度比补偿点还低,作物呼吸作用所消耗的有机质,超过积累。作物只要长时间的处于光的补偿点以下时,就可导致作物枯萎致死。因此,光的补偿点是作物需光量的下限。

光饱和现象和光补偿现象的出现,因作物的品种、生长发育状态和外界条件的不同存在差异。这种指标常分为单叶和群体光饱和点和补偿点两种。

表3.2　几种作物的单叶光的饱和点和补偿点　　（勒克斯）

作物\指标	小麦	棉花	水稻	烟草	玉米
光饱和点	24000	50000	40000	28000	25000
	－30000	－80000	－50000	－40000	
光补偿点	200—600	750左右	600—700	500—1000	——

　　一般作物的光补偿点在 30000—60000 勒克斯间变动。在夏天的中午,光照强度通常可达 10 万勒克斯以上,可见在一般情况下,光照强度并不是作物进行光合作用的限制因子,只有在作物植株过分稠密,或者是天气阴雨的情况下,才会出现接近光补偿点的光照强度,危害到作物正常的生长发育。

　　不同作物的光补偿点和光饱和点不同,同种作物的没发育期的光饱和点和光补偿点也不一样,因为作物的各个发育期内所处的温度、湿度的条件不同。以水稻为例,各生长发育期的光饱和点以辐射强度来表示。（表3.3）

表3.3　水稻各生长发育光饱和点

生育期\指标	苗期	拔节期	孕穗期	抽穗后期	灌浆成熟后
光饱和点（卡/cm²·m）	0.3	0.5—0.6	0.9	光饱和点近于消失,对光照强度要求最大	光饱和点下降

　　表 3.3 中的指标说明,水稻自苗期开始,光的饱和点就不断提高到了生长发育的盛期,对于光照强度的要求达到最高点,这时光的饱和点接近消失,到了后期,光饱和点又逐渐地下降。

　　外界温度的高低,是与光的补偿点成正相关的,就是温度升高,光的补偿点也升高,这是因为温度升高以后,作物的呼吸作用消耗增多,光补偿点也就增高,不然就没法弥补有机质的消耗。另外,干旱也容易引起光的补偿点增高。

作物群体的光照指标,由于作物各部位光饱和点不同,田间各部位光强又不一致,测定比较困难。但总的说来,群体光饱和点较单叶光饱和点要高。作物封垄以后,群体光饱和点基本消失。

C3 植物如水稻、小麦、大麦、大豆等光饱和现象下的光合产量大约为 15 至 40 毫克/平方分米·时。C4 植物如玉米、甘蔗等有较高的光合作用能力,其光合产量约为 40 至 80 毫克/平方分米·时。

3. 光照强度与作物发育的关系

农作物在光照强度不足的情况下,作物的光照阶段的通过就受到了阻碍,这样光合作用减弱,有机质的积累也会降低,于是作物自身的营养状态就要恶化。例如,小麦花粉四分体形成前后,光照强度不足,会使花粉和子房发育不正常,以后就会出现不孕的小花。棉花可以因为光照强度减弱,造成落蕾铃的病态。这就证明了光合作用直接受光照强度的影响。农作物的光合作用是叶绿体利用光能把空气中的二氧化碳和本身水分合成碳水化合物。这个过程可用下面的化学方程式来表示:

$$CO_2 + 2H_2O \xrightarrow[\text{叶绿体}]{\text{光}} (CH_2O) + O_2 + H_2O$$

这个式子说明,只有在光照的条件下,叶绿体才能进行光合作用。光合作用的强弱,是由光照强度制约的。具备了二氧化碳和水这两个条件,在一定的温度和一定的光照强度范围内,光合作用的强度随着光照强度的增加而增加,所制造的有机质也随着增多;反过来光照减弱了,光合作用的强度也就减弱了。

在白天,如果光照强度长时间的比光补偿点低的话,这样有机质的消耗就会超过积累的数量,于是作物长势就衰弱,甚至会死亡。例如:华南地区某些年份的春天,出现了长时间的低温阴雨天气,光照强度减弱,早稻的秧苗长期处于光补偿点以下,秧苗叶子就逐渐由绿变白,失去了制造有机质的能力,长势衰弱,抗寒能力也降低,这样往往导致烂秧死苗的现象。

又如水稻插得过密,植株间的光照强度往往在光补偿点以下,再加上通风不良,这样就会使二氧化碳浓度降低,光合作用受到了限制,结果是植株的无效分蘖增多,茎秆细弱,倒伏严重,减产就不可避免了。

如果太阳的光照强度超过了光的饱和点的话,超过的那部分光能,不能用在光合作用方面,只能以热的形式放射出去。光照太强时,还可以使叶绿素遭到分解,不利于作物的生长发育。

橡胶在光照强度为 500 勒克司的情况下,光合作用的强度等于零,这时橡胶的体积没有任何增加;光照强度在 500 勒克司以上时,光合作用随着光照强度的增加而增加,但当光照强度达到 30000 勒克司左右的时候,光合作用就不再增加了。

缺少光照时,橡胶的抗寒能力就要降低,在强寒潮造成寒害的年份,尽管可以用草料棚长期覆盖幼苗,能够保温防风,但由于光照不足,抗寒能力低,结果寒害比不防寒还重一点。所以应当把方形种植改成宽行窄株种植,以便改善林地的光照状况,来提高橡胶的抗寒能力。但是光照太强也不好,如果在夏秋两季出现燥热天气,光照过强,可灼伤橡胶的皮部,发生日灼病。另外,橡胶对光照的要求,是随着树龄的增长而增加的,成龄树比幼龄树对光照的要求要多。

4. 作物群体内的太阳辐射分布

到达地球表面的总辐射在作物群体中分成吸收、反射、透射三部分。一般作物叶片对太阳辐射的反射和透射分别为 20%—30% ,但它的数值的大小是随着太阳辐射和叶面的夹角而变动的。当太阳射线和叶面相垂直照射时,反射的部分减少,透射的部分增加;太阳射线和叶面夹角变小时,反射的部分增加而透射的部分减少。因此,使作物群体吸收部分能在一定的角度内保持稳定的数值。

反射部分增热了空气,吸收部分用在水分蒸腾和叶面辐射方面,透射部分进入作物群体的下层。但下层的光合作用却不能依靠这些透射来的光,因为透射只能形成阴影而不能形成亮光。作物群体下层的光合作用主要是依靠穿过作物茎叶空隙来的直接照射光形成的光斑。光斑和阴影的光照强度和光谱成分不同。对光合作用的效应也不一样,起作用的是光斑。阴影的光照强度弱,而且是上层叶片不吸收的红外线和绿光部分,对光合作用效应低。

农田作物群体中,由于乱流作用使作物的叶片不断地摆动,就形成短暂的间隔的光暗交替,形成了闪光。这种闪光对作物群体内的光合作用更有效。所以农民很关注农田的通风透光,这是改善农田小气候和获得高产的主要途径之一。

五、提高作物光能利用率的途径

(一)光能利用率的概念

作物的产量是直接或间接来自光合作用,光合效率的提高是生物高产的物质基础。作物一生中,光合效率高,制造和积累的有机物质就多,产量也就高。而太阳辐射是作物光合过程的唯一能源,所以提高单位面积产量,从能源角度看,就是提高太阳光能的利用效率。所谓光能利用率指投射到作物表层的太阳光能或光合有效辐射能被作物转化为化学能的比率,它是估算作物生产潜力的前提。生产潜力是在一系列最优条件组合(温度、水分、养分、土壤以及社会经济条件等)下,作物所能达到的生产力,这是作物的理论生产力。它仅取决于作物的光能利用率。理论上,光能利用率可以达到 10% 左右,实际生产中只有 0.5%—1%,高的可达 2%。我国气象气候学创始人竺可桢先生曾提出,若我国长江流域单季稻光能利用率提高到 3%,则亩产可达 1411.5 公斤,汤佩松对北京郊区稻麦产量进行了估算,总辐射中光合有效辐射按 50% 计,光能利用率若能达到 5%,北京地区水稻单位面积产量可达 2500 公斤/亩(1 亩 = 1/15 百平方米)。可见通过提高光能利用率增加农作物产量的潜力是很大的。

(二)影响光能利用率的因素

影响作物群体光能利用率的因素:主要有光合面积、光合时间和光合能力。

1. 光合面积

光合面积主要指叶面积。要提高作物群体的光能利用率,使单位面积的土地上生产出更多的农产品,首先要有足够的叶面积以截获更多的日光能,才能使单位面积土地上作物吸收的光能总量增加。如果群体的总叶面积小,虽然其中的单株能得到较充分的光照,但群体的生产力,即单位面积土地的产量仍比郁闭的群体低。所以在农业生产中,在一般单作的情况下,群体常采用合理密植的方式来提高光能利用率。叶片的繁茂与光能利用率的高低直接有关。在一定范围内,叶面积系数与光能利用率成正比。但叶面积过大时,反而降低群体总叶片的平均光合作用率。要使群体有最大的光能利用率,就应求出最适叶面积系数值。根据测定,大豆的最适叶面积系数为3.2,玉米大约为5.0,小麦约为6.0—8.8,水稻约为4.0—7.0。

在作物群体中,最适叶面积系数还需与适合的叶片开张角和叶片配置方式相结合,才能更大限度地提高作物群体的光能利用率,因为叶片的配置方式直接影响叶片的受光量。一般叶形小、呈直立状态、叶层分布上小下大,呈塔形,叶面积系数较大,光能利用率就较高。禾谷类植物密植时,直立叶片冠层比水平叶片冠层较有利于增加群体内的透光率,使中下层叶片的光合潜力能得到很好的发挥,从而提高整个群体的光能利用率。

2. 光合时间

光合时间是指作物在整个生育期间或全年中利用太阳光能进行光合作用的时间。适当延长作物的光合时间,可以增加体内有机物质的积累而提高产量。为了延长光合时间,农业栽培管理主要从两方面入手,一是延长叶片的寿命,即延长叶片的功能期,防止叶片早衰。对禾谷类作物来说,每张叶片特别是近穗叶片的寿命的长短对籽粒产量有极为重要的作用;二是适当延长作物的生长期。我国的间作套种是增加光合面积、延长光合时间,从而提高光能利用率的有效措施。

3. 光合能力

当作物的环境因素处于最佳状态时,作物的最大净光合作用速率称为光合能力。于沪宁等人将光合生产的过程分为三个阶段来剖析,并提出了各阶段的限制因素。

第一阶段是能源和原料的输送阶段。光及二氧化碳通过辐射及扩散,进入作物层直达叶绿素内的光合作用反应中心,并进行再分配。

当太阳光线通过植物体时,光线穿过表层向底部逐层透射,穿过第一层叶片后的能量,其强度经过衰减,再传递到第二层叶子,又经过衰减后再往下传递。根据实测,在植物底部的光强,只相当于顶部光强的1%左右。

第二阶段是能量转化阶段。无机物转化为有机物,光能转化为生物化学潜能。在这个阶段,植物所吸收的光能总值与其体内实行反应后所累积的能量是不相等的。植物吸收相当大的一部分能量,由于植物本身的生理生态特征、自身的生长发育规律,形态结构特点以及光化学反应的基本规律等方面的原因,有部分光能损失掉了,因此,光能利用率是不高的。当然随着改变植物的遗传基因,并改善在光合反应中的不利环节,光能利用率还是能够提高的。

第三阶段是生物化学阶段。叶子中初步合成的碳水化合物用于生长发育和转送到其他器官储藏,或转化为还原程度更高的化合物。这一方面决定于前面光合生产所合成的物质;另一方面更大限度地取决于植物的内在因素。如遗传性状、经济系数、生物化学反应速度等。

此外,光合作用也依赖于温度、水分等其他外界因子,所以设法改进这些生境条件,也能提高作物的光能利用率。

(三)提高光能利用率的途径

提高作物光能利用率的基本问题是探明作物产量内在生理及外在生态因素,以便能自由地调节和控制这些因素。其本质就是增加光合作用强度和总的光合量。所以提高光能利用率的基本途径就是改进个体和群体的光合生产,改善栽培措施和提高技术水平,可以从以下几方面考虑。

1. 选择合理的种植制度和种植方式

应满足以下要求:在温度条件允许的情况下,最大可能延长光照时间;阳光最强时具有较高的叶面积系数,使温度、光强、叶面积系数的乘积之和达到最大值,因此可以选择合理地间作、套种和复种,达到充分利用作物的生长季节,使地面上经常有一定的作物覆盖着,比如小麦、玉米和高粱三茬套作,全年叶面积此起彼伏,交替兴衰,这样就增加光合作用的产量;合理安排茬口,不断创造和改善合理的农田群体结构。间套复种,田间作物有高秆、矮秆互相间隔,宽行、窄行互相间隔,使作物的密度增大,叶面积增大,边行增多,因而增加了边行受光与多层受光,增加了直接光照面积,改变了单行种植时光照分布的上层强、下层弱的情况,变成了上下光照均匀,也改善了通风透光条件,这的确能提高光能利用率。作物的行向、行距对光能利用率也有一定的影响。中纬度地区,夏季阳光东西方向照射的时间比南北方向照射的时间长得多。纬度越低,太阳偏东西方向照射比偏南照射的时间越长。但是因为每天东西方向照射时,由于太阳高度角低,作物阴影较长,中午偏南方向照射时,阴影较短。所以,对于单作和套作的上茬作物来说,以南北行向有利,而且纬度越低越有利。对于套作的下茬作物来说,以东西行有利,而且也是纬度越低越有利。但是在低纬度地区全年生长作物,对于冬春生长的小麦是东西行有利,夏季以南北行有利。

2. 选育、推广优良品种

选育、推广合理的叶型、株型、高光效低呼吸的品种是提高光能利用率的主要途径之一。就叶型来说,在作物群体中,接近直立的叶片比接近水平的叶片能更均匀地将所接受的光能分配给全部光合器官,从而更好地利用光能。矮秆品种株型紧凑,叶片短而挺直,耐肥抗倒伏,经济系数也较高,有利于增产。在光强和温度均较低的地区和季节,宜选育光合效率相对高的植物。

3. 改善水、肥、气、热等外界条件,增强光合能力

二氧化碳在空气中的浓度,一般为 320ppm,而 C3 植物的光合作用二氧化碳饱和点,一般为这个数的 4 至 5 倍,所以仅靠大气中二氧化碳的扩散,是不能满足要求的。合理密植可使作物群体通风透光,多施有机肥料和富含二氧化碳的化肥,提高空气中二氧化碳的浓度,对于经济作物和粮食作物都有增加生长量与产量的效果。如在温室中的栽培作物,用人为措施增加温室中的二氧化碳的含量,已有提高产量 40% 以上的记录。足够的水分对加强光合作用也是十分重要的。叶片缺水,气孔开度变小,甚至关闭,影响二氧化碳的吸收,蒸腾减弱、叶温增高,从而增加呼吸消耗,降低了净光合生产率。

4. 减少呼吸消耗,增加净光合生产率

光呼吸型作物,光呼吸放出的二氧化碳比暗呼吸大 3 至 4 倍,占光合作用同比二氧化碳量的 1/3 以上,因此,抑制光呼吸能减少二氧化碳的释放,大大提高光合强度,增加干物质积累。

5. 提高经济系数

禾谷类作物经济系数大多为 0.3—0.4,高的可达 0.5,玉米为 0.3,水稻、小麦为 0.35—0.5,甘薯可达 0.7 以上。通过选育优良品种和先进的栽培措施,经济系数可以提高。但不良气象条件,如干旱、低温等,往往可使经济系数降低。

农作物的产量实际等于:[(光合面积 × 光合能力 × 光合时间) − 消耗] × 经济系数,称为光合性能。它是决定农作物产量高低和光能利用率大小的关键。

第 3 节　温度与农业生产的关系

一、概述

农作物的生长体内部要完成生长过程,它就必须进行一系列的生物和化学的过程,在这些过程中,热量是非常必需的条件。热量是用温

度来表示。作物种子发芽、幼苗生长和根系发育,土壤中微生物的生命活动,有机质的腐败、分解,以及地下害虫的发生发展都与土壤温度有着密切的关系。所以土壤温度是农作物生命过程中重要的因子之一。

表 3.4　种子发芽所需的土壤温度(℃)

作物	土壤温度		
	最低	最适	最高
小麦、黑麦、大麦	1—2	20—25	28—32
粟、玉米	8—10	25—30	40—44
水稻	12—14	30—32	36—38

作物生长的好坏,发育的快慢,各个发育阶段的长短和出现的早晚,产量的高低,分布界限等,都受到气温的影响。如果气温的变化符合农作物所要求的限度及持续时间,作物就会顺利地生长发育。相反,如果气温的变化超过了作物所需要的限度,或者缺少应有的持续时间,作物的生长和发育就会受到限制,或者不能进行。

二、作物生命活动的三基点温度

各种农作物的生长发育都是一定的温度范围内进行,并有维持生命活动及适应生长和发育的温度范围。不论对哪种作物来说,仅就其生理过程而言,都有三基点温度:即最低温度、最适温度和最高温度。作物在最适温度下,生命活动强烈,生机勃勃,生长发育得最好,但是在最低温度或最高温度时,生长发育就会停止,甚至死亡。

不同作物的三基点温度不同,并有一定的变化幅度;同一种作物在不同生育期的三基点温度也不同,如从作物生长要求的最适温度来分析,作物早期要求的温度较低,生长盛期要求较高,到成熟时期则又低一些。

例如,水稻原产热带地区,是一种喜温作物,但它的不同生长发育期,由于植物的组织器官和生理过程有差异,因而三基点温度也不一样。水稻生育期的最适温度,苗期是 26℃—32℃,分蘖期是 25℃—32℃,成熟期是 25℃—30℃。

表 3.5　几种主要农作物生长的三基点温度(℃)

作物	最低温度	最适温度	最高温度
小麦	3—5	10—22	30—32
玉米	8—10	30—32	40—44
水稻	10—12	30—32	36—38
烟草	13—14	28	35
棉花	13—15	28	35
油菜	4—5	20—25	30—32

在实践中,如果作物的播种期掌握不好,或者是前后期作物搭配不合理,那么作物在生长发育过程中,所要求的温度就会出现不足或者过量的现象,就会造成不良效果。有些作物,在它们的生长发育过程中,不但要求适宜的温度,还需要低于最低温度的持续时间,以便进行"春化阶段"。例如:强冬性小麦品种,在生长前期经过 35 天至 50 天的 0℃—5℃的低温时期,才能通过春化阶段,进入光照阶段而抽穗、开花、结实。如果把这种冬小麦引种到南方种植,由于满足不了它对低温的要求,无法通过春化阶段,就只能进行营养生长,而不能进行生殖生长,茎秆长得旺盛但不能抽穗。

作物的光合作用和呼吸作用也有三基点温度。一般来讲,光合作用的最低温度为 0℃—5℃,最适温度为 20℃—25℃,最高温度为 40℃—50℃;呼吸作用的最低温度为 - 10℃,最适温度为 30℃—40℃,最高温度为 45℃左右。不同作物及品种,作物的光合作用与呼吸作用的三基点温度也有变化,而且,光照强度、二氧化碳浓度、土壤水分含量以及农业技术措施等都会影响三基点温度值的大小。

三、界限温度

农作物生命活动的另一个基本温度是农业界限温度,又叫指标温度。它表明某些重要物候现象或农事活动开始、终止的温度。所谓"界限",完全是从农业生产和气象条件的关系上划定的。农业气象上常用的界限温度及其农业意义为:

0℃：土壤冰结或解冻，越冬作物秋季停止生长，春季开始生长。春季0℃至秋季0℃之间的时段为"农耕期"。

3℃—5℃：早春作物播种、喜凉作物开始生长，多数树林木开始生长。春季3℃—5℃至秋季3℃—5℃之间的时段为冬作物或早春作物的生长期。

10℃：春季喜温作物开始播种与生长，喜凉作物开始迅速生长，秋季水稻开始停止灌浆，棉花品质与产量开始受到影响。开始大于10℃到开始小于10℃之间的时段为春温作物的生长期。

15℃：初日为水稻适宜移栽期，棉苗开始生长期，终日为冬小麦适宜播种日期，初终日之间的时段为喜温作物的活跃生长期。

20℃：初日为热带作物开始生长日期，也是水稻分蘖迅速增长的开始和双季稻的安全齐穗期，玉米、高粱的完全灌浆成熟期。20℃也是喜温作物光合作用最适温度的下限。

虽然界限温度是一些概括性的指标，但是作为界限温度的资料还是非常有用：它可以，①分析、对比年代间或地区间稳定地通过某一界限温度日期的早晚，以便比较冷暖的早晚及对作物的影响。②分析与对比年代间或地区间稳定地通过相邻两个界限日期之间的间隔天数，以便比较升温与降温的快慢缓急，分析其对作物的"利"与"弊"。③分析与对比年代间与地区间春季到秋季稳定通过某界限温度日期之间的持续日数，可用来作为鉴定生长季长短的标准之一，可以和无霜冻期指标结合使用相互补充。

四、积温对农业生产的实际意义

(一)积温的概念

在作物其他因子基本满足的条件下，在一定温度范围内，温度和作物的生长发育成正相关，而且只有当温度累积到一定总量时作物的生长发育才能完成，这一温度的总和叫做积温。积温学说是关于温度与作物发育关系的学说，其基本内容是：①其他条件基本满足的前提下，温度对发育起主导作用；②作物开始发育需要一定的下限温度，对于某些阶段的发育存在着上限温度问题。实际上,从生物体生长发育存在的三基点温度出发也应当有上限问题。③生物完成某一阶段的发育,需要一定的积温。积温有活动积温和有效积温两种:

1. 活动积温即作物在某一时段内活动温度的总和,统计比较方便,但稳定性较差,常用于农业热量资源的分析。各种作物不同发育期的活动积温不同,同一种作物的不同品种的需求的活动积温也不相同(表3.6)。

表3.6　各种作物不同类型所需≥10℃的活动积温(℃)

作物＼类型	早熟型	中熟型	晚熟型
水稻	2400—2500	2800—3200	—
棉花	2600—2900	3400—3600	4000
冬小麦	—	1400—1700	—
玉米	2100—2400	2500—2700	>3000
高粱	2200—2400	2500—2700	>2800
谷子	1700—1800	2200—2400	2400—2600
大豆		2500	>2900
马铃薯	1000	1400	1800

2. 有效积温是指活动温度和生物学最低温度的差值。也就是说这一差值对作物生长发育才是有效的。它主要用于研究作物发育与温度条件定量关系和建立作物发育的农业气象模式。各种作物的不同发育期中的有效积温差异是明显的(表3.7)。

表3.7　几种作物主要发育期生物学最低温度(B)和有效积温(A)(℃)

作物	发育期	B	A
水稻	播种—出苗	10—12	30—40
	出苗—拔节	10—12	600—700
	抽穗—黄熟	10—15	150—300

作物	发育期	B	A
冬小麦	播种—出苗	3	70—100
	出苗—分蘖	3	130—200
	拔节—抽穗	17	150—200
	抽穗—黄熟	13	200—300
春小麦	播种—出苗	3	80—100
	出苗—分蘖	3—5	150—200
	分蘖—拔节	5—7	80—120
	拔节—抽穗	7	150—200
	抽穗—黄熟	13	250—300
棉花	播种—出苗	10—12	80—130
	出苗—沉蕾	10—13	300—400
	开花—裂铃	15—18	400—600

活动积温和有效积温是不同的:①活动积温中包含低于生物学下限温度的那一部分无效积温,温度越低,无效积温所占的比例就越大。②对作物的需求来说,有效积温比较稳定,更能正确地反映对热量的要求。为此,在制定作物发育期预报时,使用有效积温比较好,但是对某一个地区热量鉴定、合理安排农作物布局和农业气候区划时,使用活动积温比较方便。

(二)积温的意义

农作物的全部生长发育过程中或某一个发育期中对热量的要求,用积温来表示,效果是最好的。人们在长期生产实践中得知,在一定的温度范围内,气温和作物发育速度是成正相关的,只有当气温积累到一定总和时,作物才能完成发育期,不然的话,这个发育期不能通过,下一个发育期也就不能开始。这说明,作物的各个发育期的长短,或者整个生长周期的完成,并不在于天数的多少,而是决定于积温的数值。

在农业生产实践中,积温可以作为①积温的多少,可以表示各地的热量资源状况,可以鉴定和评价这个地区的热量条件对农业生产的利弊。所以积温是农业气候区划的重要依据。②可以作为作物优良品种引进和推广的依据,要对引进或推广的优良品种所需要的积温作出鉴定,然后再与引进与推广地区的积温资料进行对比分析,看能不能满足要求,如果是感光性强的作物,还要考虑日照时间长短。③可以作为物候预测预报的依据,根据积温可以预测预报未来生育期到来的日期以及收获期和播种期,还可以预报病虫害的发生时期。

（三）积温的计算方法

农业气象中,应用最为广泛的是活动积温和有效积温,农作物在某阶段内活动积温和有效积温的计算,可以根据该时期的平均温度值进行计算。

$$A_a(活动积温) = \sum_{i=1}^{n} T_i \quad (T_i > B,当 T_i \leqslant B 时, Ti 以 0 计) \quad 3.1 式$$

$$A_e(有效积温) = \sum_{i=1}^{n} (T_i - B) \quad (T_i > B,当 T_i \leqslant B 时, T_i - B 以 0 计) \quad 3.2 式$$

B 为某种作物某发育期的生物学最低温度,n 为某发育期经历的天数。

例如:某品种的水稻,从播种到出苗,这一发育期的生物学最低温度是 11℃,播种后 6 天出苗,这 6 天的日平均温度分别是:21.2℃、19.5℃、17.4℃、13.6℃、10.9℃、15.5℃。这 6 天中有一天的温度不够活动温度,以零计。5 天的温度都超过了生物学最低温度 11℃,成为活动温度,这 5 天所有的活动温度总和,根据 3.1 式,Aa＝87.2℃。

这就是这一品种从播种到出苗的活动积温。根据 3.2 式,$A_e =$

$$\sum_{i=1}^{6} = [(21.2 - 11) + (19.5 - 11) + (17.4 - 11) + (13.6 - 11) + 0 + (15.5 - 11)] = 32.2 ℃$$

就得出这一品种从播种到出苗的有效积温是 32.2℃。

五、温度的日变化对作物生长发育的影响

（一）昼温和夜温对作物的影响

温度的昼夜变化,对作物生长发育有重要意义。夜间的温度对于某些作物来说更有实际意义。番茄、辣椒、茄子、马铃薯等作物生长,主要受夜温的影响,它们在较低的夜间温度条件下,有利于开花结实。夜间温度还影响作物的发育速度。棉花和高粱也是在夜间温度较低的情况下生长良好。

一般认为,在一定范围内,昼夜温差较大,作物产量越高,品质越好。这是因为白天适当高温有利于光合作用,夜间适当低温可减弱呼吸作用,这样净积累就增多。有观察资料显示,昼夜温差如增加1℃,则千粒重可增加0.5克—1.0克(表3.8)。

表3.8 早稻开花后10天—25天的昼夜温差与千粒重关系

昼夜温差(℃)	6.6—7.0	7.1—7.5	7.6—7.8	7.9—8.0
千粒重(g)	25.0	25.9	26.1	26.4

日温差对作物产量的影响是有一定条件的,其前提是决定一天温差大小的最高与最低气温对产量产生什么影响。北京农大曹永华先生曾对拉萨和北京两地气温日较差大小与小麦千粒重的关系,作了分析研究,指出高低温配合好是拉萨春小麦产量高于北京的一个重要原因。小麦灌浆期间,当日最高气温高于30℃,籽粒灌浆就受到抑制,影响千粒重。北京小麦灌浆期间的平均最高温度为26℃—31℃,极端最高气温能达到32℃—34℃,于是小麦出现了"午休"现象。拉萨小麦灌浆的平均最高温度为20℃—22℃,极端最高气温为25℃左右,正处于小麦光合作用最适温度之上,促进了光合作用的进程。从最低温度看,北京小麦灌浆期的最低气温为13℃—18℃,拉萨是9℃—11℃,而小麦的暗呼吸是随着温度的升高而增加的,高原上夜间温度低,大大减少了呼吸作用和碳水化合物的消耗,增加了干物质的积累。于是拉萨小麦的光合产物高于北京,即千粒重拉萨较高。同样的青海柴达木盆地的香日德农场创造亩产1013.054公斤的纪录,也是因为千粒重大。

总之,作物有机物质的积累,是连续的同时进行的两个相反的生理过程,就是同化过程(光合作用)和异化过程(呼吸作用)组成的,当同化过程创造的有机质多于异化过程消耗的数量时,作物便蓬勃的生长。相反,就委靡不振,生长停顿。

气温日较差还对农产品的品质产生影响。在大陆性气候条件下,水果及肉质类根类作物的含糖量有所增加。如新疆出产含糖量最高的水果为葡萄、甜瓜、西瓜等,就是很好地说明。云南的山苍子含柠檬酸达60%—80%,而浙江的只有35%—50%;云南的伊兰香含香精达2.6%—3.5%,比海南岛的2.45%和国外2%—3%都高,也是因为高原地区温度的日较差大所致。

(二)不利温度条件对作物的影响

温度的非周期性变化,也就是极端温度条件的出现,也会对农作物产生不利的影响,甚至减产绝收。通常见的有低温危害和高温危害,低温危害对农业生产的影响更大。

1. 温度过低对农作物的危害

低温危害的范围很广,在我国从东到西,从南到北的广阔土地上都有低温危害出现;危害的对象很多,几乎所有农作物在其生长发育过程中都会受到低温的影响。根据危害出现的期间、地域、危害的作物以及低温强度。可以把低温危害分为冷害、寒害、霜冻和冻害四种类型。

(1)冷害及其对作物的影响

冷害是指在农作物生长季节,温度在0℃以上,有时甚至在20℃左右的条件下对农作物产生的危害。

冷害危害的地域广泛、危害的作物种类较多,且春、夏、秋季均可出现,加上作物受害表现不同,因而冷害的分类较多。

(2)冷害类型

依照作物受害情况,可将冷害分成:延迟型冷害、障碍型冷害和混合型冷害。

延迟型冷害:指作物在其营养生长期内遭遇低温,使作物发育进程减慢、延迟生育,最终秕粒增加,导致减产的现象。特点是在较长时间内,温度较低,植株生长缓慢,抽穗开花延迟,虽然能正常受精,但不能充分灌浆、成熟,因此出现水稻青米多,玉米水分多,高粱瞎眼多的现象,千粒重严重下降而减产。东北地区冷害多属于这种类型。

障碍型冷害:指作物在其生殖生长期,遭受短时间异常低温,使生殖器官的生理活动受阻,造成颖花不育、粒实空粒而减产的现象。特点是时间短、危害重。一般地说,大陆性气候下多以后期为主,海洋性气候则以前后期均有。华南地区的"寒露风"和长江中下游地区的"翘穗头"都属于障碍型冷害。

混合型冷害:指在作物生长季节中相继出现或同时发生上述两种类型的冷害,在生育前期遇低温延迟生育,在孕穗、抽穗、开花期又遇低温危害,造成不育或部分不育,产生大量空秕粒现象,产量降低。

依照发生的季节,有春季低温、夏季低温和秋季低温。春季低温冷害主要指发生在南方双季稻区,夏秋季低温主要指发生在北方或东北地区的障碍型冷害。

(3)冷害对作物的危害

影响作物的生理过程,低温削弱作物的光合作用、降低呼吸强度,并且减少对矿物质营养的吸收和养分运输。引起作物生理失调,低温使植株根系吸收营养分配失调,叶片光合作用的产物分配失调,光合产物留在叶片里的时间较长,并消耗于呼吸作用,使这些物质向植株其他部位运转量减少。

限制作物的营养生长,气温低,危害作物根系的发育,影响植株高度和出叶速度,低温使水稻分蘖和有效分蘖减少。直接影响作物的生殖生长,受粉受精减弱,开花数减少,空粒增加。

2. 霜冻对农作物的影响

霜冻是指在春秋转换季节,土壤表面和植物表面温度下降到0℃以下,能使作物受害直至死亡的一种农业气象灾害。和气象学上霜的概念是不同的。霜是指白色固体凝结物,有霜时农作物不一定遭受霜冻之害。有霜冻时可以有霜出现(白霜),也可以没有霜出现(黑霜)。因此,我们要预防的是霜冻而不是霜。霜冻,尤其是早霜冻和晚霜冻对农作物危害较大,应引起重视,并需采取熏烟、浇水、覆盖等预防措施。

（1）霜冻类型

根据成因可分为平流型霜冻、辐射型霜冻、平流辐射型霜冻和蒸发霜冻。

平流型霜冻,指强冷平流引起的剧烈降温,使作物受害的霜冻。其特点是危害范围广,持续时间长（3 天—4 天）,地区间差异小。多发生在初春和晚秋。

辐射型霜冻,指在冷高压控制下,夜间晴朗无风,植物表面强烈辐射降温而发生的霜冻。其特点是持续时间短,地区间差异大,不同地块,甚至同一植株的不同部位,也会因辐射失热的不同,造成霜冻强度的差异。

平流辐射型霜冻,指冷平流和辐射冷却共同作用下发生的霜冻。先有冷平流入侵,温度下降,夜间天空转晴,地面辐射冷却,致使植株体温进一步下降而发生霜冻。这种霜冻在我国发生频率高,影响范围大,危害也最严重。

蒸发霜冻,指由于空气温度小或者植被、土壤表面水分蒸发迅速,植物体耗热较多,植株低温而受害的一种霜冻。这类霜冻相对较少,多发生在干旱地区降水之后。

表 3.9　各种类型霜冻的综合比较

霜冻类型	出现季节与时间	持续时间	农田小气候特点	危害范围	对农作物危害程度
平流型霜冻	早春、晚秋日夜均可	可连续几天	不显著	广大地区	稍重
辐射型霜冻	早春、晚秋的夜晚至清晨	每次 4 小时—6 小时可连续几个夜晚	显著	局部地区	轻
平流辐射型霜冻	早春、晚秋的夜晚	每次几小时,可连续 1—2 个夜晚	较显著	广大地区	严重
蒸发霜冻	早春晚秋的夜晚	不定	较显著	局部地区	较轻、不常见

（2）霜冻发生的一般规律

除天气条件以外，地形条件是影响霜冻强度最主要的因子。山的北坡迎风、少阳光、霜冻重；南坡背风向阳，霜冻轻；东坡和东南坡早晨首先照到阳光，植株体温变化剧烈，霜冻害往往较重。山坡冷空气能沿坡下滑，霜冻轻；山下谷地及洼地冷空气堆积，霜冻重；冷空气易流进而难排出的地形、地势条件下霜冻重，冷空气难进而又易排出的地形霜冻就轻。靠近水体的地方霜冻较轻。疏松的土壤，热容量小、导热率低，使贴地层温度迅速下降；霜冻重；坚实潮湿的土壤则霜冻轻。

（3）霜冻危害的作物的机理

受霜冻危害的作物主要有小麦、棉花、水稻、果树、蔬菜、玉米及大豆等。霜冻危害作物的生理机制是：a. 温度下降到0℃以下时，产生细胞间隙结冰，原生质与细胞逐渐脱水、冰晶不断扩大，对细胞壁产生机械压力，越过一定限度时，原生质就会发生不可逆的凝固，使细胞致死。b. 温度再继续下降，出现细胞内结冰，引起原生质凝固死亡。c. 解冻时温度上升太快，细胞间冰融化并很快蒸发，原生质因失水使植物干死。在一次降温过程中作物是否受害及受害程度决定于作物的耐寒性、降温的速度、低温强度以及解冻时的升温快慢。

（4）预防作物受霜冻危害的措施

霜冻是指日平均气温高于0℃的温暖时期，由于气象条件原因，使地面和作物体表面的温度迅速下降到0℃以下，使作物遭受冻害或死亡的现象。因此，预防霜冻的农业技术措施主要有：培育和选育抗霜冻能力强的品种；选择适当的播种期，根据小气候特征合理配置作物种类和品种。此外还可以采用灌水法、熏烟法、人工烟雾法及覆盖法等物理方法来进行预防。

由于霜冻发生在农作物生长期内，并且霜冻发生时间的年际变化大，所以就限制了各地区热量资源的充分利用。采取有效措施防止霜冻危害，提高生产效益，潜力是巨大的。

3. 温度过高对农业生物的危害

温度过高对农作物也会产生一定程度的危害,但其危害的程度与低温危害相比,其程度要轻,范围要小。如水稻的高温不结实与高温通熟,在通风不良的温室栽培作物的高温危害,果树的日烧等,又称热害。高温危害对养殖业的发展也有很大的影响,根据研究,奶牛的热害也是限制我国奶牛业产量的重要因素之一,在高温条件下,家畜采食量、饲料转化率都明显降低。

高温危害作物的原因在于,高温使植株叶绿素失去活性,阻滞光合作用的暗反应,破坏光合作用和呼吸作用的平衡,降低光合效率,消耗大大增加;促进蒸腾作用,破坏水分平衡,使细胞内蛋白质凝聚变性,细胞膜半透性丧失,导致有害产物的积累,植株中毒,作物的器官组织受到损伤,高温还使光合同化物转送到穗和粒的能力下降,酶的活性降低,致使灌溉期缩短,籽粒不饱满,产量下降。

六、土壤温度以及调节温度的措施

(一)土壤温度对作物生育的影响

土壤温度对作物种子的发芽、幼苗的生长、根系的发育都有极为重要的意义。当土壤达到一定的热量状况时,种子才能发芽,幼苗才能出土。但是不同作物发芽和幼苗生长所需要的土温条件并不一样。当5厘米—10厘米深的土温时,发芽速度最快,同时促进幼苗生长,这时,如果土壤水分条件能够满足,播种到出苗的时间就短。如果土温再继续升高,种子发芽速度又慢下来。土壤温度对土层中的有机质的腐烂和分解,营养物质溶于水的多少也有很大影响。因此,只有当土温适宜时,作物才能较好地吸收土壤中的水分和溶解在水中的营养物质,这样作物种子发芽正常,出苗齐全,生长苗壮。相反,如果土温不适宜,作物就不能从土壤中获得水分和营养物质,这样种子发芽就不正常,出苗不齐,长势不旺,发生饥饿现象,甚至导致枯萎死亡。

正因为土壤温度对作物有重要的影响,所以,人为地调节土壤温度,为作物创造对生育有利的温度条件,结合其他措施,使作物在良好的环境条件下生育,顺利地完成生长发育周期,这对获得农业高产稳产是很有实际意义的。

(二)调节温度的措施

(1)灌溉的效益

我们知道农田灌溉有暖季降温,冷季增温的效应。这种降温和增温的效应一般可分别达到1℃—3℃左右。具体效应的大小,可因天气、土壤特征、植物覆盖以及灌溉水量和水温等条件而不同。灌溉对贴近地面的空气层影响不太明显,1.5米—2.0米的高度,一般效应就是1℃左右,紧贴地面的空气受到的影响比较大。在季节交替灌溉的温度效应和蒸发条件有很大的关系,因为温度高低直接影响蒸发。白天温度高,可使灌溉地因蒸发多而降温,夜间温度低,抑制蒸发,可以保温。例如,给冬小麦浇清水或补清水时,只要时机确当,可以使浇水后不立即降温,而在一段时间内以保温效应为主,保温效应可达0.5℃—1℃。春暖以后,如果冬灌地的水分仍比较多,又变为以降温为主。

夏季晴朗高温的日子里,突然阵雨浇淋,雨水透过高温表层,变成热水,渗透到植物根部的土层中,对某些作物,尤其是蔬菜危害很大,这就需要立即浇一次凉水,菜农把这叫压凉水,才能避免受害。这是利用灌溉调节温度的巧妙应用,就是华北农谚"雨涝不忘浇园"的道理所在。山西植棉能手吴吉昌先生也非常重视棉花在阵雨后浇水以降低根部土层温度的措施,这样可减少蕾铃脱落。浇水除了直接影响温度的高低外,还能缓和温度的变化,比如冬灌就可以稳定地温,防止越冬作物受害。

喷灌的降温效应在暖季比凉季好,它的增温效应是,寒冷时水珠放出一定的凝固热,对于防寒有一定的积极作用。

(2)松土与镇压等对土壤温度的影响

综合农业生产上的需要,采取相应的农业技术措施,可以改变影响土壤热的物理特性的因子,从而改变土层的热量交换,提高土壤温度。常用的方法有镇压、中耕、锄地、垄作等。

镇压:其作用是增加土壤热容量,减少土壤孔隙,使土壤上层水分增加,结果使热容量、导热率都有所增加。根据南京农业大学的测定,镇压后可使土壤上层土壤热容量增大11%—14%,导热率增加80%—260%。土壤镇压后,土壤热量传递较快,使白天高温时段土表热量向下输送,夜晚降温时下层热量向上输送的过程加速,结果土壤温度的日变化减小,也提高夜间低温时的土壤温度。

中耕:早春时作物正是苗期,中耕后上层土壤疏松,接受太阳辐射的面增大,提高上层土壤温度。晴天表层日平均温度增高1℃—2℃,最高温度可以提高3℃以上。中耕后切断了土壤上层的毛细管,土壤下层水分不能沿毛细管上升而蒸发,起到了保墒作用,蒸发少,热量消耗也少,又能起到保温作用。

锄地:锄松土壤既增加接受太阳辐射的面积,又使锄松的表层土中空气含量增加,结果使土壤热容量和导热率降低,这样得到同样的热量,却增温明显,同时传给下层的热量少,白天热量积聚于松土层,表土层增温。锄松土壤切断毛细管,减少蒸发耗热,如果土壤很潮湿,就起不到预期的效果,所以锄地的方法和时机很重要。

(3)垄作对土壤温度的效应

在暖季的农田中实行垄作,可以提高土壤表层的温度,有利于种子发芽和幼苗生长,一般在垄背5厘米深土层的温度可提高1℃—2℃,从而也加大温度日较差。冷季垄作反而导致降温。暖季垄作增温是因为:a. 垄作田,地面曲率增大,就增强对太阳辐射的反射率,提高了对散射的吸收率,夜间又增强了有效辐射。b. 垄背上接受的太阳辐射多,在一定的时间内对垄沟发生遮阴,所以垄背上升温,而垄沟中却降温。c. 垄背水分少,蒸发耗热不多,所以就增温。

(4)影响垄作温度效应的条件

a. 天气。晴天增温,阴天不明显。垄背较干燥,蒸发强度和在平地差不多或者比平地还小的情况下,就增温,相反垄背潮湿,蒸发耗热必多,就降温。此外,风力增强乱流也强,也将影响增温效应。

b. 垄向。南北垄有利于太阳在上下午从东西两面均匀照射垄的两侧,所以增温明显;南北垄的东西两侧温差小。东西垄主要在正午前后太阳直射垄的南侧,增温明显,所以最高温度比南北垄高,温度日较差也大。而东西垄的南侧土温远比北侧为高。

c. 季节与纬度。垄作在暖季增温,冷季降温。春季播种、发芽,及幼苗生长时,垄作增温效应影响较大,作物长大以后其作用就减小了。中高纬度垄作增温效应明显,这与太阳高度角大小、昼夜长短有直接的关系。

此外,垄的大小、高低形状、松紧以及种植方式和农作物种类都影响垄作的温度效应。垄作与加沙、加粪等措施相结合,可以提高增温的效应。和垄作相反的是沟种,它的效应是暖季降温,冷季增温,这也是经常使用的调节温度的措施。

(5)染色剂和增温剂的效应

a. 染色剂。田间喷洒草木灰或泥炭、粉煤等黑色的物质可增强对太阳辐射的吸收而增温;把石灰、高岭土等淡色粉末撒在田间,可增强对太阳辐射的反射率而降温。

b. 增温剂。土壤增温剂是一种覆盖物,它能保墒、增温、防止风蚀和水蚀。它的增温效应:晴天在 5 厘米的土层中可增温 $3℃—4℃$,中午最高可达 $11℃—14℃$左右,阴天增温较少。增温的原理主要是抑制蒸发,减少蒸发耗热量。根据观测试验,用增温剂的田块蒸发耗热量是270 卡/平方厘米,不用这种覆盖物的田块是 530 卡/平方厘米。

目前我国使用增温剂的作物主要是早春水稻、棉花、蔬菜等育苗,它可以使作物提早 5—10 天出苗,早移栽、早成熟,收到良好的效果。

第 4 节　水分与农业生产的关系

水分对农业生产具有十分重要的意义,它是农业生物体生长、发育与产量形成不可缺少的基本因子,在光、热资源满足的情况下,水分是决定农业发展和产量水平的主要因素,没有水便没有生命,也就没有动植物的生存,我国西部干旱半干旱地区,水资源的贫乏是农牧业生产发展的最重要的制约因素。

一、水分的农业意义

1. 水的基本性质及其生物学意义

水分子的极性,水分子的两个氢原子连接在一个氧原子上,近似于四面体分配。整个水分子的静电荷不平衡。分别在一端带有负电荷,另一端是正电荷,形成极性。水分子的极性相互吸引,使得水容易吸附在固体表面,使离子和胶体水化,在土壤的细小孔隙中形成毛管水,水分可以储藏在土壤中。

热容量,水的热容量大,是所有的液体物质上最高的,因而温度的变化缓和,滞后性大。农业中常常利用这个性质来改变土壤的热传导特性和土壤温度。

汽化热,水的汽化热在所有液体中也是最高的。水分子在相变时携带很多热量,在能量的传输及分配上担任着很重要的角色。土壤、植物和大气中有水时的热状况,与无水时有显著的差异。

融解热,水在结冰时放出热量、融冰时吸收热量,在冰点附近具有恒温作用。水在发生液相、固相转化时使环境热量变化缓和,生物体能够减轻或避免伤害。

表面张力,水的表面张力在液体中也是最高的。土壤孔隙中有水分存在,表面张力起决定作用。水在土壤孔隙中呈弯月面,半径比其他液体都大。曲面半径大,使大的孔隙中都能充水,含水量大,对植物生长有利。

2. 水分的农业意义

水是重要的农业环境因素,农业生产对象的整个生育过程都要有一定量的水分。水分是农作物进行光合作用制造有机质的重要原料。在生物体的物质中,水的含量最多,通常生物体含水量占生物体本身质量的 60%—80%,有的甚至达到 90% 以上。植物的细胞和组织含有一定量的水分,具有膨压作用,使得植物叶片舒展,有利于叶片接受阳光,并通过气孔与环境进行气体交换。植物的根部吸水与叶片蒸腾构成一个完整的运输系统,把溶解于水的各种矿物质输送到植物各个器官,供给植物体的需要或储备。

水分还会影响农产品的产量和质量。比如,果树在水分供应不足时,果实小,果胶质减少,淀粉含量减少,糖的含量稍有增加;油料作物的含油率则往往与降水量的多少成正相关。

在不同的生长发育时期,作物对水分的敏感程度也是不一样的,作物对水分供应特别敏感的时期,称作作物水分临界期。这一时期,水分供应的不足或过多,都会对产品产量造成很大的影响。临界期不一定是植物需水量最多的时期,它强调的是水分多少对产量的影响。

表 3.10   几种主要农作物的水分临界期

作物	水分临界期	作物	水分临界期
春、冬小麦	孕穗—抽穗	大豆、花生	开花
高粱、谷子	抽穗—灌浆	棉花	开裂—坐铃
玉米	开花—乳熟	水稻	抽穗—开花

上表几种主要农作物的水分临界期,降水保证率也高,所以它并不是当地影响产量的关键时期。而在另一个时期,作物对水分相当敏感,当地降水也经常会出现过多或过少的情况,这一时期就成为当地水分条件影响产量的关键时期,称为作物对水分的农业气候临界期。

二、水分对作物生长发育的影响

水分是一切农作物的生命过程中不可替代的生存条件之一,一个地方水分条件的好坏,对农业生产非常重要。"风调雨顺,五谷丰登"这是我国农民用水的历史经验总结。

1. 作物的需水量

各种农作物在它们的整个生命过程中,需要大量的水分。一株玉米,每天要消耗 1.64 公斤水,一生要消耗 200 公斤水,一亩 3000 株玉米在全部生产过程中要 60 万公斤水。小麦等粮食作物,每形成 1 公斤干物质,潮湿和干燥的不同气候条件下,分别需要 250 公斤—350 公斤和 450 公斤—500 公斤水。在一般气候条件下,亩产 3500 公斤干物质的小麦需要 21 公斤—28 万公斤水,等于面积 1 亩,深 31 厘米—42 厘米的水池中的水。

作物吸收大量水分,99% 消耗在蒸腾作用上,用于光合作用的很少一部分。蒸腾作用可以使作物保持体温,不至于因为温度强烈变化而太热或过冷,影响正常的生长发育。各种作物的蒸腾量不同,一般用蒸腾系数来表示耗水量。以作物在整个生长期或某一个发育时期内所吸收的水分总量与该时期生产的总干物质量的比表示,即以作物生理中的蒸腾系数作为需水量。根据蒸腾系数,便可找到作物的抗旱性与需水量之间的关系,蒸腾系数越低的作物,越是适宜于干旱地区。但蒸腾系数不是稳定的数值,作物不同,蒸腾系数不同,土壤温度不同,蒸腾系数也不同(表 3.11)。

表 3.11　各种植物的蒸腾系数

作物	蒸腾系数	作物	蒸腾系数
水稻	710	黄瓜	713
玉米	368	菜豆	682
小麦	543	高粱	322
马铃薯	636	豌豆	768
油菜	740	向日葵	705

作物需水量包括三个部分:①作物同化作用所需水量和作物体内含有的水分,这部分水所占的比重很小。②蒸腾耗水,蒸腾是生物的物理化学过程综合,占耗水量的绝大部分。③蒸发及田间消耗。第一、二部分为作物生理过程所必需的,所以称为生理需水,第三部分为非植物生理过程必需,称生态需水。

2. 作物的需水规律

作物从种子发芽、出苗、茎叶旺盛生长到开花结实,经过一系列的需水过程,消耗大量的水分。从生育前、中、后期的需水量看是由少→多→少的变化过程。粮食作物从播种到拔节期是营养生长阶段,植株较小,生长较慢,耗水也较少;拔节到开花期是营养生长和生殖生长同时进行的阶段,植株体积和重量都快速增加,生长加快,消耗大量的水分,开花以后,植株不再长高,作物逐渐衰老,耗水量也日益减少。如:水稻移栽返青期,因为叶面积不大,蒸腾量也小,随着植株的旺盛生长和叶面积的增大,到分蘖、拔节期,蒸腾量就剧烈增大;到孕穗后期及开花期,生长旺盛,蒸腾量达到高峰;以后生长日渐衰弱,蒸腾量也变小。至于田间水分的蒸发量也是随植株的生长而变化的。移栽返青期,叶面积小,株间空隙大,因而蒸发量最大,到作物封垄后,蒸发量下降,直到成熟期,蒸发量一直较小(表3.12)。

表3.12　北京地区冬小麦各生育期耗水情况

生育期	阶段降水量(%)	日平均耗水量(方/亩)	天数
播种—出苗	2.0	0.99	7
出苗—分蘖	4.5	1.29	12
分蘖—越冬始期	9.4	0.53	61
越冬期	5.4	0.22	87
返青—拔节	12.1	1.23	34
拔节—抽穗	30.3	3.74	28
抽穗—开花	3.8	4.24	3
开花—成熟	32.5	3.51	32

根据观测试验,水稻各生育期的需水量是这样:早稻全生育需水量560毫米,其中,返青以前占11%,分蘖期占21%,拔节至开花期占39%,成熟期占29%。晚稻的整个生长过程需水量为620毫米,其返青前占12%,分蘖期占29%,拔节到开花期占41%,成熟期占18%。冬小麦各生育期平均每天耗水量,也是苗期耗水较少,生长旺盛时期,

尤其是抽穗至开花期耗水量最多，至末期又有所下降。

3. 影响作物需水量的因素

（1）气象因素的影响

凡影响植株蒸腾和植株间蒸发的因素，都直接或间接地影响需水量。气象条件是影响植物需水量的主要因素，不仅影响蒸散速度，也直接影响植物生长发育。

太阳辐射、相对湿度以及空气运动都是影响水分蒸散的气象因素。太阳辐射给水分蒸发提供了必需的能量，它通过直射植物体和土壤，而影响蒸散量，也可通过它对空气的加热和流通而间接影响蒸散量。光照还能促进气孔开放，减少内部阻力，蒸散加快。

大气相对湿度在蒸散方面也起重要的作用，如果大气中水汽处于饱和状态，蒸散必然很小，因为蒸散面与空气之间保持着平衡，如发生蒸散，必须降低空气湿度。

空气流动可把水蒸气从蒸发面吹走，风使蒸发面的饱和空气受到干扰，蒸发面上部的饱和空气被干空气所取代。实际上，蒸发面以上风速的变化比蒸发面风速的变化更为重要。风的作用可使空气和蒸发面之间形成气压梯度，从而影响蒸发量和蒸发速度。

（2）植物因素的影响

植物生态生理的差别都影响到需水量，生态方面如植株高度、形态、根部生长情况、植株群体的密度等；生理方面影响则更复杂。内部面积大而湿润的叶片，细胞内蒸发进入细胞间隙并以气态水通过气孔蒸发到叶子外面。除非植物已达萎蔫程度，叶片内的相对湿度才小于98%。叶片湿度大，可保持叶子与大气之间的水汽压梯度，促进植物中水分的运动。当其他因素稳定时，蒸腾量将随着叶片和大气间气压梯度的急剧升降而变化。植物吸收太阳辐射后，叶子和空气温度增高及叶片内的水汽压也增大。

（3）土地面积大小的影响

需水田块的大小，在一定程度上能调节失水量，特别是当大块干地包围着一小块湿地时,这种现象尤为突出。在湿润地被干得而没有蒸发的地块包围时,会出现"沙漠中的绿洲",这种现象在山区耕地面积分散的旱地比较常见。

田间裸露土壤,为蒸发提供更多的能量。例如宽行高粱地裸露部分提供大约21%的外加能量用于加热土壤,增强蒸发。

来自邻近地区干热空气所造成边界平流,对于上风处的田间边沿地带的效应是大的。上风处田间产生蒸散所引起的水分损失最大,但当空气中的水汽聚集变冷时,蒸散减弱。这种风在大块地上所产生的蒸散量比无这种风地带所产生的蒸散量大。

三、降水和湿度对作物的影响

1. 降水对作物生长发育的影响

一切生物所需要的水分,都直接或间接地来自大气降水。降水量的多少、强度的大小、时宜分布状况都会对农作物的生育、产量和质量产生影响,尤其是人工灌溉困难的地区,影响更大。虽然我国热量资源较为丰富,降水量也不少,但降水的地区分布和季节分配都不均匀,严重地影响了各地的农业生产。

(1)降水强度和降水量对农作物的影响

相同的降水量,强度不同,会有不同的农业效果。如雷雨、阵雨等强度大,持续时间短,土壤的入渗速度小,径流大,容易形成洪涝灾害,并且容易造成农作物机械损伤。同样的降雨,如雨日多而强度小的连续阴雨,则间接影响大,使农作物光照不足,易倒伏与病害、光合产生物不足形成秕粒、产量低、品质差。

一定的降水适当地分散降落效果最好。特别是热雷雨、夜雨最有利于植物的生长发育。因为热雷雨多在傍晚降落,夜雨则在夜晚降落,既保证了作物的水分供应,又使作物有充足的光合作用时间。热雷雨还伴有闪电现象,能分解大气中的氮,给农作物带来氮肥。

(2)降水时间分配对作物的影响

降水的时间分配涉及两个方面,一是降水的分布与温度条件是否配合,如果水热同季,热量条件保证了水分能得到充分利用,对作物生长有利;二是降水的时间分配与作物对水分的需要是否一致,降水效应随作物发育时期的不同有很大的影响。华北地区冬小麦产量的高低,伏雨与春雨有着重要的意义。伏雨充足,土壤底墒好,可以适时下种,小麦出苗齐、壮、旺,对冬前生长有利,因此,民间常有说法:"三伏有雨多种麦",可能就是这个道理。

如果春雨也比较充足,就能很好地满足华北地区冬小麦拔节期和幼穗分化期的需水量,特别是抽穗开花及籽粒形成时期,小麦的需水量急剧增加,水分条件较好,对小麦的产量将会起决定性的作用。

2. 空气湿度对作物生长发育的影响

空气湿度的大小,直接影响土壤水分的蒸发和作物的蒸腾作用。湿度小,作物的蒸腾能力就增强,可能会引起作物萎蔫。甚至出现土壤干旱现象,这种情况如在作物抽穗、开花、灌浆期间,就会严重影响作物产量。

作物生长过程中要求有一定的湿度,一般是日平均相对湿度80%左右为宜,如高于90%或低于60%,对作物生长都是不利的。湿度低于60%时,不利于作物开花授粉,使结实粒降低或引起落花、落果现象。湿度大于90%时,空气中水汽接近饱和状态,作物茎叶长得细嫩弱,容易发生倒伏,开花期湿度过高,开花授粉也会受到影响。湿度大还有利于病虫害的发生和发展,如小麦的赤霉病,水稻的稻瘟病,橡胶的白粉病、黏虫害等,都是空气湿度过大造成的。

不同作物对湿度的需求是不同的,水稻需求的湿度较大,而麦类作物在湿度较小的环境中可以正常生长。同种作物的不同生育期所要求的湿度也不一样。一般是作物生长前期需要湿度相对高些,后期空气湿度相对低些有利于作物生长发育。

空气湿度的大小还会影响到作物的光合作用,如黄瓜的生长期,风速增大时,光合作用强度会因湿度而有显著差异,并随湿度的减小而降低,呈负相关。但有些情况可能相反,这是因为湿度对光合作用的影响是间接的。

四、土壤水分对作物的影响

农作物生长发育过程中所需的水分,主要是直接从土壤中吸取的。因此,农田土壤中含水量的多少和变化,对农作物的生长发育以及肥力发挥等有重要作用。

1. 土壤水分的收支

土壤水分的收支,是不断变化的。这种变化主要决定于土壤水分收支的特点和数量,取决于土壤水分收支的各个分量的互相作用和数量大小。可用下式表示:

$$Z = S + (Y + M + N) - (D + L + F + T)$$

式中 Z 为某时期结束时的土壤水分含量。

S 为作物某发育时期开始的土壤水分含量,这一时期土壤水分收入有:Y 为这一时期降水量;M 为这一时期土壤毛细管上升水;N 为这一时期内水汽凝结的水量。

这一时期土壤水分支出状况:D 为这一时期内地面径流;L 为这一时期内土壤渗漏的水量;F 为这一时期内土壤表面蒸发量;T 为这一时期内作物蒸腾量。式中水分收入以降水为主,支出项以蒸发和蒸腾量为主。

降水不能完全进入土壤:农作物要截留一部分,在地面上被蒸发掉一部分,地表径流流走一部分,被渗漏了一部分,除此而外才是进入土壤的部分。

被农作物截留的水分不多,只占降水量的 5% 左右,但 5 毫米以下的小雨,被截留的可占 1/2,甚至全部被截留。地面径流是落到地面的降水经地表流走一部分。径流量的大小,和降水强度成正相关,和地形坡度、地面状况以及植物覆盖度都有很大关系。

公式中的毛细管上升水,只有在地下水位很高和很潮湿的地区才有实际意义。水汽凝结水,在我国北方土壤疏松通气良好的大陆气候条件下,土壤毛细管上升水才有意义。

土壤表面蒸发和作物蒸腾总称蒸散,是主要支出部分,对土壤水分含量的影响是至关重要的。

2. 土壤水分的有效性

土壤中水分形态不同,对农作物可利用的程度也不同,有效性不一样。当下雨或浇水后,水分通过土壤孔隙下渗。土壤孔隙有大小,大孔隙中的水受重力作用可向土壤下层运动称为重力水;小孔隙具有毛管作用,可把一部分水分保持在毛管孔隙中,称为毛管水。太小的土壤毛孔水受土粒吸持力作用很大,称为束缚水,作物不易吸收。

毛管水是土壤中的最宝贵的水分,它不受重力作用,所以作物容易吸收,并且毛管水通过毛管力的作用可向四面八方移动,由水多毛管力小的地方移向水少毛管力大的地方,由粗毛管移向细毛管。因此,当农作物根部吸收了附近的水分以后,离根远的毛管水即向根部移动,供作物吸收。

毛管水和重力水是可以相互变化的。例如浇水时的土壤毛管已全部吸满水分,再浇水即变为重力水下渗。重力在孔隙下渗过程中,遇到毛管孔隙即被毛管吸收变成毛管水,保存在土壤中。

土壤中水分的多少对农作物的产量有很大影响,这种影响因作物种类及品种而异。每种作物及品种都有它的最适水分含量,在最适土壤水分条件下农作物产量最高。

表 3.13 中抗旱能力差的品种,要求土壤湿度达到 75% 时能获得最高产量。土壤湿度为 30% 时,产量只有应达产量的 45.3%,抗旱品种在土壤湿度达到 75% 时,能获得最高产量。

表 3.13　不同土壤水分条件下小麦产量(Kolcichov,1925 年)

品种 抗旱能力 \ 土壤湿度 产量(g/盆)	30%		60%		75%	
	总产	麦粒产量	总产	麦粒产量	总产	麦粒产量
抗旱差	19.5	5.7	27.9	9.7	43.0	19.0
抗旱产差	22.8	8.2	33.0	13.0	32.0	14.0
抗旱中等	26.3	8.6	46.1	19.7	28.8	11.3
抗旱较强	31.3	11.2	33.7	12.5	22.9	6.9

注:土壤湿度以田间持水量百分比表示。

五、提高土壤水分利用率的途径

提高土壤水分利用率的途径:常用的措施是灌溉、种植方式(密植、行距、行向)、屏障、覆盖等。

1. 灌溉

灌溉的时间与方法,对水分利用率的影响很大,在作物需水的关键期灌溉比其他时期效率要高。如玉米在吐丝到雌穗发育4天—8天内缺水,将减产40%,这时候灌水增产效果最好,水分有效利用率最高。灌水方式的影响也很明显,据研究表明,玉米定期面灌水比喷灌好,产量高。干热风吹拂时,喷灌调节空气湿度,对马铃薯效果好。为了做到充分合理用水,近年来除喷灌外,还发展了滴灌、渗灌等节水新技术,更好地提高了水分利用率。如江苏吴县埋地下管道系统,水从管道内渗出向土壤灌水,可不破坏土壤结构,效果更好。

灌溉次数,应根据天气和气候情况而定,这样可以提高水分利用率。表3.14是北京农大把北京地区冬春各分三类天气年型而确定的小麦灌溉次数。

表3.14　降水量与冬小麦灌水次数的关系

夏秋降水与冬前灌水次数				秋末冬春降水与灌水次数			
8月份雨量(mm)	9月中上旬雨量(mm)	灌水次数	概率(%)	10月下旬—3月上旬雨量	3月中旬—6月上旬雨量(mm)	灌水次数	概率(%)
≥250	100	0	3	≤10	≤45	4—5	37
≤200	≤10	2	7	≥41	≤45	3—4	12
其他降水情况		1	90	任何降水量下	≥46—≤89	2—3	31
				任何降水量下	≥90	1—2	20

2. 种植方式

国外许多研究指出,土壤水分充足时,高粱以窄行距比宽行距增产,而土壤水分有限时,窄行距水分利用较好。因此土壤水分充足时,适当密植与缩小行距有利,土壤水分缺乏时则相反。

至于行距,有人研究以107厘米行距东西向玉米的水分丧失明显的比南北行向为高,水分利用效率最低。东西行与南北行总产量无明显差异。每消耗 25.4 毫米的水,东西向玉米 1 英亩只收获 154 公斤的产量,而南北行向收获 169 公斤产量,因东西向吸收较多的净辐射,导致更多的水分丧失。因此,研究行向时不能只看辐射能的分布与收入,还必须重视水分利用率问题。

3. 风障

风障减少蒸散的原因是:降低风速、加大空气阻力,使水汽输送缓慢,能加大屏障内空气湿度。罗森堡研究认为,充分灌水时障内外耗水无差异,干旱时风障下灌溉的豆子甚至加大了水分消耗。风障加大蒸散的原因是:减小气流阻力,增加温度、湿度梯度;障内作物一般长得旺盛且叶面积较大,增加了蒸腾面和粗糙度。正负两方面的作用往往相抵。只有在明显平流显热时,风障减少湍流交换,从而明显减少屏障内的水分消耗。

在一般情况下,风障不改变作物的水分有效利用率,在有大风与平流显热时,可明显地提高水分的有效利用率,耗水量少反能增产。

4. 作物种类的选择

不论干湿条件,C3 植物比 C4 植物的蒸腾率大。根据 7 种 C3 植物和 19 种 C4 植物分别在 2 焦耳/平方厘米·分与 4 米/秒风速下进行比较,C3 植物在 40% 相对湿度下蒸腾率为 3.09 克水/平方分米·时—5.47 克水/平方分米·时,C4 植物为 0.94 克水/平方分米·时—2.83 克水/平方分米·时;在 80% 相对湿度下 C3 植物蒸腾率为 2.09 克水/平方分米·时—3.08 克水/平方分米·时,而 C4 植物只有 0.64 克水/平方分米·时—2.21 克水/平方分米·时。

高粱(C4 作物)的气孔阻力为大豆(C3 作物)的 3 倍,高粱有将近大豆 2 倍的根量,尽管高粱根多,由于蒸散量小,土壤中储存的水分仍然比大豆地为多。从拔节到抽穗,高粱净同化率为大豆同期的 4 倍左右。水分利用率高约为大豆的 3 倍,可见针对不同气候特点,选用适宜的作物种类,是可以有效利用水分而获得高产的。

5. 覆盖

在农田使用覆盖物,可以很好地减少土壤水分的蒸发,近年来各地用塑料薄膜覆盖农田,证明不仅可以提高土壤温度,而且还起保墒作用。因为覆盖以后,土壤中上层的水分蒸发受到抑制,而底层的水分不断地向上输送,这样在耕作层的水分就增多了。新疆、辽宁等地棉田大面积用塑料薄膜地面覆盖,保温保墒效应非常明显,因而大大地提高了棉花的产量。

第5节 风与农业生产的关系

空气从高气压区向低气压区水平运动就形成风,风是矢量,有风速和方向,风向是指风的来向,如东风是从东向西吹的风,风速是指单位时间内风运行的距离,一般用米/秒或千米/小时,在农田小气候中用轻便风速仪来测定风速和风向。

一、风的生态作用

在常有盛行风的地区,如滨海沿岸、山区迎风坡面等,植株因常年受风的影响,在生理形态上会发生很大的变化,主要表现在:

1. 植株低矮、树冠过分尖削、呈流线型的外形;

2. 叶子比正常叶片小,常带有褐色或红色的斑点,尤其在叶片边缘;

3. 树干常向盛行风所吹的方向倾斜,较小的枝条成为屈曲状,且整株植物以同样的状态发生倾斜;

4. 小的枝条很短,常有不规则的分支,彼此互相交错;

5. 有许多向风的枝条死亡,有时只在背风向看到新枝条和新鲜叶片、向风面只有根部或树干的基部发生的枝条能保持稍好的状态;

6. 树干的横剖面中心偏外,即向风面的直径比与风向成直角面的直径要大;在植物体的迎风部位往往可观察到起保护作用的隆起层,树皮慢慢变厚;

7. 在寒冷风大的迎风坡面,森林可能衰退而成为密灌丛,且进一步退化为分散的成孤立的垫状个体。灌木常呈匍匐状,草本植物呈垫状生长型。它们分支繁茂,很像密灌丛中的小灌木,原来直立的植物在低洼处或有庇护物的地方形成铺地状。

二、风对作物生育的影响

人们在长期的生产实践中得以证明,不同的作物和不同的发育期,对风的要求和反应不一样。风对植物体内部最重要的影响是具有强烈的干燥作用。带走植物体表面以及附近的湿润空气层,加速蒸散,使植物干化。在静风中,蒸发作用只是一个扩散作用的过程,但有风时,甚至饱和差为零,也能加强蒸发作用。所以经常受风吹袭的植物,蒸腾作用远比静风时要迅速。

在平坦的地面上,蒸发速度随风速的平方根而增加,一般空气越干,风力越大,干化作用越明显。植物器官受风的作用不断摇摆也会促进植物的干化,这种影响对小型叶片尤为突出。风能使叶片弯转、摇摆,引起细胞间隙膨胀和收缩,迫使叶片内部饱和空气逸出,吸入较干的空气,加速植物体的干化作用。在风大干燥环境里生长的植物,其生理、形态和解剖结构与遮风条件下生长的植物有很大差别。

1. 风对作物的有利影响是:农作物在整个生育过程中是喜欢微风的,因为微风吹拂,可以使作物体内部空气不断更新,改变植株周围空气中二氧化碳的浓度,有利于光合作用进行,作物就能旺盛地生长。在强烈的日照条件下,风使作物群体内温度与外界环境温度相平衡,并加快叶子蒸腾,降低叶温,避免日灼现象发生。风是作物被动吸水的原动力,能使矿质盐水随水分从根部运至植株上部。风对植物的生长量也有直接的影响。风使叶片界面层变薄,减少二氧化碳进入植物体内的阻力,并改变作物叶片大小对生长量所起的作用。

在秋冬季节,当地面辐射增强而致冷却时,风又可以使近地层的冷空气吹走,使作物免遭低温霜冻的危害。风能帮助异花授粉的植物进行授粉,提高结实率,增加产量。当作物开花时我们步入田间,芳香扑鼻,这是风在传播花粉,同时也可以招引来昆虫为作物传花授粉。

每年的夏季风可以为我国带来充沛的雨水,使夏半年雨热同季,这对我国农业生产非常有利。我国南北各地的雨量多少和下雨季节到来的迟早,以及雨季时间的长短,主要看夏季风的强弱和进退时间的早晚而定。由于夏季风不像冬季风那样强,它又是从南向北走着上坡路,而且有多处东西横亘的山地阻挡,每向北推进一段距离,都要消耗它本身的能量,所以当它来到我国北方地区时,为时已晚,而且所带水汽也已不多,这就是我国广大北方地区风季来临晚,雨季时间短,降雨量不多的主要原因。

夏季从海洋夹带大量水汽,进入我国大陆,即遇到盘踞在我国南北大半年时间的冬季风气团,就在它们交锋的地带形成了雨带。这雨带在夏季风顽强的攻势下,逐渐向北推移。因为冬季风随着各地春天的结束,它的势力也已大大减弱,遇到夏季风的进攻,只有一步步后退。

冬夏季风的北退南进牵引着雨带的移动,它每年5月份在华南沿海出现,那里开始出现雨季,6月份越过南岭,进入江南,呆滞不前,梅雨连绵,7月份翻过秦岭,扫过黄河下游,华北、东北同处雨季,8月份到达最北的界限;9月份冬季风一来,雨带又开始南退,时间不长,雨带就退到华南。10月份以后夏季风退出我国大陆。雨期的长短时间从南向北减少,华南4个月,长江流域2个多月,华北、东北都是一个月。就以上一般情况而言,如果夏季风最强的年份华北多雨,而华中、华南就旱象显露。反过来,如果夏季风衰弱,华北出现干旱,华中、华南就会涝。至于西北内陆,夏季风更达不到,所以古人云:"春风不度玉门关",可见玉门以西地区见不到从海洋吹来的风,一定是干燥得很。

2. 风对作物的不利影响

风一吹大会对农作物造成危害,例如干旱时,如果出现较大的干旱风,就会使土壤的水分蒸发加快,旱情迅速发展,而且会把干燥的浮土扬入空气,使气温增高,毁坏禾苗。大风和狂风常使农业生产遭受损失,例如,水稻在 6 级大风的影响下,会造成大面积倒伏。北方秋季大风会使农作物失收,春季大风容易把刚出土的幼苗淹没。作物开花期,风大对作物开花授粉极为不利,容易使农作物减产。

三、风对农业生产的危害

1. 台风和大风

风害是指大风对农作物造成机械损伤和生理危害等。台风是我国东南沿海夏季季节最主要的灾害性天气之一,其影响范围几乎遍及半个中国。

风害程度不仅取决于风的强度,也因风向、刮风时间、天气状况及地形条件不同。伴有低温(如寒露风)、暴雨(如暴风雨)、干旱与高温(如干热风)的风的危害则是多因子叠加的结果。

风对农业生产的危害主要是:(1)造成作物的机械损伤:损伤的程度,主要取决于风速、风的阵性以农作物对风的抗性等。阵风的破坏力特别强,很容易造成作物断枝折茎。尤其是风前阵雨,使作物根系松动,风使农作物倒伏现象严重。狂风还可以引起作物落花、落果、落铃、落荚、落粒或大片倒伏,尤其是草本作物,如小麦、玉米和甘蔗等,常导致向地面倒伏。风害与作物生育期有关,作物处在幼苗期,果树处在开花前期或着果初期,风害较轻。如作物已抽穗开花,或果树正在开花及着果后期,风害加重。生长中等的水稻进入成熟期后,若遇到 1 小时降水 20 毫米以上,大于 5 级风力持续 3 分钟以上时,容易发生倒伏,若单有大风而无降水伴随,则危害较小。水稻、小麦等作物叶片被风刮破后,将影响光合作用,产量下降。特别是出穗前后,受害最重。对于棉花,在开花期遇 6 级以上大风,蕾铃将大量脱落。大风还使一些树木沿年轮而割裂或严重弯曲。

(2)大风,尤其是台风带来的影响,可引起山洪暴发、江河泛滥、破坏水利设施、带来水涝灾害。在沿海一些地区,巨浪与高潮可引起海水倒灌、淹没农田,并使农田盐渍化。含盐的浪花飞溅到空气中形成盐雾,可被风带到陆地上很远的地方。它们喷洒在植物表面后,对某些敏感性植物将产生伤害,能够引起伤害的因植物不同也有区别,如温州蜜橘的叶片有盐 0.38 克/平方米—0.50 克/平方米,水稻为每穗 1.0 毫克盐分,都足以引起这些农作物伤害。盐分向植物体内渗透的速度是夜晚比白天快,组织结构不很致密的夏叶较春叶为快。损害时间多在4—11 月气温较高时期,且以落叶树受害最重。

(3)秋冬季冷空气南下时形成的大风常伴随低温、干燥,造成越冬作物异常落叶,抑制花芽分化,花器官发育不良,结实量降低或品质下降。寒风害常危害柑橘、麦类、油菜等越冬作物。以柑橘为例,寒风害的危害主要是:a.叶片失水卷曲,叶前缘裂伤,在低温下根部吸水能力变弱,易于发生气泡进入毛细管中,使水柱断裂,影响水分输送,促使叶片含水量的急剧下降;b.叶片因大量失水和风的机械作用而大量脱落。特别指出的是作物体的损伤和干燥,是相互加强的。c.加剧冰害。据报道,当风速每秒增加 1 米时,可使植株体温下降 1℃—2℃,在寒风下,柑橘有些品种在 -4℃ 左右即可能受冻害;d.长期受风袭击,不仅使柑橘树冠小茎秆细,单株产量也明显减少。

干冷的寒风还加速农田水分蒸发,加剧干旱的危害。华北春旱严重的地区,大风常常是主要的因素之一。

(4)风对农作物病虫害的影响:风可以传播病菌,使作物感染病害而减产,当然,风大时也可以抑制病害的发生。大风过后,水稻白叶枯病、胡麻叶枯病及稻瘟病常会大面积发生。

风对农作物的虫害也有很大影响。例如,黏虫就是随着冬、夏季风南北迁移的。每当春夏季节,北方温度逐渐升高,黏虫随着南来的湿暖气流向北迁飞,一直到华北、东北地区。秋季来临,它们又随着干冷气流向南方回迁,这已成为黏虫季节性南北迁飞的规律。近年来发现褐稻虱和稻卷叶虫也有类似迁飞的现象。蝗虫也是随风作大规模迁飞的害虫。不少害虫往往在低气压区随着上升空气,飘然起飞,然后随着高空气流迁飞,到高压区的天空又随下沉空气落到地面,繁衍后代,危害农作物。有的害虫随风迁飞的高度不大,如黏虫在我国飞行的高度不过 200 米,但有的则随风迁飞时高度就大,如稻飞虱能飞到 2000 米的高空。

大风、冷害对病虫害会产生抑制甚至致死。例如长江流域每到春回大地,暖气煦煦,但北方还不断地有冷风南袭,以致冷暖无常,时而降温变冷,时而冷雨凄风,藏身于稻花里的三化螟、幼虫就会大批死亡。所以冷风侵袭,春寒料峭,寒暖无常是三化螟的天敌。

2. 风蚀

在干旱、半干旱地区,风蚀对农业生产是一个严重的威胁。在非洲,西起毛里塔尼亚,东止索马里,跨越十多个国家的全部或部分区域,是沙漠化最严重的地区。其发生的原因,除干旱少雨外,主要是风的作用。我国北部和西北地区,风蚀也十分强烈,这半个多世纪以来形成的沙漠化土地约 5 万平方公里。在东北嫩江下游,吉林西部和黄河故道等地区,由于河流冲积沙层和干河床提供沙源,风蚀沙化发展较快,已出现以斑点状流沙为主的沙漠化土地。

土地沙漠化过程一般是先从地表风蚀开始,经过风化,片状流沙发育和形成密集沙丘。风蚀地貌主要是由风和风沙的侵蚀、磨蚀作用形成的。特别在干旱地区,暂时性的流水作用,风化作用对风蚀地貌的塑造起着积极的影响。如干旱地区的暴雨产生洪流冲刷地面,形成许多冲沟,为风蚀发展创造了有利条件。同时,在干旱气候条件下,气温的日年较差都很大,使岩石的物理风化作用非常剧烈,加上盐化作用,岩石崩解而变得疏松,也给风蚀破坏提供了条件,在农田,大风把肥沃土壤的颗粒吹走,使表层土壤剥蚀,种子裸露或被风吹走缺苗,甚至使作物干枯死亡。在冬季,对于休闲地或种有冬麦覆盖较小的田地,表土剥蚀现象更为严重。

风蚀的危害程度因风速大小而不同;也因地形、土质和土壤水分而有不同;土壤的物理、化学性质和植物状况决定土壤的抗风蚀能力;其中,土粒结构的稳定性,土粒的大小和土壤含水量都有很大的关系。

表 3.15   土壤机械组成对风蚀强度的影响

土壤性质	有机质（%）	粒度组成（毫米）				风速（米/秒）	风蚀量（公里/平方米·时）
		0.05—0.25	0.01—0.05	0.001—0.01	<0.001		
沙土	0.18	70.0	28.0	1.0	1.0	7.3	5.07
沙壤土	1.04	34.5	52.5	10.5	2.5	8.4	0.90

注：新疆皮山新垦荒地。

表 3.15 说明,在相似风速条件下,松散无结构的沙土要比结构稳定的沙壤土的抗风蚀能力低得多。

四、防风措施

防风措施根据性质可概括为两类,一类是使农作物免受风害的措施,如营造防风林,设置防风篱等。兴建防风林虽是有效的措施,但需要一定时间后才能发挥作用。设置防风篱是当前防风的主要方法,有占地少,兴建方便的优点。它的防风效应主要取决于篱高、作物距离篱的远近及被保护作物的株高、抗风性、密度、当地盛行风向的稳定程度等。一般可保护篱高 30 倍范围内的作物免受风害。选择背风地点种植也是有效措施。在山区和丘陵地区,选择背风向阳的山坡、山窝,更好地利用树林是减轻风害的有力措施。

另一类是提高作物本身对风害抵抗能力的措施,主要有:1. 选择抗风作物与品种。不同作物,不同种抗风能力有很大的差异。对农作物来说,一般生长矮壮、节间粗短、不易落粒的禾谷类作物比高大、纤弱、易于落粒的作物或品种抗风能力强。深根的、主要果实埋藏在地下部分的较浅根的、果实易受风害的抗风害能力强。对树木而言,材质坚硬、根系深的树种,抗风力强。根系浅、材质脆软、树冠大或容易感染心腐病的树种,易遭风折以至风拔。2. 改善栽培措施。如深耕可以加深根系的活动层,有利于支撑植株的地上部分。培土可以降低作物的重心,加固根部土壤而加强抗风能力。灌溉后土壤松软,易于倒伏,因此大风来临前不宜灌水,特别是不合理的漫灌,风倒现象极为严重。若采用先进的灌水方法如沟灌隔行沟灌等,由于增强植物组织,因而也能增强植株的抗风能力。水稻栽培上的灌水护秧不仅御寒,也能防止大风的有害作用。合理密植,植株间空间小,不仅风不易刮入且植株互相依靠,有利抗风;移植时,植株间空隙大,植株没有互相依靠,容易倒伏。

3. 支撑。支撑防风是果园、菜园普遍适用的防风措施。此外,冬季在田间留茬、埋风障、打防风墙等,掺杂黏土质土壤或撒播膨润土,洒水、压实等,既可减轻风蚀,又可积雪保墒。有些地区保留植被也可降低风速,并消耗大量的风能。扎根土壤中的植物残体和根系有助于强化土壤表面坚固性,因而能有效地防止风蚀。

第 6 节　农业天气灾害及防治

2006 年世界气象日的主题是:"预防和减轻自然灾害"。这个主题既旨在呼吁国际社会关注防灾减灾,促进人与自然和谐发展,又充分肯定了气象对抗御自然灾害以及应对突发事件所起的关键作用。选择这一主题是又因为认识到所有自然灾害中有 90% 都与天气、气候和水有关,从而呼吁社会各界关注气象防灾减灾,促进人与自然和谐发展。抗御自然灾害始终与人类社会的发展相伴随,人类社会发展的历史,也是一部与各种自然灾害不断抗争的历史。由大气、水、冰雪、岩石和生物圈组成的气候系统,既给人类的生存和生活提供了适宜的环境和丰富的资源,同时各类自然灾害也不断地威胁着人类的生命安全,破坏着人类所创造的经济、社会和文化财富。20 世纪以来,伴随着全球工业化进程,在经济快速发展的同时,自然环境不断恶化,全球气候变化导致的水资源短缺、海平面上升、土地荒漠化、粮食产量波动、流行病传播,以及地震、海啸等,对经济和社会安全的威胁越来越严重,造成的经济损失也呈明显上升趋势。据世界气象组织统计,在 1992 年—2001 年的十年里,自然灾害导致 62.2 万人死亡,20 多亿人口受影响,气象灾害占了各类灾害的 90% 左右,所造成的经济损失估计为 4460 亿美元,约占同期所有自然灾害经济损失的65%左右。

中国是世界上自然灾害种类最多、活动最频繁、危害最严重的国家之一,受气象灾害影响的人口达4亿多人次,所造成的经济损失占所有自然灾害经济总损失的70%以上,约占国内生产总值(GDP)的1%—3%,相当于GDP增加值的10%—20%。同时由气象灾害引发或衍生的其他灾害,都对国家经济建设、人民生命财产安全构成极大威胁。气象灾害已经成为我国经济社会可持续发展的重要制约因素之一,预防和处理不好必然影响全面建设小康社会的进程。

减轻气象灾害必须立足于预防。大量的历史教训和国际经验表明,面对频繁发生且日益严重的自然灾害,如果发展不科学、规划不合理、预警不及时、准备不充分、应对不坚决,即使经济发展水平再高,也必然会带来巨大的生命和财产损失。人类社会至今仍然没有足够的能力改变自然,影响自然灾害发生的时间、地点和规模,但是却可以依靠现代科学技术的力量,掌握一些自然灾害发生发展的规律,预测一些自然灾害变化趋势,这就为自然灾害潜在发生和影响地区的人们,采取有效措施避免损失争取到了足够的时间和空间。因此,加强国家自然灾害监测预警系统建设和防灾减灾基础设施建设,以及在灾害发生时给予政府和社会公众足够的科学避灾指导,是避免人员伤亡和财产损失的必然选择。

提供准确及时的气象预报警报服务,提高全社会防御灾害的能力和水平,最大限度地保护人民生命财产的安全,对经济发展和社会进步具有很强的现实意义。国家"十一五"规划纲要已经把预防和减轻气象灾害列入了重点发展任务,各级气象部门都必须从国家长治久安的高度上,深刻认识并切实肩负起预防和减轻自然灾害的重大责任。必须充分利用卫星、雷达等现代科学技术手段,切实增强对大气、海洋、水文、地质的观测能力。要以提高天气、气候预报预测准确率为核心,不断完善气象预报预测业务系统,加强短时临近天气预报系统建设,做好灾害性、关键性、转折性重大天气预报警报和旱涝趋势气候预测。要重点强化气象灾害预报功能,切实加强气象灾害的监测、调查和影响评估的能力建设,增强对农林业病虫害、地质灾害、沙尘暴灾害、森林草原火灾等自然灾害和有毒有害气体及核泄漏扩散、区域环境污染、生态破坏等突发公共事件的气象预警和应急保障能力。要加大气象灾害发生机理、预测和防御等科学技术研究,为提高预防和减轻气象灾害能力提供科技支撑。

提高全社会预防和减轻自然灾害能力,必须健全公共气象服务体系。坚持避害与趋利并举,建立各级政府组织协调、各部门分工负责的气象灾害应急响应机制,构建气象灾害预警应急系统,最大限度地减少重大气象灾害造成的损失。要把公共气象服务系统纳入政府公共服务体系建设的范畴,进一步强化气象公共服务职能,加快现代化进程。通过改善手段、拓宽领域、丰富产品、提高质量,不断满足人民群众和各行各业对气象信息的迫切需求。有关媒体、网络和通信运行企业要积极配合气象主管机构做好气象信息的播发工作,以气象警报、广播、电视、报刊、互联网、手机短信息等多种形式及时发布气象灾害预报警报信息,扩大气象信息的公众覆盖面,建立畅通的气象信息服务渠道。要重视解决广大农村防灾减灾薄弱地区和弱势群体的公众气象服务问题,使气象服务真正做到"以人为本,无微不至,无所不在",使各级政府和灾害影响地区的人们及时掌握预警预报信息和防灾减灾知识,保护广大人民的生命财产安全。

预防和减轻自然灾害,维护经济和社会安全,必须走科学发展的道路。20 世纪以来,世界经济得到了迅猛发展,而人类为此付出的代价却是因过度开采和使用自然资源,导致人与自然的和谐遭到了严重破坏,自然灾害日益深重。为了预防和减轻自然灾害,我们必须坚持走科学的发展道路,尊重自然和科学规律,改变目前对自然资源近乎掠夺的发展模式,要从过去单纯追求经济的增长转变为坚持以人为本,实现经济社会的全面、协调、可持续发展,努力改善生态环境,加强大气等自然资源的保护,不断增强可持续发展能力,促进人与自然的和谐,推动整个社会走上生产发展、生活富裕、生态良好的文明发展道路。

防灾减灾涉及社会经济生活的各个方面,有效实现防灾减灾目标,需要在各级政府的领导下,动员、组织全社会各方面的力量和广大社会公众进行协调一致的努力。各级政府要高度重视防灾减灾工作,并充分发挥社会主义制度的优越性,强化政府的职能和作用,进一步建立健全防灾减灾的体制、机制和法律法规体系,将公共安全防灾应急体系和基础设施建设纳入农村和城市的规划,以提高灾害的应急和响应能力。全社会要广泛普及防灾减灾科学知识,增强社会公众的防灾减灾意识和自救互救能力,使气象科技、信息和服务在可持续发展中得到更广泛的应用,进而为推进我国防灾减灾事业的发展,构建社会主义和谐社会作出更大的贡献。

气象灾害,主要是指台风、暴雨(雪)、寒潮、大风(沙尘暴)、低温、高温、干旱、雷电、冰雹、霜冻和大雾等所造成的灾害。

一、沙尘暴天气及防御

2000 年,我国北方地区连续出现十余次沙尘暴、扬沙和浮尘天气,给交通运输、人民生活环境带来了不利的影响。世纪之交,甘肃省河西走廊又出现强沙尘暴,兰州市出现浮尘。2001 年 3 月底以前,甘肃河西走廊和内蒙古西部已出现沙尘天气 9 次之多。3 月中旬,南京市也出现沙尘天气,引起人们的恐慌。为此,国家环境保护总局委托中国科学院寒区旱区环境与工程研究所、植物研究所派出专家,并与中央电视台记者合作,分兵两路,分别对甘肃河西走廊、阿拉善高原强沙尘暴区和内蒙古中部北京沙尘天气的尘源区作"探索沙尘暴"科学考察。本次考察的目的是探索近期我国沙尘暴频频发生的原因,追寻沙尘暴的源区,提出减轻沙尘暴危害的对策。

1. 我国沙尘暴出现的特征

根据沙尘暴发生频率、强度、沙尘物质组成与分布、生态现状、土壤水分含量、水土利用方式和强度,结合区域环境背景将中国北方划分出 4 个主要沙尘暴中心和源区:1)甘肃河西走廊及内蒙古阿拉善盟;2)南疆塔克拉玛干沙漠周边地区;3)内蒙古阴山北坡及浑善达克沙地毗邻地区;4)蒙陕宁长城沿线。上述沙尘暴多发地区的沙尘也常随西风和西北气流输送到华北及长江中下游,形成沙尘天气。沙尘暴的发生一般需要强劲的风力、丰富的沙尘源和不稳定的空气层结三个条件。裸露的地表富有松散、干燥的沙尘,是沙尘暴形成的物质基础;足够强劲持久的风力和不稳定的空气层结是沙尘暴形成的必要气象动力和热力条件。沙尘暴多发生在春季的 3 月—5 月,以午后为多,其伸展高度一般为 1000 米—2500 米,严重时可达 2500 米—3200 米。上述源区是生态保护、防沙治沙、沙尘暴监测和预测的重点地区。春季和午后应是监测和预测的重点季节和时段。

2. 沙尘暴发展的趋势

总体说来,我国沙尘暴从 50 年代以来呈波动减少之势,其中 60 年代和 70 年代略有上升,八九十年代在减少中有回升;2000 年更是急剧增加,强或特强沙尘暴达到 9 次之多,为近五十年之最;截止到 3 月底,2001 年已出现两次强沙尘暴过程。这些现象可能预示着新一轮沙尘暴活跃期已经开始,这种趋势值得我们严加注意。上述变化趋势可以从生态环境和气象条件的变化找到初步的解释。

沙尘暴频频发生是生态环境恶化的标志之一。我国沙漠、戈壁和沙漠化土地面积已达 165.3 万平方公里,并正以每年 2460 平方公里的速度发展。土地沙漠化东西部有很大的差别。以贺兰山为界,以西受西北干旱气候控制,缺少降雨,土地利用为绿洲灌溉农业区。沙漠化的因素和表现形式主要是水资源调配不当,下游农耕地因缺水撂荒或沙漠与绿洲过渡带的盲目开垦、樵采及过牧引起,或草场因地表水枯竭、地下水位下降导致天然植被死亡,风蚀量增大。东部受东亚季风的影响,夏秋有一定量的降水,沙漠化主要发生在农牧交错带,冬春干旱季节,由滥垦、草场严重超载或过牧退化、樵采引起,以农耕地土壤沙化、砾质化、灌丛沙漠化和沙地活化为主要形式。

从气象条件看,20 世纪 70 年代末期后,冬季东亚大气环流出现突变,高空东亚大槽偏东偏弱,致使沙尘暴源区冬春风速减小,再加上 80 年代中期后厄尔尼诺事件盛行,所以 20 世纪八九十年代沙尘暴次数偏少;以后因东亚大槽逐渐恢复到它的正常偏强状态,使风速加强,同时 1999 年—2000 年已转为拉尼娜年,因此 2000 年沙尘暴急剧增加,另外内蒙古、南疆及河西走廊等地沙尘暴年代际频数的增减和雨量减增也有较多关系。

综合考虑到中国北方近期生态环境恶化的势头还未得到遏制;全球增温会使地表解冻期提前;内蒙古中部及西北区东部的干旱还无明显减缓迹象,但河西西部及南疆前 10 年偏湿的势头倒有减弱之势;再考虑到目前已经出现新一轮沙尘暴活跃的迹象,所以未来沙尘暴可能将处于活跃期。

受地理位置和地形制约,上风向沙尘进入北京有三个主要通道,俗称"风口",它们是关沟、潮白河和永定河河谷(或谷地)。

历史上北京也曾出现过强沙尘暴肆虐的天气,最早的沙尘暴记录出现在公元 440 年(北魏太平真君元年),15 世纪中叶到 17 世纪中后期(明代中后期到清代前期)是北京平原沙尘暴最多发、强度最大的时期,并且,沙尘暴和持续的旱灾加速了明王朝的灭亡。从北京沙尘暴发展历史可以总结出两条结论:

(1)北京沙尘暴出现在周围大规模开垦土地后若干年(约 30 年);

(2)沙尘暴在干冷的气候条件下最为猖獗。

3. 减轻沙尘暴的策略和措施

沙尘暴是由天气过程和地面过程共同作用的产物。但是目前人类控制天气的能力还很有限,减缓沙尘暴灾害频度与强度的关键在于搞好地面的生态保护与建设。坚持"预防为主、保护优先、防治并重"的生态保护与建设方针;建立和完善生态保护的法规和政策体系,停止导致生态环境继续恶化的一切生产活动,对于超出生态承载能力的地区要采取一定的生态移民措施。

(1)尽快确定旱作农业区的北界,作为实施"退耕"的标准。

（2）尽快编制各地区的"退耕还林还草"规划，科学实施退耕还林还草举措。

（3）合理调配流域水资源，利用经济杠杆，在上中游强制性推行节水灌溉，提高水资源的利用率，保护和恢复内陆河下游生态环境。

（4）善待沙漠、慎重移民。严格控制沙漠开发；尽快在沙漠边缘过渡带、干湖盆、内陆河下游建立封育区和省级、国家级自然保护区。

（5）保护、完善、巩固、提高绿洲防护林体系。在防沙阻沙林外缘划定 300 米—500 米宽的封沙育草带，严禁放牧樵采。每年适当引洪灌溉丘间低地以促进自然植被的恢复。另外，绿洲防护林多为过熟林，应经严格审批和在有效监督下，有计划有步骤地进行更新。

（6）改革耕作制度，提高冬春季农田覆被率，革新农机具，发展阳光大棚、温室等高科技农业。

（7）强化沙尘暴的科学研究，加强沙尘暴源区监测网的建设，掌握沙尘暴发生发展的机制和规律，做到对沙尘暴的预警预报。减轻沙尘暴灾害的损失。中央提出的天保、退耕还林还草、防沙治沙工程就是减缓沙尘暴的重大决策。充分利用风能、太阳能，解决农村、牧区薪柴燃料，发挥农牧民积极性和中央政策扶持结合，发展经济，提高沙区群众生活是停止生态破坏的关键。

大力提倡舍饲和棚圈牧业，围封草场和加快飞播治沙，限制牲畜数量，使草原得到休养生息，并辅以抚育措施，恢复草原生态环境。

二、暴雨天气

暴雨是指在短时间内出现大量降雨的现象。暴雨的标准现在是全国统一的，其雨级名称和标准规定。24 小时降水量大于或等于 50 毫米，且小于 100 毫米，定为暴雨；日降水量大于或等于 100 毫米，且小于 200 毫米定为大暴雨；日降水量大于或等于 200 毫米，定为特大暴雨。同一测站连续 2 天或 2 天以上出现日降水量大于或等于 50 毫米的定为持续性暴雨；有三站或三站以上日降水量大于或等于 50 毫米时，定为一次暴雨天气过程。对江南暴雨和暴雨天气过程的气候特点作一概述。

（一）暴雨的气候背景

暴雨形成的过程很复杂，从宏观条件看，首先，要有充沛的水汽来源。即降水云层有足够的厚度，例如有庞大而深厚的积雨云或雨层云存在，并且需要有源源不断的水汽补充供应；其次要有促使气流强烈上升的动力和有利的大气环流形势，使降水强度足够大，持续时间较长。能够满足上述条件的天气系统主要是冷锋低槽和热带气旋两大类。广东地处热带、亚热带季风气候区，由于其西北背靠世界最大的欧亚大陆，东南面临世界最大的太平洋，因而季风气候特征极其显著。在适当的大气流场和特定的地形地势配合下，形成暴雨的水汽、热力及动力条件皆强于我国大陆其他沿海省、区，故暴雨强度之大，季节之长，皆居全国前列。

1. 广东暴雨的特点

（1）总的特点

广东地处低纬度，省境北依南岭、东北为武夷山，南面濒临广阔的南海，东部为浩瀚的太平洋，水汽来源丰富。北回归线横贯其中，境内多山，呈西北向东南倾斜的地势，有利于南来的水汽抬升和堆积，地理环境造成广东降水强度大，降水量丰富的特点。广东的暴雨从 3 月开始增多，4 月已比较普遍，10 月起暴雨次数大减，11 月暴雨天气基本结束，但有些地方一年四季均有出现暴雨的可能，最早可出现在隆冬的 1 月 1 日（1964 年广州等 6 个地方），最迟可出现在年底的 12 月 31 日（1963 年、1973 年和 1977 年，英德和阳江等地），然而，这种机会一般不多。由于广东独特的自然环境和地形条件，促使广东的暴雨天气系统十分强烈而复杂，中小尺度天气系统异常活跃，在下半年有大量来自印度洋、孟加拉湾和太平洋输入的暖湿气流，所以广东暴雨出现早、结束迟、暴雨日数多。

广东年降水量分布特征多呈双峰型，二个峰值分别出现在 5 月—6 月（前汛期雨季）和 8 月（台风和热带天气系统造成的热带气旋雨季），而且5月—6月的雨量峰值比8月要大一些。

5月—6月正值广东春夏过渡季节,东亚环流急剧变化之时,全省境内南方暖湿气流进一步加强,北方冷空气则进一步削弱,西南、东南和北方来的三股气流常常交汇于本省上空,形成强烈降水。从5月开始,水汽除来自孟加拉湾和南海以外,由西南季风从赤道附近海面带来更加湿热的水汽,因此,水汽来源更充沛,暴雨强度更大。前汛期内约85%以上的暴雨是由锋面低槽所形成,在冷暖气流交锋地带常有大小涡旋与之配合,促使暴雨强度大大增强。前汛期内除锋面低槽造成暴雨外,还有西南槽、低涡、切变线和高空急流等天气系统亦可导致暴雨天气发生。持续性暴雨往往是几种天气系统叠加的结果。前汛期降水天气系统的分类是多种多样的。广东前汛期雨量分布为:内陆少、沿海多,粤中为300毫米—400毫米,粤东沿海为600毫米—900毫米,粤西沿海为400毫米—500毫米。

(2)汛期暴雨的特点

前汛期内,除雷州半岛外,在广东大陆地区随着时间的推移,广东的雨带由北向南逐步位移。从总趋势看,4月份降水量占全汛期降水量的比值是由西北向东南减少的,西北部约占30%,而东南部仅占15%左右;到6月份,雨带分布有截然相反的变化,由西北到东南增加。西北部占30%—40%,东南部则占40%—50%。可见随着季节的推移,广东雨带的雨量中心是由北向南逐步移动的。从全年情况看,省内大陆80%的地区最大月降水量均出现在6月,10%的地区出现在5月,雷州半岛前汛期雨量占全年总雨量的30%左右,可见这种雨带内雨量中心南移的现象,是西南季风影响的结果。

广东后汛期主要是热带气旋暴雨,随着6月下旬西太平洋副热带高压加强北跳控制广东省境后,冷空气被阻留于南岭以北,广东后汛期开始,东南信风逐渐占据优势,西南季风对广东大部分地区的影响基本结束,除西部地区间隙地出现西风暴雨外,全省多以东风带暴雨为主。7月—9月副热带高压活动最为频繁,副热带高压脊线可达中纬度地区,活跃的热带辐合带南侧不断有西南气流输入,使热带气旋的能量不断得到补充,常沿着副热带高压南缘向偏西方向移动,在珠江口以西沿海登陆并深入到内地。产生的强降水过程主要由热带气旋、热带辐合带、东风波、热带云团等天气系统所形成。这些系统不但带来了海洋丰沛的水汽,更由于其本身就是强烈的辐合系统,上升运动激烈,所以可以直接造成大暴雨。热带气旋暴雨的大小、雨区范围、分布情况取决于热带气旋本身的大小、强弱,气旋中的温度、湿度、稳定度、气流的场结构、移动路径、寿命长短和热带气旋周围的环流形势,特别是冷槽、锋面、南支槽、副热带高压等的配置状况,以及海岸带特点、山脉走向、高度、坡度、范围大小等。

常年8月西太平洋副热带高压到达最北位置,夏季风也到达我国最北位置,这样,热带气旋就很少受到副热带高压的阻拦,容易登陆并深入内地,因而形成热带气旋最活跃时期。随着热带气旋而来的暴雨,使韩江流域、西江流域和漠阳江及其他沿海河流常出现第二个汛期高峰。在沿海地区,狂风暴雨配合海潮,是形成潮灾最多季节,往往是洪涝、风灾和潮灾一齐侵袭。9月后,由于冬季风逐渐强盛,太平洋热带气旋北上范围已经缩小,登陆广东的机会本应减少,但这时南海热带气旋仍在增加,故9月仍是热带气旋活动盛期。这时出现的热带气旋,常给本省大部分地区带来较丰富的降水量,特别是偏西地区和雷州半岛一带。由于广东季风气候显著,促使前、后汛期降水丰富,形成了本省雨热同季显著的季风气候特色,这是广东跟纬度相近的撒哈拉大沙漠气候景观截然不同的根本原因。

综上所述,由于广东地理环境和季风气候的特殊性,降水成因比北方更复杂,经常出现特大暴雨,一年四季都可能发生暴雨,局部洪涝随时可能出现,以前汛期锋面暴雨,后汛期热带气旋暴雨影响范围广,危害程度大。南岭山地绵亘于北部,在大型锋面系统活动时,雨区随锋面向南移动或南北摆动,往往使珠江流域上、下游之间降水过程接踵而至,有时上、下游同处于雨区内,所以暴雨发生面积很大,各主要江河下游,特别是位于西、北、东江出海河口处的珠江三角洲雨涝最严重,其他河流在汇流处或河谷低洼处雨涝也常发生。

2. 贵州省暴雨的特点

贵州省每年 4 月上中旬开始,自东向西先后进入雨季,暴雨天气也随之发生,5 月—7 月是西南季风活跃和盛行的季节。暴雨发生频率最高,也是暴雨发生的高峰期。随着东南季风的建立和盛行,7 月下旬以后暴雨发生频率显著下降,8 月—9 月的暴雨天气仍时有发生,直到 10 月上旬雨季结束,暴雨才很少出现。

绝大多数特大暴雨、持续性暴雨发生在贵州西南季风开始出现之后到夏季风破坏、冬季风开始之前。发生特大暴雨最多的时段在 5 月下旬到 7 月中旬,即西南季风开始后再一次活跃到西南季风盛行时期的两个月以内。当东南季风开始盛行后,发生特大暴雨和持续性暴雨的几率显著下降。

日变化:1. 贵州的夜间暴雨多发性是非常明显的;2. 随着暴雨强度和雨量的增大,夜间多发性的特点更为突出;3. 夜间暴雨多于白天暴雨的特点全年各月一致,仅频率大小有所差异。

地区分布:在贵州省范围内显然存在有三个较集中的暴雨多发区和两个少暴雨带。范围最大、频率最高的主要暴雨多发区位于贵州省西南部,最多中心在普定附近。年平均暴雨多达 96 天,多暴雨区在黔南自治州的东南部,中心在都匀和荔波附近,年平均暴雨日为 40 天左右,仅次于普定。第三个相对暴雨多发区在贵州省东北部,包括大娄山东段余脉的东南侧与梵净山之间的地区。夏季暴雨在全年中占了绝对优势。而春季与秋季的分布则差异最大。

(二)暴雨对水稻生产的影响

汛期降水虽能增加水库容量,有利于农业生产和城市供水等。但是,暴雨和连续性暴雨却对农业生产影响极大。汛期内,特别是 5 月、6 月、8 月,土壤水分处于极饱和状态,土壤对水分的吸收和渗透基本处于停止状态,大部分雨水被径流分流至江河。这时,如果连续出现暴雨,加上潮水顶托,水势更为明显,往往导致山洪暴发,江河泛滥,水库坍塌,农田积水,土壤冲刷严重,农作物受害。如果连续出现大暴雨或特大暴雨,还会造成大范围的洪涝灾害。

1. 暴雨对水稻生长发育的危害

前汛期和后汛期,恰是广东早稻和晚稻分蘖、幼穗发育和开花结实期,是决定早稻和晚稻后期穗数、每穗粒数、结实率和千粒重的关键时期,这时遭受强大的暴雨或连续性暴雨袭击,可出现以下灾害:

(1)暴雨多,光照不足,使早稻和晚稻中期难于露田、晒田,不利于壮根、壮秆、壮穗,易引起茎叶徒长,后期根、叶易早衰;同时还容易引起纹枯病和白叶枯病盛发和蔓延。

(2)农作物茎叶受暴雨机械损伤,如撕破叶片、茎叶折断,引起生理机能下降,光合效率降低,导致幼穗发育或籽粒的养分供应不足,造成单穗颖花数减少、结实率下降和千粒重降低等。

(3)早稻和晚稻抽穗开花期遭受连续的暴雨袭击,造成"雨打禾花,华而不实",严重影响颖花授粉受精的正常进行,使受精的子房停止发育而成秕粒,或不受精而成空粒。谷壳遭受暴雨损伤会导致储藏机能降低而出现大量碎米。

(4)水稻生育后期遭受暴雨袭击造成植株倒伏。不仅严重影响水稻正常的生长发育,在成熟后期还会导致穗粒发芽、霉烂而降低产量和品质。降雨后,稻株地上部分附着雨水增重,重心高度和弯曲角度都发生变化,弯曲力矩也随之变化。即使受风力振动,部分雨水撒落,单茎平均增重还有 2.6 克—2.8 克。

2. 暴雨对水稻产量的影响

汛期内的暴雨对水稻产量的影响是明显的。据统计,广东中部和中北部各代表点早稻孕穗—开花期的总雨量和总雨日与早稻产量均成负相关关系,且达到一定的显著水平。

据调研,持续性暴雨对晚稻生长发育和产量形成的影响也是很大的,特别是秋季热带气旋登陆或影响广东时,往往诱发北方冷空气南

下,冷空气与热带气旋遭遇时,引起的低温、大风、伴随大暴雨,危害就
更为严重。

据报道,20 世纪 90 年代广东因暴雨引发洪涝而受淹面积一般每
年都有 20 万公顷左右,严重的年份受淹面积达 46.7 万公顷左右。锋
面暴雨和热带气旋暴雨除造成稻田受淹外,还伴随倒伏、发芽、落粒、病
虫严重、稻米质量下降,损失是难以估计的。

三、暴雨害的防御措施与对策

从生态环境角度考虑,重视种草种树,可以减少地表径流和水土流
失,防止或减轻暴雨造成的灾害。兴修水利、治理河流、开挖渠道,增强
暴雨的排泄能力,使暴雨后的积水能及时排出。修筑水库能拦蓄河水
减少流量,从而有效地防止暴雨引发的洪涝灾害。加强农田基本建设,
合理开沟,降低地下水位,使地表水、潜层水和地下水能及时迅速地排
泄出去。根据暴雨发生的规律,合理布局农业,确定适当的种植制度,
选择耐雨、耐涝作物。调整播植期,避免关键生育期出现在暴雨高峰
期。在暴雨中心地区,调整种植业与养殖业、旱作与水生作物的比例,
能减轻暴雨危害。此外,还要注意如下具体措施:

(1)在汛期,要加强暴雨监测、预报和情报工作,建立防灾减灾预
报服务系统。监视暴雨发生、发展和变化,对未来影响地区、强度和持
续时间做出准确的预测,使各级领导和生产部门能及时掌握有关信息,
及早做好防灾减灾工作。

(2)暴雨出现后,要做好暴雨的实时评估分析,提出相应的防灾、
抗灾、救灾措施。建立抗灾指挥系统,组织指挥防灾、抗灾和救灾工作。

(3)调整种植制度和作物布局。按照不同地区暴雨发生规律及其
季节变化和时空特征,确定合理的种植制度和作物布局。为此,选择适
当早稻品种,合理安排播植期,使早稻抽穗开花期避过"龙舟水",以促
进早稻稳产、高产,蔬菜等旱地作物在播种时注意天气预报,避开暴雨
危害。

(4)实行深沟高畦耕作,挖好耕地水沟,可以迅速排除地面积水,

降低地下水位,减轻暴雨危害。在暴雨季节出现前及时加固和加高堤围,做好一切防汛准备,检查堤围、水坝,加固险段,备足防汛器材,落实各项防汛措施,以防不测。健全田间排水系统,平整土地,使蔬菜等旱作雨后田间积水能迅速排出。特大暴雨过后,要及时修复被暴雨毁坏的农田和水利工程。

四、采取多种措施防御各类气象灾害

1. 以人为本,避灾减灾:以人为本,把保障公众生命财产安全作为防灾减灾的首要任务,最大限度地减少自然灾害造成的人员伤亡和对社会经济发展的危害。面对自然灾害,科学防御,从早期盲目的抗灾到近年来主动地避灾,体现了在防灾减灾中的科学发展观。

2. 监测预警,依靠科技:在防灾减灾中坚持"预防为主"的基本原则,把灾害的监测预报预警放到十分突出的位置,并高度重视和做好面向全社会,包括社会弱势群体的预警信息发布。要依靠科技,提高防灾减灾的综合素质。通过加强防灾减灾领域的科学研究与技术开发,采用与推广先进的监测、预测、预警、预防和应急处置技术及设施,并充分发挥专家队伍和专业人员的作用,提高应对自然灾害的科技水平。

3. 防灾意识,全民普及:社会公众是防灾的主体。增强忧患意识,防患于未然,防灾减灾需要广大社会公众广泛增强防灾意识、了解与掌握避灾知识。在自然灾害发生时,普通群众能够知道如何处置灾害情况,如何保护自己,帮助他人。政府与社会团体应组织和宣传灾害知识,培训灾害专业人员或志愿者。社会公众要充分认识灾害预警信息的重要作用,了解各类预警信息含义,在收到灾害预警信息时,根据不同的预警信息、不同的预警级别,采取积极有效的应对。利用广播、电话、手机短信、街区显示屏和互联网等多种形式发布预警信息,重要预警信息在电视节目中能即时插播和滚动播出。

4. 应急机制,快速响应:政府、相关部门需要建立"统一指挥、反应灵敏、功能齐全、协调有序、运转高效"的应急管理机制。"快速响应、协同应对"是应急机制的核心。防灾减灾涉及方方面面,需要政府组织领导,各个部门积极响应。在气象灾害应急管理中,气象部门在内部上下联动的同时,加强了与新闻、水利、民政、安全监督、海洋、农业、林业、环境等部门的横向联动和紧密协作,建立应急联动机制,把气象工作纳入各级政府的公共服务体系。需要加强以属地管理为主的应急处置队伍建设,建立联动协调制度,充分动员和发挥乡镇、社区、企事业单位、社会团体和志愿者队伍的作用,依靠公众力量,形成规范、高效的灾害管理工作流程。

5. 分类防灾,针对行动:不同灾种对人类生活、社会经济活动的影响差异很大,防灾减灾的重点、措施也不同,如对台风灾害,重点是防御强风、暴雨、高潮位对沿海船只、沿海居民的影响,强雾、雪灾则对航空、交通运输形成很大影响,沙尘暴灾害主要影响空气质量。根据不同灾种特点以及对社会经济的影响特征,采取针对性应对措施。预防和减轻台风灾害,应根据台风预警级别,及时疏散沿海地区居民,人员应尽可能待在防风安全的地方,加固港口设施,防止船只走锚、搁浅和碰撞,拆除高层建筑广告牌,预防强暴雨引发的山洪、泥石流灾害。对暴雨洪涝灾害,根据雨情发展,及时转移滞洪区、泄洪区人员、财产,及时转移城市低洼危险地带以及危房居民,切断低洼地带有危险的室外电源。

6. 人工影响,力助减灾:人工影响天气已成为一种重要的减灾科技手段。在合适的天气形势下,组织开展人工增雨、人工消雨、人工防雹、人工消雾等作业,可以有效抵御和减轻干旱、洪涝、雹灾、雾灾等气象灾害的影响和损失。

7. 风险评估,未雨绸缪:自然灾害风险指未来若干年内可能达到的灾害程度及其发生的可能性。开展灾害风险调查、分析与评估,了解特定地区、不同灾种的发生规律,了解各种自然灾害的致灾因子对自然、社会、经济和环境所造成的影响,以及影响的短期和长期变化方式,并在此基础上采取行动,降低自然灾害风险,减少自然灾害对社会经济和人们生命财产所造成的损失。自然灾害的风险评估包括灾情监测与识别、确定自然灾害分级和评定标准、建立灾害信息系统和评估模式、灾害风险评价与对策等。通过自然灾害的综合风险评估,并应用评估结果,可以进一步探讨自然灾害风险管理模式和预防措施,可以有针对性地控制灾害,规范对易灾地区的利用,提高对灾害的认识。

第7节 农作物气象与病虫害气象

农作物气象是阐述作物生长发育、产量形成和产品品质等与气象条件的相互关系,目的是为促使作物合理布局与丰产栽培,以及为发展我国生态农业、设施农业、主体农业、庭院经济等提供气象依据。

作物生产的实质是一个能量转换、物质循环和积累的过程。影响作物生长发育和产量形成的外界环境因素,首先是太阳辐射,它是农作物生产的能量源泉。但在自然条件下,光照条件往往不是限制因子,对当前农业生产水平起限制作用的主要是温度和水分。空气是作物生存的重要因素和物质来源。农业气象学所着重研究的为其中的二氧化碳。它是作物光合作用形成有机物质的原料,特别是现代大气中二氧化碳浓度的增加,增高大气温度,可能引起气候变化,从而影响作物生产。

一、水稻气象

(一)气象要素对水稻生育的影响

水稻是我国主要粮食作物之一。我国水稻播种面积,占全国粮食播种面积的1/3,其总产量居粮食作物的首位。水稻在我国栽培地域广泛,包括热带、亚热带、温带和寒温带。由于自然选择的结果,形成了我国水稻多种多样的光温特性类型。

a. 水稻品种类型的光周期反应

地球上光照长度的变化,形成了水稻对不同光照长度的反应特性。一般来说,在高温和短日照条件下,营养生长期缩短,幼穗分化提前。反之,幼穗分化推迟或者不能抽穗。为了分析品种对日照长度反应的差异程度。我国水稻研究协作组研究得出:出穗促进率大,感光性强;

反之则弱。

早稻的感光性：长期种植于北方地区的水稻品种受温度较低、光照较长的影响，逐渐形成感光性强和感光性弱的不同类型。因此在其发育过程中，只要满足其对温度的要求，都能完成其生长发育过程。

晚稻的感光性：晚稻是感光性强的短日照型作物。对光照反应极为敏感，随着日照长度变短，营养生长期也缩短，晚稻感温性也较强，在光周期诱导期间，也要求较高的温度条件。因此晚稻只分布在较低纬度地区。在高纬度地区，光照和温度条件都不能满足其要求。

中稻的感光性要求：中稻是基本营养生长性、感光性、感温性都居于早稻和晚稻之间，是两者的过渡类型。中稻的早、中熟品种感光性弱或者基本没有反应，逼近于早稻，而迟熟品种感光性较强，则偏近晚稻。但是迟熟品种对温度的反应也较敏感，增高温度比缩短光照的温度更敏感。因此，可以说中稻更接近于早稻。

b. 水稻品种类型对温度的反应

一般来说，晚稻的感温性比早、中稻强，而早稻又比中稻强。在高纬度高温季节，光照较长，而光照短的季节往往又迅速降温，所以不适宜晚稻作物栽培。早稻适应性广，南北方都可栽培。在水稻一生中，幼穗发育期对温度反应较为敏感，若此时温度异常，使减数分裂不正常，形成不育。我国由南向北，纬度越高，适宜于水稻生育的高温越短。但是，水稻的感温和感光性是相互联系的，只有在适当的日照长度范围内，温度的影响才能起作用。

c. 水稻的生育对水分的要求

栽培稻是野生稻演化而来，野生稻是生长在沼泽地区的沼泽植物。当今的栽培水稻虽然不要求一生都在水中度过。但水分条件是一个极其重要的因素。和其他作物一样，水稻所需要的水，一部分是生理需求，一部分是生态需求。

水稻各生育期对水分的要求是不同的，以花粉母细胞减数分裂到花粉粒形成阶段对水分条件最为敏感。这正是水稻一生需水的临界期。但如果长期淹水,根系发育不良,也会引起减产。所以在水稻孕穗期常保持浅水层。水稻需水的第二个关键期是开花期,此时对水分要求较多,若缺乏受旱,则千粒重下降,产量不高。

d. 水稻光温特性在生产实践中的应用

(1)引种,在全国各稻区内相互引种,必须按照水稻品种的光温特性要求,才容易成功。早中晚稻的引种,首先要考虑品种原生长地区的熟期和引种地区的地理条件。根据水稻气候分析,由南向北引种,纬度每增加1度,出穗平均延长2.4天。由平地向高山,海拔每升高100米也平均延迟2.4天。由西向东每移动5个经度,出穗可提早1天左右。

一般来说南稻北引,生育期延迟或不出穗,宜用早熟品种,北稻南引,生育期缩短,宜用迟熟品种,向高山引种,宜用早熟品种,反之用迟熟品种。

早籼型水稻感光性弱,感温性中等,短日照高温期短;在全国引种容易成功。

中籼型、中粳型、感光、感温中等,对不同气候条件适应性较强,在气候相似区内引种易成功。

根据经济性状变化趋势引种。华南早稻向南、向北引种,株高变矮,粒数增多,华中早稻南移株高变矮,北移变高,粒数也相应变少和变多。平原引向高原,株高各主茎叶片数减少,千粒重降低。

(2)规划稻作制度,前几年南北稻区都有增加复种指数的趋势。华南稻、稻、麦和三季连作稻,中季稻很关键,要求生育期适当缩短,秧铃弹性较大的品种;连作晚稻则要求感光性强的品种,保证抽穗期提前,以免遭寒露风危害;长江流域地区,双季稻季节矛盾,早稻要求高中求早,晚稻则要求高中求稳。早稻要求早熟品种,晚稻要求感光性强,大致能在9月20日前齐穗。

(3)确定适宜栽培季节,最适播种期,不仅要求考虑水稻育秧期的温度,而且要能在大田生育期正常抽穗、开花、结实。但不同的品种,生育期与播种期迟早的关系又有所不同;同一品种,也因地区和不同播种期而使生育期有很大的差异。生育期的变化,非常复杂,主要是由于各品种的生育特性对温、光条件反应不同所致。

从温度条件分析,单季稻的生育期需要温度由低到高,再由高而低;连作早稻则要求由低而高;连作晚稻则要求由高而低。各地应结合不同品种特性和地区气候条件特点来决定播种期。

(二)产量构成因素的形成与气象条件

(1)产量构成因素的分析

水稻单位面积产量是由单位面积上有效穗数,每穗总粒数,结实率和千粒重等因素组成。水稻产量构成因素中,结实数和有效穗数的变异最大,每穗数总粒数次之,千粒重的变异最小。

a. 产量构成因素在地理和播种期上的差异

水稻产量的形成是多种因素综合作用的结果。但从气象条件分析,地理位置及播期早晚表征空间和时间上的变化,对产量构成因素却有显著的影响,尤其在地理上的差异更为突出,其中有效穗数和每穗总粒数的差异达极显著水平,播种差异却不显著。

b. 气象条件对有效穗数的影响

决定水稻有效穗数的主要时期是自生育初期起,至最高分蘖期后7 天—10 天为止。根据大田观测资料分析,分蘖成穗率随分蘖产生的推迟而递减。如杂交中稻移栽后 25 天产生的分蘖,成穗率已下降到42%。可见,早生分蘖的多少对有效穗数有很大的影响,当然,有效穗数与大田移栽密度,每穴苗数及秧苗情况也有很密切的关系。

c. 光照强度的影响

水稻的一生对光照条件的要求比较严格。水稻分蘖期光照不足,既影响分蘖速度,又会造成分蘖纤弱不能成穗,遮光处理后,成穗粒明显降低。实际测定表明,光照条件恶化,影响光合作用进行。造成分蘖少而小。

幼穗分化期前后是水稻由营养生长逐渐过渡为生殖生长的关键时期,干物质积累的速度最快、量最大,正常情况下此时期平均每亩每日可增重 20 公斤,因此,此时光照条件的优劣对水稻生长速度和净同化率的影响最大。在水稻生产中,应根据当地的气候条件,相应采取促、控措施,促进水稻生长,达到高产稳产。

d. 水稻各生育期对气象条件的要求

①幼苗期:水稻种子发芽要求最低温度为 10℃—12℃,发芽最快是 30℃—35℃,大于 40℃就会造成烧芽。稻区群众人工催芽的经验是:吸足水分,高温破胸,适温催芽,常温炼苗,以促使稻芽短、齐、壮、匀。

水稻苗期对低温抵抗力随秧龄增加而下降。出苗前,最低温度在 0℃左右还不受害,三叶期温度在 5℃—6℃时就要受害,一般秧苗生长的下限温度为 10℃—12℃,籼稻比粳稻要求高些,如果低于这个温度,就停止生长;气温在 16℃以上不管籼稻或粳稻却能很好生长,生长最适温度是 20℃—25℃,气温低于 20℃幼苗纤弱,难达壮苗要求。如果长时间的超过 30℃,感染病害,移植后难于成活甚至枯死。幼苗根系发育良好,在水淹情况下,根系生长缓慢,幼苗伸长快,容易形成倒伏。

②分蘖期:水稻分蘖要求温度较高,日照充足,水分适当。分蘖的适宜温度是 20℃—30℃,在 20℃以下或 38℃以上对分蘖不利,17℃以下分蘖受抑制或停止分蘖。如果阴雨多,光照不足时分蘖减少。分蘖期是水稻生活中第一个不可缺水受旱时期,另外还可以利用水层的深浅调节水温及根与分蘖的供氧条件,以便根据生产的要求来促进分蘖或抑制分蘖。

③拔节孕穗期:拔节孕穗期是水稻生活中生长最快、吸收水分和养分最多、光合作用最强的时期,也是形成穗大粒多的关键期,因此要求有充足的光照和足够的水分和养分。水稻幼穗发育的适宜温度在 30℃左右,温度低于 20℃或高于 40℃,对幼穗发育不利。当最低温度在 15℃—17℃以下时,抽穗延迟,一般籼稻对低温比粳稻要敏感,但粳稻没有籼稻耐高温。

这一时期如果水分不足,也会延迟稻穗的形成,尤其是在减数分裂期缺水受害,就会使颖花退化不育,从而导致严重减产。所以这一时期是水稻的需水关键期。

④抽穗开花期:水稻抽穗快慢与温度,品种和栽培技术都有关系。以温度来说,温度在适宜的范围内,抽穗期短而整齐,反之,抽穗时间长,也不整齐。水稻开花以晴暖而微风的天气为最好,阴雨、低温、大风、干旱等天气都不利于水稻开花结实,容易形成空秕。开花的适宜温度是 30℃—35℃,如高于 40℃时,花丝容易干枯,低于 20℃时就不能正常受精结实。

水稻开花期,相对湿度以 70%—80% 为宜。这时期如果水分不足就会使抽穗延缓,生长发育受到抑制,但如果水淹,对产量的影响就更大。

⑤灌浆成熟期:水稻在灌浆成熟过程中,如果气象条件不好,生长发育就不能正常进行,从而导致不实粒或青米现象,千粒重下降,降低产量。

(2)水稻栽培中的农业气象问题

1. 烂秧和死苗:我国主要稻作区,春季低温和连续阴雨天气是烂秧死苗的根本原因。但是由于发生的天气类型,水稻受害症状不同,具体情况也不一样。烂秧出现时间是秧苗的三叶期以前,秧苗症状是烂芽、根芽变黑和幼苗死亡。原因可能是:低温,秧苗的呼吸作用降低,在 7℃—12℃时,呼吸作用降到最低点,根芽几乎停止生长,持续低温,秧苗必然死亡。

积水秧田氧气不足,秧苗只长芽不生根,头重脚轻,容易倒苗泡在水中,发生轻腐,出现躺着死的现象。低温过后,温度回升,不及时排水秧田就容易产生有毒物质(如硫化氢),同时有利于绵腐病的发生和蔓延。日均温度高于 10℃最低温度在 5℃或 7℃,连阴雨在 5 天以上即可发生烂秧。

死苗,多在二叶末到三叶期前后。死苗有青枯和黄枯两种:青枯,心叶先萎蔫卷曲,进而发展到老叶以至全植株死亡。

死苗产生在最低温度低于 10℃的低温阴雨天气后,转晴升温,日温差在 10℃ 以下。

秧苗死苗的防御措施：

①掌握天气变化规律适时播种，培育壮秧。最好是日均温在 14℃ 以上，最低温度高于 10℃，晴天或将要转晴的天气播种。即"冷尾晴头，抢晴播种"。

②排水与灌溉要适当，以水调温，以水保苗。高温浅灌，低温深灌，日排夜灌，晴排雨灌，都是调节秧田水热的办法。

③保温育秧，采用塑料覆盖秧田，可提高温度。但要防止膜下晴天高温烧苗，揭膜前要做好练苗工作以防青枯。

④播种后喷洒土面增温剂，可抑制蒸发，有增温保湿作用。

2. 僵苗，移栽后遇上低温天气，秧苗不返青，不发新叶，不长新根，分蘖延迟，重则衰退死亡，这是水稻高产中的严重灾害。

水稻返青要求温度在 15℃ 以上，晴天为好。如遇低温即容易形成僵苗。温度在 13℃—14℃ 时返青要 14 天，苗弱而发生僵苗死苗较多；15℃ 时返青要 7 天—10 天，死苗较少；20℃ 时返青只需 4 天—6 天，生长良好。防止僵苗的办法是科学地确定移栽期。一般以日均温度稳定地通过 15℃ 为移栽开始期，稳定地通过 18℃ 以上为大面积移栽开始期。移栽后要合理灌溉，以促进秧苗早日返青和分蘖。

3. 高温不实和逼熟，这是早、中稻在抽穗开花和灌溉成熟期间受到高温危害而造成的空壳不实和逼熟的现象，主要在长江流域稻区。高温不实的生理原因，关键是在高温干燥的气象条件下，造成了花粉的死亡和颖花器官的枯萎。因而不能授粉授精。这种灾害的指标是：平均气温在 32℃ 以上，最高气温在 36℃ 以上，极端最高温度在 38℃ 以上，14 时的相对湿度为 45%—54%，这样的天气条件，可能使正在开花的早稻发生大量空壳，受害田块一般要减产 40%—50%。这是江西某地方的观测资料，具体到各地气象情况可能不同，这些气象指标只能作为参考。

逼熟，水稻灌浆成熟阶段，在高温、干燥、温差小和脱水的情况下，造成水稻早衰，成熟期缩短，千粒重下降。只要日平均气温在 30℃ 以上,最高气温在35℃以上,相对湿度低于60%,连续三天以上,就可能对正在灌浆的水稻产生不利影响。一般地说,粳稻耐热性较差,特别是中、早粳稻容易发生逼熟现象。

防止热害的办法是搞好灌水,一遇高温天气就要以水调温。此外,调整播种期,躲过高温天气对水稻高温敏感期的危害。

（三）水稻气象灾害

1. 水稻低温冷害

低温冷害是全国性的水稻气象灾害。南方稻区三熟制或二熟制稻区,早稻生长处于由低到高温阶段,早稻栽插过早,在其减数分裂时期仍有遇到低温的危害;晚稻生长处于高温到低温的阶段,栽插期、品种类型和农业技术措施不当,则使其在抽穗开花期及灌浆期易遇低温危害。

（1）水稻低温冷害的类型

一般分为延迟型冷害和障碍型冷害两类。北方水稻由于生长季短,只要在生长期内温度偏低的年份,多出现延迟型冷害。障碍型冷害在南方稻区常见。我国广大稻区,夏季多高温,秋季降温较快,抽穗开花期的低温危害就成为全国水稻生产的普遍灾害,是我国水稻生产中值得重视的问题。

（2）障碍型低温冷害指标的讨论

a. 低温指标随着不同的地理区域而改变,即在不同地区,往往有不同的低温受害指标,特别是高原、山地和平原地区的差异大。如云南玉溪地区（海拔1600米）水稻冷寒指标为18.5℃,昆明地区（海拔1900米）一般为18℃,丽江地区（海拔2400米）则以16℃作为当地粳稻品种的冷害指标。而江苏、上海等地对杂交水稻的冷害指标一般认为是22℃—23℃。

b. 同一地区、同一品种、同一试验水平、同一低温情况下,不同年份的受害程度也各不相同,即低温指标有年际变化。

以上出现地区和年际间的差异,首先是由于地区之间的纬度、海拔、高度、地貌类型和土壤植被等情况不同,造成地区间气候背景的差异。如随纬度的变化而出现光照时间长短的差异;随海拔高度不同而出现辐射强度、光质也有变化。内陆和高山地区要比沿海和平原的温度日较差大。此外,各地秋季降温过程也不一样,有缓慢之分。

一般认为,较耐寒的粳稻品种低温冷害指标为最低温度15℃左右,籼稻为17℃,温度越低,低温持续时间越长,冷害就越严重,抽穗开花期,则认为五天平均气温低于20℃,最高气温低于25℃时水稻受害。灌浆期,尤其是灌浆初期,平均温度为19℃时秕粒明显增加,温度越低,秕粒越多。所有这些指标,因地区不同而有差异。

(3)低温冷害的防御

a.确定安全齐穗期,掌握气候规律,确定适宜播种期,保证安全齐穗,是防止水稻低温冷害的战略措施。

b.培育和选用耐寒品种,根据不同茬口,搞好品种搭配,是防止水稻低温冷害的重要环节。

c.以水调温,调节农田小气候,减轻低温危害。

d.使用保温剂等,提高稻田温度,加速植株发育,避过低温对花穗的危害。

2. 水稻高温热害

盛夏伏旱期,光照强烈,当最高气温上升到35℃以上时,空秕率显著增加,所以通常以日最高气温35℃作为高温热害的临界指标。开花期遇高温,造成花叶干枯,空粒增多,谷粒形成期遇高温,导致"高温逼熟"而减产。我国北方稻区,水稻生长季节内,很少有高温危害。水稻的高温危害多发生在长江以南地区,而且沿海地区也不严重。

表3.16　不同年型水稻冷害指标与高温热害指标(℃)

品种	低温指标			高温指标		
	多照年	正常年	寡照年	多照年	正常年	寡照年
南优	22.2	22.7	23.8	29.4	28.9	27.8
汕优	21.0	21.8	23.7	31.1	30.2	28.3

注:指抽穗后5天内的平均温度。

3. 台风危害

台风经过的地区水稻常出现倒伏和脱粒,影响水稻产量和质量。据调查,在抽穗开花期倒伏,损失严重,可减产一半。黄熟期倒伏则减产一至二成。

此外,台风暴雨引起洪涝,直接侵蚀农田,形成水涝灾害;台风过后,稻株受伤,多引起水稻白叶枯病的发生。但是,在我国南方伏旱严重的稻区,台风雨则解除旱情,有益于水稻生长。

二、小麦气象

小麦是世界上主要粮食作物之一,也是世界上分布最广的作物之一。它栽培历史悠久,除南极洲外,遍布世界各大洲,除少数亚热带岛国外,也几乎遍布每个国家。其垂直分布从海平面直到海拔 4000 米以上的青藏高原都有种植;但集中产地分布在北纬 25°—47° 和南纬 25°—40°,海拔 1500 米以下的温带。

（一）光温因子对小麦发育的影响

小麦植株茎端生长锥开始幼穗分化,表明生殖生长的开始,并顺序发生春化作用、光周期反应,导致抽穗开花。

（1）小麦的春化作用

春化作用是指冬小麦种子经过低温时段而后解除冬性,获得春小麦特性的过程。从小麦种子萌动到分蘖时期,冬小麦都可通过春化处理,以种子萌动时效果最好。

根据我国学者们研究,认为中国冬小麦品种可分为四个春化类型。

a. 春性:春化作用要求在 0℃—12℃ 条件下进行,3 天—15 天完成。

b. 半冬性:春化作用的适宜温度 0℃—7℃,20 天—30 天内完成。

c. 冬性:0℃—7℃下进行春化,30 天以上完成。

d. 强冬性:0℃—3℃下进行冬化,需要 40 天—50 天才能完成。

冬小麦品种不同,可形成不同的春化类型,主要是受各地冬季温度影响的结果,这和品种的起源地密切相关。小麦起源于高纬地区,是长日照作物。我国冬小麦品种为华南地区春性;长江流域半冬性;华北平原南部冬性,华北平原北部为强冬性。南方山地立体分布的小麦,山麓多为春性品种;山中部为半冬性,高山上多为冬性。

不同春化类型的小麦品种在我国的分布,用1月等温线表示,则1月平均气温-12℃以下地区为春播春性品种,-12℃——4℃地区为秋播强冬性或冬性品种,部分地区为春播性品种;-4℃—0℃地区为秋播半冬性或春性品种;0℃—4℃地区以上为冬播春性品种。

(2)小麦的光周期现象

小麦是长日照作物。不同小麦品种对日长反应是不同的。根据学者研究,可将我国冬小麦品种分为三种类型:

a. 反应迟钝型:每天日长8小时—12小时,约16天左右就能完成光周期反应而抽穗,一般春性品种属于此类型。

b. 反应中等型:每天8小时日长不能抽穗,12小时日长,24天左右抽穗,一般弱冬性品种属于此类型。

c. 反应敏感型:要求12小时以上的光照30天—40天才能完成光周期反应,冬性品种属于此类型。

小麦光周期反应类型的形成,与品种原产地及植株幼穗分化时期所处季节的光照条件有关。穗分化时日长相对较短,形成反应迟钝型,反之则形成反应敏感型。

现代生理学研究则认为,叶片是接受光周期刺激的器官,小麦只要在所要求的低温下处理后,植株叶片就能进行光周期反应。叶片感受光周期刺激的能力主要与其生理年龄有关,幼嫩叶片感受能力很小,充分生长的成年叶片强,而衰老的叶片则没有光周期反应。

小麦进行光周期反应所要求的光照强度是相当微弱的,在曙暮光的条件下就能进行光周期反应。但在此条件下时间太长,因光合作用太弱,会使植株缺少营养而停止光周期反应。

(3)冬小麦气候适应性

不同冬小麦品种分别属于不同春化作用和光周期反应的类型。小麦品种反应类型不同,其气候适应性就有较大的差异,以是否能安全越冬、正常抽穗开花、形成一定产量为鉴定标准。

华南为春性品种,引种至长江流域即遭受冻害,或成熟期因高温而旱熟枯死,故适应性较差。长江中下游的品种多为半冬性、冬性品种,引种至华北南部、关中平原和四川盆地,皆能正常抽穗开花,形成产量。但再往北移,则易受冻害,因此适应性中等。华北平原的冬性品种引种至河南、关中、苏北、皖北或华北北部都能成功,故适应性最广。华北北部的品种引种到陇海铁路以南地区,则不能适应。由此可见,春性和强冬性品种或晚熟品种,气候适应性较差,而感温和感光性中等的半冬性、冬性或早、中熟品种则较强。

实践证明,不同类型的小麦品种,在四川成都和陕西武功栽培,表现都很好。从越冬条件分析,这两个地区冬不太冷,从后期生育条件分析,都无高温通热的现象;从光周期反应分析,各类型小麦品种都能正常抽穗、开花、成熟。所以,成都和武功两地适合建立我国小麦品种资源库。

(二)冬小麦各生育期与气象条件的关系

(1)小麦适宜播种期

小麦适时播种,对培育壮苗、安全越冬和产量形成都是有利的。从气象条件看,小麦适宜播种的条件主要决定于气温和土壤、水分条件。

小麦适宜播种气象条件:

小麦种子发芽的最低温度是 1℃—2℃,最适温度是 15℃—22℃,最高温度是 30℃—32℃。在发芽温度范围内,随温度的升高,发芽速度加快。在高温下,发芽虽快,但呼吸作用也快,所以根、芽生长不健壮。故小麦播种的最适温度在北方为日平均温度 15℃—18℃,长江中下游为 15℃—20℃,当日平均气温低于 10℃ 或高于 20℃ 时播种,壮苗难以形成。要形成壮苗,除有粗壮的根、芽外,还要越冬前主茎上有 5 片—6 片叶,单株有 3 个—5 个分芽。因此,农业生产上多用积温法来推算播种期。北方麦区形成冬前壮苗需要 500℃—600℃ 积温。(表 3.17)

表 3.17 小麦播种到越冬前所需积温(℃)

地区	播种期	播种到越冬前的积温
北京	9.22—9.24	564.5
太原	9.22—9.24	580.3
郑州	10.7—10.9	569.4
济南	10.11—10.14	582.0

中国农业大学在北京地区多年试验资料表明:冬前积温小于400℃,难于形成壮苗,大于750℃又往往造成冬前旺苗,所以冬前积温500℃—600℃和日平均温度15℃—20℃是冬性小麦品种适宜播种期的温度指标。长江中、下游地区的春性品种要推迟5天—10天。

全国平原地区冬小麦播期主要由温度条件决定,大体上纬度每递减1度(或海拔升高100米)播种期推迟(提前)4天左右。北方冬麦区的北部适宜播种期为9月中下旬,黄淮平原为10月上中旬,长江中下游为11月上旬,华南地区为11月下旬。

小麦播种水热条件适宜,播种后5天—7天就可以出苗,温度低于10℃播种出苗后生长缓慢,冬前不能分蘖,播种时温度过高,冬前生长过旺,提前拔节,却不利于越冬。

小麦适期播种并非绝对保证苗好、苗壮,因为小麦播种时对水分条件也有一定要求。小麦播种最适宜的田间持水量是65%—75%。如耕作层土壤水分大于85%或小于60%,都不利于小麦出苗。就我国北方麦区而言,夏季降水量的多少,对小麦播种有非常重要的意义,7月—8月降水适宜,就能保证满足小麦播种及苗期的底墒需要。

(2)小麦分蘖与气象条件

分蘖是决定小麦产量的重要因素之一。控制分蘖的消长、可决定麦田群体结构的好坏。小麦分蘖消长与品种特性、土壤肥力等有密切关系,但气象条件对小麦分蘖也起重要作用。

小麦分蘖对温度条件反应敏感。只有当气温高于3℃时,分蘖才缓慢地生长,6℃—13℃时,分蘖生长平稳、粗壮,13℃—18℃时分蘖生长虽快,但易徒长,温度再高会对小麦分蘖又起抑制作用。小麦在日平均温度在14℃以上时,从出苗到分蘖一般只需半个月左右。

小麦分蘖期适宜的土壤水分为田间持水量的70%—80%。土壤缺水,抑制分蘖的出生,土壤渍水,会使土壤缺氧,分蘖也不能生长。江苏农田小麦往往会发生这种情况,形成湿害。

小麦分蘖期要有充足的阳光,根据中国科学院植物生理研究所的研究资料表明:如光照不足,小麦的单株分蘖数,次生根数及分蘖秆重都会显著降低。

(3)幼穗分化与气象条件

研究幼穗分化与气象条件的关系,有利于控制小麦群体的有效穗数、粒数,争取在合理的穗数条件下,穗大粒多。

光照条件对小麦的幼穗分化影响较大。小麦幼穗分化期适当缩短日照长度,可相应延长小穗分化期,使小穗数增加,光照强度的影响是光照越强,小穗形成越多。根据李椒俊研究结论,光照强度不足,将使生长锥分化时间推迟,降低小穗分化速度,减少每穗小粒数。

表3.18　不同日长处理小麦小穗数(农大183)

项目 日长(小时)	小穗数 (个)	小穗数占14小时 处理的百分率
14	14.0	100
10	19.8	142
8	21.3	152

小麦拔节期要求的适宜温度为15℃左右,但是无论在小穗分化期或小花分化期,温度稍偏低一些,可使小穗数目和小花数目增加。这是因为在相对低温时穗花分化速度延缓,发生时间延长。所以适当调节播种期和温度对花穗的影响,有利于小麦增产。

水分的多少对小麦分化的影响比对小穗的影响更为明显。小麦分化时段,正是小麦对水需要量日益增加时期。花粉母细胞四分体形成期是小麦需水临界期,如水分不足,将使小花大量退化,对产量形成是不可逆转的影响。这时要求土壤,水分维持在田间持水量的75%—80%。

(4)小麦生育后期的气象条件

小麦生育后期是指抽穗开花和籽粒形成期。小麦抽穗开花期的最适温度为18℃—20℃,并要求晴朗天气。天气条件好,全田花期2天—3天就可基本结束。如遇阴雨,气温偏低,光照不足,则开花不整齐,雌蕊柱头常因雨水冲击而失去活力,结实率降低。

小麦开花期怕高温、干旱,如气温高于35℃—36℃,土壤水分又不足,花粉失去受精能力而降低结实率。

小麦受精结实后就进入籽粒形成期。灌浆持续时间主要受温度条件制约。灌浆期的适宜温度为18℃—22℃,上限温度为26℃—28℃,下限温度为12℃—14℃,如遇温度偏低,则持续时间延长,千粒重下降。小麦乳熟期要求天气晴朗,阳光充足,平均温度在20℃—25℃,土壤田间持水量60%—80%为宜。成熟后期土壤水分不能低于田间持水量的40%;如果遇到30℃以上的干旱天气,干物质积累减弱,千粒重下降,如遇强风,高温低湿天气,就使茎叶迅速干枯,籽粒瘦小,或者赤霉病发生;阴雨低温,又会推迟成熟,影响收获期,甚至造成发芽变质。

(三)小麦品质与气象条件

小麦品质主要和太阳辐射、温度和水分等气象条件有关。实践证明,我国北方生产的小麦蛋白质含量高。通常说:北方面食好吃。从表3.19可以得到说明。根据崔读昌研究,小麦蛋白质的地理分布与气温年较差的地理分布基本一致。一般来说,小麦成熟期日平均温度较高,其蛋白质含量偏高。小麦优良品质的形成与其千粒重高低也有关系。在较低平均温度下,千粒重高、籽粒蛋白质含量都低;在较高平均温度下,千粒重低一些,而蛋白质含量高。

表 3.19　不同地区小麦抽穗到成熟的平均气温与品质的关系

项目 地名	小麦品种	平均气温 （℃）	淀粉含量 （%）	蛋白质含量 （%）
天津	7336	21.8	52.0	13.72
武汉	南大 2419	19.2	53.5	11.15
广州	努尔依	16.5	55.4	10.61
拉萨	肥麦	15	56.9	8.37

我国南方小麦蛋白质含量低与水分条件有一定的关系。日本北条良夫研究表明,在日本小麦灌浆成熟期正值梅雨季节的高温高湿天气,蛋白质含量偏低,如果降雨期偏早,蛋白质含量则增加。气象条件对小麦品质的影响非常重要,还有待于进一步探讨。

（四）小麦的气象灾害

小麦农业气象灾害有干热风、冻害、霜冻害、湿害等。

1. 干热风害

春末夏初,长江以北地区处于大陆变性气团控制下,高温干旱形成了北方麦区产生干热风的气候背景。小麦受干热风危害,植株形态表现为颖壳发白,叶片和茎秆变成灰黄色,有芒品种"炸芒"。若遇雨后暴晴高温天气,可导致茎叶青枯。受害的麦粒干秕、皮白、腹沟深,千粒重下降 1 克—3 克,多则 5 克—6 克。危害小麦的气象条件,依据小麦受害程度和温、湿、风的不同组合,将干热风分为轻、重两级。不同等级干热风的标准见表 3.20。

表 3.20　小麦干热风危害的气象指标

气象要素 等级	日最高气温 （℃）	14 时相对湿度 （%）	14 时风速 （m/s）
重干热风日	≥35	≤25	≥3
轻干热风日	≥32	≤30	≥2

　　我国北方麦区干热风危害最重的地区为冀中、冀南、豫东、鲁西和鲁西北。因为太行山的地势引起焚风增温而加重了华北平原的受害。临汾、候马地区因汾河谷地的影响也形成重干热风区。敦煌、西安因受祁连山和沙漠的影响,也是重干热风区。新疆吐鲁番盆地为全国干热风特重区。所以,北方麦区的干热风危害是东西两头重,中间轻,并随海拔升高而减弱。

　　小麦在扬花、灌浆、乳熟时期,从5月至7月受害,具体年份则随东南季风的变化而不同,在地理上是由东南向西北推迟。浇麦黄水,营造防风林带,选育抗干热风的优良品种,喷洒化学药剂,以及运用综合农业技术措施等都是防御干热风危害的有效手段。

　　2. 冻害

　　小麦的耐寒能力较强,只要冬前达到壮苗的标准,一般不易冻坏。我国冬小麦冻害主要有三种类型:

　　(1)越冬期低温冷害和春霜冻害。一般冬小麦越冬冻害的温度指标是 -18℃,持续时间 12 小时以上。实际单纯低温对小麦的致死情况并不多见,多半是不利条件的综合影响。

　　小麦越冬期持续低温,华北地区最低气温可降至 -26℃——-22℃。降温幅度大、时间长,形成大面积死苗。特别是北方积雪不稳时,冻害更为严重。

　　(2)冻融交替型,冬末春初,天气回暖,小麦加快生长,开始拔节,它的抗寒能力已经减弱,容易受春霜冻害。这种冻害比冬季冻害危害还重,因为春暖回升,天气突然降温,虽为时很短,但小麦时已拔节,多不耐寒,而且离拔节天数越多受害越严重。(表 3.21)

表 3.21　冬小麦拔节后不同天数抗寒能力(天)

拔节后天数冻害程度	1—7	7—14	14—20	20 天以上
轻霜冻害(叶片受害)	较重	较轻	轻	—
重霜冻害(枯株受害)	重	较重	较轻	轻

春霜冻害还受地形、墒情、土壤性质、品种和农业技术措施的影响。以地形来说,高处比低处受害轻,霜冻前浇了水的地块比未浇水的受害轻些。在研究冻害指标中,有人极端最低温度、最冷月平均温度和冬季负积温等,都可以作为研究冬小麦冻害的指标。

我国冬小麦冻害多发生在新疆北部、黄土高原、长城内外和华北平原。长江中下游以南地区,冬小麦无明显越冬期限,很少有冻害发生。但是在暖冬年份,冬小麦年前拔节,再遇低温,还有土壤掀耸,即可称"根拔",冰壳害、冻涝害、雪害等。防御冻害首先要确定冬小麦种植北界,进行合理布局,进而采取农业技术措施,保护小麦安全越冬。适期播种、培育壮苗,进行冬前抗寒锻炼,提高冬小麦越冬抗寒能力也是防御冻害的有效措施。

3. 湿害

湿害可发生在小麦的苗期,表现为僵苗不发,分蘖少,根系伸展受到抑制,叶片发黄,幼穗发育明显推迟。拔节至孕穗期对水分反应日益敏感,此时湿害,植株矮小,叶黄,无效分蘖和退花小花增加,减产严重。抽穗灌浆期湿害,根系早衰,植株水分供求失调,易出现高温逼熟。严重者根系腐烂,植株生理脱水而早枯。

形成湿害的原因:(1)生育期多雨,播种期出现连阴雨天气,形成烂根烂种,削弱了麦苗的抗逆性,不利高产。根据江苏省气象资料分析,此种湿害平均约三年一遇。小麦拔节至成熟阶段,如遇梅雨季节提前出现,将招致严重减产。(2)水位过高,在低洼地区,河网水位难以控制,在多雨季节,地下水位上升,土壤积水,麦株受害。(3)土壤黏重。南方为水稻土,土质黏重,透水性差。排水设施不良,易形成湿害。

防治湿害的方法,主要原则是清沟排水,改善耕作层土壤通气条件,降低地下水位,排除地表水和潜层水。在低洼地区可联圩并圩,内外河分开,控制河网水位。采取综合农业技术措施,实行合理的水旱轮作,选育耐湿品种等都是有效措施。

三、棉花与气象

(一)棉花生育对气象条件的要求

1. 播种与出苗,热量条件的优劣不仅影响其生育进程快慢,并且对产量高低、品质好坏起关键作用。

棉花在不同生育期对温度的要求不一,如棉花发芽和出苗时要求日均温度稳定地通过12℃。播种后日均气温为11℃—12℃时,一个月出苗,15℃时需半个月;20℃时只要7天—10天就可出苗。当5厘米地温20℃时发芽比较快,15℃时发芽比较慢,低于12℃时就发生烂芽、烂种现象,而且低温天数越多,烂芽烂种越严重。

由于棉籽含有丰富的脂肪和蛋白质,就需要较多的氧气进行物质转化分解和利用,如果土壤缺氧,棉籽被迫无氧呼吸,产生有毒物质,就可以使种子丧失发芽能力。

棉籽发芽需要的水分,约等于种子本身重量的50%,播种时0—5厘米深的土壤湿度以15%左右为宜。

2. 苗期,棉花出苗后,根系生长较快,根系形成要求土壤水分较多,田间持水量入为出5%—70%为宜,根系生长要求土壤温度18℃—24℃为宜,过低根系发育缓慢。勤中耕、早中耕能提高土温和保持水分。棉花苗期最怕阴雨低温,地温降到3℃—6℃时,部分叶子将受冻,在0℃以下时植株的部分或全部死亡。

3. 现蕾期,进入初夏,棉田耗水量增加,每天每亩地约需3立方—4立方水,此阶段要求田间持水量为65%—75%。棉花现蕾期由于繁殖器官的大量形成,所以要求温度较高,日照充足,水分也较前期增多。气温低于19℃,土壤水分低于田间持水量的50%,就延迟现蕾开花,减少花蕾数,如遇暴雨大风,会形成落蕾。

4. 花铃期,从开花到棉铃开裂吐絮为花铃期。这是棉花生育最旺盛的、增铃重、保伏桃、争秋桃的关键时期。水肥不足而早衰,水肥过多又贪青迟熟。所以防早衰、促早熟必须采取相应的措施。花铃期在适宜温度25℃—30℃时,天气晴朗,风力不超过4级,对棉花开花授粉最有利;高于 30℃ 天气酷热干旱或出现狂风暴雨,开花结铃就受到影响,株间温度高于 35℃,就会有 20% 的花铃不能开裂或花粉不能发芽,温度低于 15℃ 就不能开花。

棉花进入花铃期,此时棉田叶面积达到最大值,需水量也进入高峰期。此阶段需水占总耗水量的 50%,土壤水分以占田间持水量的 70%—80% 为宜,低于 60% 明显受害。黄河流域棉区此时常为雨季,需注意培土防渍。长江流域棉区应防伏旱。西北内陆棉区增加浇水次数,能明显降低脱落率。据山西省农业科学院调查,前期土壤水分为田间持水量的 60% 的农田,遇一次 160 毫米降水过程,每株平均脱落 9.5 个。而前期水分为田间持水量的 70% 的棉田,遇雨后平均每株脱落仅 4.6 个。

5. 吐絮期:由于温度降低而生长变慢,所以对水分和养料也减少了要求。这一时期要求晴天多而有微风,湿度低,适宜温度为 20℃—25℃,温度在 20℃ 时裂铃就减慢,僵瓣黄花增多,低于 15℃,纤维变质,0℃—1℃ 时叶子全部冻坏,棉铃也受害。土壤湿度过大,就会造成烂铃现象。

(二)棉花栽培中的气象问题

从气象条件分析,影响棉花产量年际间波动最大的是播期、蕾铃脱落以及铃重和烂铃等。

1. 气象条件与播种期

确定棉花适宜播种期对夺取棉花丰产有极为重要的意义,它可使棉花达到"早、全、齐、匀、壮"的标准,为高产打好基础。

"早"就是适宜早播,可充分利用自然条件,延长棉花生育期,使棉株有可能早出苗、早发育、早坐桃、多坐桃;"全"要求一次播种出全苗;"齐"要求棉苗生长一致,不因苗情不一出现大小苗、早晚苗、强弱苗的差异;"匀"要求留苗均匀,株距适当,合理利用空间,在适时早播的基础上,力争苗全、苗齐、苗匀,进而达到苗壮的要求。

(1)适期早播的生物学意义

根据华北地区播种期资料分析。多数以 4 月 5 日、10 日两播期效果最好,一般比 4 月 20 日播,早出苗 8 天—9 天,早现蕾 3 天—5 天,早开花 2 天—3 天,增产 5%—10%。河北省巨鹿县气象站总结了适播期(4 月 16 日)和晚播(5 月 15 日)棉花对比试验结果:①适播期,伏前桃 2 个—3 个;晚播无伏前桃。②适期播,每株成铃 9 个,桃大而圆;晚播每株成铃 6 个,桃小而尖。③适期播,霜前花 90%;晚播仅 60%;④适期播,节间短,第一果枝离地面 10 厘米;晚播第一果枝离地面 15 厘米;⑤适期播比晚播增产 37.7%。

适期早播自然不是盲目早播,过早播种由于地温低并不能使出苗和生育期相应提前,且苗期生长缓慢,易遭病害。播种过晚,虽生长较快,但苗不健壮,生育期推迟,不利于生产。

在不同气候、土壤条件下,适期早播的实际意义不完全同。华北旱地棉田,春季干旱升温快,晚播墒情差,难得全苗,适期早播是保全苗的重要措施;特早熟棉区,由于生育期短暂,为取得较长生长季节,适期早播极为重要。

长江流域棉区常年 4 月多雨,土壤湿度过大,温度上升缓慢,适期早播意义不大。对低洼、盐碱和土质黏重地区,地温上升慢,也不应提倡早播。至于棉麦套作区更不宜早播,否则共处期过长,易形成弱苗。

(2)播种期指标

影响棉花播种期的主要气象因子有温度、霜冻、土壤水分。①温度指标,前华东农业科学研究所曾系统进行三种棉种发芽试验。求出各品种发芽最低温度 10.5℃—12℃,岱字 15 号在定温条件下 11℃不发芽,12℃下 11 天发芽,13℃下 7 天发芽,16℃下 5 天发芽,在变温条件下发芽加快。北京农业大学对密字 103 号 22 个播期资料用最小的乘法计算发芽最低温度为 9℃。

总之,我国陆地棉各品种发芽生物学最低温度在 9℃—12℃之间。但作为生产上的播种期指标,上述发芽最低温度,仅能作为适期早播的下限温度来考虑。

播种期适宜温度指标,一定要因地而异,黄河流域棉区的旱地棉田,特早熟棉区、西北内陆棉区以 5 厘米地温稳定地通过 12℃即可。华北灌溉棉区、套作棉区、低洼盐碱地棉田以稳定地通过 14℃为宜,长江流域棉区则应在 5 厘米地温通过 15℃为妥。

②霜冻指标,我国北方棉区,由于无霜期短,生育期有限,为充分利用生长季和争取早发,在生产上广泛采用"霜前播种,霜后出苗"的措施。因此个别年份就会发生霜冻危害现象。

③土壤水分指标,长江以南地区,春季多雨,土壤潮湿,应注意田间排水以防烂籽。北方棉田多数年份春播时墒情差,除积极保墒外,提倡冷水浸种以加速种子发芽。

2. 气象条件与蕾铃脱落

我国主要植棉区蕾铃脱落率一般在 60%—80% 左右。从脱落时间看,每年 6 月上、中旬开始,7 月落蕾多,8 月落铃多,脱落最严重的时间为盛花期。黄河流域棉区集中在 7 月下旬至 8 月上旬,长江流域集中在 8 月份脱落。

落蕾时期集中在现蕾后 10 天—20 天内,10 天内和 20 天后脱落较少。出现的蕾当时因棉株上花数目较少,棉田通风透光好,养料供应充足,脱落少。后期蕾由于和初铃同时生长,养料供应矛盾加大,脱落较多。棉铃脱落集中在开花后 3 天—10 天内,据河北省调查资料,在开花后 3 天—10 天内脱落达 85.6%。

(1)不良气象条件引起的脱落

①光是影响蕾铃脱落的最主要环境因子,尤其在水肥充足的密植棉田中, 枝叶重叠, 中下部郁闭严重, 光就成为蕾铃生长的突出矛盾。光是进行光合作用的必要条件, 光照不足影响碳水化合物的合成。植株体内糖量下降, 蕾铃脱落增加, 同时在弱光下也减慢养分自叶片流入生殖器官的速度, 不利于花蕾幼铃发育。徒长棉田生长过旺, 封行提前, 下部叶片严重缺光, 使下部蕾铃得不到必要营养而大量脱落。

②水分是影响蕾铃脱落的另一个重要因素。奚元龄指出,当土壤

水分在20%以下时脱落与土壤水分成负相关,但当土壤水分在20%以上时,脱落与土壤水分是正相关。山东省农科院试验得出,当土壤水分在田间持水量60%以下或85%以上时,由缺水或水分过多导致蕾铃大量脱落。

③降雨。如开花当天遇雨,雨水冲散正在开花中的花粉,并使花粉吸水破裂丧失生命力,使其不能正常受粉而脱落。因此,开花期间雨水越大、越猛,持续时间越长,幼铃脱落越严重。

④温度。开花期遇异常高温也会造成蕾铃大量脱落。例如,吐鲁番地区异常高温超出棉花对温度要求范围,使幼龄脱落增加,超出范围越高,脱落越多。

(2)增蕾保铃途径

①调节营养生长和生殖生长之间的矛盾。棉花要保证高产、减少脱落,首先要采取措施使植株上、中、下三部分均匀坐桃;多坐桃、多坐伏前桃;狠抓伏桃,伏桃营养生长与生殖生长均极旺盛,有80%的花在此时开放,但脱落也最严重,因目前大面积农田仍是肥力不够。要防早衰,从盛花期到盛铃期,植株营养生长已近末期,但生殖生长仍在进行,如放松管理则易出现脱水、脱肥现象,形成早衰,造成减产。

②改善棉田小气候。合理密植,盛花期棉田合理的叶面积系数应为3—3.5之间。一般肥沃田块,宜稀植,肥力较差的田块密植;水浇地宜稀,旱地密植;降雨多的地区宜稀,干旱少雨地区宜密。既保证群体有较高的生产率,又保证单株有较高的成桃率。应避免过分密植导致田间小气候条件恶化。

合理的水肥管理。要求棉花前期生长要稳,适当推迟封行期,为花期创造良好的田间小气候。中后期注意加强水肥措施以防早衰。

及时整枝。适时打顶,打边心、去疯杈是保证株间通风透光,使中下部株间光照得到改善的有效措施,也是减少脱桃的重要手段,同时也避免有机养料无谓的消耗,使养料较多地供给中下部果枝及蕾铃的需要。

处理好套作棉田的栽培:麦棉套作,对棉花而言有利也有弊。苗期受麦子影响,长势较差。花期由于麦子已收,单纯从小气候看是有利的。但由于套作影响,倒茬、整地及病虫害等还存在不少问题。因此,无论从套作比例、套作时间、套作管理上,都尽可能使棉花生长处在有利的条件下,以获得高产稳产。

（三）气象条件与铃重、烂铃

棉花产量由每亩总铃数、铃重和衣分构成,其中衣分基本上是由品种遗传性状所决定,变化不大,但铃重起伏大。根据江苏启东县统计,百铃重变异系数达 10% 左右。其历年百铃重最大变幅分别达 34.4% 和 52.6%。铃重下降和波动对产量影响十分显著。由于铃重下降,棉籽粒也相应下降,其成熟度差,嫩籽率增加,又会影响到第二年播种和出苗。

1. 铃重下降原因

棉铃成熟需要一定的环境条件,在肥水基本满足时,热量条件对铃重起决定作用。在生育后期遇冷空气侵袭而降温,连阴雨天气,棉铃不能正常成熟,就易发生铃籽瘪,霜后花多的现象。此外,热量不足,也不能正常满足棉铃发育的需要。铃重有随活动积温低而变轻的现象,有文献指出,有效积温从 850℃ 降到 650℃ 时,积温每减少一成,铃重减少一成;有效积温从 650℃ 降为 350℃ 时,则成为无效桃。江苏省气象台根据近几年资料计算出铃重与有效积温之间的关系。

表 3.22　有效积温(≥10℃)与铃重变化

开花后≥10℃有效积温	≥850	≥800	≥700	≥650	<550
平均单铃重(g)	≥5	≥4.5	≥4.0	≥3.5	<3

2. 低温影响铃重的生理机制

农谚常云“花见花,四十八”,指伏桃开花至吐絮需 50 天左右时间。随着开花期后延,开花到吐絮的时间就加长 60 天—70 天。这种因温度降低引起裂铃期后延现象仅是外部形态表现,而其实质是低温影响棉纤维的正常发育。棉纤维由碳水化合物构成,当温度降至16℃以下时,纤维素基本上不形成。上海农科院对不同开花期棉龄壳进行糖、氮分析,其结果龄壳可溶糖和全氮含量与开花期早晚成反比,即温度高时铃壳含糖量低,温度低时则含糖量高。因为铃壳含糖高峰期虽出现在开花后15天左右,但早期棉铃处于温度较高的有利条件下,铃壳含糖量随棉铃增长而迅速下降,由单糖转化为纤维素,沉积在棉纤维内,铃重增加,后期棉铃含糖量始终保持在较高水平,表明在温度较低情况下,虽然棉株氮素营养水平较高,长势正常,但由于单糖转化为纤维素速度减慢,棉铃内较长时间保持较高含糖水平,铃轻晚熟,铃壳重量随开花期延迟而增加。

3. 影响铃重的温度指标

棉花纤维素含量需较高温度,纤维伸长期(开花后25天—30天),温度不低于16℃,纤维充实期(开花后25天—50天)需要20℃以上温度,否则纤维沉积加厚停滞。生育后期气温下降过猛,秋霜过早来临,使秋桃衣指骤降;有学者认为,"后期气温降到15℃以下,这时对棉铃生长和纤维成熟有很大影响。"江苏省气象台提出"气温下降到16℃以下,纤维素不能形成,由于热量不足,棉铃成熟度不高。"以上资料说明,棉花吐絮期生物学下降温度为15℃—16℃。

4. 秋雨影响烂铃

我国主要棉区每年进入8月以后烂铃相当普遍。黄河流域夏秋多雨年份的疫病和红腐病以及长江流域的黑果病,炭疽病对产量影响很大,一般损失10%—30%。

铃病发生与结铃吐絮期的气象条件密切相关,凡夏秋多雨,湿度大的气象条件均能促使病菌传播。同时,多雨之年,植株易旺长,在郁闭棉田条件下,高温、高湿亦易引起铃病大量发生。湖北省有"三天雷,四天黑,三雨一晴一片黑"的农谚,就是很好地例证。

江苏省气象台根据近年资料提出如下指标(表3.23)。

表 3.23　烂铃农业气象指标

日平均气温(%)	一次降雨天气	危害程度	烂桃率(%)	重烂桃率(%)
15—17	>2 天,一天降水量 20mm 以上	轻	1—5	<1
18—19	≥5	中	5—10	1—3
>20	≥5	重	16—20	3—5

防止烂桃铃措施:(1)整枝,消除植株徒长的内在条件,也减少一部分生理上不需要的枝叶,使棉株正常生长,有利于改善棉田小气候,增强棉株抵抗力,减少烂铃发生。(2)培土、开沟、排水。培土是防烂的重要措施,便于排泄雨水,加大地表蒸发面积,减少地面水分,有减少料铃效果。开沟排水,降低地下水位,防止棉田过于潮湿,可减少烂铃。(3)促进早熟,防止病虫危害及机械损伤。

四、玉米与气象

(一)玉米生育对气象条件的要求

1. 幼苗期。玉米种子在日平均温度 6℃—7℃时,开始缓慢发芽,不过这时容易受微生物的侵染而霉烂。在 10℃—12℃时发芽较为旺盛,发芽最适温度为 8℃—35℃,玉米的幼苗有耐寒能力,多数品种可忍耐 -3℃ 的低温,4 片—5 片真叶能耐轻霜冻,以后抗寒能力降低。幼苗生长的适宜温度是 18℃—20℃,温度过高,幼苗徒长以致苗细、苗弱,会早期倒伏。

幼苗期需水不多,因而土壤水分较少有利于"蹲苗"锻炼,促使根系向下伸展,增强以后的抗旱和吸收水分的能力,所以除特殊干旱时,是不需要浇灌的。苗期如果土壤水分过多,通气不良种子容易霉烂,或根系生长受到影响。

2. 拔节孕穗期。玉米的拔节孕穗期对气象条件的反应是很敏感的,它要求温度在 24℃—25℃,低于 20℃,就会延迟抽穗,干旱高温对玉米更不利,会出现"卡脖旱"的现象。"卡脖旱"现象使玉米生长发育不协调,过分干旱时雄穗难抽,雌穗发育不好,或者使雌雄穗出现的间隔时间加长,花粉、花丝发育受制,以致减产失收。这一时期水分过多,土壤中积水和排水不畅,通气不良,就使根系吸收能力减弱,雌穗的营养不足,也要影响玉米产量。

3. 玉米抽穗开花期。这一时期要求温度较高,日平均气温在25℃—28℃时,开花最多,低于18℃或高于35℃时就不能开花。如果气温高于32℃,水分又太缺,相对湿度低于30%时,花粉就不能萌芽,花丝也枯萎而不能抽出,影响开花结实。

玉米在生育后期,耗水很多,抽穗前后的一个月中对水分的要求达到一生中的最高峰,这时0—20厘米土层的有效水量在20毫米以上才好,如果灌溉困难,就得有一次30毫米的降水过程才能满足。

4. 灌浆成熟期。这一时期玉米仍要求土壤中有足够的水分和养料。此时正值北方秋高气爽,日温差大,这对玉米灌浆成熟是很有利的。如果温度高于25℃或低于16℃时都影响籽粒的饱满程度。在成熟后期,要求较低的温度和干燥晴朗的天气,以利于籽粒脱水促进成熟。这一时期若受早霜冻害,对产量和质量都有影响,如果土壤水分过多,又会使玉米受到涝害以致青枯早死。

(二)玉米栽培中的主要农业气象问题

1. 冷害与死苗,每年春季玉米播种出苗后,往往受到冷空气或寒潮的影响,造成玉米烂种、死苗的现象,称为玉米冷害。

(1)冷害的表现主要有两方面:一是低温阴雨,二是霜冻。低温阴雨对玉米种子和幼苗的危害很大,日平均气温连续3天—4天降到10℃上下,幼苗就要发生叶子尖枯现象,降温到8℃以下,持续3天—4天就可能发生烂种和死苗现象,持续时间越长,死苗率越高。发生霜冻时,温度在-2℃——3℃时玉米就受到冻害,有的地方降到-1℃时,玉米就全部死亡。当然各地自然条件不同,玉米品种不同,因而玉米的冻害指标也不尽相同。

(2)冷害的防御:a. 适时播种,使出苗跳过终霜冻;b. 精细磨地,增加播种量。整好地,冷空气袭来,玉米根系不易受冻,增加播种量以便匀苗补苗。加厚覆土,出苗前可避免受冻害,并要及时追肥补苗。

2. 干旱与秃顶、缺粒和空秆是经常遇到的问题,它对玉米产量影响很大,这主要原因是玉米拔节孕穗以后到抽穗开花期间,水分、养料供应失调,遇到"卡脖旱"和高温、干热、大风、大雨等天气影响玉米受粉受精过程,雌穗发育不好所致。此外光照不足,通风透光不好,或地势低洼,排水不良也会出现空秆。

玉米受旱的气象指标大致是日平均气温高于 25℃ 的情况下,连续15 天—20 天少雨或无雨,不及时灌溉为轻旱,20 天以上为重旱。

表 3.24 玉米吐丝后遇干旱对千粒重和产量的影响

播种日期 (日/月)	吐丝后干旱 发生天数	千粒重 (g)	产量	
			kg/亩	减产(%)
27/3	25	243	325.2	0.0
1/4	23	229	324.7	0.2
6/4	21	189	290.2	10.8
12/4	16	180	190.2	41.5
18/4	12	158	114.0	64.9

防御干旱的措施:(1)深耕改土,土壤疏松,渗水性能好,吸收雨水多;(2)适时播种,使抽穗开花期赶上雨季,避免"卡脖旱";(3)实行秋耕以储蓄水分;(4)深锄以利于蹲苗蓄水;(5)打洞灌水以防干旱,即干旱发生在植株附近用直径二寸的长木棍打一个 5 寸到 1 尺深的洞,然后灌 1 斤—2 斤水,接着以土塞洞口,用水少而效果好。

五、油菜与气象

(一)油菜对温度和光照的反应

1. 春化作用

油菜的春化作用是在长柄叶形成时期进行,尔后油菜才能抽出短柄叶和无柄叶,开始花芽分化。我国不同地区、不同类型的油菜,感温特性各不相同,据此可分为三种类型:

(1)冬型,一般为晚熟或中晚熟品种,它们对低温的要求较严格,需0℃—5℃的温度,经过15天—30天以上才能通过春化阶段。如果没有这样的条件,就要延迟现蕾、抽薹、开花或长期停留在苗期阶段。

(2)半冬型,一般为中熟和早中熟品种,它们对低温的要求不很严格,如秋季提前播种,大部分植株当年可由营养生长转入生殖生长,因而许多半冬性品种即可在冬油菜区进行秋播,又可在春油菜区进行春播。

(3)春型,一般为极早熟、早熟及部分早中熟品种,它们在5℃—15℃的温度下,经过15天左右就能通过春化阶段。这类品种在春季播种一般都能正常开花结实。在秋季播种,当年冬季甚至冬前就会普遍发生早薹早花现象。

2. 光周期现象

油菜通过春化阶段后,还需经过"光照阶段",才能开花结实,影响油菜通过"光照阶段"的主要因素是光照长度的长短。增加光照时数,能提早现蕾开花,减少光照时数,则会延迟现蕾开花。但是对光照的要求不像对温度要求那么严格。油菜的花芽分化与光照长短无关,但花芽分化后的进一步发育,则受光照的制约。长日照可以加强生殖生长。促进抽薹与花芽的进一步分化。反之,短日照则会延缓抽薹和花芽的进一步分化。

油菜长期栽培在很广泛的地区,品种类型多种多样,因此对温度和光照的适应性范围较大。一般而言,北方的冬油菜冬性强,对光照比较敏感,对低温长日照条件的要求比较明显。而南方的冬油菜春性强,对光照不敏感,对温度和光照的适应性较强。

3. 油菜光日温特性在生产上的意义

第一,根据油菜品种类型、生育期等特性,各地应选用适应本地气候特点的品种,并确定适宜播种期。冬性品种生育期长、丰产性能好,耐寒性强,适宜于两熟制地区栽培。在适当早播情况下,一般不会提早现蕾、开花,有利于发挥其高产性能。春性品种生育期短,单株生产性能差,抗寒能力也较弱,适宜于三熟制地区栽培,在合理密植和加强管理的情况下也可获得高产。春性品种苗期生长快,易早抽薹开花,故播种不宜过早。

第二,南北方气候条件不同,因各品种的特性各异,相互引种时需加注意。北方油菜冬性强,引种至南方后发育推迟。南方的冬油菜特别是早熟品种,春性强,向北方引种如作冬油菜,若早播会发生早薹早花现象,若晚播,则易在冬季遭受冻害。我国冬油菜主产区,即长江中下游各省的主要品种一般可互相引种,而华南、西南春性较强的品种则不宜引到长江中下游种植,西南地区的半冬性品种则可引入长江中下游和华南各省。

(二)油菜生长发育的气象条件

1. 苗期

油菜播种以后,田间出苗情况主要受土壤温度和湿度等条件的影响。一般日平均气温在3℃以上,种子吸水达自身重量的60%以上时,即可萌动发芽,但根芽生长速度极为缓慢,出苗需20天以上;8℃需10天以上,12℃时要7天—8天,16℃—20℃出苗只需3天—5天。土壤湿度在50%—60%时,气温越高,出苗所需天数越少。土壤湿度过高或过低对出苗都不利。油菜苗期的长短因品种、播种期和种植地的气象条件等不同而异。一般冬性强的品种苗期较长,春性强的品种苗期较短,半冬性品种介于两者之间。油菜苗期是它的营养器官生长期,其生长中心是叶片与根系。苗前期地上部分较地下部分生长旺盛,地上部分主要是叶片数目的增加与叶面积的扩大。油菜叶面积的增长速度受温度的影响较大,温度较高时,叶面积增长的速度也快些。

2. 蕾薹期

油菜自现蕾至初花期的生育时期称为蕾薹期。蕾薹期长短受品种、温度、播种期等的因素影响较大,一般春性品种蕾薹期较长,半冬性次之,冬性品种较短。

油菜在蕾薹期进行营养生长的同时,还在迅速进行花芽分化。花芽分化的早迟与播种期关系较大,无论是冬油菜还是春油菜,早播的花芽分化也早。花芽分化的速度与品种、营养条件有关,还与温度有很大的关系。一般暖冬年花芽分化数要多于冷冬年。

3. 开花期

油菜开花期的长短随品种特性和气温高低、空气湿度等因素而异。中迟熟品种花期较集中,开花日数少,开花期约30天,早熟品种花期长,达40天—55天。油菜开花受温度影响最显著。开花期的适宜温度一般在14℃—18℃。早熟和早中熟品种偏低,中迟熟品种偏高。

空气相对湿度的高低对开花也有一定的影响,一般以相对湿度70%—85%较为适宜,过高或过低均不利于油菜开花。

影响油菜结角率除生理、营养、病虫害、种植密度等原因外,气候的影响是主要因素之一。低温对结角率有很大影响,低温下,油菜花粉发芽率显著降低,因而受精作用不能正常进行,导致脱落率增加。高温对结角率也有影响,高温使花器官发育失常,造成花蕾脱落。相对湿度也影响油菜结角率,相对湿度达到90%时,结角率显著下降,湿度越高,结角率越低;相对湿度低于60%对结角也不利。

4. 角果发育成熟期

油菜角果发育成熟期指终花期到成熟期的日数。角果发育成熟的适宜温度在18℃—20℃之间,日平均温度低于9℃或高于25℃都不利于角果发育成熟,易造成秕粒甚至角果脱落。光照强度和湿度对角果发育成熟也有影响,如阴雨天数多,会因光照不足,湿度大,而使植株出现贪青迟熟现象;也容易感染病害,使籽粒重量和产品品质降低。如遇高温干旱天气,会发生高温逼熟现象,秕粒多、菜子含油率低。

(三)油菜栽培中的气象问题

1. 落花落果,油菜的落花落果和产生无效果的原因,主要与气象条件、养分和病虫害有关。油菜开花时,温度低于5℃时,会使花粉生活力降低或丧失发芽力,影响受精,增加花果脱落和无效果。

防御落花落果和无效果的措施是:适期播种、合理密植、合理施肥,排灌和防治病虫害等。

2. 早花,油菜在冬前或冬季提前开花是不正常的。出现这种现象,是和品种特性、播种早晚以及高温、干旱有关,也受营养供应的影响。冬性强的中、晚熟品种,不会有早花现象,半冬性、春性强的品种,早播种,遇到秋季高温再加上冬季温暖,花芽的分化过程加快,就要早花;如苗期管理不善,间苗、追肥不及时也会出现早花。防止早花措施:(1)适时播种,春性强的品种更不能早播。(2)底肥要足,要加强苗期管理,早间苗、早追肥。(3)天气干旱时,要及时满足油菜生长对水肥的要求,使它正常地生育。(4)如果出现早开花的现象,要采取摘薹并追速效肥的方法,以减少早花,获得好收成。

(四)油菜气象灾害

1. 冻害,我国南方各省,特别是长江中下游地区,由于受北方强冷空气的影响,冬季常遇到寒潮的袭击,早春则受到晚霜冻的危害,造成油菜冻害。油菜冻害根据受冻部位不同,可分为根拔、叶部受冻和蕾薹受冻三种。

一般气温下降至 -5℃ 时,土壤夜间结冰,体积膨大,地表土层掀起,油菜随着土层上抬,根系被拔断。白天气温升高,几经反复冻融,油菜根部外露受冻。晚播迟栽油菜很容易发生这种现象。

叶部受冻是油菜常见的一种冻害,主要表现是叶片僵化。由于叶片直接受低温影响,清晨细胞间隙水和细胞内自由水冻结,叶片全部僵化呈油绿色,变得脆而易断,到中午前后,气温升高,解冻融化后的水分被缓慢吸收,僵化叶片逐渐变软而复原。如果温度继续下降或持续时间较长,菜叶呈冻伤状,或全部发白枯死。

气温下降至 -4℃ — -3℃ 时,叶片冻害可能发生,温度越低冻害越严重,叶片冻害在施氮肥偏多、苗期阴雨天气多、播种密度过大,以致造成冬前徒长,植株叶片组织柔嫩时,较容易发生。

油菜进入蕾薹期后,抗寒能力减弱,遇到 0℃ 以下低温,就可能遭受冻害。冻害较轻时幼蕾受冻呈黄红色,正在开放的花朵因低温而不结实,花蕾大量脱落,出现分段结实现象。冻害较重时,薹茎受冻,皮层破裂,萎缩下垂,严重时折断或凋萎枯死。

油菜冻害的发生及严重程度与品种、植株状况,发生冻害时所处发育时期,栽培措施、土壤湿度、冻害前的天气,冷空气侵袭类型、降温幅度、低温强度、低温保持时间以及冷空气影响后的升温过程等都有关系。

油菜冻害可以通过栽培管理措施减轻或防止。第一,选择适合的品种特性确定适当的播种期,注意稀播,培育壮苗,增强秧苗的抗逆能力。第二,适时早栽,保证移栽质量,施足基肥,重施腊肥,越冬前松土壅根,保证壮苗越冬。腊肥有较好的防冻效果,特别是有机堆肥,群众常言道"冬上一层泥,好比三冬盖棉被","千浇万浇,不如腊肥一浇"。磷、钾肥能增强植株抗寒能力,苗期中应当适当增肥。第三,清沟排涝,降低地下水位,在干旱时要及早抗旱,也可结合抗旱浇施稀粪水。第四,实行覆盖。在行间覆盖秸秆、谷壳、水草等。第五,越冬期间对早抽薹开花的植株及早摘薹。摘薹宜在晴天进行,切忌在雨雪天,以防伤口腐烂。摘薹后要追施一次速效肥料,使植物体内养分得到补偿,促使增发分支,增加果实。

2. 旱害和渍害。油菜对水分条件的要求因品种不同而异,不同品种耐受干旱或渍害的能力亦有差别。就品种而言,白菜型耐旱性弱,芥菜型较强,尤其以西南高原地区原产的芥菜类型旱生型的耐旱性较强,甘蓝型则介于两者之间。油菜不同生育期对土壤湿度的要求也不同。油菜苗期缺水,不利于培育壮苗,还会出现红叶和早花现象;蕾苔期是油菜一生中对水分反应最为敏感的临界期。角果发育期、土壤湿度也不能太低。

我国南方油菜产区,秋冬干旱比较普遍,有些地方还比较严重,必须采取抗旱措施。抗旱可采用沟灌、浇水、喷灌等办法。油菜一生虽需水较多,但一般品种多不耐渍,白菜型品种渍害更重。我国油菜主产区土壤多以水稻田为主,田间易造成渍害。若春季雨水多、土壤和空气湿度大,还易诱发病害。因此,应重视田块沟系配套,冬前和开春后注意清理沟渠。

六、甘薯(红薯、番薯、红苕)

在我国栽培地区也较广,而且产量较高,既可食用,也是重要的饲料作物,同时还是轻工业的原料。甘薯适应性很强,耐旱、耐瘠、病虫害少,除北方寒冷地区和西北地区外,其他各省区都有种植,而以山东、河北、河南、安徽、江苏和四川等省种植面积较大。

我国地域辽阔,而且地貌类型多样,各地的气候条件差异很大,所以甘薯的栽培时间也大不相同,可分为春薯、夏薯、秋薯和越冬薯。甘薯原产于热带,性喜温强光,最怕霜冻,因此,它的生育期内需要 120 天以上的无霜期。甘薯品种不同,生育期长短也不相同,最短 70 天可收,一般品种需 120 天—160 天。

(一)甘薯生育对气象条件的要求

1. 幼苗期,甘薯发芽的起码温度为 16℃,以 28℃—30℃为最合适,高于 35℃幼苗就会受害,幼苗生长细弱。幼苗生长以 22℃—24℃为适宜,低于 20℃时,生长缓慢。种薯发芽,由于薯块本身具有水分,不必另外多供,不过幼苗出叶后,就需要充足的水分供给。

2. 茎叶生长期,甘薯幼苗育成后,就要栽植,栽插生根的最低温度是 15℃,适宜温度为 18℃—20℃,栽植时要求土壤有足够的水分,以保证成活。当茎叶达到一定数量时,就开始形成块根。这时土壤温度高就使薯块加速形成并增加薯数。需水量也在增加,到薯叶生长盛期,土壤湿度、田间持水量以 70%—80%为宜。

3. 薯块膨大期,随着茎叶的不断增大,块根也逐渐膨大,一般在栽植后 50 天—80 天是块根膨大最重要的时期。薯块膨大的速度,取决于地上部分和地下部分生长是否协调一致,这种协调关系主要受温度、水分和养料影响。

薯块膨大的适宜温度是 22℃—23℃,而且昼夜温差越大,越有利块体膨大。但是薯块在 10℃就不能生长,低于 9℃时,就要遭受冷害,这时内部组织破坏产生硬心。这一时期如果阴雨连绵,水分过多,就使茎叶徒长,肉色不好,不耐储藏。遭到水淹,块根也会发生硬心,或者发生腐烂现象。但如果水分过少,土壤干结,块根也难以膨大。此外甘薯还要求有充足的光照,在遮阴时间太长的情况下,茎叶徒长,薯块小而个数小。

(二)甘薯栽培中的农业气象问题

1. 培育壮苗,甘薯的产量高低,关键之一是培育壮苗,而幼苗的培育和苗床的光、热、水等条件密切相关。

我国华南地区终年无霜冻,四季可以露地育苗,随时都可取苗扦插;北方由于气温低且多栽植秋薯,就必须温床育苗;江淮流域是温床、露地两种育苗兼有。在育苗期间,一般在种薯发芽前保持28℃—32℃的温度,出苗后保持24℃—28℃,最高不超过35℃,最低不低于20℃。苗床土壤湿度以不生裂缝为宜,不然就得随时浇水。幼苗时因茎叶水分较多,既嫩又脆,所以大风霜冻的天气和强光照射,都会使幼苗凋萎或者干尖,甚至死亡。这时期应当按照天气变化的情况,适当地晒苗锻炼和控制苗床的光照强度。

甘薯苗期生长的快慢和剪苗次数、苗床的水、肥、热条件紧密相关。一般在剪苗后要停止晒苗锻炼,并且及时浇水结合追肥进行催苗,然后再晒苗锻炼,以促进幼苗生长快而健壮。在育苗期间,如果由于苗床的温湿度不当,常会引起种薯严重腐烂,所以高温低湿或者相反,都应留神,也要防止冷风和雨水侵入苗床,以减少种薯腐烂。

2. 适时收获、安全储藏,除华南终年无霜的地区以外,一般收获甘薯要选择晴好天气进行。收获过早,缩短生长期,会降低产量,品质也不好;收获过晚,又怕霜冻而不耐储藏。甘薯储藏分为干藏和鲜藏两种。干藏是收获后,趁晴天切片晒干,在干燥处保存,晒薯时期就怕秋雨连绵的天气,那样就会有大量薯片霉烂变质。鲜藏是窖中保存。薯块含水多,皮又薄,最难储藏,所以切忌碰伤表皮。入窖后,窖内温度要保持在12℃—16℃,不能低于10℃,或高于16℃,相对湿度80%左右为宜。温度过高会引起薯块发芽和产生黑斑病,过低又会造成硬心和软腐病。甘薯储藏最应注意入窖初期和立春以后两个危险大的阶段,所以要经常检查和调节窖内的温、湿度。

七、作物病虫害与气象

我国是自然灾害多发国家,农作物病虫灾害是我国的主要自然灾害之一,它具有种类多、影响大、并时常爆发成灾的特点。我国的重要农作物病虫草鼠害达 1400 多种,其中重大流行性、迁飞性病虫害有 20 多种。几乎所有大范围流行性、爆发性、毁灭性的农作物重大病虫害的发生、发展、流行都与气象条件密切相关,或与气象灾害相伴发生。

农作物病虫害的发生、发展和流行必须同时具备以下三个条件:一是有可供病虫滋生和食用的寄主植物;二是病虫本身处在对农作物有危害能力的发育阶段;三是有使病虫进一步发展蔓延的适宜环境,其中气象条件是决定病虫害发生流行的关键因素。

虫害的气象条件是:害虫生长、繁育和迁移活动的主要气象要素有温度、降水、湿度、光照和风等,特别是其综合影响对于虫害发生发展有重要作用。这些气象要素还通过对寄主作物和天敌生长发育与繁殖的影响,间接地影响虫害的发生与危害。

农作物害虫的活动要求一定的适宜温度范围,一般为 6℃—36℃。在适宜温度范围内,害虫发育速度随温度升高呈直线增长,害虫生命活动旺盛,寿命长,后代多。湿度和雨量是影响害虫数量变动的主要因素。对害虫生长繁育的影响,因害虫种类而不同。好湿性害虫要求湿度偏高(相对湿度不小于 70%),好干性害虫要求湿度偏低(相对湿度小于 50%)。春季雨水充足,相对湿度高,气候温和,常有利于玉米螟的大发生。

对害虫的影响主要表现为光波、光强、光周期三个方面:光波与害虫的趋光性关系密切;光强主要影响害虫的取食、栖息、交尾、产卵等昼夜节奏行为,且与害虫体色及趋集程度有一定的关系;光周期是引起害虫滞育和休眠的重要因子。自然界的短光照会刺激害虫休眠。

　　风与害虫取食、迁飞等活动的关系十分密切。一般弱风能刺激起飞,强风抑制起飞;迁飞速度、方向基本与风速、风向一致。

　　病害与气象条件:病害发生发展的主要气象要素是温度、降水、湿度和风等,低温、阴雨、干旱和大风等不利条件将明显影响寄主作物的抗病能力。与气候变化造成的温度和降水异常相对应,暖冬可造成主要农作物病虫越冬基数增加、越冬死亡率降低、次年病虫发生加重、全国大部分地区病虫发生期提前、危害加重,使农作物害虫迁入期提前、为害期延长。

　　做好病虫害预测工作:病虫害气象预测与病虫害造成的严重危害极不适应的是,我国农作物病虫害的中长期预测预报技术研究进展缓慢,现有预报技术的准确性和可靠性离实际生产的要求尚有较大的距离,其主要原因是对我国农作物病虫害发生流行的气候背景及其影响机制尚不十分清楚,进而影响到模式预报因子的筛选。为此,为大力增强农作物病虫害的防灾减灾能力,开展农作物病虫害气象预测工作已成为当务之急。在掌握病虫气象规律的基础上,用前期气象因子和病虫因子可以预测未来病虫害的发生情况。仅以稻瘟病、稻纹枯病、稻飞虱,白粉病、玉米螟、棉铃虫等 17 种重要病虫害统计,做好大发生年份的预测,充分发挥现有防治技术的作用就可望多挽回 30%—50% 的损失。因此,做好农作物病虫害气象预测工作,通过进行调控,变成灾因素为防治因素,就能遏制病虫灾害日益严重的势头。

　　目前,农作物病虫害的气象预测,从内容上看,主要有病虫害发生期(流行期)预测、发生量(发生程度)预测和流行程度预测;从预报时效上看,有长期趋势预测、中期预测和短期预测;从预测范围上看,有县、地、省或一个发生区的。预测对象不仅包括多种粮食作物、经济作物,而且还对油料、果树、蔬菜、热带作物等的主要病虫害进行气象预测服务;从技术方法上看,在以经验为基础的综合分析法基础上,摸索出许多统计预报方法,使病虫害的气象预测进入到以多种统计分析方法并举的阶段,并向着数学模式化方向发展。随着科学技术的不断进步,

农作物病虫害的气象预测将会向利用区域气候模式的输出结果,建立
不同气候区的病虫害长期数值预报模式、长期统计预报模式及其综合
集成预报方向发展。

（一）作物病害与气象条件的关系

1. 温度的影响

（1）温度是发生季节性病害的决定性因素,危害小麦的条锈、叶锈
和秆锈三种锈病,对温度的要求不同(表 3.25),在小麦生长过程中随
温度的升高而顺序发生。在北方,当春温上升时,小麦开始返青,气温
上升到 8℃—9℃,小麦开始生长,这时在麦叶内以菌丝潜伏的锈菌就
从叶面上长出孢子堆来。条锈病要求的温度较低(9℃—16℃),只要
湿度合适,在早春就可顺利发展,在老病叶上产生夏孢子,经风传播进
行多次侵染,于是在田间由点到面地发展起来。

表 3.25　小麦三种锈菌发育的温度条件

病菌	侵入温度(℃)			潜育温度	适温下的潜育期(天)
	最低	最适	最高		
条锈菌	1.4	9—13	29	13—16	10—12
叶锈菌	2.0	15—20	32	18—22	6—7
秆锈菌	3.0	18—22	31	20—25	8—10

叶锈病要求温度较高,在返青后的麦叶中,越冬菌丝体所产生的夏
孢子等气温升高(孕穗期以后),适合叶锈菌侵染和繁殖才发展较快。
秆锈要求温度更高,所以发生更晚,一般冬小麦抽穗扬花后它才发生,
对生产影响不大。

（2）温度影响着病害的地理分布,玉米的小斑病在高温条件下发
展迅速,所以它以低纬度的南方和海拔低的地方为主;而大斑病则以高
纬度的平川和北方高原地区为主。枯楝青枯病,由于喜欢高温,所以只
在长江流域以南发生。

马铃薯晚疫病,本来是高纬度地区的病害;但在亚热带地区的冬季

或海拔 2400 米—3000 米的夏季种植马铃薯时,它可成为一种极有害的传染病。

2. 湿度和水分的影响

作物病害的发生发展,都与湿度有关。除了白粉病外,绝大多数病菌孢子只有在水滴中才能萌发。结露、凝霜和下雨都对小麦条锈病有利,特别是露水,在适宜温度下,露水只要保持 2 小时—4 小时,就会有孢子萌发。在一定的湿度范围内,时间越长对发病越有利。就小麦整个生育期过程来看,早期有雨,后期干旱,早期锈病有一定的发展;早期干旱,后期有雨,后期锈病流行;早期、后期经常有雨,锈病就大为流行;整个生育过程干旱,锈病极轻或不发展。

水稻白叶枯病,又专门在大风暴雨以后发生,因为在风雨天气中水稻叶片被摩擦出现了伤口,病原菌才可以趁机而侵入。温、湿度影响病害是互相配合的,湖南气象台 4 年的资料证明赤霉病的温湿度指标是:气温在 15℃ 以上,有 3 天连续降水,空气湿度在 90% 以上,病害严重发生。转晴后,气温回升到 18℃ 以上,相对湿度在 80%,赤霉病就可以发生。

3. 风对病害的影响

风所以对作物病害有影响,主要是风对病菌的传播,有时可以把病菌吹送到很远的地方去。在传播的过程中,只要病菌没有失去萌发力,在降落的地区,温、湿合适时就可导致病害大流行。

(二)害虫与气象条件关系

危害农作物的害虫的生长发育、繁殖,迁飞、栖息与气象条件关系很密切,气候条件发生变化时,也会引起害虫发生迁飞的变动。

1. 温度对害虫的影响

(1)环境温度对害虫生长、发育和繁殖的影响,害虫对环境温度是有要求的,不同的害虫,同种害虫的不同发育阶段对温度的要求是不一样的。一种害虫在一定温度下才开始活动和发育,这个温度叫起点温度,由发育起点到害虫停止活动,这一段温度称为有效温度,其中最适合害虫活动的叫最适温度。各种害虫的有效温度一般在 8℃—14℃，最适温度在 22℃—30℃，而起点温度是 8℃—15℃，抑制害虫生长，发育的最高温度是 35℃—45℃。有效温度下，温度越高，害虫发育越快，相反就越慢。完成一定的发育阶段，也需要一定的积温。例如水稻二化螟一个世代需要有效积温 834℃，广州地区不低于 10℃的有效积温 3496.8℃，那么该地二化螟可以发生 4.3 代。当温度过高或低于有效温度时，害虫即停止活动，进入静止状态。如温度超过活动温度范围，则对害虫不利，可使其死亡。因此，一种害虫能否大发生，在很大的程度上受温度的支配。

（2）害虫发生时期数量与温度的关系，害虫发生数量也受温度的影响，仍以黏虫为例，成虫产卵的适宜温度是 15℃—30℃之间，低于 15℃或高于 30℃，产卵数量明显下降，高于 35℃时就不能产卵，幼虫麻痹，失去取食和化蛹能力。

2. 湿度水分对害虫的影响

和温度一样，湿度对害虫也有适宜和不适宜的范围，适宜则生长发育快，不适宜则生长发育慢或不能发育。亚洲飞蝗在温度 30℃—35℃，湿度在 35% 时，不能发育而死亡；湿度在 70% 时为最适宜，发育期为 32 天—37 天，湿度达 100% 以上，发育期缩短，但成活率不如湿度 70% 时高。相同的温度下，湿度越低，黏虫产卵也越少。

降水量多少直接影响害虫栖息土壤的湿度和大气湿度。降水量多有利于糯虫和小麦吸浆虫的生长发育。

3. 光照对害虫的影响

昆虫的可见光是偏于短波的，它们可以看见人眼看不到的紫外线。对家蚕试验表明，蓝光下发育最快，红光居次，绿光最差。说明不同波长的光对昆虫发育有影响。光对害虫的生长发育，影响很大，如蚜虫，在光照充足、光照时间长时就胎生无翅蚜虫；如光照时间短，则生有翅蚜虫，并进行迁移。绝大多数蛾类都在傍晚交尾产卵；而蝶类则在晴朗的白天交尾，光照强度大，可抑制害虫的发育，太大则可致死。光照时间短可引起害虫休眠,光照时间长,则不休眠。短波光对害虫有较强的吸引力,所以人们常用黑光灯诱杀害虫。

4. 风对害虫的影响

害虫可借助于风力作远距离飞迁和传播,例如稻纵卷叶螟和稻飞虱,春季在华南地区繁殖生长,6 月—7 月借助于副热带高压北缘盛长的西南风向北迁飞,来到长江中下游地区为害。借助气流传播的害虫还不少,它们往往随上升气流进入高空,到一定的地区又随下沉气流落到地面,七星瓢虫就是以这种方式迁飞的。但是,风太大,又会阻碍一些昆虫的活动,风越大诱捕的害虫越少。

第 8 节　农业气候资源与作物气候生态性

一、农业气候资源

农业是人们利用生物机体的生命力,把自然界的物质和能量,转化为人类最基本的生活资料及其原料的生产部门。它是人类衣食之源,生存之本。任何社会的存在和发展,任何其他经济、文化、政治生活都必须以农业为基础。只有从事农业生产的人能提供剩余农产品时,社会才有可能腾出一部分劳动者,从事其他方面的活动。农业生产在社会发展史上的这种特殊重要地位,既不因社会制度的不同而改变,也不因它在国民经济中所占比重的缩小而降低。因此马克思指出:"超过劳动者个人需要的农业劳动率,是一切社会的基础。"也就是说,农业是国民经济的基础是一个古今中外,概莫能外的普遍规律。任何一个国家国民经济的发展,如果不是以本国的农业为基础,就必须依赖外国的农业作为基础。

气候与农业的关系最为密切,农业生产的本质就是人类利用生物群体转化环境资源而形成各种农业产品的过程。农业生产本身就是调节生物与环境关系的一个生态系统过程。气候是农业生物生存、生长发育和经济性状形成的主要环境条件和物质、能量的主要来源。对农业生产有利的温度、光照、水分、气候和空气成分等条件及其组合是一种可利用的自然资源,称为农业气候资源。与其他类型的自然资源相比,农业气候资源具有以下主要特征:

1. 农业气候资源是一种可再生的资源。由于天文气候的相对稳定性,以及光、热、水、气等气象要素不断循环和更新,因而形成农业气候资源,对不同的地区来说是一种相对稳定的,可以再生和重复利用的自然资源。前提是人们必须遵循自然规律,开发利用和保护相结合。例如一个地区的热量资源,降水资源等都是相对稳定的。

2. 农业气候资源具有明显的时空变化特征。随着地球自转以及地球围绕太阳自西向东不停的公转,相应出现白天和黑夜的交替以及一年四季的更换,再加上地球表面不同的地貌类型和生物多样性,因而形成地球上多种多样的农业气候类型。例如热带、亚热带和温带地区,它们的光照资源和降水资源明显不一样。一般情况下,光、热、水的数量是由赤道向两极逐渐减少。而就某个地区而言,所处的不同气候带,以及受大气系统的影响,会出现一年四季,光照、水分的不同变换。所以农业气候资源的形成是以月和季及年为周期的不断循环变化过程。例如,气温和太阳辐射随昼夜和季节的变化,对各种生物会形成特有的节律变化。

3. 农业气候资源要素的整体性和不可取代性。农业气候资源要素之间相互依存和相互制约以及不可替代。构成农业气候资源的综合性和整体性。在农业气候资源系统中,光、热、水等资源是相互协调,相互影响的综合平衡结果,统一形成一个地区的农业气候资源系统。综合地影响着农作物以及各种动物和微生物的生长发育过程。通过动植物自身的转化过程,最终形成人们需要的各种农副产品。满足社会经济发展的需要。而且,农业气候资源的各因子互相不可替代,任何气候因子的不足或过量,都会影响农业气候资源的有效利用。任何有利的农业气候要素不能因为其有利而替代另一不利农业气候条件,如干旱地区,光、热条件充足,而水分缺乏,但不会因光、热更多就可替代水分对农业生产的作用,即农业生产对农业气候资源的有限性和可改造性,虽然农业气候资源总体上看是一种取之不尽,用之不竭的可再生资源,但就某个地区一定的时空来说又是有限的,因而各地的农业生产不仅类型不同,还有季节性限制,所以各地必须因地制宜,因时制宜、宜农则农、宜林则林、宜牧则牧。充分利用各地不同的农业气候资源,发挥生产潜力,才会增加更多农林牧副渔产品,满足社会的不同需要。

在现有的生产力水平下,人类通过兴修水库、植树造林、温室大棚、地膜覆盖和人工增雨等措施,来调节和改善局部地区的农业气候资源状况。但是,不合理的人类行动和不科学的农业开发,例如,砍伐森林、破坏自然植被、破坏生态系统平衡等,将使整个自然环境特别是农业气候资源受到破坏。另外,工农业生产中的大量废弃物排入大气、土壤、水体、过量使用化肥和农药,引起水体、土壤和大气污染、酸雨、温室效应等,导致农业气候资源利用价值改变和降低;农业上不科学用水,使受降水资源制约的淡水资源供应不足状况加剧。因而,对农业气候资源既要开发利用,更要科学保护。

二、我国的农业气候资源

农业气候资源是为农业生产提供基本物质和能量的气候要素及其组合,是影响农作物生长发育和产量形成最重要的外界条件,主要包括太阳辐射、热量和降水资源。

1. 雨热同季与光、温、水资源利用潜力大

全国大部分地区太阳辐射强、光照充足、年总辐射量多在每平方米3760兆焦—6680兆焦,一般西部多于东部,高原多于平原。绝大多数地区的光能资源对于农作物的生长发育和产量形成是充裕的,但各地普遍光能利用率不高。单产3450公斤/公顷的粮田,光能利用率一般仅0.4%—0.5%。一季高产作物(小麦、玉米)单产超过7500公斤/公顷的,光能利用率不超过1%,南方三熟制高产田超过11250公斤/公顷的,光能利用率也不超过2%。而小麦光温生产潜力理论上可达9000公斤/公顷—10500公斤/公顷,玉米大于15000公斤/公顷。可见

提高光能利用率的潜力还很大。

作物生长期间的热量条件,除东北的寒温带和青藏高原外,全国大部分地区冬冷凉、夏温热、季节变化明显。积温自北向南逐渐增多,通常 0℃ 以上积温达到 4000℃/年的地方就有实行复种的可能,大于 5700℃/年可种植双季稻或实行三熟制。多数地区冬半年种植喜凉作物,夏半年种植喜温作物。复种面积广是中国农业气候资源的一大优势,可使中国成为世界同纬度地区复种指数最高的国家。

中国东部受季风气候影响,雨量充沛,降水量集中在作物活跃生长期的夏季,有利于农、林、牧、渔多种经营的全面发展,是中国农业气候潜力最大的地区。高温多雨同季出现并与作物生长旺季相吻合,使光热水资源能够得到充分利用,使中国喜温作物的种植纬度高于世界其他地区。西北地区年降水量多在 400 毫米以下,虽有较丰富的光热资源,但受水分不足的影响,农业生产受到很大限制,成为中国主要的草原牧区。在河西走廊和新疆的部分地区,因有天山、祁连山、昆仑山及阿尔泰山的冰雪融水补给,形成"绿洲农业",具有独特的气候优势,成为小麦、棉花、甜菜及瓜果的优质产地。

2. 气候灾害频繁是农业发展的主要障碍因素

中国季风气候的不稳定性,表现在降水量的地区和季节分配不均衡和年际变化大,最大与最小降水量可相差 10 多倍;温度的年际变化也很大。旱、涝、风、冻等自然灾害相当频繁;1950 年以来,平均每 3 年有一次较大范围的灾害。东北、华北大部和西北以旱灾为主。从干旱的季节分布看,春旱以黄淮海流域以北和东北的西辽河流域最为严重。夏旱在长江流域较为常见,秋旱影响华北地区晚秋作物后期生育和秋耕秋种,冬旱主要发生在华南南部和西南地区。旱灾的特点是发生面积大、时间长,不仅危害农作物,而且影响林业和畜牧业。

中国水涝灾害总体而言是东部多,西部少;沿海地区多,内陆地区少;平原地区多,高原地区少。黄淮海平原,长江中下游平原,东南沿海和东北平原是水涝灾害发生较多的区域,不仅造成严重的经济损失,大雨和暴雨还是水土流失、山体滑坡等地质灾害的主要气象条件。

低温灾害对东北商品粮生产的影响很大,春秋季出现的短时间低温对南方水稻生产有很大危害,亚热带、热带地区如遇冻害,对柑橘、茶树、橡胶等果林业产生危害。另外,热带气旋、干热风,草原雪灾等都可以造成严重灾害。

3. 农业气候生产潜力

同农业气候资源一样,我国农业气候生产潜力也具有明显的地理分布特征。在不同的气候类型地区,光能的转化能力及其受温度、降水的影响是不同的,现就黄淮海地区气候资源潜力分析。

如我国最大的农业生产区,黄淮海地区,该区位于燕山以南,淮河以北,东临黄海、渤海,西倚太行山与豫西山地。淮河、海河冲积平原及部分丘陵地区。黄淮海地区总耕地面积占全国耕地面积的25%以上,是各大农业区中耕地最多的地区。

本地区属暖温带季风大陆性气候区。热量资源可满足喜凉、喜温作物一年两熟的要求;本地区属半干旱、半湿润地区,光、温、水资源的配合优于东北、西北地区;光照仅次于青藏高原和西北地区(表3.26)。

表3.26 我国不同地区气候特点比较

项目 地区	热量(℃)				降水量		光照	
	≥0℃ 积温	≥10℃ 积温	7月份 平均气温	1月份 平均气温	年平均 (毫米)	变率 (%)	日照时数 (小时)	年辐射量 (千卡/ 平方厘米)
东北	2500—4100	2000—3600	20—25	-10—28	400—800	15—20	2400—3000	120—140
黄淮海	4100—5400	3600—4700	24—28	0—8	500—900	16—28	2300—2800	120—140
西北	3000—4100	2500—3600	22—27	-8—14	<400	21—26	2500—3200	140—150
西南	5000—6000	4500—5500	18—28	4—6	800—1200	10—18	1200—2400	90—110
长江 中下游	5700—6900	5000—6000	28—29	2—4	1000—1800	12—18	1800—2200	110—120

(1)热量资源较充足,可满足一年两熟种植的要求

由唐山地区向西、向南热量资源逐渐增加,沿海略低于内陆,山前

地区温度偏高,不低于0℃、积温4600℃等值线是满足小麦与早熟玉米两熟的热量界限。由此线向南(不低于0℃、积温4600℃等值线大致位于天津至保定一线),其麦收至种麦期间的积温由2200℃增至3000℃左右,致使复种的玉米、大豆、花生、高粱、薯类等作物品种的成熟期逐渐加长。如麦后接茬玉米,在收麦至种麦期间积温小于2500℃—2600℃以下地区种早熟品种;积温在2600℃—2800℃地区可种中早熟品种;而积温在2800℃—3000℃以上可种中熟玉米品种。但在无水灌溉的地区,往往因雨季来迟而不能及时播种,要求配合一些生育期较短的品种。总之,根据热量条件恰当安排不同成熟度的夏播品种,是充分利用地区气候资源获得高产的重要措施。

黄淮海地区,春季气温回升迅速,秋季降温快。入春后,气温迅速回升,因此要抓紧早春农事活动,对充分利用早春热量具有重要意义。进入秋季,降温迅速,这就使秋季作物籽粒成熟阶段经常受到低温威胁。尤其是秋凉年份对作物危害更大。春季气温回升快,且雨水少,春末夏秋经常出现高温低湿的干热风天气,影响小麦籽粒灌浆,造成减产。为使全年高产稳产,必须注意小麦后期的防旱管理。

(2)北部降水量不够充沛,但集中于生长旺季

黄淮海地区年降水量500毫米—950毫米左右,干燥度为0.8—1.4左右,因受海洋及地形影响,降水量由北向南,由内陆向沿海逐渐增多,北部及西北地区年降水量偏少,大约是500毫米—600毫米左右。黄河以南地区年降水量700毫米以上,基本能满足两熟作物及形成产量的需要。但降水量主要集中在夏季作物生长季节,这样对满足农作物需要要求更为有利。一个地区水资源的好坏,虽然主要决定于自然降水量的多少及年内分配特点,但地表水及地下水的多少也是决定一个地区作物高产稳产的重要条件。

由于降水量的季节分配不均匀,且年际变化大,是造成黄淮海农业区旱涝频繁的主要气候原因。根据降水量保证率计算,该地区降水量在保证率为80%的条件下,其降水量要比多年平均值少150毫米左

右,山东西北部地区约少 110 毫米左右,同时地区的年降水量相对变率大约为 20%—34%,月季间的降水变率又大于季的变化,降水量在年、季、月有很大的变化,因此造成黄淮海地区旱涝灾害频发,给本地的农业生产带来很大困难。

(3)光照资源丰富,增产潜力很大

黄淮海地区年总辐射量为 110 千卡/平方厘米—140 千卡/平方厘米;年日照时数北部为 2800 小时,由北向南逐渐减少,降至 2300 小时左右。其中河北省光照条件优越,大部分地区为 2600 小时—2800 小时,山东、皖北和苏北地区年日照时数为 2300 小时—2500 小时左右。日照年内分配特点,3 月—5 月 700 小时以上,南部地区偏少为 500 多小时,6 月—8 月为 750 小时以上。3 月—5 月光照条件好,气温回升快,相对湿度低,使麦类作物光合效率高,病虫害少,7 月—8 月光、热、水同季,在灌溉条件好的地区,充分发挥光资源的作用,作物增产潜力很大。

综上所述,黄淮海地区的光、热、水资源总的特点是:光热资源较为丰富,可供两熟的需要,且增产潜力较大。作物生长季节光温、水同季,有利于秋熟作物的生长发育,但秋季降温快,两熟季节嫌紧。因降水量季节分配不均,年际变化大,旱涝灾害频发,尤以旱灾为多,不利于夏熟作物生长及春播和夏播。因此本地区宜小麦、玉米、棉花、水稻、大豆等多种农作物种植,固以麦为前茬的多两熟制,尤其是北部小麦—玉米和南部小麦—水稻两熟占重要地位。若要不断提高光能利用率,获取高经济效益的农产品,就必须根据热量特点选用作物品种和种植类型按水分资源的分布规律合理布局农作物,充分合理地利用现有水资源,节约用水,在地下水资源缺乏的地区,按降水量布局作物,重视旱地农业。对提高本地区农作物产量有着重要的现实意义。

农业气候资源的开发利用首先要对它加深认识,使农业生产适应客观规律,发挥优势,避免不利条件,避害趋利,以充分合理利用农业气候资源,发挥其最大产潜力,为人类造福。根据气候潜力的计算公式并取经济系数为 0.35,计算分析我国农业气候生产潜力分布状况(表 3.27)。

表 3.27　中国农业气候生产潜力分布表

级别	潜力($10kg/hm^2$)	地区
高值区	>2.6	华南南部、台湾
偏高值区	2.3—2.6	长江下游以南、云贵高原以东、南岭以北到云贵高原
中值区	0.8—2.3	大兴安岭、太行山以东、长江以北云贵川大部、西藏东部
低值区	<0.8	内蒙古、新疆、青藏高原大部、陕甘宁晋一部分

从上表中可以看出,我国农业气候生产潜力在东部地区有明显的带状分布,高值区主要分布在热量丰富,年降水量大于 1600 毫米,光、热、水资源配合好、较好的华南和台湾。偏高值分布在降水量 1200 毫米—1600 毫米的长江以南、云贵以东的地区,中值在长江以北到大兴安岭等地,而西北内陆和青藏高原,虽然热量资源较好,但由于年降水量和温度的限制,是我国农业气候资源生产潜力的低值区。

三、农业气候资源与气候灾害的辩证关系

自然资源是人类赖以生存和发展的物质基础,是人类生产资料和生活资料的基本来源。一个国家社会经济的发展,同资源丰富的程度和保护开发的水平密切相关。农业气候资源是自然资源的一个重要组成部分,它的开发利用,有助于减轻矿物燃料燃烧造成的空气污染,并在减缓气候变暖方面起到重要作用。

中国大部分地区在北半球暖温带和亚热带,还有部分在热带,地理位置优越,气候资源丰富。俄罗斯、加拿大的领土虽比中国大,但气候寒冷,农业气候热量资源不如我国丰富,美国也没有热带。

我国季风气候十分显著,雨热同季,南方大部地区粮食作物可一年两熟或三熟,华南是我国水热资源最丰富的地区,日平均气温在 10℃以上期间的累积温度可达 8000℃左右,全年降水量在 2000 毫米左右。

　　西北地区雨量虽少,可夏季昼长、光照足、气温高,植物可充分进行光合作用,有利于淀粉的积累,而黑夜气温低、呼吸作用弱、消耗少,加上高山冰雪融化提供的水资源。所以,绿洲农业十分发达,成为重要的粮棉和瓜果基地。可见,我国农业气候资源丰富多彩,是世界上其他国家无法比拟的。

　　但是,由于气候本身具有多变的属性,常给人类带来负面的影响甚至灾难性的危害。人类在长期的生存与发展中,逐步形成了适应当地气候常态的社会生产系统以及生活方式。这样的系统对于气候的正常变化是能够应付的,并作为资源加以利用。但当气候变化超出它的正常变化范围时,人类原来形成的社会生产系统,便不能适应,发生灾害。

　　由于我国各地气候差异很大,适应当地气候而形成的社会生产系统各种各样。2000毫米的年降水量出现在华南地区,尚属正常现象,不会发生什么灾害,可以成为资源加以利用。但这样大的降水量若出现在我国北方地区,则是十分异常的气候现象,一定会发生历史上罕见的洪涝灾害。相反,500毫米的年降水量出现在我国华北地区尚属正常现象,但这样的降水量若出现在长江流域及其以南地区,则同样是十分异常的气候现象,必发生历史上罕见的大旱灾。

　　温度也如此。在同一季节里,若哈尔滨的气温出现在广州,或广州的气温出现在哈尔滨,必定是异常,给当地造成不利影响。为了说明一地的气候资源与气候灾害之间的界限,不妨给出一个衡量气候变化幅度是否达到灾害的标准。可以认为,一地的多年平均气候特征值(如平均气温、平均降水量),加上或减去该特征量的一个标准偏差为该特征值的常态变化。那么,气候在这个范围内变化是当地社会生产系统可接受的,可作为资源来利用。若某年某气候特征超过或低于其多年平均加上或减去一个标准偏差的范围,则认为是灾害。按这个标准,即可衡量各地气候变化是否可带来灾害。不过,随着社会经济发展,水资源短缺越来越严重,变洪水灾害为水利,把洪水作为资源利用已提到日程。此外,气候资源与气候灾害不仅因地而异,而且不同部门也不同。

在同样的气候条件下,对有的部门来说是利,是资源,而对别的部门就可能不利,是灾害。

由此可见,气候资源与气候灾害之间并无绝对的界限。在一定的条件下可以相互转化,气候资源可以转化为气候灾害,气候灾害也可以转化为气候资源。如水利建设搞得好,提高科学管理水平,则可把水害变水利,把多余的水储备起来,作为资源利用。所以,农业气候资源与气候灾害是相辅相成的两个矛盾方面。

四、农业气候区划

农业气候区划是在农业气候分析的基础上,根据农业对气候的特定要求,做出能够阐明气候与农业生产关系的一种区域空间上的分类。农业气候区划的编制通常是根据主要农业生物的地理分布,生长发育和产量形成有决定意义的农业气候指标,遵循气候分布的地带性和非地带性规律以及农业气候相似性和差异性原则,采用一定的区划方法,将某个区域划分为不同等级的区域单元,为决策部门制定农业区划和农业发展规划,充分利用气候资源和防御气候灾害提供科学依据。

农业气候区划的原则有综合因子原则和主导因子原则。综合因子原则是指农业气候区划时,尽量考虑组成气候的综合因子。而主导因子原则是农业气候区划时,应根据具体要求,突出气候因子的某个或某几个最重要的因子。综合因子原则着眼于气候的差异性,先有区域的概念,然后再罗列到很多气候因子指标,常有一定的主观性。主导因子原则着眼于气候的相似性,先确定主导因子,然后把指标相近的区域划在一起,并按气候因子的重要性逐级划分,以便实际应用。在区划中最好是主导因子原则和综合因子原则一起使用。

我国的农业气候区划由三级组成:一级区为农业气候大区;二级区为农业气候带;三级区为农业气候区。一级区:农业气候大区是以光、热、水组合为依据所划分的大区。全国划分为东部季风农业气候大区,西北干旱农业气候大区和青藏高寒气候大区。二级区:农业气候带是根据农林结构及种植制度对热量的要求划分的地带。全国划分为 15 个气候带,其中东部季风农业气候大区有 10 个气候带,分别是北温带、中温带、南温带、北亚热带、中亚热带、南亚热带、藏南亚热带、北热带、中热带和南热带;西北干旱农业气候大区有 2 个农业气候带,分别是干旱中温带和干旱南温带;青藏高寒农业气候大区含有 3 个农业气候带,分别为高原寒带、高原亚寒带和高原温带。三级区:农业气候区划则主要考虑农业气候特征,尤其是影响农业生产稳定性的水分条件和主要气候灾害所划分的区域,将全国划分为 55 个农业气候区。

五、我国主要农作物气候生态性及其分布

(一)作物气候生态性及其应用

作物及其品种气候生态性是指作物及其品种在一定的气候条件下,由于人工选择和自然选择的作用以及作物本身的适应性能,形成具有相似的对气候因子的要求和反应的作物种群和品种群。比如,原产于低纬度地区的水稻和玉米,在长期的生长发育过程中形成对温度要求较高的特性;原产于高纬度地区的小麦,则形成喜凉爽的特性。作物及其品种气候生态性的形成有 3 个因素。

1. 遗传,每种作物及其每类品种都能将其性状从亲代传给子代,使其与亲代具有同类的性状,对气候条件有相似的要求和反应。如水稻属短日照作物。缩短日照时间会使其发育加快,经过多年的培育,尽管已培育出适宜于从热带到温带都可生长的各种气候生态性,但感光性强这一特征被遗传下来。

2. 变异,在长期栽培过程中,作物的某些性状和对气候条件的要求和反应会发生某些变化,出现一些新的性状、要求和反应,这些变化称为变异,变异是作物产生新的气候生态性的基础。例如,橡胶原产于赤道雨林地区,喜温湿,不耐寒。将其引进我国海南、云南等地,经过多年的人工培育,其耐寒性有了提高,可抵御短时间 0℃ 的低温,形成了中国橡胶树的新气候生态性。

3. 选择,选择以遗传和变异为基础并决定其方向,因此对作物及

品种新气候生态性的形成起主导作用。如果不对这些变化加以有意识的选择,新的气候生态性就不会产生。作物对光、热、水等气候要素的反应,是决定气候生态性的基本因子。

作物及其品种的更新引进是提高作物产量和质量的有效途径之一。作物的引种应遵循作物及其品种气候生态性进行;熟期引种原则,作物及其品种的熟期是原产地光热条件综合作用的结果。引入地区与原产地光热条件的差异程度决定了作物引种成功的可能性。比如,水稻的引种可应用水稻气候律:由低纬到高纬,每增加一个纬度,品种出穗日数平均延迟 2.4 天;由西向东,每变化 5 个经度,出穗日数提早0.74 天—1.77 天。

气候生态性原则,同一个气候生态性的作物及其品种,对气候条件的要求和反应也相近。根据此原则引种,成功率比较大。

经济性状原则,在引种过程中应注意作物经济性状的变化,如果株高、主茎叶片数和穗粒数生长正常,引种成功率就高些。

农业气候资源的分析与区划必须以作物气候生态性为依据,不同的气候区域之间差异明显,同一气候区域又具有相似性,划分时必须以作物气候生态性为基础。

(二)农业气候资源与农业种植制度

1. 农业种植制度,合理的农业种植制度,是在一定耕地面积上为保证农业产量持续稳定全面增长的战略性农业技术措施,从农业气候角度讲,确定一个地区合理的种植制度应符合下列要求:

(1)分析不同种植制度形成和发展的农业气候条件,为确定合理的种植制度提供经验和科学依据。

(2)正确评价农业气候资源特征,考察农业作物对光、热、水的要求,确定作物种类,品种,种植方式和复种指数等。

(3)因地制宜,利用有利因素,避开不利因素。选择合理的种植制度,因时制宜,农林牧渔全面发展,积极搞好多种经营综合开发利用农业气候资源。

2. 农作物布局与农业气候资源利用，农作物布局主要指作物品种种类,熟制及其种植方式的地域配置,即作物个体和群体在地域上的动态分布与空间结合。要做到全面开发利用农业自然资源和科技成果,合理地解决农业生产中争季节、争地、争水肥、争劳力等矛盾问题,也是农业生产中因地制宜,实行区域化,专业化生产的重要依据。

作物气候生态性是决定作物结构的前提,大范围的作物布局,主要取决于热量和水分状况,水、热条件大致相同的小区域内,作物的结构与水利、土肥及微地形有关。

分析一个地区农业气候资源条件对作物的适宜与否,要对各气候要素进行数量和质量的评价,而且要用综合的、区域的和历史的观点去分析作物的适宜、比较适宜和不适宜种植区。在此基础上,确定主打作物的品种种类,然后进行作物结构与组合的气候资源利用。充分发挥各地农业气候资源的利用潜力。

3. 多熟种植与农业气候资源利用

多熟种植是指在一年内同一块土地上种植两种或两种以上的作物,是作物种植在时间上和空间上的集约化,包括一般的复种和间套种两方面,合理的多熟种植可充分利用一地区全年的光、热、水资源,利用有利条件,避开不利因素,抵抗自然灾害,实现农业的高产、稳产和丰收。

复种就是在一年内同一土地上连续种植两种或多种植物,在前作收茬后播种后作,包括移栽和再生栽培。热量资源是决定能否复种的关键性因素,此外还有积温、无霜期、最冷月和最热月温度,农业界限温度及其持续期。一般主要根据积温来确定复种。如华北平原的京津地区大于0℃的积温为4600℃左右,小麦(冬性为2100℃—2200℃)之后一般只能种植早熟性玉米,中熟性谷子等,成都平原大于0℃的积温高达6000℃—7000℃,小麦(春性为1700℃)之后还可复种双季稻或玉米、水稻等。

表 3.28　京津地区各种农作物与复种所需的积温(0℃)

作物	品种类型 项目	早熟	中早熟	中熟	晚熟	与冬麦一年两熟
玉米	所需积温	2100—2200	2300—2400	2500—2800	>3000	4600—4800
	生育天数	85—90	95—100	105—120	>130	
高粱	所需积温	2100—2200	2300—2500	2600—2800	>3100	4600—4800
	生育天数	90—95	95—105	110—120	>135	
谷子	所需积温	1700—1800	1900—2100	2200—2400	2500—2700	4200—4400
	生育天数	70—75	80—90	95—100	105—110	
水稻	所需积温	2100—2500	2900—3100	3300—3400	>3900	
	生育天数	90—105	120—130	150—159	>60	

　　复种时应认真选择主栽品种,应根据不同品种正常成熟的产量与其所需积温间的数量关系,以及不同年型的产量变化规律,从高产稳产低成本角度选择主栽品种。全生育期所需积温在当地气候条件下保证率为 90%—100% 的品种,因为不能正常成熟的年份太多,产品很不稳定,也不宜选择为主栽品种;保证率为 60%—80%,产量较高且稳定,可以从中选择主栽品种,此外,还可根据积温确定一些优良品种作物做对比试验,从中选择适宜的主栽品种。

　　在热量资源相同的地区,由于水分条件的差异,种植制度也有明显的差异。在热量条件能满足的情况下,水分供应状况常常决定复种效果。复种的需水量一般要比一茬作物高,因此,必须有水分保证。

表 3.29　几种主要农作物的耗水量

作物名称	耗水量		主要生育阶段耗水量占总量百分比
	毫米	立方米/亩	
冬小麦	400—600	260—400	拔节——成熟占 60%
春小麦	350—550	200—310	拔节——成熟占 60%
玉　米	300—450	200—300	抽穗前 10 天后 20 天占 60%
谷　子	250—300	170—200	

作物名称	耗水量		主要生育阶段耗水量占总量百分比
	毫米	立方米/亩	
高 粱	300—350	200—230	
水 稻	520—800	350—600	
大 豆	500—600	330—400	
马铃薯	300—450	200—300	
棉 花	400—680	270—450	现蕾——结铃期占70%

在我国,通常将降水量250毫米以下的地区划分为干旱区,250毫米—500毫米的地区划分为半干旱区,500毫米—600毫米的地区划为半湿润半干旱区。北方年降水量在400毫米—500毫米的地区,一般多种植一季耐旱作物或麦后休闲;年降水量为500毫米—600毫米的地区,麦收后可复种一季玉米、谷子等,但产量低而不稳;年降水量在600毫米以上的地区,一般的热量资源也比较丰富,旱地多是小麦、谷子两熟,水浇地可小麦玉米两熟,年降水量800毫米以上的地区,可稻麦两熟,热量充沛,降水量在1000毫米以上的地区可发展双季稻和三季栽培。我国的降水资源为复种创造了条件:(1)雨热同季,降水主要集中在作物生长期;(2)温热资源越丰富降水越多。所以年降水量成为确定种植制度的重要依据之一。但由于季风气候,所以季节性降水很不稳定且不均匀,而且年际变率较大,所以复种时应尽量考虑降水的变化。

(三)我国主要农作物的气候生态性要求与区域分布

我国农作物在气候生态性的要求与世界其他地区的农作物具有共性。同时,由于我国的地域广阔,地貌类型复杂多样。我国的基本国情是人多地少,在农作物与环境的关系及分布上具有一定的特点。

1. 种植指数高达151%,南方的一些地方在200%以上,因此大多数农作物的气候生态性要求与分布状况,涉及其在多熟制中的地位。如小麦、水稻、油菜的大部分,玉米、甘薯、棉花、花生的半数都种在一年两熟或三熟的土地上。

2. 自然生态环境状况是农作物生产力与分布的基础。但在中国，人工生态环境也起了十分重要的作用，而且这种作用将会越来越大。如灌溉条件的改善，化学肥料对农作物增产的贡献，集放化的栽培管理措施等因素，都会大大改变了农作物在自然生态条件下的生产力与分布。

我国主要农作物的气候生态要求与分布：

水稻

水稻是我国第一大粮食作物，播种面积近 5.5 亿亩，亩产平均可达 400 公斤。其中双季稻近 3 亿亩。绝大部分地区实行灌溉，中南地区以籼稻播种面积较大，向北则以粳稻种植为主。

气候生态性要求：水稻是高温高湿地区的王牌作物。光合作用最适温度为 25℃—30℃，发芽最低温度（粳稻 10℃—籼稻 12℃），开花期需 20℃—22℃，单季稻生长期需积温 1800℃—2700℃。年不低于 10℃ 的积温在 4900℃ 以上，可种植双季稻或绿肥—稻—稻三熟。大于 5300℃ 可种油菜、大麦—稻—稻三熟。不低于 5700℃ 可种植小麦—稻—稻三熟。水稻需水量是旱粮的 2 至 4 倍，北方大于南方，一季稻田耗水量在华南与长江中下游为 450 毫米—650 毫米，华北为 650 毫米—850 毫米，西北干旱区为 1000 毫米—1300 毫米。水稻对黏性土壤有特殊的适应能力。水稻为短日照作物，不同水稻类型对光温反应不同，一般早稻感温不感光，对日照长短反应不明显，晚稻中籼稻感光弱，而粳稻感光性强，后者在长江流域能及早成熟，因而为冬作腾出了时间和空间。

分布：世界上水稻的 95% 集中在高温高湿的亚洲季风地带。我国则 90% 集中在淮河以南，年降水量在 900 毫米—2000 毫米的南方。这里高温高湿，土质黏重，水稻对此有特殊的适应能力，长江以南多数为双季稻区，西南地区则为麦（油菜）—稻两熟区。

我国北方夏季最热月多数在 20℃ 以上，故一直到黑龙江的北部仍可种植水稻，但由于水资源的限制，比重较小，全部北方稻占全国稻田面积的 10%,但由于北方光照条件好,北方稻的单产并不比南方稻区差,而且水稻品质较好。

小麦

小麦是中国第二大粮食作物,全国播种面积近 5 亿亩,平均亩产 220 公斤,以冬小麦为主(占 82%),春小麦主要分布在西北和东北地区。

气候生态性要求:(1)小麦是喜温凉怕热作物,全生育期需大于 0℃的积温 1800℃—2300℃,生长发育旺盛期适温是 16℃—20℃,灌浆成熟期大于 22℃不利,小于 14℃灌浆慢。根据测定温度上升到 20℃以上时,光合效率显著下降,高温缩短了灌浆成熟期,在我国华北麦区一般只 30 天左右,青藏高原可达 60 天—80 天,江南麦区开花、灌浆期高温高湿,使病害大量发生。

(2)适于中等湿润气候,稍耐干燥,但仍怕旱,需水又忌过湿,全生育期蒸散量 350 毫米/亩—500 毫米/亩,黄河以北春夏湿度小,温度高,江南又过于湿润对小麦生长不利,华北主要分布在灌溉地上。

(3)对土壤选择不严,黏土和砂壤土上都可生长良好,但较适的还是土层深厚、土质肥沃的中质土,在排水良好的粉砂壤土上产量最高,一般需肥较其他作物多。

分布:小麦在全国都有分布,但以北方居多。

1. 黄淮海地区是全国小麦主产区,冬麦播种面积占全国一半,总产超过一半,包括河南、山东、河北大部和苏北皖北,晋南、关中平原。这里日照时间长达 2000 小时—2500 小时,年降水量 500 毫米—900 毫米,年均温 11℃—16℃,不低于 0℃的积温 4500℃—5200℃,适于麦—玉米、麦—棉花两熟,绝对最低温度一般高于 - 15℃— - 20℃,冬小麦可安全越冬。大部分麦田实行灌溉,缺点是小麦生育后期温度偏高,灌浆期较短,在 30 天左右。

2. 南方冬麦区,面积近 1 亿亩,单产较低,降水多,日照不足,病害多,多为麦—稻两熟或麦—棉两熟。

3. 东北、西北春麦为主区,面积约 1 亿亩,大部分分布在旱地上,以春麦为主,新疆、甘肃是冬春混合区,多数为一年一熟,青藏高原是我国小麦生态适应性最优区, 日照足, 气温较低, 单产高, 但播种面积小。

玉米

玉米是我国第三大粮食作物,播种面积近 3 亿亩,其中一年一熟的占 1/3,其他多数为夏玉米。

气候生态性要求:玉米适应性广,是典型的 C4 作物,生产潜力大。玉米为喜温作物,全生育期需不低于 10℃ 的积温 2000℃—3000℃,最热月温度一般要 19℃—20℃ 以上,但温度过高也不利,光合温度 25℃—30℃,玉米蒸腾系数比小麦低,一般为 350—400,但株形高大,消耗水分较多,前期稍耐旱,中后期需水量多,在我国西北年降水量小于 450 毫米的地区,玉米不如谷子、高粱稳产,而在降水量大于 1500 毫米的南方,玉米又不如水稻稳产。对土壤要求不严,最好是土层深厚的壤质土。

分布:我国玉米主要分布在从东北到华北、西南这条线上,这三区玉米种植面积分别占总面积的 25%、33% 与 17%。东北大平原是玉米主产区,气候温和湿润,土壤肥沃,以一年一熟为主,不灌溉,西北旱区玉米则主要分布在灌溉地上,黄淮海平原是我国玉米最大产区,约有 1 亿亩,绝大部分为麦田套种或复种的夏玉米,西南地区玉米主要分布在丘陵山坡地上,除高寒山区一年一作外,大部分为与小春作物(马铃薯、蚕豆、油菜、小麦)套种或复种。我国东南稻区无玉米种植。

高粱

高粱在我国的播种面积越来越少,20 世纪 50 年代为 1.5 亿亩左右,而现在仅 0.2 亿亩左右。亩产平均 195 公斤,以一年一作的春高粱为主。

气候生态性要求:高粱是喜温耐旱的 C4 作物,生态要求基本和玉米相同,区别是:高粱比玉米更喜温热与光照,比玉米耐旱耐涝、耐瘠、耐盐,是一种抗逆性很强的作物。

分布：主要分布在东北与华北北部，土壤肥力较差地区。

谷子

谷子是我国最古老的农作物之一，20世纪50年代种植面积有1亿亩左右，可现在只有0.3亿亩，亩产平均达113公斤，大部分为一年一作的春谷子，部分为夏谷子。

气候生态性要求：谷子是C4作物，基本生态要求接近玉米，但抗旱性比玉米强，蒸腾系数300左右。谷子的生育期较短，耐贫瘠土壤，可生长在玉米、高粱不能生长的无霜期短，夏温不高而降雨量较少，土壤贫瘠的半干旱地区，有些品种全生育期只要求不低于10℃的积温1600℃—2000℃，75天—80天即可成熟，因而谷子的分布比玉米、高粱纬度偏高、海拔偏高。

分布：以河北、山西、内蒙古、黑龙江等省、自治区居多，其次为吉林、山东、河南、陕西的部分地区。

甘薯

我国是世界上甘薯面积最大的国家，9400万亩，约为世界的一半。分布于长城以南各地。过去以一年一作春甘薯为主，现在夏甘薯已占主要地位。

气候生态要求：喜温暖怕霜冻，生长适温为20℃—25℃，要求大于10℃的积温2500℃—3500℃，小于15℃生长受抑制，可栽培界限是7月平均温度大于22℃。它比玉米、高粱、粟类所需温度均高。但过高温也不利于薯块膨大。

甘薯较耐旱，遇旱停止生长，有雨恢复生长。它对丘陵旱坡地有特殊的适应能力。所以主要产区是山东丘陵、四川丘陵等。对渍水敏感。最适于沙、壤或壤土，较耐酸，氮肥过多易徒长。

分布：主要分布于四川丘陵、山东丘陵、黄淮海平原与华南沿海沙土地上。

马铃薯

我国马铃薯种植面积不到0.4亿亩。

气候生态性要求:马铃薯为喜冷凉湿润的作物,生育期适温为 15℃—18℃。若 7 月平均温大于 21℃ 则生育不良,大于 26℃ 已不能种植,但小于 10℃ 产量也显著下降。幼苗在 - 10℃ 会受冻。马铃薯需水较多,蒸腾系数 400—600,担抗旱能力也较强。对土壤要求不严。

分布:主要分布于冷凉地区,即内蒙古、晋北、冀北、陕北、东北等地,生长期短 90 天—130 天,这些地区一般冬寒夏凉爽,一年一作。西南的四川、云贵也有一定的分布,但主要都在海拔高的地区或在冷凉季节种植。在海拔 2000 米以上处为一年一作,低于 2000 米处可二作或与玉米组成一年两熟。另外,在城市郊区也有分散种植,主要作蔬菜用。

大豆

我国大豆面积 1.27 亿亩,亩产 96 公斤。

气候生态要求:大豆生态适应性与玉米相近,是喜温和湿润的作物,常与玉米混合分布。要求大于 10℃ 的积温 2000℃—2700℃,生长期适温 18℃—22℃。大豆蒸腾系数高达 700—1000,比玉米、谷子约高一倍,出苗后能忍受短期干旱,开花后需水多。我国南方高湿多雨的气候易使大豆徒长,结实差。大豆为 C3 作物,单产低,但有共生固氮菌,故需氮肥不多。

分布:主要分布在东北平原和黄淮海平原。东北为春大豆,含油量高,可达 19%—22%,种皮黄、色泽好、商品率高。黄淮海平原为大豆区,在麦后种植,蛋白质含量高于东北大豆。长江以南成片种植较少,多为零星分布以夏大豆为主,也有部分春大豆,秋大豆。

棉花

棉花是我国主要经济作物之一,主要是陆地棉,面积 7266 万亩,皮棉单产 58 公斤/亩。

气候生态要求:棉花是光热之骄子。高度喜热。要求生长期大于 10℃ 的积温 3000℃—4000℃ 以上,光合作用适宜温度为 25℃—30℃,要求日照时数大于 2000 小时,尤其在 9 月—10 月吐絮期,要求高光照。

每亩 50 公斤皮棉大致要求生育期间有 450 毫米—600 毫米的降水。与谷物相比较,前期较耐旱,中后期需水较多,故可分布在春季降雨少而夏秋降水多的黄淮海地区。降水过多(大于 1500 毫米),光照少对棉花生育不利。最好的生态条件是光照充足,干旱而又可灌溉。棉花对土壤条件要求不严、偏砂、偏黏均可,最好为排水良好的细砂土壤。可耐轻度盐碱,但不耐涝。

分布:我国棉花的生态最适区在新疆,这里气候干燥,但有雪水灌溉,年日照 2700 小时—3300 小时,昼夜温差大,棉纤维品质好。但面积不大。主要产区在黄淮海平原,产量占全国总产的 60%。这里地势平坦,土层深厚,水热适中,秋季多晴天。缺点是春旱频繁,7 月—8 月降水多,蕾铃脱落严重。长江流域棉区(江汉平原、苏北、皖中南、洞庭湖周围)热量较好,但年降雨量大(800 毫米—1600 毫米),渍涝比较严重。

油菜

油菜是我国主要油料作物,面积达 7900 万亩,包括白菜型和芥菜型和甘蓝型。大部分为冬油菜,主要分布于淮河、秦岭以南。春油菜分布于西北。

气候生态要求:喜冷凉湿润而不耐严寒。适温为 14℃—20℃,冬性品种需低温锻炼才能进入开花结实。整个生育期适宜温度为 22℃以下。冬油菜可耐 -5℃— -8℃低温,黄河以北越冬死亡率过大,春油菜要求多年平均气温 0—10℃,7 月平均温度小于 20℃。油菜需水较多,喜湿润,但温度过大也不利(在江南,油菜的耐湿能力比小麦稍强)。对土壤 PH 值的适应范围较大,适酸性红壤与轻盐碱土。

分布:在我国,冬油菜最适宜区在长江流域和四川盆地。次适宜区为黄淮海平原、关中等。华北冬季温度过低,华南又过高,不利于油菜的生长。春油菜在青藏高原、新疆北疆、甘肃、内蒙古、宁夏等省、自治区有较好的适应性。

花生

全国花生面积 4500 万亩,亩产 136 公斤。

气候生态要求:喜暖热。生长适温为 25℃—30℃,需大于 10℃ 积温 2400℃—3300℃,可耐一定程度的高温。有一定的耐旱能力,但要高产仍需较多水分。一般生产 1 公斤干物质,需水 450 公斤。若结荚期遇旱,荚果膨胀受阻。

花生对沙土有特殊的适应性。沙土日夜温差大,疏松通气的特点较能忍受。但高产花生并不在沙土地上,而在壤土上。

分布:主要分布在胶东丘陵及华南沿海砂地,华北河流故道两侧沙性土上。北方原为一年一作春花生区,现逐步向夏花生转变。华南沿海,台湾为两熟花生区,可种春秋两季,以春花生为主。

甘蔗

我国有甘蔗面积 1288 万亩。亩产 3676 公斤,主要分布于华南。

气候生态要求:属热带、亚热带 C4 作物,喜高温高湿强光照,耐高水肥。热量是限制其生育与分布的主要因子。日平均温度 20℃ 是生长与糖分合成的适宜温度下限,要大于 10℃ 的积温 6500℃—8000℃,株茎生长适宜温度为 30℃,小于 10℃ 则停止生长。0℃ 即受冻害。在极端最低气温 -2℃ 可正常越冬, -5℃—-6℃ 处只能种植春蔗。对水分要求较高,一般在年降雨量 1500 毫米—2500 毫米地区种植。需深厚肥沃的土壤。

分布:最适区在台湾、闽南、广东、广西中南部,云南南部以及金沙江河谷。这里大于 20℃ 的积温大于 5000℃,目前我国甘蔗大部分分布在此。适宜区为闽中、粤北、四川盆地,这里大于 20℃ 的积温达 4000℃—4500℃,极端最低气温为 -2℃—-3℃。浙南、赣北霜冻较严重。浙江中西部、赣中北、湘南的极端最低气温已有 -5℃—-8℃,只能种春蔗。

甜菜

我国甜菜少,只有 746 万亩,亩产 1000 公斤。

气候生态要求:喜温凉湿润,对温度的要求高于一般的喜凉作物,但低于喜热作物,大于10℃的积温以2400℃—3000℃为适宜。生育盛期适温13℃—22℃。在此范围内含糖量最高。一般要求日较差10℃—14℃,这样对糖分积累有利。全生育期要求降水量为400毫米—500毫米,少于400毫米则需灌溉。甜菜喜中性,微碱性土壤,耐盐碱。

分布:最适区为新疆的北疆,甘肃河西走廊。宁夏黄河灌区,这里气温不高,降雨少,但有灌溉条件,日照时间少,气温日较差大,大于10℃的积温2800℃—3500℃。7月—8月平均温度20℃—24℃,8月—9月温度日较差11℃—15℃。但目前面积尚不到100万亩,我国甜菜大部分在黑龙江、吉林西部、内蒙古东部,这里属甜菜的适宜区。

第9节 养殖业与天气气候的关系

同人类一样,畜禽的生长发育必须依赖一定的天气、气候条件,同时恶劣的天气、气候条件也会制约、影响畜禽的健康和发育。气象条件是组成畜禽生活环境的重要因素,畜禽疾病的发生、发展过程与气象因素或气候条件有密切关系。畜禽的许多疾病的发生、发展、传播均与天气或气候变化有关。许多气象因素能直接影响畜禽的生理功能和抗病力,能影响病原体的存活与扩散,引起疾病的发生和流行,造成不同程度的经济损失。所以掌握天气、气候变化,可以预测畜禽疾病的发生、发展和流行趋势,控制疾病的传播,对促进畜牧业的健康发展具有重要意义。

一、主要气象因素对畜禽健康的影响

1. 气温对畜禽健康的影响

(1)气温对畜禽机体的影响

适宜的温度是畜禽生长发育所必需的外部条件之一,温度过高、过低对畜禽的生长、发育、产仔、产奶、产蛋、蛋重、孵化率、受精率与饲料转化率都会产生明显的影响。在晚春、初夏、初秋季节,外界温度适宜,畜禽采食量大,饲料转化率高,生长速度快,此时,畜禽的抵抗力增强,畜禽发病较少。随着盛夏季节的到来,外界温度较高,在高温条件下,机体内蓄积大量的热量,而畜禽大多有厚密的羽毛覆盖,散热困难。机体产热多,散热少,产热与散热不能保持相对的平衡,出现明显的热应激。此时机体为了排出体内热量,呼吸加快,心跳加快,体内二氧化碳和水分大量排出,酸碱平衡被破坏,血液中 H^+ 浓度下降,pH 值升高,出现呼吸性碱中毒。血液循环也发生适应性反应,使内脏器官供血量减少,而体表、呼吸道和腿肌的血流量增多,以致影响营养吸收。热应激刺激了机体的中枢神经,引起内分泌系统发生相应反应,血液中孕酮含量不足,下丘脑分泌促性腺释放激素减少,使脑垂体、黄体分泌不足,致使畜禽的生产性能受到影响;又由于大量饮水,也会使胃酸稀释,导致胃液酸度降低,胃蠕动减弱,因而造成食欲减退、消化不良。夏季高温季节,产蛋家禽产蛋量下降,蛋重减轻,蛋壳变薄、变脆;处于生长期的家禽,其生长发育受阻,增重减慢;种公禽精子生成减少,活力降低,母禽则受精率下降,种蛋孵化率降低。当环境温度进一步升高,超过37℃时,家禽食欲废绝,饮水增多,排水便,可见战栗、痉挛倒地,冠苍白,甚至昏迷,最后因神经中枢的严重紊乱而死亡。由于采食减少,猪、牛、羊等生长速度减慢,乳牛、乳羊则产乳量减少。高温能降低繁殖力,6 月—8 月日平均气温高达 25℃以上,这时常出现母猪不发情、屡配不孕或产仔率低、死胎多等现象,一般每窝产仔只有 5 头—10 头。而在其他季节配种的母猪,产仔率可达每窝 10 头—15 头。公猪在高温季节性欲明显减退,常不愿交配或交配中断。高温还导致精液精子密度下降和精子活力减弱。夏季太阳辐射过强,猪、牛、羊等头部受到阳光直射,特别是在高温高湿情况下,易发生日射病和热射病(中暑)。

　　而到了秋后,天气逐渐转冷,气温逐渐降低。畜禽对低温的适应能力比对高温要强得多。若饲料供应充足,畜禽有自由活动的机会,在一定的低温条件下,畜禽仍能保持体热平衡,但此时畜禽散热增多,为了维持体温的恒定,畜禽采食增多,饲料转化率降低。过低气温,如持续降雪、暴风雪天气,冬季积雪、低温、强风、寒潮等原因,使家畜大量失热只能通过增加采食量,加速体内化学反应和提高代谢速率。从而产生较多的热量,以维持体热平衡。此时,如果饲养管理条件较差,营养不足,就会使家畜正常生理机能紊乱,物理调节机制也会失效,而发生严重的掉膘,甚至冻死。若低温时间过长,温度过低,超过畜禽代偿产热的最高限度,可引起体温持续下降,代谢率也随之下降。由于体温降低,中枢神经系统发生抑制,神经的传导性发生障碍,使畜禽体对各种刺激的反应降低,血压下降,呼吸变慢,减弱,心跳减弱,脉搏迟缓,嗜睡,抗体形成和白细胞的吞噬作用减弱,在呼吸器官中发生渗出和微血管出血,呼吸道黏膜受到破坏,呼吸道抵抗力下降,病原微生物极易侵入而继发各种各样的呼吸道疾病。此外,冬季舍饲期间,家畜聚集拥挤,接触机会增多,如舍内温度降低,湿度增高,通风不良,常易促使经由空气传播的呼吸道传染病爆发流行。如家禽常见的禽流感、新城疫、传染性支气管炎、传染性喉气管炎、慢性呼吸道病、大肠杆菌病;家畜常见的猪气喘病、猪大肠杆菌病、流感、羔羊痢疾等疾病均易在冬季发生。此外,畜禽受冷在感冒及诱发的疾病(如支气管炎、肺炎、关节炎、神经痛、风湿症等)的发生发展中常常起着条件性的促进作用。

(2)气温对病原微生物的影响

病原微生物也和其他生物一样,在适宜的生态环境条件下,也能快速生长繁殖。如果条件不适宜,病原微生物生长缓慢,或停止生长,甚至死亡。温度是病原微生物赖以生存的重要环境因子,一般的病原微生物都属于嗜温菌,最适宜的生长温度为37℃,适宜的生长温度为15℃—40℃左右,低于15℃或高于40℃大多数都失去生长能力。在15℃以上,温度每上升10℃其生长速度要提高1倍。因此,自然界疾病的传染和流行势必受到天气和气候的制约,而呈现出明显的季节性。炎热的气候和强烈的日光暴晒,可使散播在外界环境中的口蹄疫病毒、禽流感病毒及其他病毒很快失去活力。因此,口蹄疫、禽流感、新城疫的流行一般在夏季减缓或平息。而冬季温度低,光照强度弱、光照时间短,对病毒的杀灭作用降低,所以,由病毒引起的传染性疾病如猪传染性胃肠炎、轮状病毒病、流行性感冒、新城疫、传染性支气管炎、猪瘟等冬季多发。又如在多雨和洪水泛滥季节,如土壤中含有炭疽杆菌芽孢或气肿疽梭菌芽孢,则可随洪水散播,因而炭疽或气肿疽的发生可能增多。如肉毒梭菌中毒症,因肉毒梭菌在高温的条件下生长活跃,多发生于天热的夏季和早秋,待到秋凉时则停止。夏秋炎热季节,蝇、蚊、虻类等吸血昆虫大量滋生和活动频繁,凡是能由它们传播的疾病,都较易发生,如鸡痘、猪丹毒、日本乙型脑炎、马传染性贫血、炭疽等。

2. 湿度对畜禽健康的影响

湿度表明空气中水蒸气的饱和程度,即干燥程度。湿度过高或过低对畜禽的生长发育及生产性能均影响较大。夏、秋季节,我国大部分地区雨水较多,相对湿度较大,当相对湿度大于 72% 时,产蛋鸡的羽毛就会粘连,同时关节炎的病例增多。湿度较大,球虫卵囊容易发育,所以,在夏秋季节,阴雨连绵的天气容易爆发球虫病。据报道:高产品种的蛋鸡在孵化时,如湿度过高,出壳雏鸡的死亡率及脐带黑粪和飞节发红的发生率增高。牛长期生活在阴暗、潮湿的环境里,腐蹄病的病例大增。又如羔羊或仔猪卧在冰冷潮湿的地面,而易下痢。

湿度对畜禽的影响往往是与温度结合共同起作用的。在适温时,相对湿度与机体的热调节机能没有大的影响,因而对生产性能影响不大,只有在高温或低温时,高湿度影响最大。每年的 7 月—9 月,气候炎热高湿,往往是畜禽疾病传播媒介的病媒昆虫生长繁衍活跃期,从而间接地影响许多疾病的发生和流行。如吸吮线虫病、牛流行热、水泡性口炎、钩端螺旋体症、伊丝锥虫病、旋毛虫病,以及其他吸血昆虫传播的疾病,如布氏杆菌病、猪丹毒等。此外,一些寄生虫病在此季节也极易发生,如鸡白细胞原虫病、蛔虫病、尾线虫病、鸡球虫病等。湿度大,能促进病原性真菌、细菌和寄生虫的发育,因而使畜禽容易患癣、疥癣、湿疹等皮肤病。另外,高湿使饲料容易霉败,会导致畜禽爆发曲霉菌病,常常造成重大的损失。

　　春季我国大部分地区少雨,干旱,空气湿度较低,若禽舍内相对湿度低于40%,可引起初生雏脱水反应,羽毛生长不良,成禽羽毛零乱,皮肤干燥。畜禽舍湿度过低易造成舍内尘土飞扬,尘土在空气中飘浮的过程中,会随畜禽的呼吸进入呼吸道,而在尘土的表面均含有大量的病原微生物,这些病原微生物在呼吸道中大量繁殖而诱发呼吸道疾病。若在夏季遇到干旱天气,气温高而湿度低,会使畜禽皮肤外露的黏膜发生干裂,从而减弱皮肤和黏膜对微生物的防卫能力,而继发皮肤感染或继发呼吸道疾病。低湿天气有利于葡萄球菌、沙门氏菌以及禽流感病毒、新城疫病毒的存活,所以,在干旱的天气容易发生新城疫、禽流感等疾病。

　　3. 风对畜禽健康的影响

　　在夏季,气流有利于蒸发散热和对流散热,因而对畜禽的健康与生产力具有良好的作用。而在冬季,气流增大能显著提高散热量,加剧寒冷对畜禽有机体的不良作用。同时气流能使家畜能量消耗增加,生产力下降。

　　从中兽医角度来讲,风性轻扬,善于多变,易伤畜禽体。除可单独致病外,往往与其他病邪同时侵犯畜体。"风为百病之始"、"风为六淫之首"是指风邪是导致多种疾病发生的重要因素。在临床上,风邪引起的疾病最为广泛,外感病中,风可以和多种邪病结合。如风与寒结合就成风寒;与湿相结合就成风湿;与热结合就成风热等。

　　"风"是流动的空气,对畜禽有利的风称为"和风"或"善风"。致病的是反常的邪风、贼风、恶风,被中兽医称为"六邪之首"。风邪侵袭畜体引起病症,多见于冬、春季节。在冬、春季节,由于畜禽舍门窗关闭不严,往往有贼风直入而使畜禽患病。竖毛、发抖,四肢及头颈运动不灵活等症状,外感初期,畜禽鼻塞流鼻涕,重者则口干、气粗、伏热、咳嗽等。夏季气温高,人们常把牛、羊拴系于室外阴凉、通风之处。在夜晚气温下降之时,拴系之处有穿堂风、贼风,风邪就容易侵入肌体引发疾病。风邪留在皮毛,奶羊会出现瘙痒、脱毛的症状,风邪侵入肺,会出现高热、恶寒、咳嗽、流涕的症状,风邪侵入经络,会出现肢体疼痛、跛行的症状。大风天气会使畜禽的抵抗力下降,而使畜禽容易发生呼吸道疾病,所以,大风天气过后,畜禽呼吸道疾病增多。此外,某些病毒和细菌的传播是靠空气的流动,如口蹄疫病毒、禽流感病毒等,靠空气的流动可将病毒从一个地区传播到另一个地区,使该地区的畜禽发病。

4. 天气突变对畜禽健康的影响

天气变化是最多最快最显著的自然现象之一。畜禽对于天气的变化有一定的适应能力,但这种适应需要一定的时间,而且有一定的范围,天气的剧烈波动如突然刮风、下雨、下雪、寒潮、沙尘暴等,往往超越了畜禽生理调节的能力,造成机体有关功能的紊乱或丧失,导致机体抵抗力下降,而继发各种疾病。

(1)沙尘天气对畜禽健康的危害

近年来,春季沙尘暴在我国时有发生,对畜禽养殖业危害严重。据王克超报道,发生沙尘暴时,沙尘弥漫,沙尘被畜禽吸入支气管和肺泡,易引起鼻、咽、支气管和肺部的炎症。大量的微粒还能堵塞淋巴管或随淋巴液流到淋巴组织及血液循环系统,引起淋巴组织尘埃沉着、肺泡组织坏死等尘埃沉积病。细小微粒能吸附细菌、病毒等有害物质,其危害更为严重。扬尘的微粒越小,被吸入肺部的可能性越大,甚至在肺部被溶解,进入血液,造成血液中毒及各种疾病。扬尘时病畜禽带有病原体的分泌物和排泄物经干燥后形成微粒或病原体附着在其他微粒或灰尘上,极易在空气中飘浮。在疫病流行地区、病畜禽隔离禽舍、储粪场及有病畜禽的房舍内等环境中存在的病原微生物,随扬尘污染饲料、饮水和用具,如果伴随急剧降温使畜禽遭受应激,在饲养管理不到位的情况下畜禽抵抗力下降,容易引起经呼吸道传播的传染病,如鸡新城疫、禽流感、传染性支气管炎、传染性喉气管炎、猪气喘病等呼吸道疾病。

(2)大风寒潮、雨雪天气对畜禽健康的危害

由于受西伯利亚强冷空气影响,我国每年冬春季节容易发生寒潮、大风、剧烈降温及雪害,对我国畜牧业造成严重影响。发生寒潮以后,

气温突然降低,机体本身调节功能不能一下子适应天气变化,其代谢功能和分泌功能发生紊乱,就会造成应激。畜禽的抗病力降低,条件性致病菌就会引起发病,如大肠杆菌病、慢性呼吸道病、猪气喘病、牛羊丝状支原体病等。若同时伴随大风、冷雨、大雪则直接危及牲畜。畜体被淋湿受冻,外感风寒,内耗体热,新陈代谢失调,易发生各种疾病,肺炎、鼻炎、急慢性支气管炎、怀孕母畜流产死亡等。大风降温也会影响家禽的产蛋率,大风会使禽体散热过多,造成采食量增多,甚至影响生产力。据试验,在气温为 2.4℃的鸡舍里,气流由 0.25 米/秒增至 0.5 米/秒,产蛋率由 77% 降至 65%,平均蛋重由 65 克降至 62 克,料蛋比由 2.5:1 增至 2.9:1。经过一冬的牲畜,再遇几次大风降温,膘情更明显下降,抗病能力更低。所以,每当发生大风寒潮、雨雪天气后,畜禽疾病的发生明显增多。2006 年春季,我国大部分地区畜禽疾病发病严重,其发病率、死亡率较往年同期增高,其原因与 2006 年春季的气候异常有较大关系。

综上所述,天气、气候的剧烈变化,超越了畜禽的生理适应范围时,就会引起有害效应和冷热应激,造成生产性能下降,抵抗力降低,机体失去平衡,从而出现病理反应,引起和诱发某些疾病(沈志强等,1994年)。因此,研究天气、气候对畜禽健康的影响,对有关病原微生物、病媒昆虫和寄生虫的影响及其规律,这对畜禽疾病的防治有着极其重要的意义。

随着气象学、医学、兽医学的发展,人们越来越清楚地认识到气象因素与人类及动物体健康之间的关系,也引起了民众、政府及有关组织的高度重视。气象与畜禽健康成了人们关心、研究的热点问题之一,许多现代科学研究为这古老的思想提供了理论依据和经典范例,使之细化、深化。我们要加强研究,多学科、多部门合作攻关,深入开展医疗气象学研究,找出影响疾病发生、发展、传播的主要关键性气象因素,并由此建立预测预报的方法,根据一年四季天气、气候变化及时提供信息,监测疫情,在畜禽可能受到感染和疾病开始发生之前,即可采取预防措施,最大限度地降低由于天气、气候变化对畜禽养殖业带来的危害。

二、养殖业的气候生态适应性

1. 牲畜与气候

绵羊对气候生态条件的适应性:绵羊主要分布在温带。按产品类型可分为细毛羊,半粗毛羊,羔皮羊和肉用羊等。新疆细毛羊属毛肉兼用型。主要产区在天山北坡和准噶尔西部山地,中心产区为伊犁地区。细毛羊性喜温和干燥气候,对高温干热气候适应性差,湿热气候对其生长也不利,最适宜半干旱的温和气候环境。半粗毛羊是以和田羊为代表,主要分布在和田地区和巴音郭楞蒙古自治州的且末、若羌一带。产区气候条件干燥,炎热,多风沙,草场以荒漠类居多,和田羊对气温适应范围比较广,对水分条件要求也不严格,属冬冷夏热干旱型羊。羔皮羊产地为大陆性荒漠干旱气候区,羔皮羊抗干旱,耐炎热,适应粗放的饲养管理条件,对荒漠和半荒漠草场有极强的适应性。主要分布在塔里木盆地北部的库车,阿克苏和巴音郭楞蒙古自治州的库尔勒以及喀什等地区。羔皮羊以羔皮为主要产品,是制裘的高级原料。

山羊对气候生态条件的适应性:山羊最大的特点是对生态环境条件要求不高,适应能力极广,全国各地都有饲养。从气候角度看,随各地干旱程度的加重,山羊数量增加,年平均气温低的地方,山羊数量少。

牛对气候生态条件的适应性:牛主要有黄牛和牦牛,黄牛是大牲畜中数量最多,分布最广,适应性强,与各族人民生产生活极为密切的畜种。黄牛主要分布在长江以北的广大地区,劳役和肉用为主。新疆褐牛是乳肉兼用品种,主要分布在伊犁河谷塔城盆地;抗寒适应多种环境,宜在山地放牧,具有耐粗饲的优点,生活在北疆的哈萨克牛具有抗严寒,耐炎热耐粗饲的特点。生活在南疆的蒙古牛,柯尔克孜牛和哈萨克牛所处环境夏季炎热干燥,冬季较暖,更耐酷热与干旱。

牛的分布与人类生产活动形影相随,受自然条件的影响不如放牧牲畜明显的牦牛。牦牛主要分布在天山东部、天山中部、帕米尔高原和青藏高原等海拔 3000 米以上的高寒草甸山区。那里海拔高缺氧,冷季漫长暖季短,牧草生长期短,牦牛心肺发达,对高寒地区的恶劣气候生态条件和坡度很大的高山放牧场有极强的适应能力。冬季可在极端最低气温 –40℃的积雪中觅食,大风雪后,牦牛常作为畜群转移的前导,使其他家畜顺利通过。

近年来,随着科学技术和奶业、养殖业的发展,世界各国越加重视奶牛养殖业与气象因素关系方面的研究。相关专家指出,空气温度是影响奶牛健康和产奶量的重要气象因子,因此,在奶牛养殖过程中,注意搞好温度控制,可以提高奶牛生产力,创造更好的经济效益。

a. 奶牛生活的舒适区临界温度:一般地说,成年奶牛的舒适温度在10℃—15℃范围内。寒冷地区奶牛的临界温度较低,炎热地区较高。相对而言,成年奶牛的舒适区温度较宽,临界温度较低,刚出生的幼奶牛热调节机能不完善,体表面积相对较大,所以舒适区较窄,临界温度较高。此外,奶牛的舒适区和临界温度还与其体重、皮毛情况、产奶水平及外界环境条件有关。

b. 夏季对奶牛的影响:夏季天气炎热,当气温高出奶牛的舒适区时,奶牛体温调节能力降低,所以特别怕热。为使体温少受高温影响,奶牛产奶量降低,食欲减退。实验表明:当气温超过奶牛皮肤温度时,奶牛的采食和反刍受到影响,气温升高到20℃时,牛的产乳量有所下降,30℃时大幅度下降,35℃时急剧下降,当高温持续时间过长,超过奶牛的承受能力时,甚至有可能引起心脏和呼吸中枢麻痹而死亡。

2. 渔业与气候

a. 冷水性鱼类的气候生态型和适宜发展的地区:具有养殖价值的土著鱼类如拟鲤,江鳕,东方真鳊,黑鲫,贝加尔雅罗鱼等,大都属于冷水性鱼类。引进的鱼类中以虹鳟为代表。冷水性鱼类多生活在水的底层,水温0℃—25℃,最适生活水温为12℃—18℃,若长时间生活在25℃的水温中,即会引起中暑死亡。有的冷水性鱼类在6℃时可产卵繁殖,但孵化期很长,在12℃的温水中孵化期只需45天。冷水性鱼类生长的地区,摄食生长期在120天—150天,不低于10℃的积温

2000℃—2800℃,越冬期为 200 天—230 天。如我国西北地区的河水冷凉,只能发展冷水性鱼类。同时该地区大多是牧区,有机肥随地表径流入河,水质肥沃,盛产西伯利亚鲟、哲罗鲑、贝加尔雅罗鱼、东方真鳊、拟鲤等冷水鱼。1996 年达坂城引进虹鳟鱼,多年来生长良好,效益可观。

b 温水性鱼类的气候生态型和适宜发展地区:温水性鱼类主要是鲤鱼,鲢鱼,草鱼,鳙鱼,武昌鱼等。温水鱼对水温的适应能力较强,全国各地都有养殖。其生活水温一般要求在 0℃—36℃,最适为 22℃—28℃。当春季水温达到 6℃—8℃开始摄食,在 25℃左右的水温中,生长最快,食量也最大。繁殖水温要求大于 18℃,但目前随着养鱼技术的发展,设备的更新,孵化期有所提前。

c.热水性(热带)鱼类的气候生态型和适宜发展的地区:热水性鱼类,主要是引进的鱼种。如莫桑比克罗非鱼、尼罗罗非鱼等,其生态特点要求水温较高,且对盐碱有很强的适应性,在盐碱浓度 30‰以下的水域中都可以生长;同时耐低氧,杂食性,生长迅速,繁殖快,个体不大。在晴朗的早晨,随着水温逐渐升高,慢慢游向水的中上层活动,中午大量接近水面,下午至傍晚随着日落,水温逐渐降低,重新游向中下层活动,夜间至次日天亮一直静止于池底。其产卵和孵化的适宜水温为 23℃—33℃,新疆养殖的莫桑比克罗非鱼,在 18℃—37℃的范围内都能很好地生长,最适宜生长的水温为 25℃—33℃,尤其在 30℃的水温中,生长最快;18℃—20℃和 35℃以上生长缓慢,水温 37℃时,即停止生长新疆养殖最多的尼罗罗非鱼,生活水温为 12℃—41℃,最适宜生长的水温为 24℃—31℃,致死低温为 11℃,高温为 42℃左右。繁殖水温为 21℃—37℃,最适温为 24℃—32℃。在 18℃—19℃越冬的罗非鱼,移到温水中要 5 周—8 周才能产卵,在水温 27℃—32℃的水中经 3 天胚胎即可出膜,孵出鱼苗,但仍留在雌鱼口内,以防敌害。经 5 天—6 天后,鱼苗才开始自由游动,离开母体。适宜发展热水性鱼的地区,一是夏季时间长,越冬期短,摄食生长期大于 210 天以上;二是利用工矿余热水或温泉水养殖热带鱼。

d.我国渔业生产的有利气候条件：

(1)光资源丰富,有利于水生植物的光合作用,并给水生植物创造了极为有利的繁衍条件。

(2)水温适宜,有利于各种类型鱼类生长。大部分时间水温大于18℃,最高大于28℃。这是温水性鱼类生长最适宜的环境。

(3)夏季白昼时间长,水生生物接受光照时间长,生长繁殖快。一般春季放养的鱼苗,经过夏季良好的自然条件,鱼类生长很快,到秋季捕捞上市的商品鱼,为放养时体重的8倍—15倍。

(4)我国西北地区昼夜温差大,有利于鱼类体内能量的物质积累。气温的变化直接影响水温的变化,白天光照强,水温高,水生生物同化过程迅速,鱼类也活跃,摄食多。夜间水温较低,大大减少鱼类体内的能量消耗,积累多消耗少,生长快脂肪含量高。

(5)水质肥沃,生物饵料丰富,具有食物链的良好气候生态环境。如水域周围一般草丛繁茂,是良好的渔场,牛羊粪肥及其他腐殖质较多,营养丰富,随雨水流入河湖内,不仅给鱼类提供了肥沃的水质,而且给水生植物提供了丰富的营养。水生植物又为水生动物食物链创造了良好基础,为发展渔业创造了有利条件。

第 4 章

交通运输与气象气候的关系

第 1 节　航空运输与气象

一、航空安全与气象

随着民用航空的飞速发展和航空运输业成本投入的迅速增加,气象在民用航空中的重要作用已引起航空界的广泛重视。其表现为三个"重要",即:

1. 气象是影响民用航空安全的重要因素。

2. 气象是影响民航经济效益的重要条件。

3. 气象是民用航空重大事件、重大项目决策的重要依据。

(一)气象是影响民用航空安全的重要因素

民用航空飞行安全的重要标志有两个方面。一是看航空飞行事故次数出现的多少,也就是看伤亡人事故率的大小;二是看航空飞行事故次数出现的多少。在这两个方面,近几年来,因气象原因出现次数都迅速增长,分别由第四位和第八位跃升到第二位和第三位。

根据国际民航事故报告,在世界航空业务中,伤亡人事故率总的趋势在减少,但因气象原因造成的飞行事故却有增无减。从 1970 年—1989 年的 20 年中,世界民航因气象原因造成的飞行事故占总飞行事故的 30%。而从 1991 年—1994 年 4 年统计看,因气象原因造成的飞行事故已经上升到 32%。从而使因气象原因造成的飞行事故将近占总飞行事故的 1/3。另据世界民航公布的材料表明,在 1993 年造成飞行事故的八种原因中气象原因已上升到第二位,仅次于机组原因。这就清楚地表明,气象已经成为影响民用航空运输飞行安全的重要因素。

(二)气象是影响航空经济效益的重要条件

随着航空事业的迅速发展,气象在航空中的经济效益也已经逐渐被人们意识到。早在20世纪50年代,航空事业发达的欧、美国家就开始了气象在航空中经济效益问题的研究。多年研究结果表明:美国航空部门每年仅利用气象情报一项可获利1750万美元;日本航空业每年利用气象情报获利4300亿日元,相当于日本气象厅预算的36倍;西德航空公司利用天气预报,确立长距离航线。仅此一项一年可获利180万美元;英国气象局为航空部门提供气象预报服务费达650万英镑;澳大利亚气象局为保证航班安全,进行雷雨、湍流两项服务,每年航空部门获利1400万澳币。研究结果还表明:气象服务获利与支出的比例为10∶1。也就是说,给气象投资1可获10倍的利润。另外,据国际民航对飞行情况调查表明:65%的飞机误误与天气有关,由于天气原因造成的航班延误,使航空公司和旅客造成的损失每年高达41亿美元,其中有17亿美元的损失,只要正确掌握运用气象条件是可以避免的。也就是说,充分利用气象条件,提高经济效益的潜力很大。

我国在这方面的研究工作刚刚起步,对气象服务在航空业中的经济效益问题,还没有一个全面的、定量的估价,但从少数单位研究表明:气象服务的经济效益也是非常显著的。如广州白云机场气象台,每年为民航减少因航班延误、绕航、返航、备降等原因造成的损失达3000万元,而每年管理局为气象台的支出费用仅300万元左右。获利和支出之比为10∶1,与国际之比相同。

(三)气象是民用航空重大事件和重大项目决策的重要依据

1. 民用航空许多建设项目的决策中都离不开气象条件

如航空港的选址考查是航空建设的首要问题。航空港的地址选在什么方位最好,其依据就是根据气象观测资料。如桃仙国际机场的地址选批就是最好的证明。1979年为沈阳新机场选址,民航东塔气象台组成一个观测小组在桃仙乡建立观测点,观测收集了 3 个月气象资料。在报告中把桃仙 3 个月的观测资料同东塔机场同时间的资料进行对比分析,阐明了桃仙气象条件优于东塔机场,为中央军委、国务院的决策提供重要依据。报告很快批了下来。近 8 年来的实际运行证明,桃仙国际机场良好的气象条件,对保障飞行安全,提高航班正常率起到了重要作用。

2. 气象在许多重大问题决策中起着重要作用

如东塔机场跑道延长工程。1986 年 10 月 MD2 飞机到货,但因东塔跑道短而不能起降。当时管理局领导决定延长跑道。由于天气已进入初冬,怕降雪结冰影响工程进展和质量。虽设计了分段施工方案。但因工期长下不了决心。局领导让气象部门拿出 10 天天气预报。经气象台多次反复研究作出 11 月 21 日前将受高压影响无雨雪的预报,建议工程一次性进行,不需要分段施工,领导采纳了建议,于 11 月 8 日全面开工到 18 日顺利完成。既缩短了工期,又节约了大量的人力财力,受到管理局领导的表扬。

气象不仅对民用航空有重要作用,同时它还影响到人类生活的方方面面,如工农业生产等。因此,我们要很好的研究气象,利用气象,让气象服务于航空,造福于人类。

二、影响航空安全的气象因素

飞机起飞、降落和空中飞行的各个阶段都会受到气象条件的影响,风、气温、气压都是影响飞行的重要气象要素。地面风会直接影响飞机的操纵,高空风会影响飞机在航线上的飞行速度和加油量。气温高低,可改变发动机的推力、影响空速表、起落滑跑距离等。气温高于标准大气温度时,会增加飞机起飞滑跑距离和上升爬高时间,降低飞机载重量。气压会影响飞机的飞行高度。此外,雷暴、低云、低能见度、低空风切变、大气湍流、空中急流、颠簸、结冰等天气现象都直接威胁飞行安全。

1. 地面风

飞机举升力等于飞机总重量时,即表示飞机在一定重量下,飞机正好由空气所支撑,此时飞机的临界速度是在失速状态下,飞机就在这种失速状态下起飞和降落。飞行员和管制员依据地面风来选择跑道方向,同时飞行员也依据地面风来计算飞机起飞可承受的重量。如果有较强的顶风,浮力增加,起飞的速度就可减少,即较强的顶风时,起飞所需要的跑道较短,载重量也较多。另一方面,如果顶风较弱或静风时,载重减轻才能起飞。同机型的飞机,允许最大的跑道侧风也有不同,有时候超过跑道侧风最大限制时,飞机降落就会有危险。风速的变化可决定飞机起降阶段的稳定性,一般而言,重型飞机对于风的变化受影响不大,可在较大侧风下起飞,但是控制其变化的反应力较慢;轻型飞机对于风的变化较容易受影响。如果降落阶段碰到阵风时,其反应力较快。机场航空气象台的气象人员每天按时从事地面观测,其中观测地面风为最重要观测项目之一,机场地面风数据都是实时广播和提供管制员及航空公司来使用。

2. 高空风

颠簸的危害:飞行时的颠簸主要是由于空气的不规则的垂直运动,使飞机上升下沉,由于热力原因造成的颠簸,如午后或太阳辐射最强烈时的颠簸。动力原因造成的颠簸产生在风切变和强度很大的气旋流动中。严重的颠簸可使机翼负荷加大而变形甚至折断,或使飞机下沉或上升几百米高度的危险。

飞行员和航空公司运务员需要高空风数据,有两种理由:

第一个理由为飞机来往两地,需要高空风数据。飞机于静风中飞行时,相对于空气呈直线向前移动,飞行员为从甲地飞往乙地,必须考虑风场。因此低速飞机更需高空风向和高空风速等资料,其中高空风速占很重要的部分。

第二个理由是航空公司准备飞行计划时,计算油料需要风场数据,飞机由甲地飞往乙地,若逆风飞行,其所花费的时间比静风飞行时为较长,也即需要更多的油料,相对地就要减少载重。例如,飞机在静风中以每小时 500 公里的速度飞行 3000 公里需要 6 小时,如果在顺风中飞行,仅需 5 小时 27 分钟,约可节省 10% 的时间,比起静风就可节省 10% 的油料,因此就可增加载重。

3. 温度

飞机举升力与空气密度成正比,所以在高温下引擎效率低。空气密度与气温和气压有关,在一定气压下,气温比正常值为高时,飞机起飞需要较快的速度,较快的速度就需要较长的跑道,在某些天气条件下,跑道长度不能满足飞机正常的载重量所需,只好减少飞机的载重。高空温度低,飞机引擎效率高,如果高空温度比正常值为高时,所需油料更多,才能维持正常的巡航动力。在准备飞行计划时,需要高空温度数据来决定所需油料。

台湾位于近北回归线上,夏季于太平洋副热带高压笼罩下,云量少,日射强,日照长,跑道温度高,通常国际班机由国外直飞台湾,由于长路程飞行,在起飞前,常要求航空气象单位提供中正或高雄国际机场的最高跑道温度,以便准备飞行计划时,计算其载重的最高限制。

4. 大气压力和空气密度

大气压力和温度两者可以决定空气密度,进而决定飞机举升力。在其他因素相同的条件下,空气密度降低,飞机需要更快的速度,才能保持一定的高度。速度越快,飞机拖曳力越大,所需引擎推进力亦越大,越大的引擎推进力,所耗油料亦越多。因此,高速飞行的喷射飞机需要更多的油料。

在高温下,当气压降低,密度减少时,需要较长的跑道,以获取起飞的速度。从每天综观天气图气压场的分布,在低压区,其影响更大,准备起飞计划时,更应该考虑。再如,机场海拔高度越高,其平均气压降低,平均密度亦减少,因此在设计机场时,高海拔机场需要较长的跑道,以适应起飞的需要。此外,空气密度减小,引擎动力亦会跟着减弱,影响飞机爬升的动力,如果密度减至某一定值时,就得减轻飞机的载重量,飞机才容易起飞和爬升。

大气压力与高度有着密切关系,即大气压力随高度增加而递减。

在近海平面 1000 百帕附近,高度每上升约 10 米,气压大约下降 1.27
百帕;在 500 百帕(5500 米)附近,高度每上升约 20 米,气压降 1 百帕;
在 200 百帕(12000 米)附近,高度每上升约 30 米,气压降 1 百帕;飞机
上的高度表,就是以空盒气压计的气压换算出海拔高度。

由于各地的大气条件随不同高、低压系统的移动而随时在变化,所
以高度表在不同时间、不同地点和不同高度皆与标准大气有所不同。
飞机上的高度表读数必须经过适当拨定,才能显示出实际高度。

5. 飞机结冰

飞机经过冷却的云层或云雨区域时,机翼机尾及螺旋桨或其他部
分,常会积聚冰晶,多者可能厚至数厘米。哪些区域最容易使飞机结冰
呢? 飞机在气温 0℃—9.4℃间的高空飞行,机体上最容易结冰;云中
最易见到有液态水滴,尤其是积状云如积云、积雨云和层积云等,此时
空中水滴常在冰点以下而不结冰仍保持液态水的状态,就是所谓的过
冷却水滴,飞机飞过,空气受扰动,过冷却水滴立刻结冰覆着于机体上,
数秒钟内机体上就会有严重的结冰。

飞机结冰,大概可以分为飞机外表结构上的结冰和飞机内部动力
组上的结冰。飞机结冰可造成几种危险,例如,飞机结冰增加重量,结
果降低空气动力的效能;机翼机尾结成冰壳,损坏其流线外形,致使飞
机丧失抬升力;螺旋桨笼罩一层冰晶外壳,其外形改变,致使飞机丧失
冲力;喷射发动机进气口结冰,可能丧失发动机的发动能力;飞机操纵
面刹车和起落架的结冰,可能伤害其正常动作;螺旋桨桨叶上结冰多寡
不均匀,可能失去平衡,致其转动产生摇摆现象;飞机动压管结冰,使飞
行速度与高度表读数失真;飞机天线结冰,致使无线电及雷达信号失
灵。虽然现今飞机本身已有加温系统,可克服上述飞机结冰的问题,但
是飞机仍然需要避开结冰区域以防止加温不及而瞬间结冰,造成危险。

6. 乱流和风切变

飞机飞入对流性云区,例如积云、积雨云和层积云等,由于空气发
生上、下对流垂直运动,使机身起伏不定,致令乘客晕机呕吐,极感不舒

适,甚至导致飞机结构损坏,造成飞机失事,现今飞机常装置雷达,避开对流性云层。然而飞机在万里无云的高空飞行,突感机身颠簸,这就是所谓的晴空乱流,通常晴空乱流常发生在风向突然转变或风速突然增加或减少的地区,即所谓风切变作用最大地区。冬天常在中、高纬度地区,高度 9 公里—12 公里地方有一股强风带,风速可达到每秒 30 米以上,最大风速甚至可达到每秒 100 米—130 米,这就是所谓的喷射气流。飞行员在起飞前,从航空气象人员所提供的气象图表数据中,预知喷射气流和乱流的位置和高度,便可回避乱流区域,必要时尚可改变其飞行高度,使飞行较为平稳、安全。

飞行员在飞机降落和爬升阶段须注意是否有风切变现象,风切系某高度和另一高度间风速的改变。由于飞机的高动量,大型飞机在相当高速飞行时,不能立刻适应风切的变化,因此,如在起降阶段遇到风切变就会发生危险。飞机下降时,风速突然减弱,造成飞机失速于未抵达机场跑道就坠毁;风速突然增强,造成飞机超越跑道降落。飞机爬升时,风速突然减弱,造成飞机爬升角度减小;风速突然增强,造成飞机爬升角度增大。以上等等现象都会造成飞机操作上的困难,甚至于造成空难事件。

7. 雷暴雨引发下爆气流和低空风切

雷暴雨所造成的下爆气流或低空风切,影响飞机航道上风速有水平和垂直方向的急速改变,引起飞机空气速度也跟着急速变化。比如,强烈逆风突然转变为顺风造成飞机起降时浮力显著减少,造成飞机掉落的危险。因此雷暴雨所造成的低空风切和下爆气流,是飞机起降时最危险的天气。雷暴雨引发下爆气流和低空风切时,下爆气流在接近地面时,空气向四方冲泻,当飞机起飞时进入下爆气流区,首先遭遇到下爆气流所带来的强大逆风,空气冲向机翼,飞机速度增加,快速爬升,但是当飞机继续通过下爆气流区,受下爆气流向下冲击,最后下爆气流转变为强大的顺风,空气速度减弱,浮力大幅减少,因而造成飞机起飞时坠毁的惨剧。雷暴雨发展成熟阶段,会产生强烈的上升和下降气流,当飞机进场时,朝向机场跑道且进入雷暴雨下降气流风切区时,飞机首先遭遇到下爆气流所带来强大的逆风,使飞机抬升,因此,飞行员必须修正下降高度,才能滑行降落,但是就在飞机以修正后的高度,继续通过雷暴雨风切区时,下爆气流在这个方位却转变为强大的顺风,飞机顿失浮力,因而失速下坠,造成无法弥补的惨剧。

美国于 1970 年—1987 年间由于雷暴雨引发下爆气流和低空风切,造成飞机失事 18 次,死亡 575 人。

8. 云、浓雾与低能见度

雾是大量的大水滴或小冰晶浮游在近地面空气层中,致使能见度减小的现象。按其浓度分为浓雾和轻雾两种,浓雾雾滴浓度、水平能见度小于 1000 米;轻雾雾滴的密度比浓雾小,水平能见度大于 1 千米,小于 10 千米,雾与低云同样不利于飞行,不仅使云高近于零,而且在有浓雾时,能见度也近于零。云雾同样均为极细微水滴所组成,在结冰温度以下时,亦可为冰晶所组成。其水点为雨滴的 1/10 至 1/100。云雾之分在于云贴近地面即为雾,雾离地面即为云。雾主要分为气团雾、锋面雾、辐射雾和平流雾等。

浓雾降低人类眼睛所能看到的距离,飞行员在低能见度情况下,起降时常看不清跑道。1977 年 3 月 27 日在距离西北非海岸 70 公里的卡纳利群岛洛罗狄奥机场发生浓雾,能见度只有 500 米,当时机场停满飞机,其中有荷兰航空 4805 班机和泛美航空 1736 班机,两架波音 747 型飞机都载满旅客正准备起飞,荷航在跑道上起飞时,撞上正在掉转中且尚未转入滑行道仍在跑道上滑行的泛美航空,结果不幸事件突然发生,造成航空史上最残酷的空难事件,有 577 人罹难的大悲剧。事后调查失事原因认为荷航飞行员没有获得塔台起飞的许可,擅自加速起飞。但最重要的是如果当时浓雾没有发生,荷航飞行员可看到跑道上的泛美飞机,也许这次大悲剧就不会发生了。

为了避免浓雾影响飞机航行安全,目前机场和飞机上都装有完善的仪器系统,由仪器来辅助飞机起降,同时由航空气象单位提供浓雾所引起的低能见度数据,若能见度低于起降天气标准,将机场给予关闭,约等待个把钟头,浓雾消散,能见度转好,机场再度开放让飞机起降。像松山机场和高雄国际机场能见度最低起降标准分别为 800 米和 600 米,都可确保飞行安全。

低云是危及飞行安全的危险天气之一,它会影响飞机着陆。在低云遮蔽机场的情况下着陆,如果飞机出云后离地面高度很低,且又未对准跑道,往往来不及修正,容易造成复飞。有时,由于指挥或操作不当,还可能造成飞机与地面障碍物相撞、失速的事故。

低能见度对飞机的起飞、着陆都有相当的影响。雨、云、雾、沙尘暴、浮尘、烟幕和霾等都能使能见度降低,影响航空安全。地面能见度不佳,易产生偏航和迷航,降落时影响安全着陆,处理不好,还会危及飞行安全;当航线上有雾时,会影响地标航行;当目标区有雾时,对目视地标飞行,空投、照相、视察等活动有严重的影响。

三、影响航班正常的原因

天气原因是造成航班延误的主要原因,一般认为,天气恶劣是显而易见的,造成航班延误旅客能理解。为了确保飞行安全,符合飞行、起飞、降落的天气标准有:出发地机场天气状况(能见度、低空云、雷雨区、强侧风等);目的地机场天气状况(能见度、低空云、雷雨区、强侧风等);飞行航路上的气象情况,机组状况,飞机状况(该机型对气象条件的安全标准、符合安全的前提下某些机载设备失效导致飞机不宜在该天气状况飞行)等都可能造成航班延误。

要明确的是飞机起降的标准与飞机机型有关,同样的机型在各航空公司制定的具体安全标准也可能有差异,机长对当前气象及趋势作出决策也会有所不同。取决于机长对飞机状态、机场、气象等判断后的决定。民航法规定,机长发现民用航空器、机场、气象条件等不符合规定,不能保证飞行安全的,有权拒绝飞行。

天气不断在变化,可能是短时间的恶劣天气。这就会出现 5 分钟前和 5 分钟后的天气都允许飞机降落,而你的飞机正好赶上那阵恶劣的天气状况而无法降落,这也是常见的现象。机长认为天气不宜降落备降其他机场或返航是应该绝对支持的。天气原因绝不仅仅是指目的地机场所在城市的天气状况,飞机起降不怕大风大雨,影响的关键气象因素是能见度、机场起飞降落航道附近的低云、雷雨区、强侧风,你眼前的天气晴朗,航班却因天气原因而延误是正常的。

航空气象包括航空气象学和航空气象勤务两个方面。航空气象学是为航空服务的一门应用气象学科。它针对航空中所提出的关于气象方面的要求进行研究。航空气象勤务则是将航空气象学的研究成果有效地运用于航空气象保障中。航空气象的主要任务是研究气象要素和天气现象对航空技术装备和飞行活动的影响,组织以预报为主的有效的气象服务。

第 2 节 航海与气象

船舶是在广阔的大海里航行,风平浪静时使人感到心旷神怡,狂风巨浪时使人感到异常紧张。自古至今没有一个航海家不懂得气象。风浪不仅使舰艇产生剧烈摆动,限制舰艇上火炮、鱼雷等武器的作用,使射击弹道发生偏差,而且还会影响正常操作,影响航行航向。台风、风暴是海上常出现的天气,如不能准确掌握它们,可造成舰毁人亡。历史上曾有台风将四百多只战舰沉没,造成四万多人死亡。

在海雾中航行,可造成定位、目视、通讯等困难,影响任务的完成。就连潜水艇的活动也受到气象条件的影响,海浪可引起海水透明度发生变化,影响搜索目标。海面上的气象条件可使海洋下水文情况发生变化,使不同结构的水流汇合在一起,造成该潜时潜不下去,该升时升不上来,危及潜艇的安全,目前已发生过几艘潜水艇因此沉没的事故。现代化舰艇上多装有雷达、导弹等先进武器,大气低层的气象要素可大大影响这些兵器的性能。现代化战争很重视登陆作战,在选择登陆时机、登陆地点时必须首先考虑气象。航海也离不开气象。

　　航海气象学是研究与航海有关的气象学问题的学科。凡影响船舶航行的气象条件的形成和变化规律与气象关系密切的海洋水文条件，以及这些条件对航海和船舶驾驶的影响和应用等，均属其研究范畴。

　　航海学的发展与气象学的发展和应用有极其密切的关系。远在独木舟航海时代，人类就注意到按气象条件选择出航时间和航行海域。至帆船时代，人们已能利用海上的风作为航行的动力。魏晋南北朝时，中国以风为动力的海船就经常来往于中国和波斯（即今伊朗）等国之间。

　　从 19 世纪开始，人们主要依靠航海实践中积累的资料，开始编制用于大洋航行和局部海域使用的各种航海气候图。这个时期，海上风和海流图的出现，有助于航海家们据此设计出适用于不同季节航行的季节航路。1938 年美国天气局出版了全球范围的《海洋气候图集》。但直到 20 世纪 50 年代，这种海洋气候图志才较为系统和完善，并成为航海和航路设计的主要依据。

　　从 50 年代蓬勃发展起来的船舶最佳航线选择技术，是气象学结合海洋学在航海上的重要应用，也是航海气象学的重要发展。现代航海气象学所研究的课题，就是应用气象学，尤其是海洋气象情报和预报服务方面的成果，保障船舶安全经济航行，避免和减少由于海上环境条件给航海所带来的不利影响和损失。这些研究，同时也丰富了气象学的研究内容，促进了气象学的发展。

　　影响海上交通安全的不利气象条件：主要有雾（低能见度）、大风和巨浪（主要由风引起）。此外还有海冰。

一、海雾

　　海雾和陆雾相比，一般来说，面积大而能见度低，常常小于 100 米，从而使船只被迫减速以至停驶，造成经济损失。浓雾还常造成船舶迷航以至相撞、搁浅或发生触礁事故。海雾造成能见度降低，对船舶驾驶有很大影响。在雾区航行，即使有雷达导航，船舶碰撞情况仍有发生。海流会形成对船体的流压，使其偏航，造成危险。海面风是引起表层海流的重要原因。航船正确使用海流资料,能使船舶增加速度、节省燃料。

二、海浪和海冰

海浪是风作用于海面产生的一种海水运动。长时间的强风,会造成巨大的波浪,引起船舶横摇、纵摇和垂直运动。横摇的最大危险在于船舶自由摇摆周期与波浪周期相近时,会出现共振现象,使船舶的横摇振幅骤增,从而导致船舶的倾覆。剧烈的纵摇会使螺旋桨露出水面,引起机器不正常工作和速度的损失。船舶在波浪中的垂直运动,还容易造成浅水域船舶触底。海浪引起船舶的各种运动,都会造成船舶减速。在10级以上的浪中顶浪航行,船只几乎不能前进,且有翻沉的巨大危险。

海冰,中纬度冬季和高纬度海洋上还有海冰危险。例如我国黄海北岸和渤海沿岸,每年都有不同程度的岸冰。1981年1月上旬的异常严寒,使渤海几乎全部封冻,交通中断,船舶无法进出港口。有些船受冰挤压损伤严重。1969年冬渤海海冰也很严重,渤海石油公司"渤海二号"的钻井平台、设备平台和生活平台都被流冰推倒,使进出塘沽港的120艘船中有58艘受到不同程度的破坏,有的船体变形,有的挤破进水。

三、大风

造成海上大风的主要是台风和温带气旋,台风是海上最危险的大风天气,台风中心常有12级或更大风力,一般船舶都无法抗拒,历史上沉船无数。不过,台风虽然风大,遇到的机会终究不多。例如南纬35°的南非好望角素有"好望不好过"之说,北纬45°附近法国的比斯开湾更有"海员的坟墓"之称。大约从60年代开始,海运界出现了"气象导航"新事物。简单说来,就是根据天气预报和海况预报(主要是风浪),选择一条花时最少(省油)、风浪最小的安全航线。万一中途天气有变,导航气象台可以通过卫星通信及时通知航行中的船只修改航线。我国国家气象中心下属的北京全球气象导航技术有限公司成立于

1988 年,累计已为各国远洋船舶导航 1200 余次,是气象学结合海洋学在航海上的重要应用,也是航海气象学的重要发展,尤其是海洋气象情报和预报服务方面的成果,保障船舶安全经济航行,避免和减少由于海上环境条件给航海所带来的不利影响和损失。

第 3 节　交通安全与气象

在我国古代,人们以车马轿船等代步,虽然速度很慢,但受天气影响不大,也很少有"交通事故"发生。气候对古代交通的影响主要反映在交通方式上。例如,北方雨季短、雨量少,气候干燥,因而人们以车马代步;南方雨季长、雨量多,河湖港口船舶成为唯一的交通工具。

随着交通的快速发展,交通安全事故频发,交通安全保障问题越来越突出,给和谐社会建设和人民生命财产带来了巨大损失,气象原因是造成交通事故的主要原因之一,据交管部门统计,交通事故中有近30% 的是在恶劣天气中发生的,低能见度、大雾、结冰、积水、积雪、高温、大风等天气及由暴雨天气次生的洪涝、泥石流、塌方等地质灾害,是影响交通安全的主要灾害性天气。

一、开展交通保障气象服务的重要意义

交通气象服务是公共气象服务的重要组成部分,是落实"公共气象、安全气象、资源气象"发展理念的重要举措,是落实中国气象发展战略,推进业务技术体制改革的具体实践,是落实科学发展观、构建和谐社会的一项基本保障,是气象部门增强服务能力,拓宽服务领域,提高服务质量,发挥气象服务效益的重要途径,也是交通部门发展智能交通的迫切要求。

中国气象事业发展战略明确了交通气象的发展目标:到 2010 年,针对重点地区重点路段和黄金水道的需求和当地天气气候特点,加强交通气象条件和路面、轨道、水面相关要素的监测,建立交通气象监测网;以基本天气预报业务为依托,加强交通气象警报、预报服务,建立交

通气象信息系统。到 2020 年,建立和完善现代化的交通气象监测、警报、预警、预报综合系统,为交通运输的畅通和安全提供国际水平的气象保障服务。

鉴于交通安全与气象保障服务的密切关系和开展交通气象服务的重要性,中华人民共和国交通部、公安部先后与中国气象局就开展全国交通气象服务进行协商,并签署了相关文件。2006 年 7 月 27 日,交通部、中国气象局在北京签署了共同开展公路交通气象预报工作备忘录。双方将通过共同努力,发挥各自的专业优势,向社会发布更为及时、准确的公路交通气象信息,以减少恶劣天气造成的交通延误和交通事故,节省出行时间,创造更安全、更畅通、更便捷的公路出行条件。2007 年 1 月 29 日,公安部与中国气象局联合发布了《关于建立道路交通安全气象信息交换和发布制度的通知》的文件,要求全国各级公安部门和各级气象部门建立道路交通安全气象信息交换制度,并从以下三个方面加强双方信息交换:

1. 共享道路交通信息和气象信息资源;

2. 建立完善及时交换信息的渠道;

3. 加强道路交通安全气象信息的社会服务。

铁路交通也经常遭受暴雨、洪涝及由暴雨次生的山洪、泥石流、滑坡等地质灾害影响,西部铁路还容易遭受大风、沙尘暴影响,铁路防汛、防涝、防地质灾害、防风、防沙尘暴灾害非常重要。据统计,近四十多年中,平均每年因洪涝、泥石流等灾害导致列车脱轨、颠覆等重大行车事故有 5 起,中断行车 5 天以上的累计有 60 多次。特大洪灾对铁路的破坏尤其严重,1998 年 8 月 23 日,经过湖南省岳阳市的京广铁路受洪水冲击后,双向铁路仅剩南去的单线,列车只能以时速 5 公里通过险段。2002 年陇海铁路陕西段灞河大桥,因上游持续暴雨,洪水暴涨,冲毁大桥及桥上铁路,陇海线被迫中断。2007 年 2 月 28 日凌晨 2 时 50 分左右,一列由乌鲁木齐开往阿克苏的 5807 次列车在行驶至吐鲁番地区时,遭遇特大沙尘暴,11 节车厢被狂风推翻,造成 4 人死亡,受伤人员至少上百人;早在 2001 年春,一场 12 级以上的大风使停留在当地的 11 节列车车厢被刮下路基。

长江、汉江航运发达,长江航道被称为黄金水道,客货运输繁忙,但长江、汉江沿线大雾、低能见度、大风、暴雨等灾害性天气频繁,对江上航运安全带来极大威胁,每年都会因江上大风、大雾、暴雨等气象灾害,造成船舶受损、相撞、翻覆,货物进水受损等。

二、我国部分地区开展交通气象服务的现状

江苏南京交通气象研究所是国内较早开展交通气象科研和服务为一体的机构,开发建设了宁沪高速公路气象监控系统,在全长 250 多公里的路段上,布设了 26 套包含能见度监测(部分包含路面温度监测)的自动气象监测站,平均每 10 公里布设一个监测站,100 多个路况监控摄像头,形成了精细化的监测网络系统,开发了预警预报服务系统,开展了宁沪高速浓雾等灾害性天气预报方法研究,构建了国内唯一的集沿线气象监测、预报方法研究和预警预报服务于一体的高速公路气象服务体系,沿线监测、视频和预报预警信息与省交通厅指挥中心通过专线同步共享。2006 年 12 月 26 日,南京交通气象研究所升级为"上海区域交通气象业务中心",标志着区域交通气象服务的开端。提供的宁沪交通气象服务产品有:宁沪沿线路段交通气象警报、临近预报、沿线地区天气、沿线实时监测信息等。

湖北省也较早开展交通气象服务,早在 20 世纪 80 年代末,武汉中心气象台就为长江航运部门开展长江沿线航运气象服务。2001 年开始通过网络为武汉铁路局提供铁路防汛气象服务。2003 年开通了汉宜高速公路气象服务系统。提供的服务产品有:铁路沿线公务段暴雨预报;汉宜沿线分路段天气预报、沿线中期天气预报、路面积水指数、路面打滑指数、沿线分段大雾、低能见度、暴雨、大雪等灾害性天气警报等。

目前我国开展交通气象服务业务存在的主要问题:1. 沿线监测设施不完备,监测密度和要素达不到要求;2. 道路灾害性天气预报方法

研究滞后;3. 气象、交通、交管部门间信息交换不充分,部门、社会信息共享不畅通等。

三、交通对气象敏感度分析

交通与气象关系紧密,从交通项目设计、施工、建成后的运营管理和交通安全等领域都与气象息息相关。交通运输是一个对天气影响高度敏感的行业,雨、雪、雾、沙尘暴、高温、低温等天气都对交通运输有一定影响,但尤以暴雨、洪涝、大雾、沙尘暴、大雪、冰冻等灾害性天气对交通运输的影响更为深刻、严重。下面分析几种主要的灾害性天气对交通的影响。

暴雨、持续性强降水会造成公路、铁路路基被雨水浸泡,路基松软,危及路基结构,山区路段还会因暴雨造成泥石流、山洪暴发,冲毁路段。铁路是国民经济的命脉,随着中国经济的快速增长,铁路所担负的交通运输任务也越来越繁重,但每年各类洪灾都对列车行车安全和正常运输构成很大威胁。中国七大江河中下游地区的许多铁路干线,如京广、京沪、京九、陇海和沪杭甬等重要干线每年汛期常处于洪水的威胁之下。全国受洪水威胁的铁路干线超过 1 万公里。此外,西南、西北地区的铁路则常受山洪、暴发和泥石流的影响。受山洪、泥石流影响较严重的有成昆、宝成、天兰、阳安、兰新、兰青等铁路干线。

我国高速公路自 20 世纪 90 年代以来,快速发展,但因大雾等气象灾害给高速公路的营运带来严重影响和生命财产的损失,全国各地高速公路都会遭受大雾等低能见度天气的影响,主要影响在冬、春季节。大风、沙尘暴对交通的影响主要是地处西北沙漠地带的铁路,沙尘暴会降低能见度,影响火车行驶安全,严重的沙尘暴会掩埋铁路路基,造成灾难事故。

大雪会覆盖铁路和公路路面,使驾驶人员看不清路面状况,降低能见度,冰冻会降低路面摩擦系数,汽车不易控制,刹车不及,易酿成交通事故。其他如高温、路面积水等也对高速公路交通带来不利的影响。

（一）公路交通对气象敏感度分析

1. 低能见度天气：凡能造成能见度降低的天气都对公路安全有影响，当水平能见度小于 500 米时，天气对交通安全开始有影响，应发布低能见度天气预警，低能见度天气的临近预报时间提前量不少于 30 分钟；按路段预报，量级分为 500 米—200 米（警示低能见度）、200 米—50 米（限速建议低能见度）、小于 50 米（封路建议低能见度）。对于已经处于低能见度浓雾时段，还须进行跟踪预报服务，直至发布低能见度浓雾有减弱消散预报为止。

2. 路面积雪、冰凌天气：增加路面滑动系数，高速车辆易失控。

3. 路面积水天气：路面积水，道路湿滑，轮胎的附着力下降，如果车速过快，惯性力增加，遇到紧急情况踩制动时，制动距离比良好天气时延长 20%—40%，制动效果明显下降，发生事故的机会增多。因此，慢速行驶较为安全。实践证明，在雨天制动要将制动跑距延长 3 倍。

4. 路面高温天气：当气温在 35℃ 以上时，沥青水泥路面温度往往在 60℃—70℃ 以上，在如此高温下驾驶员易疲劳、行驶的车辆轮胎长时间受热膨胀易引起爆胎事故。

（二）铁路交通对气象敏感度分析

1. 大暴雨及连续暴雨天气：暴雨冲刷路基、路基积水、浸泡、松软、渍涝，以及沿线地质灾害损伤路基等。

2. 大到暴雪天气：路面积雪，对驾驶有影响。

3. 大风、沙尘暴天气：12 级以上大风可吹翻列车，严重沙尘暴掩埋铁路路基，造成灾难事故。

（三）长江航运对气象敏感度分析

1. 低能见度天气：当水平能见度小于 800 米时，航运船舶应减速慢行，能见度小于 200 米时应停航。

2. 大风天气：江面 4 级以上大风时，船舶应减速慢行；大风 5 级以上时，小型船舶应停航；6 级以上大风时，中型船舶应停航；7 级以上大风时，所有船舶应停航，中小型船舶应回港避风。

3. 暴雨天气:暴雨影响航行,船舶易进水、货物容易受渍。

4. 大雪天气:降低能见度、影响航行。

四、开展交通气象服务的要求

（一）相关部门的支持与合作

在各级政府支持下,气象部门与交通部门、公安部门联合,逐步建立重要交通沿线气象监测系统、交通管理信息和交通事故信息系统、交通气象数据库系统、交通气象预报预警信息发布系统和配套的通信系统,为社会公众、公安部门、交通调度管理部门提供全方位的交通气象信息发布和共享服务。交通设计、建设部门在高速公路设计和施工阶段应在气象部门的协助下,将沿线气象监测系统纳入整体基础设施预算并建设。

（二）开展交通气象保障服务的内容与措施

开展交通气象服务非常必要,气象部门应与相关部门通力合作,首先在以下三方面开展交通气象服务工作。

1. 建立公路、铁路、大型桥梁等交通项目建设的气候论证和评估制度。从气候角度分析交通项目建设的可行性,为设计和决策部门提供决策服务。气候分析的内容包括交通沿线全年降水、气温、地温、湿度、风等气象要素特征及雾日分布、沙尘暴、大风、暴雨、洪涝、泥石流、冰冻、大雪等灾害性气象、地质灾害时空分布特征,分析气象要素及各种气象地质灾害与交通安全运行的关系,制定灾害预警等级,建立适用的交通气象灾害评估办法和应用系统。

2. 建立公路、铁路、长江主要航道沿线气象监测网。

3. 研究影响交通安全的灾害性天气预报方法,特别是高速公路沿线大雾等低能见度预报方法。利用天气学原理和沿线历史气象资料,结合大范围的天气形势和小范围的气象监测,并结合局地地理特征,分析、归纳出有利成雾的天气类型,不断地改进、完善低能见度浓雾的预报技术;对于铁路运输,要开展沿线暴雨、局地大风、沙尘暴等灾害性天气及衍生洪涝、滑坡等沿线地质灾害预报研究。

4. 开发建设监测信息、交通信息、气象预警预报信息共享发布系统。

（三）交通气象保障服务系统设计建设要求

1. 交通气象监测系统

监测系统是开展交通气象服务的基础，交通沿线监测网应纳入当地"三站四网"建设统筹规划，按统一标准和规范安装，既能保证交通气象服务的需要，又能将沿线加密监测资料纳入当地中尺度监测网规划和应用，达到资料共享，充分发挥建设效益。

（1）建立高速公路沿线自动气象监测系统

高时空密度的监测资料对于高速公路局地大雾、低能见度、路面结冰等灾害性天气预警预报非常重要，监测站的布点选址原则是：

a. 能反映当地高速公路沿线的气象状况，并能代表周边一定范围内的自然状况；

b. 季节性浓雾多发地区，监测站的间距为 10 公里—15 公里，浓雾偶发地区，监测站的间距为 20 公里—50 公里，浓雾多发的山区和水网地区，监测站的间距为 3 公里—5 公里。在经费和条件有限的情况下，应优先布点于大雾等灾害性天气高发路段。所有监测站均应包含能见度要素，能见度监测范围为 10 公里—5 公里，监测分辨率为 1 米，能见度监测仪离地高度为 3 米，能见度监测仪的采样时间间隔不大于 15 分钟，能见度监测的时间间隔为 1 分钟，部分站点应包含路面温度等路面状况监测。

（2）建立铁路沿线雨量监测系统

华中地区铁路运输主要对暴雨及由暴雨次生的洪涝、泥石流、塌方等地质灾害敏感，因此，建立铁路沿线自动雨量监测站很有必要，雨量站的布点原则是：①局地暴雨频发地区；②易发生洪涝、泥石流、塌方等地质灾害的山区、丘陵、涵洞、桥梁、湖区等敏感路段。目前，武汉铁路局已经在京广等重要铁路沿线建设了若干雨量站，但监测资料还未与气象部门共享。

（3）建立长江沿线自动气象监测系统

根据长江航运对气象敏感的特点,长江航运主要监测长江沿线大雾、低能见度、大风、暴雨等灾害性天气,监测站的布点选址原则是:

a.能反映航运沿线的气象状况,并能代表周边一定范围内的自然状况;

b.大风、大雾高发航段;

c.江面开阔地带;

d.大型港区。根据重要性和经费情况,首先建设长江航线重要港口城市监测站。

2. 信息采集与数据传输系统

无线通信方式实现沿线监测网络资料上传、指令下传,实现资料入库,实时对监测站的远程设置、状态监控;每套自动气象站安装 GPRS（或 CDMA）通信单元,通过无线通信网络与主站实现实时通信;建立中心站管理系统,既能对远程监测设备采集的数据实时收集,又能对远程监测系统进行监控和维护,中心站与交通管理（指挥）中心应建立宽带专线,用于资料同步互传和共享。

3. 实时数据库及实时监测系统

建立中心站数据库系统,所有交通气象监测站数据、交通管理数据、交通安全数据及交通预报产品进入数据库,供管理系统、交通气象信息发布系统及其他系统调用,实时监测资料的分析应用,可分别以表格、曲线图、GIS 地理图方式按时间（分钟）、按站点、按要素的同屏、分屏显示,可对各站能见度设置预警颜色、报警声音等,GIS 方式显示可供交通管理部门和社会用户使用。

4. 交通气象预警预报信息发布与共享服务系统

根据交通气象保障需要,设计、开发并制作沿线交通气象服务产品,开发交通预报制作系统、WEB 发布系统,依托 WEB 网站、WAP 网站、电视、报纸、电台、手机短信、电子显示屏、可变显示屏、情报显示板、监控中心大屏幕显示屏、交通特服电话 96576 等综合发布系统对外开

展交通气象服务。交通气象预警预报应包含以下四个部分内容:

(1)交通气象预警信息:当有可能出现影响交通安全的灾害性天气时,应通过各种发布途径向外发布预警预报信息。预警预报信息包括:预警信息、临近预报、预警解除。

(2)沿线实时监测信息。

(3)交通沿线天气预报信息。

(4)交通安全决策建议。

交通气象预警预报信息应通过专线或其他途径与交管部门、交通指挥中心同步共享,同时,要通过各种方式向社会公众、沿线司乘人员发布。在我国开展交通气象保障服务任重道远,但中国气象局、交通部、公安部及各级交通管理部门已开始重视交通气象保障服务工作,有各部门的配合和支持、有业务技术体制改革作技术保障,有开展交通气象服务的技术、装备和人才,我国交通气象保障服务工作一定能得到快速协调的发展,一定能为保障社会经济建设、人民生命财产安全和和谐社会建设做出应有的贡献。

第 5 章

人类健康与气象气候

　　人类是从生物进化而来,人体和自然界之间不断地进行能量和物质的交换。人类的存在和进步离不开大气环境(温度、水、大气、光和热等因素)。气候对人类机体的直接影响,是通过大气和人体之间直接进行的能量交换和物质交换而对人体生理机能产生作用的。气候变化可以引起人体生理机能的一系列变化;不同地区、不同种族、不同年龄的人群,气候对人类健康的影响是不一样的。

第 1 节　主要气象要素对人体健康的影响

一、氧气和二氧化碳

　　氧气是人体新陈代谢过程中不可缺少的物质。在大气成分中,氧气占到 21% ,生活在海拔较低地区的人,一般不会出现缺氧症状。但是随着海拔高度的升高,空气越来越稀薄,空气中氧气的含量也随之减少,到了一定高度就会因氧气不足而使人体产生不适感,如出现头痛、疲乏、四肢无力、心跳加快,甚至出现恶心、呕吐和失眠等症状,也就是通常所说的高山反应。

　　高山反应对于年纪较大,身体素质较差的中老年人尤其明显。根据测量,海平面氧气分压为 212 百帕,海拔高度 3 千米时,氧气分压仅为 146 百帕,不到海平面的 70% ,而到 10 千米高度,氧气分压仅有 55 百帕。我们正常人一般只能适应氧气分压减少 20% 左右(海拔高度大约 2000 米时)，超过这个高度，一般人都会出现高山反应。当海拔高度在 4000 米以上时，则人的动作迟缓，用脑困难，严重者可以丧失知觉。

早晨，植被覆盖率较高的地方空气新鲜，实际上就是空气中氧气含量多，清晨有早锻炼习惯的人，都有深深体会，新鲜的氧气有利于人体健康。长期在空气较浑浊的地方，对人身体有害。

二氧化碳约占空气 0.04%，当空气中二氧化碳的浓度过高，如达到 2% 时，人们就会有头痛、脉缓等不适感觉，甚至引起血压升高；当二氧化碳含量达到 10% 时，人就会失去知觉，甚至呼吸困难而致死。

新鲜空气对人体健康十分有益。经常保持室内空气流通和多到户外活动，无论是对病人还是身体健康的人都有必要。所以，我们的住处、办公室、学生教室等，每天都必须把窗子打开，保持一段时间的空气流通，防止室内二氧化碳的积累，对人体造成伤害，这对于保持人的身体健康非常重要。

二、气温对人体的影响

气温与人体的生理功能关系密切。我们人是恒温动物，为了保持机体恒温，人体的散热与产热必须保持与外界自然环境统一。如果失调，人会感觉不舒服甚至生病。

气温在医疗上分自然气温和人工气温。人体皮肤黏膜上的感觉器官能感觉到外界气温的变化，并使机体作出反应，以维持体温平衡。

在春天或秋天，人们感觉比较舒适。而当烈日当头的夏季或在寒风凛冽的冬季，人们却感到比较难受，这些都是由于气温过高或过低，对人体生理活动的影响不同造成的。一般地说，气温在 18℃—20℃ 时，人们感到冷热适中，气温高于 32℃ 时，人体会产生炎热的感觉。气温低于 5℃ 时，人体会产生寒冷的感觉。如果气温过高或过低，人体都会受到一定的影响。

当环境温度发生变化时，人体产热和散热量也要发生相应的变化。人体产热主要是基础代谢产热，即体内氧化的结果。人体散热主要是通过传导，对流辐射和蒸发来实现。如果不受外界环境影响，人体基础代谢每小时的产热可以使人的体温增加2℃,因此人体必须不断地进行散热,才能保持恒温。人体散热的方式与气象要素密切相关,人体散热的主要途径是通过皮肤完成的。

天气、气候对关节痛病人的影响最为明显。在人体组织中,关节温度最低,恢复速度也最慢。当气温下降时,关节活动阻力增加,同时润滑关节的液体黏度也增加,进一步影响关节的活动能力,如果体温调节功能不佳,关节温度的恢复则更为延迟,就会造成关节功能疾病。

气温对消化液的分泌与胃肠机能有明显的影响。高温能抑制胃的运动机能,抑制胃液分泌,降低人的消化能力和食欲。故夏天由于气温高,人们普遍食欲不振,特别是身体素质比较差的人,食欲明显不振,影响身体健康。

高温可对人体产生不良影响,尤其是在伴有高湿度和强烈太阳辐射下,体温调节功能发生障碍就会使人中暑,有中暑病人要立即移到阴凉的通风处,用凉湿毛巾放在脑门上,并辅以必要的药物治疗。

高温时,传导和对流散热比较困难,主要通过出汗蒸发来散热。但是大量出汗容易引起人失水,同时皮肤为了散热,皮肤血液循环也加快,这时若心脏功能和血管舒张调节不能适应需要时,就会导致周围循环衰竭,出现面色苍白、皮肤湿冷、脉搏细弱、呼吸浅促、血压降低、神志不清甚至昏倒,这种现象称循环衰竭型中暑。

高温环境大量出汗后,机体失水失盐,若得不到及时补充,会导致电解质平衡紊乱,引起四肢肌肉抽搐和痉挛,严重时躯干肌肉也有抽搐现象,这种现象称为热痉挛型中暑。

中暑发生的气象条件,主要是高温,同时还与湿度大,风速小,热辐射强、劳动强度大,暴晒时间长有一定的关系。

中暑人数多的年份,都是7月份,气温高、高温日数多。武汉等城市以最高气温不低于36℃并连续出现7天作为中暑指标。

中暑的防治,主要是通过通风散热,降温等改善小气候环境。对高温作业人员,注意供应合理的饮料和营养,合理安排休息。避开高温作业,并做好个人防护。

气温过低,人体产热少于散热,则会出现人体热的负平衡。如果此时缺乏足够的保暖条件,时间过久,就使肌体受损伤。全身为冻僵,局部性为冻伤。冻疮是局部冻伤后的一种综合症状。

人在低温环境下,会增加肝脏内糖原转化,肝酶形成,肝细胞呼吸。可以引起甲状腺活动增强,使甲状腺功能亢进,还可以使肾上腺活动减弱,影响交感神经系统功能。肌体明显的反应是寒战。当体温降到31℃时,呼吸、心率减慢,人体对痛觉刺激的感觉已消失。当体温降至20℃时,呼吸、脉搏微弱、血压下降出现昏迷,如不及时救治就会死亡。

三、湿度与人体舒适度

大气中湿度变化对人体有一定影响。当气温异常时(偏高或偏低),相对湿度与人体的热平衡和温热感关系较大,气温适中时,影响较小。

当气温为 15.5℃时,即使相对湿度改变 50%,对人体的影响也仅相当于气温改变 1℃。一般情况下,皮肤温度能随湿度变化,但变化幅度小。据测定,当气温在 16℃—17℃时,相对湿度改变 50%,额头温度约变化 0.2℃;当气温为 21℃,温度变化只有 0.1℃。

在较高气温时(超过 21℃),相对湿度的变化能明显影响人体散热功能,低湿时散热容易,高湿时散热减慢;当相对湿度超过 80%,皮肤的温度就要比低温时稍高,感觉烦闷不适。高温、高湿对机体散热不利。高温时,机体主要依靠散热来维持热平衡,如相对湿度过高,就会妨碍汗液的蒸发,蒸发耗热减少,结果机体的热平衡受到破坏。根据研究,高温环境下,如果相对湿度自 45%增至 85%,人体的体温会升高,脉搏亦会加快,机体耐热时间缩短 1/2—1/3。

在低温环境中,如果空气湿度高,人体体温则较低湿时低。因为高湿,身体的热辐射被空气中的水汽所吸收,加速了机体的散热;衣服在潮湿的环境中吸收水分后导热性增高,也加速了人体散热,衣料的毛细管作用所吸收的水分会传到衣服表面,水分蒸发也要带走机体的部分热量,因此低温高湿,人们会感觉到更加寒冷,就有"湿冷"比"干冷"更冷一些的感觉。相反,夏季随湿度上升,人们会感到闷热,故有"湿热"比"干热"更热一些的感觉。

人体舒适度并不是气象要素,但它用来表示人体对温湿度综合效应的反应,人体对热湿反应最突出的部位是血管扩张,使通过皮肤表层的血液增加,只要体温升高1℃,就会使心跳速度加快。即使静止不动,脉搏也可增加30%。另一反应就是出汗,出汗最多每小时可达到1.7L,以便蒸发而将热量排出体外。表皮温度上升是很危险的,可以使人失去知觉,因为表皮血液多,大脑很难获得充分的血液。另一方面,出汗过多引起体内失水和缺盐,空气湿度太高就会影响汗液蒸发,不利于排出热量。一般认为,温度在20℃—24℃,相对湿度在40%—60%时是人体感觉最舒适的范围。

四、气压对人体健康的影响

人体对气压的变化十分敏感,低气压对人体的影响,是因为海拔高度的增加,气压有规律的下降,气压愈低空气愈稀薄,空气中的氧分压降低,肺内的氧分压也随之降低,引起血色素不能被氧饱和,出现血氧不足现象。一般在距海平面8千米—8.5千米高度,只有50%的血色素与氧结合,机体内氧储备降至正常值的45%,生命将受到影响,故一般将8.5千米高度气压值,相当于240毫米汞柱高,视为生命的生理界限。

当气压在850百帕时,人体即会产生一系列的生理变化,但一般还能适应。当气压低于550百帕时,人体适应就比较困难。

一般人登上高山心率加快,高原居民因适应而心率较慢。海拔3000米以上高山居民常因脉泡的高压而致右心室心肌肥大。到达4000米以上时,则有可能出现左心室肥大,原因是血容量和血黏度的增加。

刚进入高原的人,由于气压低引起缺氧,脑力活动和各种免疫功能都有可能暂时减退,这是人体的应激反应。在高原居住一段时间后,一般即可恢复。

气象敏感者在天气变化时和天气变化前常感觉不适,尤其是有风湿和关节疾病患者的人,感觉更不舒适。这是由于天气变化,气压发生变化,而气压波动产生的重力波可能与人们在天气变化时出现的症状有关。

五、日照对人体健康的影响

日照就是太阳辐射,又称"日射"。它是电磁辐射的一部分,主要指从远紫外到达红外的辐射。

太阳辐射通常又称为太阳短波辐射,约有 50% 的能量集中在可见光区,在波长为 0.475 微米附近的蓝绿光最强;其次是红外区,约占太阳辐射总能量的 43% ,紫外区只占 7% 。虽然射向地球的太阳辐射能量仅占太阳辐射能量的二十亿分之一,但切切实实是地球万物生灭和运动的主要能量源泉之一。

光对人体的作用主要是光化学效应。人体的分子吸收能量小的光线如红光或红外线时,光的能量转变为分子的振动能,或转动能而产生热。受能量较大的光线如紫外线照射,可使分子中的电子激发,电子激发能可由分子中的一部分传递给另一部分,形成了化学能和其他能。日照中不同波长的光线的生物效应是不同的。

(一)紫外线的生物效应

按照波长,紫外线可分为三段:

紫外线 A 段,波长 0.40 微米—0.32 微米。受到这段紫外线照射,能引起色素沉着。

紫外线 B 段,波长 0.32 微米—0.28 微米。此段紫外线对人体影响较大,主要作用是抗佝偻病和红斑作用。

紫外线 C 段,波长 0.28 微米—0.20 微米。此段紫外线具有最大的杀菌力,对机体细胞也有强烈的刺激破坏作用。但日照中的这段紫外线不能到达地面,对地面上的机体影响不大。

低纬度地区获得的波长较短的紫外线,较高纬度地区多。同一地区不同季节紫外线辐射量亦不同,以 5 月—8 月为最高,说明紫外线辐射多集中在该季节。

人体在太阳紫外线的照射下,照射部位的皮肤会出现潮红,这是皮肤对紫外线照射后的特异反应,称为红斑反应。当紫外线照射一段时间后,皮肤毛细血管扩张,通透性增加,导致皮肤发红和水肿。红斑作用最强的紫外线波长为 0.254 微米。

紫外线能使皮肤中的黑色素原转变为黑色素,使皮肤发生色素沉着。黑色素对光线的吸收能力较人体其他部位的组织大数倍,特别是对短波辐射的吸收量更大。被色素吸收的光能转变为热能,促使汗液分泌,增强了局部的散热作用。因此皮肤色素的沉着,增强了皮肤局部的保护功能,使皮肤不会过热,同时还能防止太阳短波辐射穿透组织,使深部组织不受损害。

人体皮肤和皮下组织中的某些物质,经紫外线照射后,能转变为维生素 D_2 和 D_3,因此,紫外线具有预防和治疗佝偻病的作用。紫外线辐射在冬季和春季最少。由于连续经历冬春两季缺乏足够的紫外线辐射,致使儿童佝偻病发病率在春季最高。

紫外线具有杀菌作用。紫外线能作用于细菌的细胞原浆和核蛋白。某些长波紫外线可被细胞原浆吸收。使蛋白质分子产生光化学分解作用,短波紫外线能进入细胞核,导致核蛋白变性,蛋白凝固,使细菌死亡。不同波长的紫外线,其杀菌效果不同,波长 0.253 微米的紫外线杀菌能力最强。地表受到的太阳辐射强度随太阳高度角而有不同,故每天不同时间大气中的细菌数量亦不同。大气中细菌的数量与紫外线强度直接有关,中午 12 时至下午 2 时紫外线强度最大,波长最短,空气中的细菌数量最少。

紫外线不仅能杀死细菌,亦能杀病毒,还能破坏如白喉、破伤风等细菌毒素,长波紫外线辐射能增强机体的免疫力,增强机体对病毒感染的抵抗力。

所以,冬季和春季人要经常晒太阳,接受紫外线杀死细菌,提高身体素质,预防病菌感染。

(二)红外线的生物效应

太阳辐射的红外线波长大部分集中在 0.76 微米—2.0 微米的范围内。长波红外线易被皮肤表层吸收,短波红外线易被皮肤深层吸收。皮肤吸收红外线后,引起温度升高,皮肤局部毛细血管扩张充血,促进了局部的新陈代谢。但过强的红外线能产生过强的热效应,会使体温调节机能发生障碍,对身体有害。

红外线也有一定的色素沉着作用。红外线被吸收后破坏了细胞,蛋白质被分解,激活了酪氨酸酶。酪氨酸酶与色素原结合,使色素原变为黑色素,皮肤上即出现色素沉着。

(三)可见光的生物效应

可见光对高级神经系统有明显的作用。红光具有兴奋作用,使人精神振作,肌肉张力增加;蓝光、紫光降低机体的神经反应,使人镇静,黄色、绿色对人最适宜。

可见光与人视觉功能有密切关系,它通过皮肤和视觉器官对人体发生影响。适宜的光线能防止眼睛疲劳、近视,改善人的一般感觉,改变觉醒状态,提高情绪和工作效率。

可见光能影响人体生殖过程,物质代谢,并使体温,内分泌等生理机能的周期节律发生变化。正常人和盲人的许多生理现象有很大不同。例如,正常人的体温、血压、白细胞、淋巴细胞值在一天 24 小时中会发生波动,有明显的周期节律,但盲人的这些波动不大,许多要素没有节律变化。

六、风对人体的影响

气流的速度变化对机体的代谢有很大的影响。风能把人体周围的空气保温层吹散,把热量带走。一般风速越大,人体散失的热量越快、越多。当气温一定时,有风或无风对人体的冷热感觉不一样。一般来说,当气温在 0℃ 以下时,风力每增加 2 级,人的寒冷感觉会下降 3℃—5℃。气温在 0℃ 以下时,风力每增加 2 级,人的寒冷感觉会下降 6℃—

8℃。室温在18℃以上时,室内气流为0.1米/秒—0.2米/秒,对穿衣者体温调节不起作用,如气流增至0.5米/秒时,便影响人体体温调节和主观感觉。气流还能调节人的精神活动。温和气流能使人精神焕发,提高工作效率,有春风得意的感觉。寒风能使人畏缩特别是迎着风,使人感觉呼吸困难。甚至容易使人伤风感冒。所以寒冷天气、寒风刺骨、要戴好口罩,防止呼吸道生病。

第2节 气象因素与人类生理

一、气象官能症

许多人对天气变化会感觉不适。这些自觉或不自觉的症状往往出现在天气临近变化之前,当天气逐渐趋于稳定后,人的不适症状就会减轻或者消失。一般不会对人的机体产生器质性损害。这些症状称为气象官能症。气象官能症的症状很多,常见的有下列几十种。

表5.1 主要气象官能症及其出现概率

气象官能症	症状出现(%)	
	气象因素敏感者(人)	气象因素不敏感者(人)
注意力不集中	37	8
记忆力不佳	24	6
烦恼	23	7
无力	57	21
疲惫	22	3
不愉快	48	14
激动	30	9
焦虑	15	2
抑郁	18	3
头痛	44	13
反感	22	3
呕吐	3	0

气象官能症	症状出现（%）	
	气象因素敏感者（人）	气象因素不敏感者（人）
失眠	42	14
不能入睡	35	12
早醒	23	9
掌（＊＊）出汗	15	5
面部潮热	13	4
抽搐	9	1
战栗	5	1
不想工作	45	16
不能工作	5	1
食欲减退	15	3
腹泻	4	1
尿频	7	2
听力障碍	5	0
嗅觉障碍	6	1
味觉障碍	6	1
视觉障碍	24	6
皮肤过敏	8	1
眩晕	23	4
沉闷	4	1
心悸	20	4
呼吸困难	16	3
瘢痕痛	19	5
风湿痛	15	3
骨折痛	26	8

气象敏感者中约有一半人，其症状出现在天气变化前几小时到一天，也有一些人早在天气变化前几天就出现症状。每个季节的发生率也可能不同，28%的人认为春季易发，20%的人认为秋季易发，16%的人认为冬季易发，13%的人诊断夏季易发，而22%的人认为无季节差异。

据国外调查资料显示,人群中有气象官能症的约占30%。发生率与年龄和性别有关,年龄大的容易发生,女性也容易发生。13岁—20岁的有气象官能症约为24%,21岁—25岁的增至33%,51岁—60岁的可达60%,女性发生率约为男性的3倍。

气象官能症的发病机理目前有两种解释:一种认为,天气变化时,常伴有气压波动,从而影响大气中的重力波,重力波作用于人体可产生功能性症状;另外一种解释认为,天气变化常发生于两个气团交锋时,而两个属性不同的气团间的摩擦会产生大量的正离子,因正离子的作用而出现官能症。此外,天气变化时,常伴有气温突变、湿度突变,这些因素也会导致出现官能症。气象官能症的发生还与机体的应激能力,天气变化的剧烈程度有关,所以即使同一个在每次天气变化时出现官能症的程度也不一样。

气象官能症一般也不需要特殊治疗,天气稳定后常可自行减缓和消失。气象官能症易发者可采取适当的保护措施,减轻发生程度。症状严重者可适当进行对症治疗和处理。

二、气象因素对药物疗效的影响

人类治病用药,药物发挥其效用,要经过物理、生理、生化过程。在此过程中,特异和非特异的酶起着主要作用。但是气象要素(主要是气温、湿度、气流、紫外线及氧分压等)能影响药物的吸收,药理作用和毒性反应。

根据国内外的研究报道,天气好坏、冷热和气压高低对一些药物的影响是不一样的。

1. 天气炎热时:锑剂,毒性反应加剧。肾上腺素,升压作用加快。三氟丙嗪,大剂量可发生中暑。氯丙嗪如剂量大于300毫克/日,可发生高热中暑。

2. 天气寒冷时:葡萄糖、升血糖作用加强,胰岛素、降血糖作用受抑制,口服碘化钾可发生多形状红斑。

三、气象与事故

在人类生活工作中,不时会发生工伤或交通事故,造成工伤和交通事故的原因有客观条件也有主观因素,在主观原因中,人的注意力不集中,反应迟缓等就容易造成工伤和交通事故。气象因素可以影响人的注意力和反应速度。因此,与工伤事故的发生有很大关系。

适宜的气温下,工伤事故发生较少。研究表明,当环境温度在18℃—21℃时,工伤事故发生率最低。气温过高或过低,工伤发生率都会增加。当气温大于24℃时,平均工伤事故率增加23%,而当气温小于13℃时,则增加32%—35%。对煤矿工人的工伤事故研究指出,当井下温度为20℃—21℃时,工伤率最低;当井下温度为21℃—23℃时,工伤率增加42%—50%;当井下温度超过24℃时,工伤率增加61%—72%,除气温外,天气变化时或变化前后工伤率也会增加,大气电磁长波辐射的扰乱,也会使工伤率增加。

除了主观因素外,气象条件也是直接造成交通事故的原因之一。由于下雨、下雪、洪水、雾霜、结冰等天气现象,或使大气能见度降低,或使路面变滑,都易于发生交通事故。例如入冬第一次道路结冰,可使交通事故增加30%,雨天交通事故可增加10%左右。

表 5.2　天气状况与交通事故关系

天气状况	交通事故增加率
雾天(能见度200米—1000米)	5.3
浓雾(能见度小于20米)	8.5
雨天	10
雪天	13.6
霜天	12
路面冰冻	22.6
路面第一次冰冻(入冬后)	28.6

从上表可知,雾虽然降低了能见度,但它容易引起司机的警惕,所以雾天时,交通事故的增加并不多;相反,入冬以来的第一次路面冰冻,

几乎使交通事故增加三层,其原因除了路面滑以外,与司机缺乏警惕有很大关系。

人的反应时间与事故的发生有直接关系。根据专家研究表明:当电磁长波发射扰乱时,能使人的反应时间延长20%。人的反应时间在6月份延长,12月份最短。这些都表明气象要素可影响人的反应时间,驾车人反应时间延长,则易发生事故。

四、气象环境与健康

生活在大自然中的人类,离不开大气,地球大气有张多变的脸谱,时而气压骤降,热浪滔滔;时而气压猛增,寒流滚滚。大气的无常运行,时序上的寒来暑去,形成了气象万千的自然现象。这不仅关系到人类的生产和生活,也同人的健康息息相关。

气象气候与人的身体健康有着密切联系。早在两千多年前的中医《黄帝内经》中就有:"苍天之气,清静则志意治,""春善病鼻衄,仲夏善病胸胁,长夏善病洞泄寒中,秋善病风风疟,冬善病痹厥"等记载。可见我国古代人很早就认识到天气变化对疾病的影响。

各种气象因素,诸如气温、大气湿度、气流、降雨、降雪和刮风等都不同程度影响人类健康。因此,气象医学已成医学界研究的新课题。

1. 气象因素致病具有季节性

气象环境因素引起疾病大多具有明显的季节性。医学科学研究不仅已经证实了风湿性关节痛与天气有关,而且还发现高血压、冠心病每到秋冬时节的发病率骤增;哮喘多发生在阴冷干燥的寒冬季节;偏头痛大多出现在湿度偏高,气压陡降,风力较大之时。研究表明,造成这些疾病的气象原因主要有三个方面:一是大气压的压差引起了机体组织变化;二是大风中的超低频震荡,对人体中枢神经产生了不良影响;三是大气中上层电位差增大,从而造成周围环境容易产生电场和磁场,使人体植物神经系统失去平衡,造成内分泌紊乱而引起情绪和精神疾病。

2. 气候变化引发全身性疾病

(1)感冒,多是由于气温的剧烈下降使人的体温调节功能不能马上适应而引起上呼吸道感染。因此,在冬季冷空气南下时,特别是初冬的第一次寒潮南侵时,往往感冒病人会突然大量增加。

(2)慢性支气管炎的哮喘病,在严寒、浓雾、潮湿、骤冷的环境中,患者最易发病和加重病情,而其中气温的变化是影响发病和病情的主要因素。

(3)关节炎,当天气变化,气象要素波动时,会引起患者体温调节机制的紊乱,而使血管收缩扩张不充分且时间延长;粘蛋白代谢和酶活动紊乱;关节温度下降使病人关节疼痛加剧。

(4)心血管疾病,祖国医学认为寒性凝滞,阻碍气机,故在冬季寒冷大风天气往往是心脏病、脑血管、精神病加重和容易发作的时候,因为这种天气有诱发心脑血管疾病的因素。

(5)传染性疾病,很多传染病的流行都与季节和天气条件有关。在冬春季多发生呼吸道传染病,如流感、流脑、百日咳、麻疹、猩红热等。在夏秋季则易发生肠道传染病,如痢疾、伤寒等。这些传染病之所以会发生流行,主要是因为在这样的季节和天气条件下,适宜于不同的致病菌和病毒的生长和繁殖。

(6)精神疾病,春季随着天气的逐渐转暖,人体代谢进入旺盛期,使体内一系列内环境和内分泌活动发生变化,容易影响人的情绪,出现情绪波动;另外,春季是一个多风的季节,近年来沙尘天气逐渐增多,天昏地暗的气候环境,让人有一种恐怖感也是易发精神病的一个因素。

3. 不同个体对气象要素刺激产生的反应不同

(1)平衡型,该型多为健康人具有良好的应急反应能力,适应各种日常刺激,当然也包括气象要素的刺激。当气象要素发生异常时,身体健康的人,往往通过自己机体好自身调节,很快能适应这种异常变化,化解矛盾达到自己身体的正常状态。

(2)迷走神经型,又称冷锋型,因为这类群体对寒冷较敏感。当接受天气变化刺激时,迷走神经型(副交感神经系统)出现了强反应,这些反应的症状表现为流涕、呕吐、咳嗽、腹泻等。

（3）交感神经型，又叫暖锋型，对热敏感，此类型人表现为不倦、注意力集中、话语多、精神愉快、精力旺盛。但易失眠、血压偏高、脉搏呼吸较快、胃口差。

（4）5-羟色胺型，对天气变化特别敏感，出现症状复杂多变。而且其症状与迷下次神经型和交感神经型的反应也有交叉，主要反应有失眠、紧张、激怒、偏头痛、晕眩、呕吐、视力障碍、心悸、呼吸困难、出汗、潮热、寒战、尿频等。

（5）甲状腺型，这种类型有潜在甲状腺功能亢进，临床常规检查，并不能符合甲状腺功能亢进的诊断。但尿中甲状腺素排泄增多，对冷与热都表现敏感，出现在症状与5-羟色胺类似。

上述2—5型，女性较男性敏感；老年人对天气变化的反应也较年轻人为剧烈。

4. 研究气象医学，保护人类健康

气象因素对人体健康的影响是多方面的，如果能掌握其中的规律，医生和病人就可以采取适当的措施，或顺乎自然、或因势利导、或应用人工对抗技术，以避免或减少气象因素对人体健康产生不利影响。

鉴于气象环境与健康的紧密关系，用气象观测资料结合疾病特征，发布"健康天气预报"，既有利于提醒患者采取积极预防措施，又有利于医务人员有针对性地做好防治疾病的准备。

目前，我国的部分报刊、电台、电视台已经开展了结合季节性变化，介绍有关季节性疾病的防治知识，这对人们进一步了解和预防气象环境疾病、保护人体健康将起到很好的作用。

美国国家大气研究中心、得克萨斯州技术大学和澳大利亚气象研究中心的科学家共同研究后得出的结论称，未来世界上的大部分地区都将面对热浪、强降水和其他极端天气事件，而极端天气事件会直接危及人类健康和生命安全。有预测认为，伴随全球变暖疟疾和登革热两种疾病将呈蔓延趋势，并将波及世界40%的人口。旱灾、水灾、暴风雨等极端天气事件，使某些疾病患病率、死亡率、伤残率、传染病发病率上升并增加社会心理压力。

　　血吸虫病流行因素复杂,其分布与温度、光线、雨量、湿度、植被等多种因素密切相关。全球气候变暖对血吸虫病传播影响的研究发现,冬季气候变暖可导致我国钉螺分布的最北界向北移,使全国血吸虫病流行区范围扩大。1998 年特大洪水后,应用地理信息系统等技术对江滩钉螺孳生地进行的监测结果提示,这些地区在发生特大洪水 1 年至 3 年后,钉螺面积有不同程度的扩散,血吸虫病流行区扩大。

　　政府间气候变化专门委员会发表了一项报告表明:气候变化表现为全球变暖,气候变化正威胁人类健康。一方面气候变化通过热浪、洪水和干旱等自然灾害导致死亡和疾病;另一方面许多疾病对气温变化和降水也表现得相当敏感。对健康影响的不确定性增加。

　　世界卫生组织认为,在不同的地方,气候变化带来的物理影响会有所差异。气候变化对人类健康产生的影响会受到很多条件的影响,如发展的水平、贫困和受教育的程度、公共卫生基础设施、土地使用的做法和政治结构。发展中国家将会首当其冲。贫困和营养不良严重、卫生基础设施薄弱的国家,在应对气候变化时将面临巨大的挑战。

　　尽管气温继续升高是否会出现,以及何时会出现突然和灾难性的气候变化,科学上尚没有定论,但世界卫生组织认为,气候变化对于人健康的影响数年或数十年后也很难扭转,而只要现在采取措施,那些可预见的与气候相关的疾病是可以避免和控制的。例如在工业化国家,增加自行车和公共交通工具的使用以代替私家汽车,将有助于降低温室气体的排放,并可以通过改善空气质量,进而减少呼吸道疾病的发生和导致过早死亡。

第 3 节　疾病与气象因子

　　人类生活在大气中,气象环境的变化,如气温、湿度、气压、风力等气象要素的剧烈变化,特别是我国位于中纬度地区,天气变化大多是

"锋面"这个天气系统带来的。"锋面"是指冷暖气团之间交接面。在锋面附近,气象要素和天气现象的变化甚为剧烈。常伴有广阔的云层、降水、大风、明显有降温和雷电等。特别是冬季,随着寒潮不时南侵,锋面活动更频繁,人的发病率和死亡率也会出现高锋值。

　　气象环境促进了人类的进化和发展,同时也给人类的健康,生活质量和生存环境造成了一些不利影响。其中有些疾病的产生就直接和间接地与气象环境有关,人们称之为"气象病"。根据医疗气象学的研究,已发现有 77% 的心肌梗死患者,54% 的冠心病患者对天气变化的感受性很高。在高压形势控制下,急性心肌梗死发病率最高,特别是在冬季,强大的高气压前缘常常伴有冷锋,带来寒潮天气。由于寒冷的刺激,使人体血管收缩,周围阻力增加,动脉平均压升高,引起心肌缺氧加重,所以心肌梗死发病特别多。

　　根据山义昌等人对呼吸道疾病、冠心病与其他心脏病、脑梗塞与其他脑血管疾病、高血压与循环系统疾病发病率进行探讨,分析以上四类疾病的月份分布与近 10 年的变化趋势(表5.3)。

表5.3　潍坊市四类疾病人数的月平均分布

月份	呼吸道疾病	冠心病与其他心脏疾病	脑梗塞与其他脑血管病	高血压与循环系统疾病	平均
1	180.0	67.5	53.5	50.4	87.9
2	230.2	57.3	46.5	54.0	97.0
3	301.1	55.3	41.0	46.9	111.1
4	65.5	58.5	43.3	42.4	52.5
5	29.9	58.5	38.8	46.1	43.3
6	20.8	47.3	33.2	35.8	34.3
7	21.4	42.8	35.0	27.7	31.7
8	25.5	46.5	39.3	19.6	32.7
9	52	50.6	45.0	29.0	44.2
10	68.3	53.3	47.0	44.2	53.2
11	97.5	58.5	55.8	48.1	65.0
12	123.6	63.8	51.5	76.1	78.8

四类疾病随着气象环境条件的变化,各月份的分布也有显著不同,呈凹形结构,冬半年发病率高、夏半年发病率低。与一年四季温度的变化呈反相关。这个变化规律与四类疾病的病理相一致。冬半年干燥、寒冷空气的侵袭,气压、气温的急剧变化,是诱发四类疾病的主要原因。

表 5.4 四类疾病与气象因子的相关系数

病种	气压	气温	温度	风速
呼吸道疾病	0.368	−0.462	−0.225	0.318
冠心病与其他心脏疾病	0.566	−0.614	−0.451	0.210
脑梗塞与其他脑血管疾病	0.616	−0.551	−0.152	−0.145
高血压与循环系统疾病	0.753	−0.562	−0.208	0.207

分析表 5.4 可知,四类疾病都与气压呈正相关,除呼吸道疾病外,其他三类疾病的相关系数都超过 0.50。总趋势是随着气压的升高,而发病率增加。资料证明,四类疾病的发病率冬季比夏季高出一倍,脑梗塞与其他脑血管疾病的发病率在秋冬季要占全年的 80%。四类疾病与气温呈负相关,相关系数都在 0.5 左右,冠心病与其他心血管病负相关系数最大达 −0.614。资料表明,气温对人体的生理影响最大,因为它直接作用于人体,刺激中枢神经,而且直接影响血管的舒张、收缩并影响人体的新陈代谢。所以气温的异常变化呈诱发疾病的主要因素。

相对湿度和风速,最大值分别出现在夏季和春季,但相差幅度不大,它们的变化常常隐含在温度变化中,故就相关系数而言,比气压气温要小。湿度与四类疾病都呈负相关,说明相对湿度较大的夏季是四类疾病的少发期。风速对呼吸道疾病影响较大,相关系数达 0.318。这主要是因为较强的风刺激,能使呼吸道平滑肌痉挛黏膜水肿,加重病情。

一、气象因素与中暑

人通过自己的体温调节功能维持恒温,使人体能够适应外界和内在条件。盛夏气温很高的时候会出现中暑现象,是人们熟知的。

人的物理性体温调节主要有三种方式,传导和对流;辐射散热;水分蒸发。由于外界环境和机体活动情况不同,散热方式也随之发生变化。如果在高温条件下,传导和辐射散热逐渐减少,而汗水蒸发散热则增大。当气温在35℃—39℃时,人体2/3的余热是通过汗液蒸发而排出体外。在下列气象条件下,人体的体温调节不能顺利进行,相对湿度85%、气温30℃—31℃;相对湿度50%、气温38℃;相对湿度30%、气温40℃。在上述气象条件下。便可能发生中暑病人。因为中暑不仅与气温、湿度有关,而且还与风速、劳动强度、暴晒时间长短、体质强弱、营养状况、水盐供给和健康状况有关。诱发中暑的因素很复杂,但主要还是气温。

根据武汉中心气象台的研究,地处长江中游盆地的武汉,每年的盛夏总是有一段炎热期,在这段炎热期里,气温高、湿度大的时候从事露天作业的工人、农民及其他职业的人,中暑是十分常见的现象。武汉市1991年、1993年、2001年、2003年4年资料统计说明:1991年、1993年两年共有1948人中暑,占4年中暑总人数的86%;2001年、2003年两年中暑人数为1742人,占总人数的14%,说明不同的年份,由于暑热程度不同,中暑人数的差异是很大的。中暑发病率的季节性特点是明显的,在这4年中,中暑高峰有3年出现在7月份,尤以中下旬最为明显,这显然是与武汉的气候特点有关,7月中旬武汉梅雨结束,也是西太平洋副热带高压带控制下的时期,因而这个时期武汉气温升高十分明显,并有较长的持续期。而人们还不能很快适应这种炎热的天气,这就是武汉7月中旬出现中暑高峰的气象原因。

另外据武汉中心气象台研究,当天14时的气温,相对湿度以及前日夜间12时的气温和凌晨最低气温对中暑影响最大。因此他们提出了一个综合气象指标:晚上12时的气温不低于28℃,最低气温不低于27℃,14时的气温不低于36℃,相对湿度不低于45℃的时候,中暑病人显著增多。这个指标的意义是明显的,因为晚上12时气温过高影响人的睡眠,第二天极度疲劳,如再出现高温、高湿天气,显然人们就容易中暑了。

由此可见,预防中暑,防护环境高温对人体的作用,是不可忽视的一件大事。我国历史上有许多简易成功的经验和措施,房子的防暑降温就是典型的例子。另据史料记载,我国 3000 多年前的周朝就设有专门人员,在冬季收集天然冰块,以供来年炎热时皇室解暑之用。现今,人类对付高温的措施越来越科学,如规定了高温的安全标准,温度环境包括气温、湿度、风速和辐射四大主要气象要素,这些因素同时对人类施加着影响,经过环境生理卫生学家多年的研究,确定了具体的评价环境热强度的指标,倘若作业超过规定的指标标准,应实行干预,采取如隔热、通风、冷却等方法降低热强度到许可的温度范围。这样,人体在高温环境条件下就会是安全的。

二、气象条件与哮喘

支气管哮喘患者对气温变化比较敏感,同时与冷锋、大气湿度有关。根据上海第一医学院华山医院连续四年对 5591 人次哮喘发作的分析,大约 50% 的病人哮喘发作集中在 4 月、5 月下旬、9 月下旬和 10 月,在荷兰的西部地区哮喘病人 7 月末以后发病次数明显增多,秋季发病率的高低和秋季的降温次数,风暴的多少成正比,这表明哮喘既有季节影响,又受天气变化过程的影响。

在西欧发现,当前期气压十分平稳,以后气压明显升高时,哮喘发病率突然增多,当天气图上有极地大陆气团伴随着冷锋活动将影响当地,当地气压处于下降阶段,哮喘发病更显著。有雷暴和热浪流入时,也会出现哮喘发作高峰。处于热带地区的印度,在雨季来临之前,由于高温、高湿、哮喘发病也是很高的。日本有人研究在儿童中哮喘发病也与气象条件有关。在气压最高之日初发病高,气压最低之日前一天初发病低;在移动性高压过境时,每月最低气温时,温度日较差最大之日,初发病有增加的趋势;相对湿度、降水与哮喘初发病无关。在冷锋过后第二天发病高、低压糟过境之日发病少,高压控制时初发病增加。

大量病例观察和统计事实说明,天气突然变冷和变暖,均使哮喘病人增加,产生这一现象的原因:一个健康人和一个患有哮喘病的人,热调节功能是不同的。患有哮喘病的人,热调节功能很差,突然的变冷和变暖均使哮喘病人难以适应,因而导致哮喘病的发作。

三、气象因子与传染病

传染病的发病传播与不同的动物、昆虫、病原微生物的孳生繁殖有关,不同的动物、昆虫和病原微生物的孳生繁殖所需要的气象条件也不一样。如由疟蚊传播的疟疾,在夏秋季节发病较高,受疟蚊的数量、密度及疟蚊生长,繁殖期间的气象条件的综合影响。疟蚊需生活在停止不动的水面,以及在气温大于15℃,年降水量大于1000毫米的地区。疟蚊在夏秋季繁殖快,密度高,活动性强。加之气温在25℃—30℃时疟原虫在蚊体内发育和繁殖最快,这就决定了疟疾在夏秋季节发病较高;寒冷季节疟蚊密度大减,且在10℃以下停止吸血活动,疟原虫也在14℃以下时停止发育,在此期间疟疾便处于传播休止期。

主要由老鼠传播的流行性出血热,发病具有明显的季节性,全年各月均有病例发生,但每年都周期性地出现季节与发病高峰期。国内绝大多数地区呈单峰型季节发病曲线,病例从9月开始上升,在秋冬季节间,有一发病高峰期。在春夏之间4月—6月或5月—7月还有一个发病小高峰期。有些地区春峰高于秋峰。明显的季节性,说明流行季节的自然条件适合于宿主动物和媒介物的生长繁殖,也与一定季节人群活动(春耕、秋收、打场、水利建设等)增加了与疫源地及宿主动物接触受感染的机会有关。

据调查分析,春峰主要与室内感染有关;秋峰早期与秋收野外感染的机会有关,以青壮年男性发病为主,而后期与室内感染有关。

肠道传染病在夏秋季节多发,这是因为夏秋季节气温较高,湿度较大,适合细菌及病毒的繁殖,苍蝇密度也较大。再加上人体高温下胃肠分泌减少,胰腺和肠腺活动受抑制。从而降低了机体的抵抗力,一旦有病原微生物侵入机体,容易引起发病。如霍乱弧菌的繁殖生长温度是16℃—42℃,37℃左右最为适宜,夏秋季节苍蝇活动频繁,易将病菌带到食物上,起到一定的传播作用,故霍乱的发病季节一般在 5 月—11 月,而流行高峰在多在 7 月—10 月。

流脑一年四季皆可发病。脑膜炎双球菌繁殖喜爱干暖低压环境。而干燥减弱上呼吸道黏膜抵抗力,使人群易感性升高,所以流脑在 2 月—4 月高发,夏季最低,据研究认为,当月平均气温 4℃,气压 1025 百帕,发病及死亡率达到最高点。当月平均气温超过 9℃—10℃以后,气压在 1010 百帕—1020 百帕时,流脑情况随气温上升而下降。

四、气候与死亡率

根据实际资料分析,人的死亡率有明显的季节性。第二次世界大战前,一般夏季 7 月—8 月有一死亡率高峰,冬季为次高峰。但战后除少数国家外,通常只有冬季一个高峰期。夏季高峰的消失,主要是由于医疗技术进步卫生条件改善,过去的一些肠道传染病(如痢疾、肠炎等)已得到有效控制。上海市晚春(5 月上中旬)死亡率最低,冬季为最高,早春为次高峰。夏季特别炎热时死亡也会增加。德国、美国、英国近年统计结果表明冬季死亡率较高,最高峰出现在最次冷月份。

把最高气温在临界值温度以上的日子称为热日。上海市平均热日死亡数超过非热日死亡数的 28.2%,广州超过 10.5%。据上海的统计,月平均死亡人数冬季最多为 241.28 人,早春次之为 196 人,夏季为 158.43 人,秋季为 156.29 人,晚春最少为 124.44 人。死亡人数逐月变化特点是,最冷的 2 月死亡人数最高,温暖的 5 月死亡人数最低,5 月以后随气温的升高,死亡人数有增加的趋势,10 月以后,随着气温的下降,死亡人数按日递增。另外,从 59 岁以下、60 岁—69 岁、70 岁以上 3 组不同年龄逐月死亡人数相对比较,3 组不同年龄的死亡人数随季节变化的趋势基本一致,但寒冷对 70 岁以上的老年人影响尤为明显,在最冷的 2 月份,其死亡高峰异常突出。

各种疾病的死因受气温影响。如冠心病、脑血管意外患者发病数随气温下降而渐增,呈直线负相关;呼吸系统疾病的死亡数与日平均气温呈指数型曲线,并在降至 10℃后继续下降时,发病率急剧上升;恶性肿瘤与日平均气温呈抛物线形,气温大于28℃或小于10℃时死亡人数骤增。

重大的天气事件如台风、龙卷风、强寒潮、大气污染等也使死亡在短时间内剧增。

表5.5　夏冬季各类死因平均每日死亡数

城市		传染病	癌症	精神病	循环系统病	呼吸系统病	消化系统泌尿系统病	妇产新生儿病	内分泌血液病	其他病
上海	夏	2.0	32.8	0.5	29.4	10.0	7.4	0.03	2.0	17.5
	冬	2.7	31.9	0.7	45.9	21.5	9.3	0.04	2.6	29.6
广州	夏	0.8	8.8	0.1	7.7	5.0	2.0	0.01	0.6	10.0
	冬	0.8	8.0	0.2	10.8	7.1	2.5	0.04	0.5	13.8

从表5.5可以看出:上海、广州冬夏季平均月死亡数,除了癌症死亡夏季略多于冬季,意外死亡夏季远多于冬季死亡外,其余各类死亡都是冬季多于夏季。循环系统病和呼吸系统病冬季死亡比夏季多,是因为冬季寒冷使血管收缩、血管阻力增加;冷空气刺激呼吸道;寒潮入侵造成天气剧变对人的机体和心理的冲击;冬季气层稳定,大气污染物积聚在下层。门窗紧闭,低温适于某些病原体的存活等。因心肺功能的衰弱必然影响到整体,所以上述机理也是许多类病冬季死亡较多的因素,夏季意外死亡较多,有的是天气造成的,如中暑、雷击、狂风暴雨造成翻船、塌屋等;另一些则因夏季昼长夜短,天气闷热,注意力不易集中,加上夏季户外,野外活动增多,事故增加的原因。

第4节　未来气候变化对人类健康、生物病原体和媒介的影响

未来气候将发生较大变化,气温升高、降水发生变化、大气中二氧化碳气体含量增加,这些均对人类健康产生较大影响。

研究指出,评价气候变化对人类健康的影响时,应考虑上述气候变化对人类健康的直接影响,也要考虑气候变化对人类健康的间接或潜在的影响,如臭氧减少引起的地表紫外辐射的增加。耕地减少,水文系统和淡水供应的变化,农作物产量下降等,这些都会对人类健康产生巨大影响。

一、气候变化对人类健康的影响

根据 IPCC 报告,目前国际上气候变化对人类健康影响的研究已开展多年,但仍处于初级阶段。已公开发表的论文大多研究的是气候异常对健康的影响(季节异常、热浪、厄尔尼诺现象等),而气候变化与人类健康变化之间的关系则研究很少。未来气候变化对人类健康影响的数学模型根本没有,因而很难见到未来人类健康方面的预测。

未来生态恶化,气候变化使得人们适应了居住地的环境改变;气候变暖将使得气候变率发生变化,旱涝灾害频发;这些都会殃及人类,导致人类生活的舒适度下降;意外伤害,非病死亡增加;抵抗力下降;心理疾病数量上升等。

气候变暖是人类关注的一个话题。造成气候变暖的主要原因是由于人类活动的不断加剧,向大气排放的二氧化碳、二氧化硫、二氧化氮等温室气体大量增加。据统计,20 世纪 80 年代的平均气温高出 0.7 度。世界气象组织预言,到本世纪末,全球的平均气温将上升 2 度至 5 度。我国地域辽阔,并以温带为主,受气候变暖的影响较为显著。那么,究竟气候变暖对人类有哪些影响呢?

气候变暖使传染病流行加剧。例如处于热带的亚洲南部是肠道传染病、昆虫媒介传染病、病毒性传染病的高发地区。随着温带气候的变暖,热带地区那些带有病原体的昆虫和动物分布区域将向温带地区扩大,使这些疾病在温带地区扩散传播。在我国肠道传染病中,诸如病毒性肝炎、细菌性痢疾、伤寒和副伤寒、感染性腹泻等,已成为多发的主要传染病。在城市,以上几种病已占传染病的 95% 左右,在农村也占 80% 以上。而且,我国许多地区昆虫媒介传染病也开始流行。

气候变暖会加快大气中化学污染物之间的光化学反应速度,引起一些城市和地区光化学氧化剂增加,从而诱发眼睛炎症、急性上呼吸道疾病、慢性支气管炎、肺气肿和支气管哮喘等呼吸系统疾病的发生。

气候变暖可使水温升高,加重水污染程度,并延长了细菌的存活期限。能传播多种疾病的蚊子,由于水温高,它的繁殖过程也缩短。

气候变暖还可导致平流层臭氧减少,紫外线辐射强度增加,使白内障、雪盲、皮肤癌等疾病的发病率上升。

在一些地方,气候变化将对农业、牧业、渔业生产产生影响,气温升高、降水发生变化,使得农、牧、渔业产量下降;海平面上升、土地减少、气象灾害增多,农作物减产,这些将使得人类部分地区出现饥饿、营养不良,这些最终会危害人类的健康、特别是儿童的健康。

由于海平面升高所引起的自然、社会和人口统计的混乱也将会影响人类的健康。由于气候变化所引起的社会和经济的分裂瓦解,将会引起一定范围内的自然、饮食、传染性以及心理健康方面的问题。

二、气候变化与疾病、人口死亡率

气候变暖,夏天的气温升高,使得夏天热浪出现的频率增加,即使气候变率没有变化,平均温度的升高将增加夏天热浪的数量。夏天气温升高加上闷热将会使人的白蛋白降低、血压升高、心跳过速,对时间、空间判断力降低、反应时间延长、意外事故增多、精神改变、注意力集中减退,从而引起中暑、癫痫、胃病、心血管疾病、肺病等疾病和死亡率增加,特别是心和肺部。极端气温的升高常会引起心理和其他生理疾病,使得心脑血管、肝硬化、肺病的死亡率增加,尤其是每年的第一次热浪,特别易造成易感人群的死亡。但在暖冬,与寒冷有关的死亡的减少将抵消这些与热浪相关的死亡。具体的关系尚没能确定,对于不同的人群其结果不同。

气候变暖,使得植物、动物生存带发生变化,必然使得病菌携带体地理分布发生变化或传染病的寄生虫的生命周期发生变化,这些通常会使得病菌传播引起的疾病迅速增加。据研究21世纪的后半期,疟气传播区的人口比例由 45% 增加到 60%。

气候变暖，尤其是冬春季气候变暖，使得蚊、蝇等害虫能够存活下来，由病菌携带体引起的疾病（疟疾、乙脑、流脑、瘟疫、回革热、黄热病等）流行，暖冬常会导致流感大暴发。

人口死亡率冬季要比夏季高 10%—25%，暖冬将会降低人口死亡率。冬季平均气温的增加意味着寒潮的减少，而寒潮是诱发心脑血管疾病、呼吸道疾病的主要原因，所以气候变化带来的暖冬降低了整个冬季的死亡人数。

由于平流层臭氧的减少，到达地表的紫外辐射（UV-B）增加将对人类健康产生很大的影响，导致人类白内障、皮肤癌患者的增加；免疫系统受到干扰。据研究预测，当臭氧减少 1%，白内障约增加 0.5%；非黑瘤皮肤癌增加约 2%；同时许多免疫性疾病和由于免疫系统的问题，而引起传染病患者迅速增加。

未来气候变化对人口死亡率将产生影响，是有利影响还是不利影响，作者认为，应从两个方面来讨论，从理论上来说，忽略其他因素的影响，气候变化本身将导致人口死亡率的增加，其原因就是气候变化不利于人类的舒适生活却有利于疾病的发生、加剧或传播。但全面分析，未来气候变化将会导致人口死亡率的下降，因为人民生活水平、科学技术和医疗水平在提高，携带体引起的疾病和水原性疾病大多有疫苗接种或消毒处理，可预防疾病的大流行和大爆发；人们改善生活气候的能力大提高，减少了许多疾病的发作或加重；而且冬春气温的升高，将使得心脑血管疾病、呼吸道疾病等引起的死亡大减少。

三、旱涝灾害与病原虫

降水量发生变化加上厄尔尼诺现象的出现，极端事件和气象灾害（干旱、洪水、暴风雨等）数量急剧增加，以前几十年一遇的洪涝灾害会经常光顾。据国际保险公司分析，过去的十年气象灾害的数量与 20 世纪 60 年代相比增加了三倍，对人民生命财产构成威胁，使得伤害人数上升，特别是干旱、半干旱地区。

受气象灾害影响的人口数与受气象灾害死亡数比约为 1000∶1,在 1972 年—1996 年平均每年受灾人数大约是 123000,受害地区主要是亚洲,受害者主要是儿童和妇女。

旱涝灾害的频繁出现,使得国家经济受损呈上升趋势,发展中国家受这种事件的影响大(贫困国家受气象灾害的损失是工业化发达国家的 20 至 30 倍,世界上报道的 100 个气象灾害,仅有 20 个发生在非洲,但受害人数却相当于世界受害人数的 60%)。例如,1982 年—1983 年与洪水、干旱相联系的厄尔尼诺现象使得不发达国家的 GNP(国民生产总值)下降了 10%,在这些国家中如玻利维亚、智利、秘鲁等国,这相当于他们公民税收的 50%。使得这些国家粮食紧缺、闹饥荒,人们普遍营养不良。

洪涝灾害的频繁,导致部分地区的水源性疾病流行。根据李北芹等人的研究结论:

1. 气候变化延长了钉螺、血吸虫生长发育季节

1986 年—2003 年间研究区域内(我国血吸虫病流行区分布于长江流域及其以南的部分地区,包括湖北、湖南、江西、安徽、江苏、浙江、云南、四川、福建、广东、广西和上海等 12 个省市中的 413 个市、县),大部分地区钉螺生长发育季节明显延长;血吸虫生长发育季节也有一定的延长,由此可能引起钉螺感染季节的相对延长。近年来,长江流域钉螺和血吸虫生长发育季节的明显延长,可能是导致我国长江流域疫情的明显扩散的主要原因之一。

2. 气候变化加快了钉螺、血吸虫生长发育的速度

当有效积温为 3846.28d·℃时,钉螺在自然环境中完成世代的历期为 334.22d。3846.28d·℃等值线北移意味着钉螺完成世代的周期缩短,生长发育速度加快,导致钉螺密度增加。等值线北移的最大距离出现在湖南、湖北地区,这说明气候变化很可能是导致我国,特别是湖南地区,2000 年后钉螺面积明显上升的原因之一。

血吸虫生长发育有效积温 842.95d·℃的等值线也有较为明显的

北移,这意味着血吸虫在钉螺体内生长发育周期缩短,发育速度加快,从而导致血吸虫密度增加。等值线北移后,陕西、山东、河北的大部分地区都具有血吸虫生长发育的有效积温条件。实际上,842.95d·℃为实验测得血吸虫在钉螺体内生长发育的有效积温。自然条件下,血吸虫在钉螺体内生长发育的有效积温会更低一些,仅为631.44d·℃。因此,实际满足血吸虫在钉螺体内生长发育有效积温的地区应涉及的范围更广些。

3. 钉螺和血吸虫可能向北迁移扩散

(1)我国北方地区夏季存在着感染血吸虫病的可能,因此,我们要防止钉螺北界以北地区或北纬35度以北地区发生血吸虫病流行的可能性,提高防范意识,做好实时监测预报,为地方防疫部门决策参考提供依据。

(2)气候条件的变化可对血吸虫传播造成影响。据专家预测,未来100年温度将继续上升,且变暖的范围和强度还将增加,所以要高度重视血吸虫病可能向北扩散的问题。

(3)南水北调工程可能使钉螺和血吸虫病向北迁移扩散。南水北调工程东线引水口地处钉螺分布的江苏省江都市,北调的江水将穿过江苏省有钉螺区的江都、高邮和宝应三市县,加上江苏省北部有螺面积,钉螺密度近年有所回升,因而在调水中钉螺随水流向北,迁移扩散的可能性客观存在。南北水调工程中线地区在气候变暖的背景下,钉螺潜在孳生地增多,继发钉螺可能向北迁移到河南境内,对此有关部门应给予高度重视。

洪涝灾害的频繁导致部分地区的水源性疾病经常流行。由于水受污染,腹泻病人急剧增加;肺病患者增多。1998年在对孟加拉由洪水后被移置的灾民的死亡和病因研究中发现,腹泻是最普遍的,其次是肺病。洪涝灾害对人类精神方面的影响很大,而且持久对身体有害。同时有研究表明,气候变暖引起湖水变暖是霍乱流行的一个原因。

干旱主要是影响粮食产量,从而影响人类食物,使人营养不良。同时干旱缺水时,水仅被用来烹饪,清洁等用水减少,被迫忽视饮食卫生和个人卫生,极易引起消化道疾病和水洗病(沙眼、疥疮)患者增加。干旱缺水,引入其他水源灌溉和饮用时,可能引起血吸虫病和其他水源性疾病。

第5节　紫外辐射对人类健康的影响

近几十年来,由于工农业生产的发展,大气中氟氯化烃(CFCS)、含溴卤代烃等污染物质不断增多,导致平流层中臭氧含量降低,据观测资料统计分析,1969年—1996年的27年间,全球总臭氧含量的平均值明显下降,在北半球30°—60°纬度地区范围内,年平均减少率为1.7%—3%。预计到2050年,平流层臭氧将减少4%—20%。平流层臭氧减少,使得到达地球低层大气和地表的太阳紫外线(UV)增加,其中UV-B(280微米—320微米)波段增加最多。臭氧每减少1%,到达地表的紫外辐射将增加2%。

UV-B辐射增加,对人类健康产生很大影响。已有资料表明,UV除了在人类皮肤中产生维生素D外,尚未发现其他有利效应,反而对人类产生危害,使得人类眼病、皮肤癌和传染病增加,为此应引起人们的高度重视。

一、UV-B辐射增加对人类眼病的影响

白内障使人眼中晶状体变得混浊而不透明。白内障是常见眼病和主要致盲的原因之一。据世界卫生组织2000年估计,白内障造成全球3000万个失明病例。

经UV-B照射后射线大部分被角膜上皮细胞的核蛋白所吸收,导致细胞核膨胀、碎裂和细胞死亡。在对切萨皮克湾船工的一项设计精巧有具有代表性的研究证明,UV增加对人体白内障有影响。

总的说来,紫外辐射增加,人类的白内障疾病增加,根据专家预测,当臭氧减少1%,白内障约增加0.5%。

二、UV-B 辐射增加对人类皮肤的影响

临床诊断表明,夏天过量的太阳辐射易造成患者皮肤病。一般来说,太阳辐射中的中波紫外线 UV-B 会使正常人产生红斑,而长波紫外线 UV-A 仅对具有光感性的患者有影响。受 UV-B 照射,轻者皮肤出现水肿性红斑,重者会出现水疱或大疱,还可伴有休克、发热、畏寒、恶心、心悸、头昏等症状。

根据估算,平流层臭氧减少 1%,非黑瘤皮肤癌增加约 2%;臭氧层减少臭氧 5%,将会使美国的白种人每年增加 8000 例皮肤癌,死亡增加 300 例。全世界每年约有 120 万个新病例,这相当于平流臭氧浓度持续减少 10%,每年会增加 25 万个病例。

三、UV-B 辐射增加对免疫系统的影响

人类免疫系统帮助保持身体健康,保护人体免受传染病和其他癌的侵犯,若免疫系统失衡,能导致过敏症、炎症及身体免疫系统疾病。

皮肤是人的一个重要的免疫器官,免疫系统的某些成分存在皮肤中,使得免疫系统易受 UV 辐射的影响。皮肤暴露于 UV 辐射下能扰乱系统免疫力。UV-B 引起的免疫抑制对利什曼病、旋毛虫的发病有影响,对一些细菌、真菌的传染亦有影响。

紫外辐射对人类健康有很大影响,而未来紫外辐射量增加较多,因此,必须引起人们的高度重视。目前,在许多公共场所里经常是紫外灭菌灯常开、检钞机始终开着,这些都会对人身产生一定的影响。

第 6 节　疗养与气候

在适宜的气候环境中,利用自然环境和有利的气候条件,使人体的健康得到恢复和增强,这就是气候疗养法。

生活在不同的气候条件下,人体组织和器官有着不同的反应,某一类型的气候对一些疾病能起到调理作用和促进作用,而对另一些疾病则不适宜甚至起到恶化作用。因此,根据气候对生理的影响,确定各个

气候疗养区所适宜治疗的疾病,有针对性地接收病人和休养员,是医疗保健事业的一个重要组成部分。

气候疗养区除了有幽雅的自然景观,洁净的环境条件外,还要有适于疗养的较长季节,才能更好地起到疗养作用。

我国地域辽阔,气候条件多种多样,有许多理想的疗养胜地,如海滨、山地、森林和草原等。这些地方气候宜人,空气新鲜,有许多有益于人体健康的阴离子,能增强体质、减少疾病、延年益寿。南方疗养区没有隆冬,全年可在户外活动,即使在冬季也有相当多的阳光照射,可以施行具有高度医疗价值的日光疗法。海滨疗养区,依靠毗邻的海域,扩展了疗养和治疗的条件,可实行疗效显著的海水浴,在气候疗养区,如建立气候治疗的专门设施:空气日光浴场、海水浴池或海滨沙滩;配备具有气候疗法知识的医务人员,他们懂得各种气候疗法的适应病症及治疗程序,再具有良好的气候疗养条件,可取得好的效果。如果配合一定的药物治疗,效果会更佳。

一、疗养气候

疗养气候主要指高山气候、海滨气候、森林气候、平原气候、沙漠气候和人工气候(如高、低压舱)等。不同疗养气候具有不同的特点,对人体产生不同的生理调节作用。但对另一些疾病则不适宜,甚至起到恶化作用。例如关节炎宜用低压舱,症状可望缓解,若用高压舱,达不到治疗的目的,甚至加重症状。疗养区的建设,除了考虑具备适宜的疗养气候外,还须选择好的景观和环境,因为景观和环境对人的心理和情绪都有影响。

另外,有些疗养地空气中含有大量的负离子,空气受污染的程度很轻,令人感到空气特别新鲜,对人体健康十分有益。

负离子是一种带负电荷的气体原子。雷雨时的闪电会形成大量空气电离子,海浪拍岸,瀑布冲击,树尖传导地面的负电,也会导致空气电离,于是不断地形成离子化的空气。广东肇庆鼎湖山自然保护区里,空气负离子含量高达 10 万个/立方厘米,俨然一座天然的"气候疗养院"。根据测定,在有瀑布、喷泉的地方空气负离子很多,一般不低于2万个/立方厘米;山林、海滨约2500至5000个/立方厘米;农林开阔地大于1000个/立方厘米;公园600个/立方厘米;工厂200个/立方厘米;烟雾区50个/立方厘米;城市室内40至50个/立方厘米。可见近水靠林的疗养地空气中含有大量的负离子。

大气离子化过程是不间断地进行的。但负离子往往由于不同电荷的离子的静电吸收作用,造成不断结合而消失。尤其是在烟雾弥漫,人口稠密的工业城市,或通风不良,空气污浊的环境里,负离子的生命时间是短暂的,一般只有几秒钟。而在海滨、湖畔、瀑布、喷泉等处,由于微量放射性物质的作用,加上空气中污染物少、电离出的负离子多,且存在时间较长,可达20分钟,因此负离子的浓度也就增加,负离子在晴天比阴雨天多,早晨比下午多,夏季比冬季多。

空气负离子又被人们称为"空气的维生素"、"长寿素"。因为它可以调节中枢神经系统的兴奋和抑制状态,改善人的大脑皮层功能。由于负离子经呼吸道进入肺泡后进入血液,随着血液循环,把它携带的电荷送到全身的组织细胞中去,促进细胞代谢活跃,免疫力增强,有益健康。一定浓度的负离子,可以使血压平稳,呼吸、脉搏缓慢均匀,精神振奋、注意力集中,工作效率显著提高,还可以治疗高血压、心脏病、失眠、流感、哮喘、肺结核、百日咳、风湿性关节炎及神经性头痛等许多疾病,对于防止佝偻病和败血病的发生也有一定疗效,并能增加氧气吸收和二氧化碳的排出,改善肺的换气功能,促进机体的新陈代谢。

我国地域辽阔,气候类型多种多样,有许多理想的疗养胜地。

1. 高山气候

高山气候在这里指海拔1500米—3000米的山地气候。一般说来,在地面层中高度每升高10米,平均气压降低1.27百帕,因此,高山气候最大特点之一,就是气压低,因而氧分压也低,使人的生理功能会产生一系列变化。此外,高山上紫外辐射强,特别是具有较强生物活性的紫外线B段。由于气温随高度递减,高山日平均气温低,但气温变化剧烈。高山上尘埃等污染物少,而负离子较多,有利于促进新陈代谢提高免疫力。

高山气候疗法对生理的调节是很明显的。登上高山一小时后,就可以观察到人体的生理变化。肺通气量和肺活量增加,周身血液循环增强,脑血流量增加,小便酸度上升,血糖下降。适宜高山气候治疗的疾病有:哮喘、百日咳、过敏性鼻炎、糖尿病、贫血、偏头痛以及脑震荡后遗症的头痛等。在高山气候中,这些病得以治愈,或改善、缓解。但高山气候对有些病是有不利影响的。因紫外线会促进甲状腺功能亢进的病人在发作期也不宜登山。高山气候也不适合晚期高血压、心功能代谢不全的心脏病,还可能使慢性阑尾炎、牙周炎等潜伏感染而突发。

2. 森林草原气候与疗养

森林、草原气候的特点是:富含氧气、湿度较高、风速气流活动、阳光辐射较少,夜间降温少,空气中化学污染物少,生物污染物多,离子较少,多雷雨。森林草原气候能对人的神经系统特别是大脑皮质,产生一种良好的刺激,使疲劳的神经系统在功能上得以调整,紧张的神经状态得到改善。由于植物的光合作用,二氧化碳及水汽被植物吸收,转化为碳水化合物及氧气释放出来。因此在森林周围,白天空气中富含氧气。森林地带湿度较高,夜间气温比空旷地降的缓慢,风速比空旷地小,阳光辐射少,污染物也少。

据计算,一亩树林通过光合作用,每天能生产出 49 公斤的氧气,回收 67 公斤的二氧化碳。一个成年人,每天大约要消耗 0.75 公斤的氧气,呼出 0.9 公斤的二氧化碳。每人平均有 10 平方米的森林就能满足呼吸的需要。大量二氧化碳被吸收的结果,能使空气变得更加纯净,有利于人体健康。树林的叶子又能把空气中到处飞扬的尘土拦阻在叶面上,起着"空气过滤器"的作用。根据测定,在城市商店里,每立方米空气中含有 400 万个细菌,可是林荫道上只有 58 万个。公园里有 100 万个;林区只有 55 万个。森林地带空气中的含尘量也比空旷地少 21%—39%。

许多树木还具有杀菌素,能杀死肺结核、伤寒、白喉、痢疾等病菌。松树的松脂易氧化放出臭氧,使空气显得新鲜;适合慢性病患者疗养。森林不失为理想的"空气湿度、温度的调节器"。树林通过叶面的蒸腾,来调节空气湿度。由于树木有吸收和反射太阳辐射的作用,所以一般林区的湿度比空旷地要低得多。根据测定,林中的地表湿度比空旷地低 10℃—20℃,气温比空旷地约低 2℃。森林面积越大,降温作用越明显。

草原气候同样有着氧气充足,空气新鲜、湿度大、温度变化小、污染物少等特点。因为绿草也是二氧化碳的消耗者和氧气的天然加工厂。生长良好的草原,每平方米每小时可吸收一个人呼出的二氧化碳。那些草叶还可以不断地吸附并过滤空气中的尘埃。草坪吸附粉尘的能力要比裸露的地面大 70 倍。草坪的飘尘浓度为无草裸露地面的 1/5。刮大风时,裸露地面上的灰尘浓度可达 9 毫克/立方厘米,超过国家标准的 17 倍,而在大片草原的地方,空气中灰尘的浓度更低,甚至检验不出来,草坪也有调节空气的作用。草坪的蒸腾作用能增强空气的湿度,减少尘埃及病菌等污染物的扩散。草坪上的气温比建筑物和柏油路地区的气温往往要低 3℃—5℃。夏凉冬暖,随时吸热。在城市里,大面积的种植草坪,不仅能净化空气,而且还能调节城市气候。

一般说来,森林草坪气候适合于呼吸道疾病,神经官能症、肾脏病、心血管病的病人疗养,而且疗效较好。

3. 海洋气候与疗养

海洋气候的特点是:风大湿度大,使人感觉凉爽;沙滩对太阳辐射反射强烈,海滨气温年较差、日较差小、冬暖夏凉;气雾水滴中碘、氯化镁、氯化钠以及空气中负离子含量都较高,大气污染物如花粉、尘埃、化学气体等由于海风吹送和海水沉降,含量较少,空气较洁净。

1796 年,世界上第一个海滨疗养院在英国建立,海洋气候对人体生理功能的影响才逐渐弄清楚。目前已发展为一门专门的学问——海疗学。

海洋气候适宜慢性结核,非特异性气支管炎等肺心病、神经官能症及代谢作用紊乱等症。贫血、糖尿病、高血压等都适宜进行海疗。偏头痛、肾脏病、慢性气管炎等也可以进行海洋气候疗养。

4. 沙漠气候及疗养

沙漠地带空气干燥,雨量少,绝对湿度和相对湿度都很小,日照时间长,地表红外辐射强;空气中有害气体少,天气多晴朗,气温、地温日较差大,沙漠地区没有宜人的自然景观,不宜人群居住,但适宜于过敏性、关节炎等病人的疗养。

作为疗养地须具体了解当地的小气候。德国规定,要在某地建立休养地,必须先对当地小气候观测两年,经综合评价合适才能建立。疗养区要先观测 5 年,建立疗养区,除要分析一般气象要素外,还必须分析当地的大气环境,主要是大气气溶胶、污染物、离子含量等。

二、常用自然气候疗法

1. 日光浴

日光浴是利用太阳光辐射能进行疾病防治、杀菌消毒等的物理治疗方法。太阳光辐射中含有红外光、可见光和紫外光等。红外光、紫外光线对人类健康的影响前面也有说明。人体对短波辐射的反应和治疗作用是不同的。受红光照射,人体的反应是:兴奋、肌张力增强、呼吸加深加快,脉搏加速。红光作用的特点是:刺激弱,但穿透性强。主要用于治疗硬结、疤痕、抑郁症、神经痛、面神经麻痹、产生遗留疤和用于病变较深的内脏器官的治疗。蓝光具有镇静作用。人体受蓝光照射后,神经反应减低,呼吸脉搏趋于平缓。主要用于治疗神经炎、急性皮炎、急性湿疹、兴奋性神经功能症。

2. 空气浴

空气浴是让新鲜空气作用于裸露的人身体上,利用新鲜空气达到医疗预防疾病的目的。空气浴的生理和保健效应,在于它对人增加氧气供给和赋予寒冷刺激。自由大气中氧气的密度比室内大 10%—15%。在空气浴中,使人吸入新鲜洁净的空气,改善肺泡通气,增大肺活量,增加供给血液的氧气。空气寒冷刺激过程的前后作用是相反的,第一阶段,促进人体代谢过程,加强了组织内气体变换的水平,增强心脏的活力的扩展容量,并使内脏器官充血,这是空气浴的目的。如果寒冷刺激继续下去,进入第二阶段,转为抑制人体各种功能,则空气浴效果相反。因此,空气浴必须注意掌握时间,避开第二阶段。

在散步和运动的时候,就已包含有空气疗法的作用。专门的空气疗法包括:(1)阳台疗法,即长时间留在阳台上(睡眠);(2)海洋空气疗法,即留在海边,包括睡在海边,让包含海水盐分、臭氧及海藻的植物杀菌素的海洋空气沐浴全身。

3. 海水浴

海洋疗法包括热力、机械、化学和生理四方面作用。既有气候疗养作用,又包括了空气疗法和日光疗法,对身体有多方面的作用。狭义的海洋疗法是指海水浴。热力因素就是海水的寒冷刺激。水温越低、生理作用越强。和空气浴一样,应该利用寒冷刺激的第一阶段对身体的积极作用而避开第二阶段的有害影响。机械作用是海水和海浪对身体的压力和摩擦,能改善皮肤状态和弹性。化学因素是溶解在水中的盐分刺激皮肤产生反应,同时海水中有藻类的植物杀菌。太阳辐射中的紫外线,可透入水中约 1 米深,对海水浴者有益。洗海水浴对人的情绪和心理有良好的作用。浩瀚大海一望无际的宽阔视野和蔚蓝海天的怡人景观,使人胸襟开阔,性情得到陶冶,在生理和心理上能产生积极的作用。

最佳海水浴时间是 8 时—11 时和 16 时—19 时,夏季正午时,太阳辐射过强时不适宜。糖尿病人不宜海水浴,但在风和日丽的海滨晒晒太阳,可以使血糖下降。海水浴对高血压病人的血压下降也能起一定作用。海滨清新含盐空气还有利于改善慢性鼻炎和慢性喉炎,对皮肤病有一定的治疗效果。

4. 沙疗

沙疗就是把身体埋在沙里,细而温和的沙粒能压迫作用于人体组织,促进细胞新陈代谢,增强抗病能力。新疆的吐鲁番是沙疗的好地方。吐鲁番盆地位于海平面下 154 米,气候干燥,日光强烈。每年 6 月中旬至 8 月中旬,白天 10 厘米厚的沙层温度可达 41℃—45℃。午后 17 时—19 时,气温、沙温都稍有下降,为最佳沙疗时间。沙疗对于风湿性关节炎、类风湿关节炎、慢性腰腿痛有特效。但器质性疾病、活动性结核症、高血压、开放性损伤等禁忌沙疗。

三、我国一些著名疗养地气候特点

1. 广州

广州属南亚热带季风气候,温和多雨,其温度、湿度、降水和风速都有明显的季节变化。广州年平均气温为 21.8℃;最热月 7 月平均气温为 28.4℃;最冷月 1 月份平均气温为 13.3℃。年平均气温日较差为 7.7℃,最高气温大于 30℃的天数为 131.3 天,广州城市热岛效应强度为 0.5℃—1.0℃,西部工业区大,南部、东部居民区小。

广州临海,且为平原地带,湿度较大,是我国最潮湿的城市之一。相对湿度年平均为 79%,3 月—8 月相对湿度大于 83%,11 月—12 月相对湿度小于 68%,年降水量为 1500 毫米左右,降水主要集中夏半年(4 月—9 月),占全年降水量的 82.1%,冬半年只占 17.9%。

广州风速较小,年平均风速为 2.0 米/秒,风向有明显季节变化,夏季多东南风,冬季多北风。有较明显的海陆风。6 月—9 月受台风影响时风力可达 12 级。

广州冬无冰雪,气候温和,适宜于心血管病人和神经系统病人冬季疗养。2 月下旬至 4 月上旬为低温阴雨季节,6 月—9 月为台风暴雨季节,不太适合疗养。

2. 青岛

青岛面临渤海、黄海为典型的海洋性气候。1 月—3 月冷季,7 月—9 月为暖季。年平均气温为 11.8℃—13.1℃,气温适中。8 月份平均气温为 25.4℃,1 月份平均气温为 -1.1℃,全年气候变化缓和,尤其是 6 月—10 月中旬,青岛多海雾,湿度大,适宜于气管炎病人疗养。

因 5 月—7 月为雾季,不利于气管炎病人疗养,11 月大幅度降温,温度变化大,不适合冠心病人疗养。

3. 大连

大连属海洋性气候,因而气温日较差、年较差小,季节比离海较远的平原地区都稍有推迟。风速大、空气中含氧量,含盐量都较大。由于大连纬度偏高。冬季受冷空气影响,气温较低,故一般疗养多选在暖季 7 月—9 月。可进行海水浴和沙滩浴,有益于人身心健康。

4. 海南岛

海南岛位于北回归线以南,为热带海洋季风气候。辐射强烈,全年气温高,有效积温高,四季不分明,长夏无冬,春秋相连。海南岛四周临海,水汽来源充足,湿度大,年平均水汽压为 23 百帕—26 百帕,年平均相对湿度为 79%—86%,全岛各月平均相对湿度不低于 70%。海南岛雨量充沛,是世界上同纬度降雨量最多的地区之一,平均年降雨量为 1640 毫米。海南岛的降雨特点是雨季、旱季分明,台风雨为主。夏季 5 月—10 月为雨季,春秋季相对旱季。

海南岛为热带季风区,风向风速有明显的季节变化,冬季盛行偏北风,夏季盛行偏南风。海陆风明显。全岛平均风速约在 1.2 米/秒—4.6 米/秒之间,沿海地区大、中部山区小。春秋季风大,夏季风小。由于热带气旋的影响,大风日数及最大风速却是以夏季为多为大。

海南岛多雷暴和台风。全年都有雷暴出现,以 4 月—9 月为最多,海南岛受台风影响最频繁,平均每年影响海南岛的台风有 8 个。台风活动期主要集中在 7 月—10 月。

海南岛适宜于不宜受寒冷刺激疾病的疗养,但以避开台风、雷暴盛行的夏季为好。

第 6 章

旅游与气象气候

第 1 节　气象气候旅游资源

　　人们通常把包围地球大气层经常产生的各种物理现象与物理过程统称为气象。而气候系指长年（一般不少于 30 年，或更长）天气特征的综合，它既包括平均状况，也应体现天气的极端变化。气象和气候条件均可直接造景、育景。

　　通常不同的气象和气候环境，可以造就不同的自然景观和旅游环境。如塞北的冰雪景观，海南的热带风光，山地云海雾霭奇景，海洋、荒漠的幻景"海市蜃楼"，避暑避寒的春城昆明等。气象气候环境是旅游活动基本环境和风景变幻的直接因素。又因风景地貌、风景山水和风景动植物以及各种人文景观的变化，无不刻上它们的印记，因而与它们息息相关。如气候地貌的美学特征和发育程度，湖海的水文变化特征，物候造就的种属和观赏价值，这些因子又依其特定的功能作用于游客旅游。

　　现代旅游业是现代经济生活和文化生活的产物。目前，气候被认为是一项重要的自然资源，也是开发旅游活动的重要条件之一。旅游气候的研究，是直接服务于旅游业的研究领域，它不仅可以为旅游区的规划开发提供科学依据，也可以向旅游者提供尽可能丰富的旅游服务。

　　从这方面看，气象和气候与旅游之间又存在间接关系。因而气象和气候环境自身既是一项自然旅游资源，又是开展旅游活动的必要环境,它们既有直接造景功能,又有间接育景作用。然而,并非它们的全部要素均与旅游发生直接关系,如雹、霜、雷、闪电与旅游直接关系不大,它们中的严寒、炎热、台风、焚风、暴雨等不仅对造景功能毫无贡献,反而破坏自然美景,阻碍旅游活动。

例如,地处南亚热带海洋性季风气候区的平潭县域,热量、日照、云雾、干湿环境、风等环境优越。它们或直接孕育了旅游环境,或成为游客观览其他风景的背景和借景加以利用。如观览海岸、湖滨、礁屿、山峦的奇峰异石时,因烟云雾海,急剧流动,瞬息万变,更让人感觉奇峰异石深邃莫测;观赏大海时有彩霞映照,更显色彩斑斓,波澜壮阔;浏览湖光山色,有蓝天白云相衬;观赏林海、村舍、田野时,有烟雨笼罩,更显得不可捉摸的神秘感,为自然美获得充分的观感效果。平潭境内气象气候育景造就的旅游资源尤为丰富。

一、热量资源

平潭县域热量资源丰富。海拔 100 米以下低丘和平原,年平均气温 10℃—19.9℃。7 月—8 月份盛夏季节,月平均气温为 27℃—28℃,海域水温 25.7℃—26.3℃。每年 5 月至 10 月约半年左右时间高于 20℃,6 月—9 月均高于 24℃。盛夏 7、8 两月平均也不高于 26.5℃。盛夏是海滨浴场旅游的好季节。热量条件优劣是旅游者选择旅游目的地的重要因素,尤其那些夏季避暑、冬季避寒的胜地,更是游客追逐的对象。为适应游客这种心理需求和动向,世界各国正有计划地布设了一些旅游气候适宜的城镇,以改变原来旅游点的区位面貌。随着当代旅游业的大规模发展,这种避暑、避寒胜地将越来越受游客的青睐,当今著名的避暑胜地如卢旺达的基加利,年平均气温 20.5℃;津巴布韦的哈拉雷,年均气温 18℃;印尼的万隆,年均气温 20℃;秘鲁的库斯科,年平均气温 10℃—20℃。因此,平潭县域的年均气温可与上述世界各著名的避暑胜地媲美;又为我国塞北、江南难得的避寒胜地。仲夏、初秋,除台风天气外,一般均阳光充足,天气良好,水温适宜,更有优质沙滩和滨岸、防护林带,是游客开展海水浴、沙浴、海上运动、沙滩体育运动、森林浴、阳光浴、空气浴,造建医疗康复中心的理想场所。

俗话说,十里不同风,百里不同谱。我国幅员辽阔,气候条件和地理环境千差万别,各地民风民俗都有自己的特色。在我国北方,寒冷气候对当地民俗的形成有重要影响。通过透视这些民俗的形成特点,可以看出其中因气候寒冷而留下的"烙印"。

在我国西北边疆地区,有这样一个风俗:酒宴一开始,食客握筷一不夹菜,二不拨饭,先以筷在汤中蘸一下,然后才正式用餐。这就是所谓的"举筷先蘸汤"食俗,这一规矩为何兴起?《谈苑》中记载得很清楚:"虏中(指漠北一带)大寒,匕箸必于汤中蘸之,方得入口。不尔,与热肉相连不肯脱。石鉴奉使,不曾蘸着以取榛子,沾唇如烙,皮脱血流,淋漓衣服上。"在此可见,"举筷先蘸汤"是我国西北地区因气候寒冷而采取的一种增温措施,以此避免寒冷所致的匕箸伤唇。

东北是我国典型的寒冷地区,在地理位置上东北地区在我国纬度最高。这里冬季长达6个月以上,最北部可达8个月,具有千里冰封、万里雪飘的景色,冬季积雪最厚可达50厘米。东北地区的许多民俗都受寒冷气候的影响,如"东北十大怪"中的六怪——烟囱安在山墙边、窗户纸糊窗外、四块"瓦片"头上盖、反穿皮袄毛朝外、十七八岁姑娘叼个大烟袋、大缸小缸腌酸菜——皆与气候寒冷直接相关。烟囱安在山墙边,窗户纸糊窗外,四块"瓦片"头上盖,反穿皮袄毛朝外,都是为了防寒。烧炕是东北地区御寒的主要措施,烟道的设计上要求穿过全屋,直到山墙根引出,这样可以充分利用热能。由于冬天室内外温差大,屋外温度在0℃以下,故窗户纸必须糊在窗外,使其处于永冻状态,不易破损。如果纸糊在窗内侧,室内暖气把冰霜融化,纸很害易破损。东北毡帽四边有长舌,随时可以翻下来防风保暖。用山羊皮做的皮袄反穿时,粗直的羊毛朝外比较舒服。长期以来,由于缺乏新鲜的瓜果蔬菜,酸菜便成了东北人民冬半年的当家菜。随着社会的进步,市场的繁荣,如今的情况已大为改观,"大缸小缸腌酸菜"作为当地的民俗只留在人们的记忆中。十七八岁姑娘叼个大烟袋,反映东北的冬季严寒漫长,农闲时间相对也长,为了农闲消遣,女工也养成抽烟的习惯,东北姑娘叼个大烟袋与南国温暖气候中妇女的勤劳(光着脚丫下田劳作)形成强烈的反差。此外,东北的"两奇"——棒打獐子飘捞鱼,野鸡飞到灶窝里;东北的"三宝"——人参、貂皮、乌拉草,都是高寒气候的产物。如哈尔滨的冰雕、吉林的雾凇等都是寒冷天气形成的结果。

寒冷气候对民俗还存在间接的影响。如西北关中地区的"面条似腰带"、"锅盔像锅盖"、"泡馍大碗卖"、"辣子也是一道菜"四个饮食风俗都间接地与寒冷气候有关。这些食俗既反映了寒冷气候条件下麦区面食为主的习惯,又反映了西北人民在寒冷气候下形成的豪放性格和简朴生活,从中折射出西北大地"古道西风冀北"之雄浑粗犷的自然景观。至于用牛、羊肉浓汤制作的泡馍,则深受游牧民族饮食文化的影响,是寒冷气候区域内人与西北草原环境的高度协调统一的独特饮食风俗。

二、日照

处于台湾海域"雨影"区的平潭县域,日照较为充足。据 1954 年至 1993 年观测资料统计,全年日照时数达 1869.5 小时,日照百分率 42%。尤以 7 月—9 月日照时数最多,日照百分率分别为:67%、61%、56%。因而,提供了丰富的观赏海上日出、日落的资源。县域旭日景与夕阳景随处可见,美不胜收。尤以盛夏 7 月,日照可达全年 15%左右。凌晨登临县域的临海高处,极目远望,海天之间开始闪现鱼肚色毫光,东方欲晓,不一会,天边出现一抹朝霞,红光四射,紧接着碧波托起一轮旭日,在霞光中冉冉升起,起先状如弯镰,后似满圆火红的玛瑙球,离开了地平线。这时云霞璀璨,或为金黄,或为橘红,化作万道金光,散落在天际海涯。近处看,被晨雾缭绕的岛礁,犹如罩上轻纱,其色忽如紫翠,忽如青红,有一种扑朔迷离的情趣,游人怎不为此情此景叹为观止!县域内的黄昏夕阳佳景,也十分令游客心旷神怡。每当落日余晖凝成了天边晚霞,大海、渔港、村舍、山峦披上了金色盛装,给游客以"夕阳无限好"的感受。满载丰收喜悦的晚归渔轮,在金色的大海中劈波斩浪,溅起万缕金丝,怎不令游客陶醉于"平安夕照"的美景之中。

与旭日、夕照相伴而生的霞景,它是日月斜射天空时,因空气层的散射作用和受天气现象及时辰影响,使天际的云层呈现黄橙红等彩色的自然现象。而阳光穿过云雾射出色彩缤纷的光芒即称霞光。霞与霞光多与旭日、夕阳、山水、云雾相伴相随,常有的类型有朝霞、晚霞、彩云、雾霞等。这些瞬息万变,七彩迸发的霞景,对游客有强大的吸引力。游客可以在观赏"朝霞旭日"、"晚霞夕照"中得到情感交融的美的享受。

阳光、大海与云雾孕育了绚丽多彩的旭日、夕阳景观,更造就了岛域"海市蜃楼"奇观。海市蜃楼源于气温在垂直方向的剧烈变化,导致空气密度在垂直分布上显著变化,通常在水气凝重、云飘西天的条件下,引起太阳光线的折射和全反射现象,把远处景物显示在空中或海面上,从而在游人眼前造成奇异的幻觉。这种反映天气变化的自然景象称之为"海市蜃楼"。由于平潭县域位于东海之滨,有形成"海市蜃楼"奇景的丰富资源,且多为清晨所见的"上现蜃景"。县域"海市"奇观时有出现,在群众中广为流传,且有文字记载。据旧《平潭县志》(109页—110页)记述,道光二十三年(1843年)五月三日凌晨出现于东库岛将军庙负山南向海面上"蜃楼"奇景:时有云气、浊浪、城郭、街市、宫室、台观、屋宇、林木、人物、车马、冠盖、射骑、弓矢、游猎,历历在目,直至"日轮渐高,阳光烘热,海雾尽收,巨泡忽爆裂消散平息,依然水净如练,波平似砥,无复有遗存矣"。历时自寅至卯约一时许。其上所述"海市"之美妙绝伦,胜于久负盛名的山东蓬莱仙阁所见"蜃楼"景观。由于这个奇观纯系特定时空与气象条件孕育形成,且瞬息即逝,为不负游客探觅揽奇之心,今后应采用当代日臻完善的电子技术详尽记录"海市蜃楼"全过程,从而充分开发这一奇异的旅游资源。

三、雨、云、雾

平潭县域梅雨季5月—6月,平均降水量420.6毫米,占年降雨总量的36%;降雨日平均达29天(1953年—2004年)。降雨既是气象的重要因素,也是具有育景、造景功能的自然美景之一。梅雨期,海、天、岛、礁或被濛濛细雨笼罩,浑然一体;田野、村舍、林带、沙滩、海岸忽隐忽现,只有偶尔显露真面目,海天岛礁越发神秘莫测,难以捉摸。这种意境,让游客观后获得朦胧美。集陆地、海洋于一身的平潭县域这种朦胧美更为丰富。又因梅雨的特点是:雨日持久,细雨濛濛,少见晴日,雨时的海域、岛礁烟雨弥漫,是一幅层次分明妙绝的天然画卷。雨过天晴,大海岛礁、林带明净如洗,空气清新,大自然的一切景物格外明快、清晰。雨后常见彩虹横空,更富有诗情画意。游客身临其境,足以领略"水光潋滟晴方好,山色空濛雨亦奇",还能激起多种情思:"春雨贵如油"、"江南烟雨"、"雨后春笋"、"雨意绵绵"、"巴山夜雨"其意境耐人寻味,兴味盎然。

平潭县境云雾日,年平均(1953 年—2004 年)可达 130 天左右,其中雾日约 23 天,多集中于春季。云雾积聚迅速,流动急剧,瞬息万变,形成了云雾奇观,是吸引游客的另一胜景。浮云飘雾在我国众多名胜中形成了观览价值极高的景色。如主岛凌晨云雾从君山岭谷、岸边嶂壑里冉冉升起,山峦岸峰在轻纱中忽隐忽现,时而似大海波涛,汹涌澎湃,时而悠然飘逸,从游客脚下徐徐穿行而过,或进出于窗、门之中,令游客宛若置身于虚幻缥缈的"仙境"中云游。海坛岛云雾更有其妙绝之处:它俱声、俱色、俱香,可与蜚声海内外的庐山云雾媲美。这里的大海、林带在云雾遮罩下,不见其形,但在急剧飘动的云雾中,海涛、林涛组成的交响曲却清晰悦耳,扣人心弦。云雾在海岛骄阳的照射下发出五光十色的彩带,似斑斓彩练飘舞于大海、蓝天之间,集秀谷、山峦百花芳馨,大海的清新,林带的幽香,令人陶醉。每当雨雾之时,岛域最高峰君山,常有乳白色云带束于半腰,夏日阴晴变幻之时,也常有白云悬顶,它们宛如玉带系腰,白练当空,更伴有朵朵白色浮云,上下飘动,此情此景不是"苍山玉带",胜似"苍山玉带"。古代的平潭文人称君山上绕峰穿谷的云彩为"岚气",以此平潭别称"东岚"。特殊的自然景观哺育出平潭境内的云霞雾霭,更显波澜壮阔,游客观之无不心潮澎湃,豪情横溢。海岛早春,隆冬的雾凇,与动植物的躯、羽、花、叶成了有序、对称、均衡、和谐排列,使游客观赏的景物各部分联系紧密,相互陪衬,更突出了观赏主体,形成了气韵生动、完美、协调的结构美。令游客赏心悦目。

四、干湿环境

平潭县域除梅雨期外,干湿环境良好,从而为潮湿南方提供难得舒适的旅游环境。每年5、6两月梅雨期降水量为420.6毫米,占年降水量的36%。7月—9月受西太平洋副热带高压控制,天气多晴,盛行西南季风,仅遇台风才能形成台风雷阵雨,平均降雨量为320.3毫米(1953年—2004年),占年降水量的27%,该时期比同期邻近的内陆气温低3℃—4℃,且盛行凉爽宜人的西南海风,这一优越的气候资源,加上洁净的海滨沙滩,广宽葱茏的防风林带,是内地游客到此避暑、度假的高峰期。秋、冬(10月至翌年1月)少雨季,降雨量136.7毫米,占年降雨量12%。在环岛海滨防风林带中(以海坛湾林带最为典型),小气候环境优良,一般日最高气温达20℃以上,这里林木葱翠,阳光明媚,百花争艳,微风轻拂,林间鸟语啾啾,生机盎然,置身林中,确有不是春日,胜似春日之感。游人到此除了尽享南国春日的温馨外,还可倾听冬日林涛、海涛的诉说,因而即使是在这一季节,在县域内的主要旅游度假胜地,如龙凤头度假村等,只要旅游设施完好,仍然可为游客提供避寒、娱乐、观赏的佳境。

五、风

风是空气相对于地面的运动。它是气象变化的主要因素之一,也可直接造景、育景。风的造景功能系通过游客的感官而体察、认识它对景物的作用,从而获得它的动态美。如在风的作用下,形成的湖海波澜,林海松涛,云雾飘逸,花海飘香。

它既使景物活灵活现,又令景物变幻莫测,从而增进了游客对景物的逸趣和吸引力。县域春、夏、初秋盛行西南海洋性季风,它带来了柔和、清爽、舒展的感受,令游客顿生惬情快意。县境秋、冬盛行西北风,且风力资源丰富。据1953年—2004年资料统计表明,城关地区7至8

级大风日数平均为 94.3 天/年,县域其余地区一般要超过 100 天/年,尤其台风与其所带来之雷暴雨,常会阻碍旅游活动,甚至破坏天然美景,但其丰富的能源孕育了县域山地的奇峰异石,沙滩上细沙在风力作用下形成薄雾轻纱,急剧流动,或形成缥缈雾霭;或形似炊烟袅袅,瞬息万变,景象万千。游客怎不为此情此景流连忘返。风还为本县成为我国新能源利用实验基地(风力发电)提供了前提条件。全县位处海坛海峡和台湾海峡之间,受大陆与台湾省形成"狭管"的影响,从而全部岛礁风速大,风向稳定,风力资源雄踞全国前列。据县域 14 个台站测试资料统计表明:全县年平均风速为 8.8 米/秒,但旅游季节,特别是旅游旺季,风力一般小于 5 米/秒;风速最大的君山地区达 13.9 米/秒,风能密度达 2678 瓦/平方米。全县平均大于 5 米/秒的年有效风速时间近 6500 小时,占全年小时数的 76%。盛风期出现于每年 9 月至翌年 2月,平均风速为 10.4 米/秒;其余 3 月—8 月平均风速为 7 米/秒。来自世界各地:美国、英国、法国、比利时、荷兰、丹麦等风力专家,一致认为平潭县是世界上少有的风能最佳区之一,因而被国家科委列为新能源试验岛。早在 1976 年,于城关乌石山、莲花山建成以科研为主兼顾生产的风力发电实验站,该站拥有风力发电机组 30 余台,其中 200 千瓦机组 5 台,55 千瓦机组 1 台,总装机容量 1070 千瓦。来主岛城关的游客,首先映入眼帘的是屹立于楼宇、林海之巅的风力发电装置,这从另一侧面体现了风的造景功能。

纵览该县的气象和气候环境,不难看出县域属典型的亚热带季风区,冬无严寒(极端最低气温 0.9℃),夏无酷暑(极端最高气温37.4℃),且全年冷、热、干、湿、风等环境均为旅游造景、育景提供了有利前提,造就了避暑、避寒的优越旅游天地。

六、旅游气象景观

大气中的光象:光主要指阳光和月光,包括朝霞、旭日、夕阳、蜃景、海火、虹、晕、华、峨嵋光、北极光等,此外,"西昌月"、"三潭印月"、"月照松林"等月光景色,都是具有观赏价值的光象。距四川省"雨城"雅安市 50 多公里的瓦屋山上，有一景点名为睹光台，游人在此可看到奇特的"佛光"、"圣灯"，天气晴好的早晨，睹光台四周云遮雾绕，眼前一片白茫茫。随着时间推移，一轮金灿灿的红日从云海中慢慢浮起，光彩夺目，霞光四射。就在游人欣赏美景之时，前方隐隐出现了一大团多彩圆光，圆光倚在锦云之上，环中虚明如镜，观者唯见自身现于环中，人动环动，人停环停，举手投足，影随人移，因其形极像大佛，故名为"佛光"。若当日晴夜，大风吹起之时，睹光台东面还会出现银灯、宝烛、金船等，名为"圣灯"。"圣灯"与星月交辉，忽明忽灭，随风飘荡，观者用手承接，却原来是腐败的树叶。因"佛光"、"圣灯"少见而奇特，游人至此莫不惊叹不已。

其实，这种气象景观在多雾的山区常会出现。早晨，人站在山顶上，当背后有太阳光线射来时，他前面弥漫的浓雾上就会出现人影或头影，影子四周常环绕着一个彩色光环，这个光环气象上称之为"反日华"。它是光线射入雾层之后，经过雾滴反射，当反射光的波长与雾滴的大小相近时，光线就会向雾滴后面传播而发生偏折，使光呈现色散现象。由于太阳光线是由红橙黄绿青蓝紫 7 种光谱组成，其中，红光波长最长，紫光波长最短，在太阳光线发生色散时，波长最长和最短的光因处于光的最外层和最内层，被"保留"了下来，而其余的光都被"压缩"了。因此，我们肉眼看到的人影周围的光环通常都是外红内紫的彩色光环。至于"圣灯"，它与"佛光"的成因相类似，只不过"圣灯"是月光照射飘舞的树叶、杂草、经雾滴反射，反射光再经色散后形成。长期以来，瓦屋山"佛光"、"圣灯"一直被迷信者认为是菩萨显灵而顶礼膜拜，气象工作者揭开"佛光"、"圣灯"面纱后，到瓦屋山睹光台烧香拜佛的"信徒"才逐渐稀少下来。

雨雪景观，在大自然形成降水过程中，可以产生云、雾、雨、雪等多种景观，如"烟花三月下扬州"的雨景，"不识庐山真面目"的云雾景和"千里冰封，万里雪飘"的冰雪景，以及吉林树挂、晶莹透亮的雾凇等。

与风有关的气象景观，游客可通过感官感受其美。如"春风杨柳"、"白水秋月"、"黄柏松涛"等都会给人们以舒适美悦的感觉。

气象类型:避暑型气候。将世界的避暑城市与避暑旅游区分为三种类型,即 A 高山、高原型,如菲律宾的碧瑶、我国的庐山均属此类型;B 海滨型,如大连、青岛、北戴河等旅游城市;C 高纬度型,如挪威的哈默菲特、我国的漠河等地,均因纬度高,夏无酷热成为避暑胜地。

阳光充足型气候。阳光是重要的气候旅游资源,地中海沿岸各国,利用副热带地中海气候,即日照时间长,阳光和煦的特点,建海滨浴场旅游区,成为世界上著名的旅游胜地,极圈"白夜"也是一种阳光旅游资源,"白夜"在地理学上叫极昼,现在,北欧诸国每年夏季都要接待数以万计的旅游者,其中不少人的旅游目的,就是为了体验"白夜"的生活。

七、旅游气象气候的特点

多变性和速变性:大气中的物理现象和过程,往往变幻无穷,所谓"一山有四季"、"十里不同天",都说明气象和气候的多变性,其速变性则多体现在雾、雨、闪电、光等要素上,典型的景象如宝光、蜃景、日出、霞光、夕照等,旅游者只有把握时机,才能观赏到佳景。

背景性和育景性:气象要素虽然有直接观赏价值,但在许多时候,它都不像地貌那样具体形象,富有实体感,也不像水景、花木景那样直观,可以体验,因而常成为人们观览其他风景的背景和借景加以利用。此外,气象气候还具有造景、育景的功能,即在不同的气象和气候条件下,可以形成不同的自然景观和旅游环境,如西北沙漠的城堡、风蚀群,南方的热带景观,北方的冰雪景观,山地云雾瞬变景观,海洋的蜃景等,所以气象气候具有育景功能。

节律性和导向性:由于气候的年月日周期性变化,旅游活动亦随气候变化同样出现淡季、旺季的节律变化和客流的导向性规律变化。例如夏季,位于炎热地区的人们向北方气温凉爽的地区流动;冬季,位于严寒地区的人们向温暖阳光的地方移动,这种客流的导向性规律,就是受气候节律变化影响的结果。

八、气象气候要素对风景区开发的影响

气象气候是风景区开发的重要背景因素之一。在各旅游城市,旅游区里,都有各自不同特点的气象气候因素和条件,旅游开发者在制订规划时,必须全面综合研究该地的气象气候资料,对其有利和不利条件进行如实评价,根据气象资料提供的条件,设计和安排适合本地气象气候因素的旅游项目和设施,如吴章文通过对桃源洞国家森林公园的舒适旅游期进行研究,得出:在桃源洞国家森林公园内,人体感觉舒适的天数为 114 天,舒适旅游期达 196 天,主要集中在 5 月—10 月,是湘中旅游季节最长的地方;在森林公园境内,盛夏季节一昼夜内的人体感觉舒适的有效温度等级持续时间长达 22 小时,气候环境比相邻的炎陵县城及公园外的许多地区优越,是召开会议、度假、疗养和避暑旅游,以及夏季体育训练的理想去处。

九、旅游气象气候障碍

冷、热、干、湿、风、云、雨、雪等气象气候要素,虽然都具有造景育景的功能,但其中的严寒、炎热、台风、冰雹、灾害性雷暴雨等天气现象,却会破坏自然景观,影响旅游活动。据研究,湖南桃源洞国家森林公园的旅游气象障碍主要是冰冻,其次是暴雨和洪涝。厦门、海南的旅游气候障碍是台风,丹东的旅游气候障碍是暴雨等。为了减少这些旅游障碍带来的负面影响,各旅游区应作好天气预报,合理安排旅游项目,加强旅游和交通安全教育,同时要善于趋利避害,以获得最佳旅游效果。

第 2 节　气象和气候要素对旅游活动的影响

从上述风景气象和气候的特点看,构成气象气候的各要素,如冷、热、干、湿、风、云、雨、雪、霜、雾等,不仅具有直接造景、育景功能,而且是人类旅游活动的基本条件。其影响主要表现在下列几个方面:

一、影响景观的季相变化

自然风景是由山水林木花草和气象等各要素共同构成的。其中山水动植物等因素只影响空间景观形态,唯气象和气候,既影响一地的空间景观结构,又影响自然风景的季相变化。这是因为气温、降水、风向风速等天气现象在一年四季内有不同的变化所致。以我国为例,夏季气温南北方差异很小,全国普遍出现高温状况。在夏季风集中降水的影响下,我国各地出现一片葱绿喜人的景观;冬季,全国大部都在"极地"大陆气团的控制下,东部平原地区的气温,受太阳辐射所决定,南北温度梯度相差悬殊,北方一片冰原雪岭,寒冷干燥,南方花草溢香,气温宜人。春秋两季处于冬、夏过渡季节,北方的春季尚在变性极地大陆气团控制之下,天气干燥少云,地面接收的辐射多直接用于增温,故升温亦快;江南地区正值清明时节,多云雨天气,地面所得辐射相对减少,升温就慢。但是,南北方都处于生机勃勃的景象,成为旅行最佳时节。秋季在北方低空"极地"大陆气团基本上替代了热带海洋气团,而南方高空仍有副热带高压活动。在这时节,我国南北绝大部分地区都是秋高气爽的天气。金风送爽,湿润适宜,真不失为旅游佳季。由此可见,全国各地四季均呈现不同的自然景观。这种季相变化最显著的表现莫过于植物景观。如东北五大连池,春夏有瑞花野草点缀,加上不同树木的色彩变幻,景观意境,颇为丰富;秋天有紫红的柞树,黄绿色的樟子松,色彩秀丽,极飨游人;冬天桦林片片,白雪压枝,意境颇富诗意。可见,这种季相变化均是由气象、气候诸要素决定的。

二、影响旅游流的时间和空间分布

旅游流的时间和空间上的分布不平衡,原因是多方面的,但气象和气候因素是基本的因素。在世界范围内,为什么旅游热点多在地中海沿岸和加勒比海一带,就是因为那里气候温暖,有充足的阳光和适度的海水,为欧洲寒冷,潮湿,少阳光地区的人们提供了避寒,娱乐的佳境,在此,气候成为决定的因子。又如我国的昆明,广州及太湖地区,所以能成旅游热点热区,除了旅游资源丰富,旅游设施较好等原因外,还有气候的因素,这些地方气候宜人,风光明媚,对全国游人有极大吸引力。海滨城市,夏季凉爽,可以避暑,也与气候因素息息相关。五岳名山,佛教圣地,夏季游人如织,除了丰富的历史文化景观吸引外,还因气候凉爽,适宜消夏避暑这一重要因素。总之,由于气象、气候的影响,在世界各国范围内,都出现了一些旅游热点热线;同时也出现了一些冷点冷线,形成游客空间分布的不均衡性。

长沙是一个四季均可游览的城市,四季游人比例相差不大,表明该地气候条件比较优越,故春夏秋游人均比较多,冬季略少,但也占有相当比重。而杭州西湖就截然不同了,春季和秋季是两个明显的高峰,尤其是 4 月份,游人形成特高峰,说明那时气候最佳,最适于游览活动。但是这种旅游高峰,逐年也是有所变化的。如 1998 年的西湖 4 月份的高峰比 1979 年 4 月份的高峰来得更加突出,说明随着旅游事业的发展,这种旺季旅游的趋势还在不断强化。

三、影响旅游区的布局

气候优劣条件是旅游者选择游览目的地和路线的重要因素,尤其是那些夏季避暑和冬季避寒胜地,更是游人追逐的对象。世界各国为适应游客的这种心理需求和动向,有计划地布局了一些旅游气候适宜的中心城镇,从而改变了原来的旅游点区位面貌,而且随着旅游业的大规模发展,这种向避暑避寒地旅游发展的趋势还会有所加强,特别是炎热的地区,一般把避暑地选在山上水边。我国许多避暑胜地都选在中山以上,那里气温比山下平地要低得多。世界避暑的趋向是在向海拔高的地盘发展,在那里建立的避暑城市,旅游胜地越来越多,这对旅游布局有极大的意义。除了避暑外,还有冬季避寒胜地的选择问题,据世界旅游专家们评价,世界最好的避寒胜地有 10 个:即①巴巴多斯;②佛得角群岛;③向风群岛;④尼加拉瓜;⑤巴基斯坦;⑥沙巴;⑦沙捞越;⑧苏里南;⑨多哥;⑩瓦利斯和富图纳群岛(大洋洲)。我国最好的避寒旅游胜地是海南岛、北海等。

四、影响游客的观赏效果和舒适度

游人在一个风景区内游览,常常是根据该风景区提供的景点数量、规模和路线以及游人出游的可能假日等安排的。如果在出游时间内天气和气候条件均很理想,那么他的游览活动便可按原定计划顺利地进行,旅游目的也会完满的实现。如果遇到不利的天气,如连续降水,雾日,大风暴等,都会给游人带来不幸,不仅游程无法如期安排,而且直接影响观赏效果,甚至人身安全。所以气象和气候条件是开展旅游活动的双重因子:一是有利的因子,即适宜的气候,可以促进旅游活动,提供完满的条件;一是障碍因子,即恶劣的气候,给游人活动带来困难。古人讲:"出师不利",用在旅游上,就是"天不如愿"意思。当然,一次出游,往往并非都遇上好天气,也并非都遇上坏天气。很可能好坏天气都有,这就要求旅游者在安排游程时,要把气象气候因素考虑进去,以便争取主动权,变被动因素为主动局面,应付不测风云,做到有备无患。

气象条件对游览效果的影响,除了总游览计划外,对每次有特定目的的游览效果和气氛也会产生直接影响。如观日出,观日落,观彩霞,观极光,观高山宝光,观海市蜃楼等特定观赏项目,就要视天气条件是否如愿以偿了。这些项目常常要求有瞬间的美好天气条件,如观日出日落时刻无云无雾,能见度最佳;观极光要夜空晴朗;观高山宝光要有薄雾和适度水汽条件;观海市要西天有云,水汽浓重等。总之,只要具备瞬间天气条件,这些项目的观赏效果就会得以保障,不会乘兴而去,扫兴而归。

气象和气候条件还可影响游人的舒适度。如天气连续闷热无雨,常会使游者烦躁不安,暑热难当;在闷热之中落上一场美雨,不仅可以降暑增爽,还可造成某些观赏背景,如雨景,云雾景等。又如海滨游泳,需要有好的天气,阳光充足,水温适度,使水浴光浴和沙浴有效的结合起来。否则阴雨连绵,水沙不暖,游者无不感到扫兴。目前国外专门有人研究这种气候舒适度。

五、影响风景区的功能和旅游项目的性质

任何风景区都有自身独特功能,如以观赏为功能的风景区,以疗养为功能的风景区,以健身为功能的风景区,以科学考察为功能的旅游区等。这些具有不同功能的风景区,均与气象和气候条件分不开。上面讲的天气影响游览效果的情形,就是以观赏为功能的风景区受气象因素制约的例子;以休养疗养为功能的旅游区,都要求有适宜的气候条件相配合,以提高疗养效果和质量。过去人们只注意气温与休憩疗养之间的关系,不大重视湿度、风等气象要素的作用。如烟台附近一带,由于夏季以刮离岸风为主,不仅具有温度偏低和变化和缓等一般海洋性气候特点,而且同时兼有不高的相对湿度,其疗养价值往往高于面对东南季风的大连、秦皇岛和青岛等地。以健身为功能的风景区,如游泳划船登山等,都要有适宜的天气条件配合。游泳要有阳光,水温适度;划船要风浪小,水面平稳;登山要求高空风速小,无降水日照长,气温不过低等条件。

气象和气候条件对旅游项目的性质,内容影响颇大。如以户外为主的旅游项目,在遇到不利天气条件时,可调整为室内娱乐或参观项目,或者改为洞穴旅游。又如以健身为性质的体育旅游活动,根据不同的天气条件,可变换其游览项目,使观赏及考察内容尽可能适应气象和气候条件。

对于一个旅游者,在出游之前,也可以根据气象气候条件,选择适合的风景地和游览内容。如要以避暑为主,就要选择北方,海滨高山风景地;以疗养旅游为主,就要选择具有不同疗养效应,天气适宜的疗养场所。有泥石流和洪暴危险的旅游区,尽量不要安排在雨季;干旱区的旅游活动,要尽量避开气温最高的季节;去长江流域旅游还要考虑梅雨的影响。总之,做一个好的旅行家,要善于观察气象,掌握各地气象气候条件,因地制宜,因时制宜地调整旅游项目和内容。

气象和气候条件,是风景区开发的重要背景因素之一。各旅游城市旅游区点,都有各自不同特色的气候因素和条件。旅游开发者在制

订规划时,必须全面搜集和研究该地的气象气候资料,对其有利和不利之处进行如实的评价,以便根据气象资料提供的条件,设计和安排适合本地气候因素的旅游项目和设施。我国各风景区的气象气候条件很复杂,开发时必须加以总体分析和对比,以找出本区的气候特色和影响旅游的诸项因子。如大连的气候条件,经大量气象资料分析,可以得出其优越条件是:四季分明,气候温和,空气湿润,降水集中,季风明显,水温适度。是开展观赏,避暑,休疗,健身旅游的好地方。

第 3 节　中国著名旅游城市气候

北京

四季分明,夏热多雨,秋爽冬寒,春短干旱。1 月平均气温 – 5℃ — 10℃,7 月 24℃—26℃,年较差 15℃—30℃。无霜期约 6 个半月(4 月初起)。年降水量 500 毫米—700 毫米。北京旅游四季皆宜,不同季节有不同的游览景点。但要注意春短风多,夏季气温高达 30 度以上,秋季是北京最美丽的季节,此时秋高气爽,风和日丽,是旅游的极好时机。同时,北京也是我国政治、文化、经济中心,名胜古迹很多,可以说一年四季都是游人如织,热闹非凡。

天津

四季分明。一月平均气温 – 4℃—6℃,七月约 26℃,最高曾达 39℃。无霜期长约 6 个半月(4 月初起)。年降水量 500 毫米—700 毫米,70% 以上降水集中在夏季。天津与北京相邻,冬季的最低气温略高于北京。旅游四季皆宜,不同季节有不同的游览景点。秋季是旅游的黄金季节。再加上北京和天津的城际高速,非常方便,给天津的旅游业带来发展前景优越的空间。

呼和浩特

干旱大陆性气候。夏季温凉短促,冬季寒冷期长约 6—7 个月。1 月平均气温 – 10℃ 以上,7 月 20℃—23℃。日较差大,大陆性气候明显。年降水量 300 毫米—400 毫米。呼和浩特冬春干旱、多沙尘暴,6月—9 月是旅游的黄金季节,内蒙古夏季草原昼夜温差近 20℃,应备好长衣、裤。

济南

属暖温带半湿润季风气候,春旱多风,夏热多雨,秋晴高爽,冬寒干燥。1 月平均气温约 - 4℃,7 月约 28℃。河湖结冰期 12 月下旬至翌年 2 月中旬。济南旅游四季皆宜,但欲观闻名的趵突泉一般应在 2 月、3 月和 7 月、8 月、9 月;如到附近的泰山游,以 4 月—11 月为佳。冬季要有积雪时,景色才出奇。

上海

四季分明,夏季湿热,冬季寒冷,最冷 1 月平均气温 3℃左右,最低气温可达 –5℃—7℃,最热 7 月平均气温 27℃左右,7 月—8 月最高气温可达 36℃,极端最高气温曾达 40.2℃。无霜期长约 8 个半月(3 月底起)。年降水量 1100 毫米,6 月中旬至 7 月上旬,约有 20 天阴雨连绵的梅雨期,7 月—9 月沿海常有台风侵袭,并伴有暴雨。上海旅游一年四季皆宜,最好避开梅雨期,夏季游注意收听气象部门关于台风来临的警报。

海口

海口属热带湿润季风气候。气温年较差小于 15℃,具海洋性气候特征。1 月—2 月最冷,平均气温 17.2℃,7 月—8 月最热,平均气温约 27℃,年日平均气温都在 10℃以上。年降水量 1500 毫米—2000 毫米。11 月到翌年 5 月是旅游的最佳时节。海南岛的东部被称为“台风走廊”,因此夏秋旅游别忘记收听气象部门发布的台风警报。

武汉

武汉属北亚热带湿润气候,1 月平均气温 4℃,7 月 28.8℃。武汉市有“火炉”之称,最高气温 35℃以上的炎热天有 22 天,此时相对湿度在 70% 以上,气候闷热,是我国夏热中心城市之一。武汉夏季酷热,三伏天昼夜温差极小,武汉旅游应避开高温期,秋季旅游是最佳季节。

黄山

黄山气候温暖湿润,四季分明。1月平均温度 - 3℃,最高温度 26℃,最低 - 6.2℃;7月平均温度 17.6℃,最高温度 26℃,最低 15.3℃。

黄山一年四季皆宜游览,景色各异,特色诱人。山脚和山顶气温相差大,要注意备足防寒衣物。特别是冬天观雪景。

黄山是闻名世界的旅游风景区,其独特的自然景观吸引着无数中外游客前来观光游览。黄山的自然景观是由山体景观和气象景观相互映衬、叠加构成的,人们在赞叹黄山的奇松、怪石的同时,更为神奇多彩、变幻无穷的气象景观所陶醉。

云海是黄山著名的风景"四绝"——奇松、怪石、云海、温泉之一。游览黄山的人们都以目睹云海为快。站在半山腰,抬头仰望,只见白云滚滚,银浪滔滔,使人感觉像腾云驾雾,如入仙境。登临峰顶,站立云层之上,顿觉视野宽广,仿佛置身于浩瀚的海边。波浪状的云层像大海一样绵延远处,群峰像海上的岛屿,若隐若现地沉浮在无边无际的"汪洋大海"之中。

黄山的云海一般在雨后初晴、受高气压控制,且有逆温层存在时最易形成,这时大气比较稳定,对流不强,云顶高度在几百米到1500米以下。黄山平均每年有52个云海日,11月到翌年5月较为多见,是观云海的最佳季节。夏季因对流旺盛,多不稳定天气,形成云海的机会较少。观赏云海宜在峰顶,视野开阔之处,一般选择海拔1600米左右的风景点,其中尤以玉屏楼观南海,清凉台观北海,白鹅岭观东海,排云亭观西海景象最为壮观。

黄山的雾,飘忽不定,变幻无穷。有时从山谷中冉冉升起,忽而从半空中轻轻掠过,一会儿黑压压翻腾不已,突然间升高变得薄如轻纱。浓雾迷幻,加上挺拔、陡峭的山峰,使黄山风景增加了神秘的色彩。

黄山多雾,全年平均有雾日256天。其中夏季最多有76天,特别是7、8月份,平均每月雾日高达26天,春季69天,秋季有61天,冬季最少为 50 天,但每月平均也有 16 个雾日。黄山的雾大致可分为两种,一种是夜晚地面热量向外辐射,空气迅速冷却形成的辐射雾,另一种是空气沿山坡上升导致空气温度降低形成的上坡雾。由于黄山地处中纬,距海不远,水汽丰沛,加之峰高林密,层峦叠嶂,沟谷纵横,地形复杂,所以黄山不仅雾多,而且形成的雾千姿百态,变幻奇特。

黄山有了云雾,一切都变活了,它与山峰、与日月、与风雨、与林木联系在一起,动静结合,姿态万千,造成了黄山景色四季之不同,瞬间之变幻。

哈尔滨

隆冬 1 月平均气温约零下 22 度,盛夏 7 月的平均气温约 21 度。年降水量在 450 毫米—700 毫米,夏季占全年降水量的 60%。哈尔滨四季可游,但冬季(12 月—1 月)、夏季(7 月—9 月)两季是最佳季节。冬季银装素裹,到处可以看到与江南水乡迥异的冰天雪地景色;冬季其景其情虽然不及春天的浪漫多姿,却有其独到的情趣。远看苍龙皓首的雪峰、弓弯鳞次的雪田、浅深眩晦的雪壑;近观却是凤尾倒垂的雪松,丰条扶疏雪草、冰枝积结的雪树。这正是"银色三千界,瑶林一万重"。而游冰城哈尔滨,璀璨夺目的冰灯宫雕,晶莹剔透的艺术品,能使你流连忘返,仿佛置身于神奇的童话世界中。冬季的风虽然寒冷,但是,冬季的空气却无比的洁净。当你去走一走,看一看,得到的是温暖的感受、温馨的体会。夏季气候宜人,是避暑的理想去处。

乌鲁木齐

是世界离海最远的城市,干旱少雨,明显的大陆性气候。1 月平均气温 –15.2℃,7 月—8 月为 25.7℃;年平均降水量 194 毫米;春秋短、冬夏长,昼夜温差大。

6 月—10 月是到乌鲁木齐旅游的黄金季节。此时温度适宜,花木争艳,瓜果飘香。注意即使是初夏和秋季到这里旅游,也应适当的带上防寒衣物。

银川

四季分明,冬长严寒,夏短少雨。昼夜温差大,全年日照达 3000 小时。1 月平均气温约 −8℃,7 月约 22℃。无霜期长 5 个半月左右。年降水量约 700 毫米,夏季降水占 60% 以上。

银川是典型的大陆性气候,雨少、干燥,风大沙多。最佳旅游季节为 5 月至 10 月份。5 月至 8 月应准备夏秋两季服装,9、10 月份应携带冬装。

西宁

西宁日温差大,年温差小。1 月平均气温约 −15℃,7 月约 16℃,无霜期约 6 个月(始于 5 月初);年降水量 400 毫米左右。西宁旅游,春、夏、秋皆宜,但夏季是最佳季节。夏季气候凉爽宜人,是理想的夏游避暑胜地。若到其西 150 公里处青海湖旅游,夏季的日平均气温 10℃左右,中午最高温度 22℃,盛夏 7 月的夜晚气温可达 2℃左右。心脏病患者应注意,这里的海拔 3200 米左右,比海平面缺氧约 20%,春秋旅游防寒衣必备。

兰州

地处中国地理的几何中心,有"陆都心脏"之说,地处山间盆地,形成"夏无酷热,冬无严寒"的独特气候。1 月平均气温 −6.9℃,7 月为 22.2℃,最低气温在 −13℃ — −16℃ 之间;7、8 月平均最高气温 29.2℃,秋季月平均最高气温和月平均最低气温分别为 22.1℃ 和 10.7℃;冬季日平均气温稳定在 0℃ — −8.2℃。年降水量 328 毫米,无霜期 179 天。

兰州旅游四季皆宜,3 月—9 月最佳。但这里气温日较差大,应根据季节不同,适当带些防寒衣物。

拉萨

海拔 3700 米,空气稀薄、少雨多风,日照充足。冬季无严寒,夏季无酷热。1 月平均气温约 −4℃,7 月约 15℃,昼夜温差大。无霜期始于 7 月初,长约 2 个半月。

拉萨海拔高,空气稀薄,每立方米的空气含氧量,相当于平原的62%—65.4%,心脏病和高血压患者不宜前往;3月—10月是到西藏旅游的好季节,这里夏天气压升高、气温、湿度等都优于其他季节。所有季度赴藏旅游,都必须带防寒衣。高原强烈持久的太阳辐射,防晒物品必备。拉萨每年平均日照总时数多达3005.3小时,平均每天有8小时15分钟的太阳。比在同纬度上的东部地区几乎多了一半,比四川盆地多了2倍。这么多的日照,称它为"日光城"并不过分。

"日光城"的雨水并不少,它的年降雨量是453.9毫米,年雨日为87.8天,比东部地区的内蒙古南部、陕西、山西和河北北部、吉林、辽宁西部还要多些,但是它的日照时间反而更长些。这是因为拉萨下雨时间80%以上是在当天晚上8点到第二天早上8点之间,夜雨多,而第二天仍是太阳高照,天气晴朗。拉萨海拔3658米,大气层薄而空气密度稀,水汽含量少,加上空气中不像西北地区含尘量大,大气透明度良好,因此阳光透过大气照射到拉萨,在大气层中被吸收、散射的量也就特别少。拉萨的天空晴朗,阳光特别灿烂而明亮,眺望远处的雪峰,清晰异常。由于大气稀薄,空气分子散射的蓝色光线已大大减弱,暗蓝色或蓝黑色的天空更加衬托出耀眼的太阳。

正因为拉萨太阳既强,日照又长,所以每年的太阳总辐射量高达846千焦耳(202.4千卡)。不仅比东部同纬度上的地区多70%—150%,而且也普遍比西北干旱地区多。

重庆

冬天温暖,夏天炎热。最冷月1月平均气温一般在零上5℃。夏季气候闷热,最热月7月平均气温29℃左右,极端最高气温曾达44℃,是中国长江流域夏日三大"火炉"之一。全年无霜期长达10个月(始于2月初)。年降水量约1100毫米—1300毫米。重庆河谷冬春多雾,有雾都之称,雾日在100天以上,最多可达200天。重庆旅游的最好季度是春秋和冬季,夏季酷热不宜前往。

昆明

四季如春。1月平均气温约10℃,7月21℃—25℃。无霜期2月初起,长达11个月左右。日较差8至10度。年降水量1000毫米—1500毫米,5月—10月降水占全年的85%—90%。昆明的气候四季不分明,但干湿季分明。1月—2月气候温和,是旅游的好季节。7月下旬是彝、白、纳拉、蒙古等族的"火把节"可去昆明附近的石林游览,又可观赏火把节的盛况。7月—8月,全国大部地区天气酷热,而昆明气温在20℃—25℃之间,这里是避暑胜地。

成都

春早、夏长、冬暖;1月平均气温约6℃,7月约25℃。无霜期长达8至10个月,始于(2月初至3月初)。降水量约1500毫米。成都市区旅游四季皆宜,但若到附近的其他地区则因地而异。九寨沟以春末到秋初为宜,9月—10月最佳。春天最低温度较低、变化大,1月平均气温9℃—18℃,夏天平均气温19℃—22℃。7月—8月是雨季,雨具必备。秋季天高气爽,气候宜人,气温多在7℃—18℃,但昼夜温差大;峨眉景区随海拔不同垂直温差大,低山区与平原无大差异,中山区较山下低4℃—5℃,高山区则比山下低10℃左右;甘孜地区的四姑娘山,5月及12、1、2月为最好季节。12、1月平均温度−2℃,7、8月为12℃,5月—10月雨水较多。

贵州

属中亚热带湿润季风气候,冬无严寒,夏无酷暑。1月平均气温不低于5℃,7月在25℃以下。无霜期长达8至10个月(始于2月中至3月初),年降水量1400毫米。到贵阳旅游四季皆宜,若到附近的黄果树看瀑布,最佳的季节是夏、秋两季。此时这里的景色最为壮观,瀑布高约67米,顶宽84米,达全年最高纪录。"地无三尺平,天无三日晴"是对贵州的真实写照。这里多夜间下雨,白天晴天,无论何时去,都必备雨具,适当的多带点衣服。

厦门

地处亚热带,属海洋性气候。年平均温度 20.9℃,最低 4℃;8 月最热,平均气温 28.2℃,最高 36.4℃。夏季可避暑,冬季可避寒,四季皆宜。但如果是夏秋旅游,别忘记收听气象部门发布的台风警报,这里是台风登陆的多发地。

三亚

地处海南岛的南端。1 月最冷季的平均气温高达 20.9℃,7 月—8 月最热,月平均温度约 29℃,已近四季皆夏的常夏气候。到三亚旅游自然要避开盛夏,11 月到翌年 5 月是黄金季节。海南是台风入侵华南的通道,如果是夏秋旅游,应注意收听气象部门发布的台风警报。

丽江

年平均气温 15.1℃,最冷的 1 月平均气温 8.7℃,最热的 7 月为 20.1℃。年平均降水量 1078.9 毫米,冬无严寒,夏无酷暑,四季都是观光的好季节。7 月—8 月到此既观光又避暑。丽江,地处中国喜马拉雅山南麓青藏高原向云贵高原衔接的地带,曾经是中国南方丝绸之路茶马古道上的商业重镇,是古代氐羌族后裔纳西族世代居住的圣洁地方。这里气候宜人,山肥水美,人杰地灵。纳西族在这里创造了用象形文字记载的东巴文化相传至今,建造了历经 800 年沧桑而不衰的丽江古城,传奏了千年不绝的天籁之音纳西古乐、遗存了男不娶、女不嫁的母系社会文化形态。丽江境内人与自然和谐共融,人与人和睦相处,雪山古城、蓝天白云、花海草甸、江河湖泊、小桥流水、纳西人家、田园乡村、牛羊山歌在这里相映成趣演绎出一段绝美的香格里拉梦境。在战乱纷争的 20 世纪上半叶,丽江成了追求幸福、安宁、祥和的人们逃避战争、远离喧嚣的理想地方,成为西方人心中向往的香格里拉。时过境迁,当人类经过高度发达的工业文明后,丽江因历史的遗忘而成为追求精神享受,体验多元文化人们摆脱城市繁杂、缓减生活压力、释放心灵健康的首选地方,成为都市人朝思暮想的香格里拉和旅游目的地。

在旅游业发展过程中,丽江因其独特的文化魅力和资源禀赋,激发了外来旅游者的感知记忆和审美情趣，进一步衍生了香格里拉探秘情结，对其留下了难忘的印象和回归的欲望，构成了亲和、友好的旅游形象。近年来，通过世界遗产申报、文化艺术交流、民族节庆展演、区域旅游合作等途径全方位推广丽江旅游，先后荣获了世界文化遗产、世界自然遗产、世界记忆遗产、欧洲人最喜爱的旅游城市、全球人居环境最佳优秀城市、世界上最值得光顾的 100 个小城市之一、中国最美丽的地方、一生不得不去的 10 个小城市之一、中国历史文化名城、中国优秀旅游城市、中国魅力城市、中国最新锐的城市之一、全国文明风景旅游区、中国大香格里拉生态旅游圈重要门户、国家首批 5A 级风景名胜区、国家地质公园、中国青年首选旅游目的地、中国十大文化旅游品牌等殊荣和桂冠，在国际上树立了口碑较高的知名度和美誉度，塑造了吸引力和竞争力较强的旅游形象，使丽江旅游成为云南旅游的拳头产品和中国旅游的热区乃至世界旅游的品牌，丽江也为此成为新世纪永不消失的香格里拉。

第 7 章

商业与气象气候

第 1 节　气象经济学与气象服务

气象对社会经济活动的影响已为人所共知。社会的各行各业几乎都与气象有或多或少的联系，如农业、国防、交通、建筑、能源、商业、体育等行业对气象条件相当敏感。随着经济发展，社会财富积累日益膨胀，气象灾害事件所造成的可能损失也越来越大。因此，在中国气象与经济的关系逐渐被气象界和经济界的学者们所关注。

气象经济主要被解释为气象服务所带来的效益，包括减少灾害损失和增加经济效益。中国气象局许小峰认为，需要从两个角度理解气象经济："一是指气象条件对经济发展的影响，比如利用气象信息减少灾害损失；二是以气象信息为手段，通过市场需求获利。"华东师范大学计国忠把气象经济归纳为两种形式："一是利用气象预报进行防灾抗灾所取得的效益，如防御热带气旋、暴雨、干旱和人工影响天气等；二是充分利用有利的气象条件进行经济活动所取得的效益，如进行农业综合开发、商业部门利用气象预报进行有益的经营活动等。"可以看出，气象经济主要被理解为气象服务效益。气象经济学的明确定义出现在 1994 年黄宗捷、蔡久忠的著作《气象经济学》中，这也是中国第一本气象经济学专著。我们认为，"气象经济学是研究气象服务的经济关系及其变化规律的科学。研究对象是气象服务产品的生产全过程中所发生的生产、分配、交换和消费的经济活动及其内在联系，气象服务产品生产在社会生产和再生产中的地位、作用,气象服务部门和其他经济部门的依存关系以及气象服务部门的宏观管理等等"。以马克思主义劳动价值观分析了气象产品的运动过程,为中国气象经济学发展打下坚实的基础。但是,随着市场经济体制的建立,中国迫切需要能适应市场经济需要、服务社会经济发展、指导中国气象事业发展的新的气象经济学。

2000 年,马鹤年主编的《气象服务学基础》出版发行。该书对气象服务的一些经济学问题进行了初步探讨。他们引入公益指数来划分公益气象和商业气象,分析了气象服务的投入收益反馈机制,认为基本公益气象应由国家投入向社会无偿提供,附加公益气象服务应实行补偿性的收费制度。而商业性气象服务可完全按市场机制收费。

气象服务效益评价是气象部门投资决策的重要依据,也是有针对性地改进气象服务的依据,还是用户使用气象服务的依据,因而近年来受到各国的重视。但是由于气象服务过程涉及很多因素,其效益除取决于预报的准确程度外,还取决于用户的决策情况,既有有形效益,也有无形效益。而且公共气象服务作为公共物品,无法表达出用户的真实需求函数,这是公共物品市场的天然缺陷。1996 年的气象服务效益研究课题组对气象服务效益进行了界定。"公众气象服务效益指广大公众利用从各种公共媒体中获得的气象信息,合理安排日常生产和生活而带来的收益和减少或避免的损失。行业气象服务效益指通过各种形式,为某个行业、某个部门或某个单位提供气象服务,使这些用户利用气象信息趋利避害而取得的效益和减少或避免的损失"。

①公众气象服务效益评估在广泛的社会抽样问卷调查的基础上,分别采用自愿付费法、"影子"价格法、节省费用法 3 种方法进行评估,得出全国公众气象服务效益约为 92.24 亿—101.03 亿元人民币。

②行业气象服务效益是在专家咨询和资料文献调查的基础上,分别采用专家评估法(德尔菲法)、"影子"价格法和综合个例分析法 3 种方法进行评估,得出全国行业气象服务效益约为 250 亿—300 亿元人

民币。然后,采用经济学方法分析气象服务成本,分有形成本和无形成本分别进行分析计算,得出全国气象服务的平均成本(费用)约为10亿元人民币。最后,计算出全国气象服务成本效益比约为1:35—40。

中国气象科学研究院史国宁指出了国内常见的一些评价误区,如有些地方评价气象服务效益时,把避免的气象灾害损失当作气象服务价值。事实上,气象灾害损失越大,只说明气象服务越重要。但气象服务的重要性与气象服务的效益并不是完全等同的。气象服务的效益大小除了与用户的效益函数(或损失函数)有关外,还与气象信息的质量、用户所能采取的措施以及用户的自发决策能力有关。进行气象服务效益评价时,应充分考虑用户自发的决策能力。气象服务的经济效益,应该是用户依据气象部门提供的信息,采取决策所取得的效益,超出用户依据自己原有信息采取决策所取得效益的那一部分。

一、我国商业气象服务现状及存在的问题

商业气象服务是面向市场、以赢利为目的的气象服务。国际上比较成熟的商业化气象服务主要有三种形式:

一是以美国为代表的分离方式,即公益性的气象服务由国家负责,个性化服务由私人公司提供;实际上这是国家对社会公益事业的支持,也是国家投资服务社会的具体体现;个性化服务是由气象服务公司根据社会需要,为企业和个人提供有偿气象服务,以价值规律为基础,收取气象服务费用。

二是以英、法等国为代表的结合模式,即国家气象部门既负责公益服务,也提供满足市场需求的气象商品,在气象部门内部成立气象服务公司,允许私人公司按平等原则参与竞争,服务社会气象事业的需要和发展,这样便于国家管理和规范化服务,使得气象经济服务事业朝着正确的轨道发展。

三是以新西兰为代表的完全市场化的模式,将所有的气象业务都交给市场。国家放任,有失妥当,实际上是把国家气象事业的使用权和所有权全部交给市场去操作。

我国目前的情况与英、法等国的结合模式虽有些类似,但还没有完全按市场规则建立起规范的运营机制,更趋于一种资源垄断的附属创收行为。所以从严格意义上说,我国当前的商业气象服务存在以下几个方面的问题:

1. 商业气象服务处于起步阶段,没有形成规模产业化。我国目前的气象信息服务是由气象部门独家经营,没有向社会开放,气象信息商品化水平很低,经济规模很小,而且,各地气象部门的气象有偿服务存在各自为政、"散、小、乱"等问题,缺乏地区间合作和行业间的合作,没有形成气象服务的竞争机制,因而也就缺乏扩大经营规模和提高服务水平的动力。到本世纪初,虽然经过近 20 年的发展,即便在市场化程度非常高的上海市气象有偿服务一年的营业额也很少。而中西部地区的气象经济发展就更加滞后,气象服务市场基本上尚未开发,人们获得的仍然是气象部门发布的常规气象预报服务。

2. 商业气象服务的层次较低,提供的产品多是单纯的气象信息。气象预报和气象资料分析作为一种信息服务产品,可直接或间接对经济产生影响,应充分重视挖掘其潜在的价值。

目前,各地气象部门的有偿服务,出售的都是常规的气象信息,一般通过网络查询、手机短信、声讯电话等方式提供服务。服务的水平不高,服务形式单一,品种少,主要是加密的常规天气预报和台风、寒潮警报及一些气象指数预报等。也有一些针对行业进行的专门气象预报,如航运、交通、建筑等部门的专业气象服务,但服务的内容也主要是气象预警等常规内容,甚至大量存在着与常规天气预报改头换面的现象。同时,有偿气象服务也存在着与公益气象服务相互交融、界面不清的问题,如"穿衣指数"、"舒适度指数"的信息既可通过常规渠道来获得,也可通过电台、电视台等渠道获得,这也就降低了"有偿服务"的吸引力。

3. 缺乏把气象信息与商业需求相结合的再加工过程。初级气象信息的价值是有限的,而且是低廉的。但如果针对具体的用户,把这些气象信息服务与用户的经营活动结合起来,把气象信息融入企业的生产经营规划与决策之中,那无疑会产生更大的经济效益。气象经济是一个大商务,这已成为发达国家企业的共识。美国商务部长认为,目前全美1/8—1/7的商务都与气象有关。气象经济在企业生产经营活动中已逐步显示出其重要性,谁掌握气象信息,谁就能把握市场脉搏,占据商机。而在我国,气象信息蕴涵的商业价值尚未引起足够的重视,许多商家还停留在靠天吃饭的"被动式"的层面上。要改变这种状况,变被动为主动,就要善于把握气象信息经济中的商机。

4. 在企业的生产经营过程中充分考虑气象变化带来的商机。企业在市场经济条件下,生产经营的目标是追求微观利益最大化。对于某些与天气变化相关性较强的特殊行业来讲,生产什么、生产多少必须充分考虑天气变化引起的供需变化。这样才能避免生产的盲目性,避免造成资源的浪费和产品的积压。相反,企业若能充分利用气象信息变化带来的商机,一样能在天气变化中获得较好的利益。

据国家气象中心专业气象台介绍,自2001年10月起,已有包括海尔、格力、鄂尔多斯等知名企业在内的数百家企业在该台接受了专业气象服务。这些企业在过去的暖冬中及时调整经营策略,避免盲目投资损失,赢得暖冬带来的新商机。相反,2001年全国各羽绒服厂家因暖冬的影响,造成全行业近3200万件产品积压。这实际上是没有重视气象信息在经济发展中地位和作用的结果。

5. 在调整企业经营战略时,充分考虑气象的变化。企业战略的制定从根本上说是以市场与顾客为推动因素的企业家活动,其核心是提高企业的竞争力。

市场经济条件下,任何企业的经营战略不可能是一成不变的,必须根据市场趋势及消费者需求的变化来相应调整。实践证明,天气变化会直接影响市场供求的变化,在变化中有众多商机可以把握。气象资料的搜集与利用已成为世界上许多企业经营不可或缺的依据。

一系列研究表明:一个中长期天气预报常常可以决定芝加哥商品交易所农产品期货的价格;日本股票市场的价格浮动与太平洋水温保

持着同步的变化；香港恒生指数的日平均回报率随乌云覆盖量增加而逐渐下降。在很多国家气象信息中心已成为企业长远规划与科学决策的"高参"。

北京一家小衬衫厂，在市场调研中发现 20 度左右的气温最适宜穿长袖衬衫，一旦超过 25 度，短袖与 T 恤就开始热销；为此他们从国家气象局购买了其主要市场的天气预报，从而使销量大增了 70%。

借鉴经验，我国企业在制定和调整其经营战略时，也要充分考虑天气的影响，特别对一些行业的企业尤为重要。例如，就饮料市场而言，如果说厂家从气象台那里取得信息资料后，厂家要跟经销商说，在旺季到来时，我们不可能满足你的需求，比如旺季时每一天卖 500 箱，我们当时只能供货 400 箱，如果你想要满足旺季的需求，必须现在进货，而且有一些价格上的优惠措施。这样会刺激经销商把钱先拿出来，饮料厂家就会在旺季来临前把经销商的仓库充满。在流动渠道上，这些厂家的提前进入压制了其他品牌商品的进入，为厂家经营的成功奠定基础。

6. 在化解企业经营风险时要利用天气信息趋利避害。企业经营的风险尽管多种多样，天气变化无常就会给企业的生产，销售等带来一定的灾害性影响。由于近年来厄尔尼诺现象的频繁出现，这一点表现得更突出。这对商品经营者来说是不利的。据调查显示，每小时雨量超过了 3 毫米，商场客流就会剧减，一旦出现多雨天气，大型商场的销售额就会受到影响；气温在 29 摄氏度以下时，雪糕比冰淇淋好卖，超过 30 摄氏度，冰淇淋的销量则上升，爽口的清凉饮料销量大增。又如韩国商人想在广东从化种芦荟时，首先到省气象服务中心购买从化历史上的气象资料，而日本人想在河源引种原产地在日本的茄子时，也到气象服务中心作咨询。这样做的目的也是可以避免减少损失。所有这些都值得我们借鉴和学习。

我国的商业气象领域缺乏这样的专业机构和专业人才，对气象信息的深入分析和与企业业务相结合的再加工过程远远不够，气象信息与用户之间缺乏有效的连接桥梁,气象产品难以体现应有的价值。
2002 年年底,上海市率先推出了"气象经纪人"制度,这是商业气象服
务向前迈进的重要一步。但因为一些外部环境条件、社会观念、自身产
品的质量等因素的限制,经营情况也不好。据 2003 年 9 月 5 日的《解
放日报》报道,上海 5 名气象经纪人合资开办上海多普乐气象经纪服
务公司,开业两个月没有业绩。这说明目前的气象经纪人在气象信息
的深加工和营销方面的能力还比较单薄,难以承担起发展气象经济的
重任。

7. 商业气象观念没有深入人心,市场需求不足。长期以来,社会
上普遍存在着商业化气象信息与公益性气象服务不加区分的现象,习
惯把气象资源作为一种公益性福利,企业在生产中很少考虑气象因素
的作用。此外,很多用户也存在严重的依赖思想,认为既然重要的气象
信息,尤其是与防灾、减灾相关的气象信息可以从常规渠道或政府部门
获得,那么日常经营中不重要的气象信息也就没必要购买了。所以,将
气象信息这种资源以商品的形式投入到市场中去,还很难得到人们的
普遍认同。此外,用户对气象信息的准确性也存在一些疑虑。

8. 国际气象服务市场竞争激烈。发达国家的公共气象机构和私
人气象公司充分利用其技术优势,开展国际商业化气象服务,加剧了国
家间气象服务市场的竞争,给我国带来巨大压力。现在已有一些国外
公司登陆中国市场,一些网上气象服务更是无处不在。如天气新闻公
司与上海海运学院合资兴办的上海气导,已占领了 70% 的中国气象导
航市场。它之所以获取高额利润,在于根据客户的需要对全球共享的
中国基础气象数据进行有针对性的开发和再加工,不遗余力地拓展新
的气象服务市场。虽然我国气象服务的格局已发生巨大变化,但体制
问题依然限制国内气象市场的进一步发展,处于信息垄断地位的气象
部门缺乏竞争意识和发展动力,这对我国商业气象服务的发展不利。

二、发展我国气象经济事业的思路

1. 加快气象服务市场化和气象信息商品化的进程。现阶段我国

气象服务业尚处于加入世界贸易组织后的民族产业保护期内,保护期过后,气象服务也将对外开放。

为适应国际国内竞争形势,现在急需把商业气象服务推向市场,提高其服务水平和竞争能力。为此,有必要进一步完善《气象法》等相关法规,并给予宽松的政策,这是商业气象快速发展所必需的法制环境基础。

首先,应在法律上明确公益性与商业性气象服务的界限,在保障决策气象服务和公众气象服务的基础上,对商业气象服务的经营主体、经营机制、服务内容和服务领域等方面做出明确的规范,使商业气象服务的经营者有法可依。

其次,应引入竞争机制,适度放开商业气象市场。根据目前的现状和国家整体利益,制定商业气象服务参与者的准入条件,吸引社会力量参与,提高商业气象市场的竞争力度,促进整个行业的快速发展。同时,也需要在法规上对商业气象信息的获取、使用和发布标准进行重新界定,对原始的气象数据进行相应的产权保护、合理定价,保证商业气象企业获取原始气象信息渠道的畅通。

最后,气象部门也应根据市场经济的要求,依据"产权清晰、权责明确、政企分开、科学管理"原则,对现有的气象有偿服务机构进行改革,实现商业气象服务机构的企业化,参与市场竞争,以优质优价来促进气象经济的发展。

2. 对气象信息进行深加工,提高气象信息商品的附加值。现阶段,气象服务部门提供的产品还是单纯的气象信息和一些气象指数。但作为商业气象,不应局限于气象信息本身,还需要针对用户的具体情况和要求,把气象信息加工成用户直接需要的商品,以此提高气象信息的附加值,提升商业气象的服务水平。比如,北方春天的沙尘天气,会对蜂蜜产量造成巨大的影响,可根据这样的气象信息,分析预测蜂蜜的产量和质量,结合市场需求,为经营部门制订相应的购销计划。这种结合气象信息加工的新的信息产品,不但可直接作用于用户的生产经营活动中,也使气象信息本身的价值大幅提高。而这种针对用户需求进行的气象信息再加工和市场营销过程,应是商业气象企业的主要工作内容和利润来源,也是商业气象区别于公益气象的根本点。

另外,并非只有极端的天气现象才有价值,普通的气象信息也对日常的生产经营活动有巨大的帮助,这就需要商业气象机构提高分析水平和预测精度,对普通的气象信息进行更细致的分析处理,研究气象要素对工商业的细微调节作用,把普通的气象信息加工成有用的商业气象产品,而商业气象机构要提高气象信息的开发和处理水平,必然会逐步开展相关的科技研发工作和观测建设工作,这对提高气象预报的准确率很有帮助,在客观上也会促进整个气象行业的发展。

3. 树立气象商品市场营销观念,培养气象产业市场管理人才。目前,我国商业气象市场的需求严重不足,这在一定程度上影响着我国气象经济发展速度。针对这种情况,可采取一些适当的宣传活动,让人们认识商业气象服务,在全社会树立"高质信息有偿消费"的新观念。经营者本身也应改变观念,树立气象商品市场营销观念,本着以用户为主的经营原则,针对用户的需求提供相应的产品。这样才能吸引更多的客户使用商业气象信息,才能彻底解决目前市场需求不足、商业气象观念淡薄的现状。而要做到以用户为中心进行开发和经营,也必须有一批高素质的气象产业经营管理人才参与,承担开发市场和组织运营的任务。目前,我国还没有这样专业的人才,因此有必要进行专业培训来培养相关人才,同时吸引更多的企业家参与商业气象经营。

4. 组建适合竞争的商业气象服务机构。我国现有的由气象部门独家经营的专业气象服务机构是属于国家事业单位的一种经营组织,还不能真正的自主经营,难以应对国际竞争。因此应建立一种更有利于我国的商业气象服务发展的企业组织形式。从国际气象市场发展的成功经验看,成立专业化的气象服务企业是大势所趋,这不仅有利于促使气象部门积极主动研究市场、研究用户需求,杜绝低层次开发和重复开发以及以公众预报产品代替服务产品、以公益气象服务产品代替专业气象服务产品的现象,也有助于改变现在运行机制和管理方式上还不适应市场经济的地方,不能吸收更多的社会资源来参与气象事业,促使气象行业向更深层次和更广范围发展。

针对我国气象部门完全掌控和发布气象信息权利的现状,商业气象服务可依旧由现在的气象部门来独家经营,也可采取国家气象部门与其他实体合作经营的方式。由气象部门独家经营是比较稳妥的一种改革形式,可以在现有的专业气象服务基础上进行改制,分离出一部分成立独立经营的气象服务公司,并推向市场,参与竞争。

另外,国家气象部门与其他实体合作经营的形式更加符合市场经济的要求。比如采取股份制的形式,成立某一领域或某些行业的专业化气象服务公司,气象部门以提供气象信息和相关技术等方式参股。这样的公司在经营管理、组织结构等方面要更合理一些,在参与竞争、开拓市场方面也会有更强的动力。当然,根据具体情况的差异,这两种形式也可同时存在,甚至也可以与国际机构合作,利用其先进的理念、丰富的经验及资金优势,促进我国商业气象事业的发展。

三、我国气象经济商业服务

气象服务商业化从公共产品的理论来看,可以把公共气象服务看成一种公共产品,它具有公共产品的两个基本特征:即非竞争性和非排他性。从公共财政理论来看,气象服务的提供依赖公共财政,因而它通常是供公众无偿消费的公益物品。因此,气象服务长期以来在大多数国家都由政府组织气象信息的获取、加工和分发,气象服务是无偿的、免费的,气象事业的经费来自于财政,气象部门是非赢利性事业单位。随着气象事业的迅速发展和社会对气象服务需求的不断增加,由公共财政提供的气象服务也像其他公共产品一样,日益暴露出一些矛盾和问题:

首先是社会及公众对气象服务的高质量、高效率和多样化需求与气象服务供应不足之间的矛盾;

其次是公共财政支持的相对减少与气象部门的发展需求之间的

矛盾;

最后是气象部门垄断经营造成气象服务的低效率和低质量。为此,近20年来,世界各国都在根据本国实际情况,积极探寻气象服务私营化的运行模式——气象服务商业化,力图打破政府垄断,建立一个高效、灵活的政府管理体制和使公众满意的气象服务竞争机制。目前气象服务基本可以分为以下几类:

第一类:传统型。完全是公益气象服务,国家气象部门无偿免费提供气象服务,不搞有偿服务。至今,有些发展中国家不允许公共气象部门开展有偿服务,更不允许私人气象公司从事商业性气象服务。改革开放前,我国气象服务就属于这一类。这是世界气象事业发展的最初形式。

第二类:垄断型。基本上没有私人气象公司。公共气象部门主要从事公益性气象服务,可以进行以收取成本费为基础的专业有偿服务。这是气象服务商业化的起步阶段。新西兰、马来西亚采用的是这种形式。

第三类:公私竞争型。公共气象部门既开展公益性服务,又开展商业性服务,同时鼓励私人公司搞商业性气象服务,公共气象部门与私人气象公司在气象服务市场上平等竞争。英国、澳大利亚、加拿大等采用这种形式。这是气象服务商业化的发展阶段。

第四类:公私分明型。公益性气象服务与商业性气象服务分开进行。公共气象部门只搞公益无偿服务,不搞商业性活动,资料和产品无偿提供给社会和私人公司;商业性气象服务由私人气象服务机构开展。目前美、日等国采取这种形式。

既然在世界上有这么多种不同的气象服务制度安排,就有必要探讨各种制度存在的经济基础,不同制度安排下的利弊,以及气象服务商业化的影响。

西安交通大学白光弼、仲伟周研究了气象服务商业化的经济学原因。他们以公共产品理论为基础,分析了公共产品的私人提供模式。

但他们的论述并不深入,没有结合气象服务的特有性质来讨论。这也是目前研究气象服务商业化的共同问题。如吴伟、雷晓康、于国安等仅从纯理论角度论述了公共物品的各种提供方式,均没有考虑气象服务产品的信息特性。因此,当前中国学者应系统研究气象服务商业化的理论基础、商业化模式、效率分析等。

商业化是当前世界上气象事业的风潮,这一方面满足了社会对气象服务的多样化、精细化要求,另一方面产生了一些不利影响。姚学祥分析认为,全球范围的跨国气象商业性服务会损害提供气象资料和产品的国家(特别是发展中国家)的利益,使世界气象组织(WMO)的"气象资料及其产品的免费和无限制交换原则"面临严峻的挑战,给全球气象科技的合作带来风险。这是因为气象基础信息作为世界公共物品,绝大部分成本由各国承担。商业化气象机构免费获得这些资料后,稍作加工成为商品,与当地气象部门抢市场,使当地气象部门的生产成本无法得到价值补偿。在这种情况下,当地气象部门只有拒绝履行对世界气象组织的义务,不向世界气象中心提供资料。然而,气象资料及其产品的免费和无限制交换原则是世界各国气象事业赖以生存、发展的基石,是研究全球气候变化、全球环境问题的基础资料,对人类社会经济的可持续发展有重要战略意义。

气象与为国民经济服务的气象对国民经济有巨大影响。据统计,全球每年因气象因素而导致的自然灾害损失达上千亿美元,我国每年因气象灾害造成的损失占国内生产总值的3%—5%。因此,深入研究气象与国民经济的关系,也是气象经济学的重要内容。随着生产能力的提高、生产范围的扩大和生产方法的复杂化,气象条件与农业、能源、建筑、渔业、交通、商业等国民经济部门的关系将更加密切。

在所有经济生产部门中,农业是与气象信息关系最密切的产业,由于我国的气象灾害比较频繁,过去农业生产一直不稳定,很多地方是望天收,经过近几十年的努力,目前正在向稳产、高产方向发展,农业生产的这种根本性变化,也有气象部门一份功劳。短期天气预报为农民适时播种、收割提供了参考,而中、长期天气趋势的预测,则为农业部门合理部署生产提供了依据,例如 2000 年我国南北大旱,许多地方根据气象部门提供信息,除了及早采取蓄水、引水等措施之外,还及时调整了农作物的品种和茬口,降低了旱灾所造成的损失。现代农民比祖辈更关心天气变化,他们对天气预报的准确性也有很高的要求,这些天气信息直接关系到他们喷洒农药、施用化肥、灌溉的效果和农产品上市时的行情。

气象信息不仅仅只与种植业有关,对养殖业也有很大的作用,这除了天气变化会影响到养殖对生长、繁殖之外,不定期会影响到产品上市的价格。以广州郊区农民养殖罗氏沼虾为例,水温如果连续 3 天低于 15℃,就有冻死的可能;如果提前上市,由于罗氏沼虾的个头小,加之没有进入食虾的旺季,价格低,所以一般养殖户都选择在冬至前后出塘。1998 年冬至时节由于上市的罗氏沼虾过于集中,市场价格下跌至每 500 克 12 元。有一个精明的养殖户向气象部门购买了专项服务,当气温有可能降到 17℃ 时,后者就及时提供信息该养殖户,养殖户通过锅炉加温、保温,推迟出塘。这样,他养殖的罗氏沼虾到春节才出塘,这时市场价格上涨到每 500 克 48 元,仅一个多月的时间,这位农民的收入增加了 3 倍。

工业生产虽说是厂房里进行的,不过气象信息的影响也不能忽视。1997 年河北水泵厂根据往年的生产情况,计划只生产 300 台水泵,后来从购得的气象资料上得知,当年华北平原地区夏季的降水量只有 50 毫米,由此推断市场对水泵的季节性需求会增大,于是在原生产计划的基础上,又增加了 500 套。果然,进入夏季不久,产品销售一空。利用这次北方历史上罕见的干旱和高温赚钱并不止水泵厂一家,南方珠江三角洲上的一些空调厂家也打了一个漂亮仗,这些厂家从广州中心气象台提供的资料中得知,当年夏季南方将会出现破同期历史记录的低温,相反,北方出现的高温也将破同期历史记录,于是调整营销策略,积极开拓北方市场,将空调机迅速调往东北和华北,结果大获全胜,他们自己说是靠天气预报发财。

气象信息除了影响到工业产品销路之外,还涉及生产的成本,例如1994年全球炎热干旱,阿拉伯半岛上酷暑难挨,当地液化石油天然气需求量大增,出口量减少,引进天然气国际价格上涨,美国和加拿大等因天气炎热,为防止森林火灾,禁止工人上山伐木,木材货源紧张,造纸、建筑等以木材为原料的企业叫苦不迭,我国四川、浙江等地的桑树因干热天气不能正常生长,养蚕业萎缩,引起国际市场上生丝价格上扬。在这些原料上涨之前,生产企业如果掌握了未来天气变化的趋势,事先订购足够的原料备用,就会大大地降低生产成本,正如一个美国人所说的那样:"如果让我知道今后90天的天气情况,我将成为一个10亿富翁。"气象信息对工业生产的影响由此可见一斑。

我国的气象事业是科技型、基础性的公益性事业,有人形容为"阳光行业",气象产品不具有竞争性和排他性。气象事业在社会进步、经济发展和国家安全中的公益性、基础性地位在不断强化。但是提供一项气象预报信息产品,需要大量的气象探测资料和计算机资源,其成本核算是相当复杂的。为了补偿气象部门在加工和制作特殊产品时额外付出的成本,我国从1985年开始为用户提供专用化、有针对性的服务。

1. 气象经济服务正走向多样化

大气现象作为一种不可抗拒的力量,拦是拦不住的,但是防和不防却大不一样。近年来,随着气象预报能力显著增强,时效大大提高,如果各方面能够充分关注气象预报,对可能造成的影响提前采取有效的预报措施,灾情就会减轻。这在一定意义上讲就是如何认识气象经济的问题,作为一项新的研究领域,气象经济有着广泛的社会效益和显著的经济效益。

很多行业都与气象信息关系密切,如农业、饮食、电器、服装、医药、交通等。随着卖方市场向买方市场的过渡,各行各业对气象的依赖性日益增强,气象信息也逐渐成为商家争战的新武器。商界有句口头禅,"货比男女老幼不同,商品春夏秋冬不一",后半句说的就是季节与商品销售的关系。气象环境专家准确地将其总结为:流通类销售额的65%取决于天气,因为天气直接影响人的生理、心理,支配他们的消费行为。气温相差1℃或降水量增减1毫米,反映到商场的客流和销量都有明显变化。"气象经济"是一只无形的"惠手",如何让它发挥得更出色,造福社会是气象科技服务工作者的一个新课题。气象工作者致力于拓展气象科技服务新领域,天气预警、防雷减灾、卫星遥感、人工影响天气、气象短信等形式多样的服务已将新的气象科技成果及时的应用于社会的各个方面。

2. 气象经济进入"精加工"时代

国外的气象产业,不只是大气科学、资讯工程不能满足客户需求,只有经过加工分析的"资讯",才能真正发挥效益。据有关专家介绍,经过十几年的发展,目前国内气象服务领域已涵盖了农业、工矿、城建、交通运输、水利电力、旅游、仓储、环保以及文化体育等行业和部门,服务的内容包括天气实况、大气清洁度、灾害性天气等,还可以对降水、风力、冰冻、雷电、温度、湿度等单个天气因素做出特别详尽的预报。从气象服务的类型来看,有一年的天气趋势展望,有季报、月报、旬报、周报,还有12小时—3天以及6小时以内的短时预报等,不同单位和部门可以根据各自不同的需要选择不同的气象产品类型。

四、入世后我国气象经济面临的问题

1. 专业性服务发展滞后

20世纪80年代以前,我国气象服务几乎全是公益性的,而且服务形式单一,如发布24小时天气预报和台风、寒潮警报等。后来,随着各行各业对气象服务的要求越来越高,一些大城市的气象台根据用户需求,自发地尝试开展有偿服务。相比较发达国家成熟的气象服务,我国的气象服务产品在"深、广、细、活"方面显得远远不够。国内目前有限的气象服务规模,并不能掩饰巨大的潜在需求空间。尽管我们现在提出"无缝隙预报"(即任何时间、任何地点、任何需求),但由于开拓市场力度不够,很难真正实现服务价值满足个性化差异化需求。

"气象经济"在发达国家已不是新鲜的话题，日本、欧美等都有专门的气象咨询公司，并可以为特定的企业"量体裁衣"，做各类气象信息服务。而类似的业务，上海也早已开办，为企业提供收费气象服务，价格并不高，可遗憾的是，无论商家还是厂家，买气象信息的却很少。据分析，主要在于商家、厂家们的观念跟不上，总习惯性地认为，一年四季，春夏秋冬，似乎是个不变的定式。殊不知随着人类活动的加剧，如今地球的脾气变得越来越叫人无所适从。天气的突变，给人类的经济生活造成了巨大影响，如不及时加以调整，也会给我们的生产经营带来不小的损失。业内专家分析，我国气象消费水平低，是人们对"气象经济"还缺乏认识所致。要促进"气象经济"的蓬勃发展，必须积极引导社会各界树立起强烈的气象消费意识。

2. 国外气象公司"抢滩"中国市场

美国大约有 300 家私营天气预报公司（WSI），小到个体企业，大到拥有上百名气象学家，无不以提供个性化气象服务为主要特色。日本商业气象服务开始于 1954 年，截至 1998 年 1 月，获得日本气象厅颁发的"预报业务许可证"的私营气象服务公司已达 39 家。目前，一些美国的 WSI 和日本的 WNI 公司已在我国设立分支机构，并且承揽了一定的商业性气象服务业务，如远洋气象导航业务等。我国气象服务业对外开放是迟早的事，尤其在中国加入世界贸易组织后，公益性气象服务以外的商业性气象服务将逐步、有序开放。国外商业性气象服务组织相当看好中国市场，相信会积极进入我国气象服务行业。与国内服务组织展开竞争。这在相当一段时间内会有利于促进我国的气象科技市场的发展，促进商业性气象服务不断提高科技水平和服务效益。

目前国外一些商业性气象服务机构已经进入中国，如新西兰气象服务公司已为中国南方航空公司提供服务。美国阿姆斯风险决策公司 5 年前已开始与中国国家气象中心共同开发中国台风评估模式。另外，气象导航也早有国外公司介入，他们在占领我国气象服务市场的同时，也带来了全新的服务理念、先进技术和成功经验。可以说，我国的专业气象服务公司到了呼之欲出的时候。

3. 区域经济发展不平衡制约了气象经济的发展

《中国旅行家》杂志的一篇文章介绍说,随着旅游业的发展,气象服务业更加显示出巨大的能量。全国旅行家协会同零点调查公司对全国 5000 名旅客作过调查:91.3% 的人在出行前要关注天气预报,其中大部分还会记录在册。北京是我国政治经济文化中心,一年四季的重大活动从不间断,北京每年与气象部门的业务成交量高达 4000 多万元! 然而,与发达国家相比,我国气象业在经济生活中扮演的角色还远远不够,还有 70% 的部门没有涉及。特别是在一些内陆省份,专业气象预报无人喝彩现象十分普遍,也因此造成了不少损失。

目前成立专门气象服务公司的条件还不成熟,主要是市场需求不足,企业不愿投入。另外,在政策方面,目前气象是以公益服务为主要目的,还不允许私人参与。从人才和资金来说,如果市场需求上去了,建立专业公司应该没有问题。气象经济在我国发展很不平衡,东南沿海省市在市场经济方面发展走得较快,订购气象信息的企业逐年增多,手机短信服务已成为气象部门的主要业务之一,与气象相关的产品有些已成为新兴产业,如广东的防雷产品。比较而言,中西部地区较落后,气象市场基本上未开发,这主要与当地经济发展水平有关。

五、我国气象经济的发展前途

1. 进行规模发展

中国气象经济进一步发展的动力在哪里? 从国际气象市场发展的成功经验看,成立专业化的气象服务公司是大势所趋,有利于促使气象部门积极主动研究市场、研究用户需求,杜绝低层次开发和重复开发以及以公众预报产品代替服务产品、以公益气象服务产品代替专业气象服务产品的现象;有助于改变气象服务组织形式、运行机制和管理方式上还不适应市场经济需要的地方;而且有助于解决各地气象部门各自为政、"散、小、乱"难以扩大规模效应的问题。促使气象行业向深层次发展和优秀气象人才的脱颖而出。如此,中国的气象服务市场才会日渐成熟发展。

2. 配套的服务体系为气象经济的健康发展提供有力保障

现在气象部门提供的专业气象服务,还远远不能满足巨大的市场信息需求,提供气象服务的部门相对较少;同时,服务体系还很不健全,提供专业气象服务的公司或有关部门市场化程度不够;气象产品提供者对自身的宣传还远远不够,很多需要这方面信息的个人和企业不知道在哪里能得到这些信息。另外,气象信息服务提供者与信息需求者之间还需要更多的沟通和联系,了解市场的需要和客户的需求;提供气象信息产品的质量、气象预报的准确率等还有着进一步提高的空间。中国商业气象服务会适时、适度、逐步地开放,但要与立法的过程相适应,需要配套法规和管理办法的完善。这就要求相关部门尽快为气象经济提供有利的法律法规保障,为气象经济的健康发展走出一条新的开拓之路。

3. 气象经纪人应运而生

长期以来,许多气象服务单位之所以只局限于提供大众化的气象服务产品,与缺乏有效的营销渠道和有力的营销队伍不无关系。光靠气象部门内的一些人去"跑市场"存在很大弊端。气象业务员存在先天不足,他们的出发点只局限于将自己的产品推销出去,至于市场到底需要哪类产品并不关心。然而,市场不是一厢情愿地"跑"出来的,市场需要培育、开发和挖掘。通过多年实践,气象部门已经认识到,在气象服务市场的培育方面缺少一个关键环节,即中介。于是,一个在工商局职业登记表上找不到的新名词——"气象服务经纪人"被创造性地提了出来,上海市气象局成为气象系统"第一个吃螃蟹的人"。气象服务经纪人的出现有效地解决了气象服务中存在的信息不对称的问题,促进了气象用户与服务实体之间的沟通,使市场资源得到充分有效的配置。气象服务经纪人的出现将大大地推动商业性气象服务的进程。因为气象服务市场最终是由用户决定的,有需求,气象服务市场才能发展壮大,反之,市场就会萎缩。

周文韬简单介绍了气象与国民经济关联分析的一般方法,提出了气象消耗系数、气象感应度、气象感应度系数和带动系数的概念及其计算方法。气象感应度及气象感应度系数是反映气象行业与其他产业的前向关联程度的两个参数。所谓前向关联是指其他产业部门对气象信息服务产品需求的程度,如果这种需求越大,那么气象行业的发展就越能推动该产业发展。带动系数是一种后向关联分析方法,是指每增加单位的气象产出量,所能引起的国民经济收入的增加量。周文韬提出的这4个概念仅仅是概念意义上的,并不能在实践中运用。国际上,气象条件与能源的关系研究比较成熟,我国学者也进行了类似的研究。袁顺全等系统梳理了气候对能源消费影响的测度指标及计算方法。黄朝迎以北京地区为例,用3种方法分离出居民夏季生活用能量的气候耗能量,研究了温度与居民生活能源消费的关系,发现居民夏季生活用电量主要取决于温度的变化,还建立了模型进行短期预测。刘健等进一步考察了夏季高温波动对居民和城市系统用电量的影响,分析指出夏季高温异常是居民和城市系统用电量增加的重要气候因子,未来气候变暖可能导致电力需求更加严峻的形势。

农业是国民经济的基础性行业,也是对气象最敏感的行业。除了要从发展农业技术方面降低农业气象风险外,发展农业保险也是降低农业气象风险的方法之一。但是传统的农业保险存在一定的缺陷,如气象灾害频发地区,保险公司要么不开展保险业务,要么提高保费,农民无力投保,因此需要发展新的农业气象风险管理方法。近年来,美国借鉴金融衍生品规避金融风险的经验,推出了一种新的农业气象风险管理工具——天气衍生产品,余沪荣、姚从容对此进行了介绍。他们介绍了美国的气温指数期货、降水量指数期货、降雪量指数期货、风速指数期货、天气期权合约、天气互换合约和天气颈项合约等天气衍生品的概念、基本原理、应用方法,并指出在中国开发天气衍生品的必要性与可能性。气象经济学在中国仍然是一门年轻的学科,近十年来,中国的气象工作者和研究人员与经济学领域的学者一起为中国的气象经济学付出了很多努力,结出了丰硕的成果,促进了中国气象事业、防灾减灾、农业交通等众多行业的发展。但是,作为一门边缘交叉学科,中国的气象经济学仍然很不完善,研究深度仍然不够,学科体系尚未建立,需要气象界与经济界的专家学者继续共同努力,建设中国的气象经济学。

第2节　气象与商品营销宏观环境

气候作为营销的宏观环境要素,给企业带来的是机会与威胁并存,随着全球气候的复杂多变,企业在营销中考虑气候问题已越来越多,从2008年初的暴风雪到当前的凉夏,可能都令许多商机始料不及,厂商如何根据气象消息及时抓住瞬间的市场机会,开展有针对性的推广宣传和促销活动,已经日益成为一门学问,那么,当营销遭遇气象问题,我们该如何应对呢?

首先从气象行业的实际出发,对气象信息行业商业化和产品营销研究的问题、营销整体思路及市场利基战略,做了整体布局和市场利基战略规划,通过对我国气象信息行业中公司、产品、消费者三方面的详细调查和评价,并对国际气象信息业和市场运作商业化运作模式与经验进行分析,通过对美国、日本、英国数据资料整理,综合得出国外的气象信息商业化公司运作和国内气象信息公司的市场运作分析。然后并根据对气象信息市场分析和数据资料整理,准确的进行市场目标定位,提出针对气象信息行业商业化的营销策略,并运用市场营销综合分析法确定研究体系中有关气象营销中的营销策略、营销渠道、定价策略,并运用对气象信息产品的商业化服务的策略,实施对客户的认定、开发、维护及营销人员的管理。在营销方法的针对性应用上,遵循重在实际应用的原则,提出运用市场调研和营销测评结合方式来进行对气象信息产品的市场定位和营销研究。

一、发达国家的经验

西方发达国家的企业早在20世纪80年代就把运用好气象信息作

为营销活动中不可或缺的策略之一。据有关资料表明,美国的气象服务公司超过1000多家,其气象咨询活动不仅深入到农业生产和商业经营方面,甚至延伸到跨国服务,德国的一些啤酒公司都专门设有气象、气候研究室,把天气、气候因素作为调整啤酒产量的一个重要参数;日本也非常重视研究气象对消费者行为的影响,并根据实践得出结论:当气温达到22℃时,啤酒开始畅销;达到24℃时,泳装开始走俏;气温一超过30℃,冰淇淋的销量就下降,而爽口的清凉饮料则会增加。

西方经济学中有条德尔菲气象定律:气象投入与产出比为1:98,即企业在气象信息上投资1元,便可以得到98元的经济回报,在不同的市场条件下应用,经济回报率可能会更高。如果商家事先知道天气走势,在生产、采购、销售计划中考虑到气象因素,趋利避害,不仅能够避免损失,还可以变成在竞争中的优势。因此,这种所谓的气象经济也就同时产生了。最初的气象经济是对于一些生产型的厂商安排生产计划使用的,而现在的气象经济越来越多地被应用到了更广的层面上。在国外,西方的气象公司已经研制出了形形色色的气象指数。如德国商人发现,夏季气温每上升1℃,就会新增230万瓶的啤酒销量,气象公司便开发出啤酒指数,供啤酒商参照。日本则开发出空调指数,因为他们发现在夏季30℃以上的气温多一天,空调销量即增加4万台。此外,还有天气与客流量分析的乘车指数、冰淇淋指数、泳装指数、食品霉变指数等各种指数,用来帮助企业预测并提前确定生产营销计划。由于气象经济发达,国外气象公司效益都相当可观,行业竞争也十分激烈。

二、气象与商品营销

针对天气因素的研究还进一步揭示,顾客对天气的反应会因为地域的不同而有很大区别。例如居住在中国北部城市哈尔滨和南部城市深圳的人会对"寒冷的天气"有截然不同的定义。类似的这些地域差异表明,天气变化对人们消费行为的影响像季节等因素一样,值得引起零售商的足够重视。那些既遵循季节规律又能针对一时的天气变化做出快速反应的商家,必然会获得更好的市场回报。

有些企业因"天"制宜,巧妙运用气象信息,服务于企业营销活动,并取得了成功。日本空调器成功地进入海湾,就是典型事例。在 20 世纪 80 年代,海湾国家的空调器市场基本上被欧美所占领,日本虽占有一席之地,但销售量非常低。在经过详细的调查研究后,日本人突然发现了一个非常有价值的突破口:海湾地区受天气的影响,风沙较大,空调器经常出现停转的现象。经过简单的研发,日本企业推出了一种带有风沙过滤装置的空调器,很快占领了海湾市场。又如某公司曾从一本杂志上得到了一条信息:来年春季雨水多,雨季长,于是,决定将深圳某公司积压的 20 万把雨伞统统包揽,第二年春天果然春雨绵绵,20 万把雨伞一售而空;如在日本的便利店,其门店的系统每天固定 5 次收集天气动态信息,目前日本本土的所有便利门店都依赖店内的计算机联机系统进行管理,因为气候的变化影响到不同品类的销售;如美国的零售商已经通过计算机信息系统,了解到天气因素对销售额有着不可忽视的影响。对收集起来的销售数据进行分析后,他们发现天气因素的影响在每周的销售波动中都有所体现。

近些年来,通过对 POS 机销售数据的广泛统计分析,他们认识到消费者的购买行为受天气因素的影响程度比以前假设的要大许多。不过有趣的是,顾客的需求与天气之间的关系并不总是那么清晰明了,也无法简单地归纳为线性关系。比如,突然的下雨天会增加一次性雨具的销售,但同时坏天气又会减少客流量,因此对总体销售额的影响通常都是无法准确预测的。

三、气候变化对商品行业的影响

当高温来临时,受高温影响最明显三大消费品分别是空调、饮料与防晒霜,不论是大型超市还是街头摊点,清热消暑的饮料、冷饮销售量直线上升;各大电器卖场,空调、冰箱、冰柜的日均销售额都大幅攀升;防晒霜全面俏销,部分物美价廉的防晒用品居然脱销,甚至连出租车司机也分享到了热气候带来经济效应这杯羹,室内休闲场所生意空前火暴,快递服务公司的电话异常的"热"。夏令产品普遍销量暴涨,即便价格昂贵的牛皮席,其生意也格外火暴。高温天气及全球气候变暖,对夏令新品市场成长的提速功能,加剧了强势品牌之间市场份额的争夺,从而给行业变迁带来深刻的影响。当低温到来时,保暖系列产品、取暖类产品、白酒等开始畅销。气候的变化对零售业、水果、家电、服饰、饮料、酒水等都产生深远影响。

对于水果的营销来说,需要利用各地气象条件的差异,把握时机,使销售水果增加效益,与此同时,市场气温高低对水果的销售快慢、价格高低也有一定关系。甚至有人总结出来了部分水果销售与气象关系:如苹果,10 度以上,33 度以下,畅销,否则价格低易滞销;梨,30 度以上畅销,尤其持续高温,早熟品种好销,价格好;桃,不论阴、晴、雨天都好销,6 月下旬至 7 月上旬,价高好销;西瓜,33 度以上高温畅销,价高;葡萄,8 月份气温在 25℃—30℃畅销,摘后预冷 24 小时,包装运输篷车用棉被盖严或用冷藏车,价格提高 0.2 元左右;大樱桃、早春果,一般畅销。在所有连锁零售企业中,我们应该可以发现销售受到天气的变化影响最大的是便利店和标准超市,而大型综合超市和百货店受到更多的是来自于长期天气变化的影响,这种影响往往是可以提前准备的。由于最终消费者对于百货店,大型综合超市的光临次数远远高于便利店标准超市等卖场,所以,一个微小的天气变化就可能给便利店这种小企业带来巨大商机。

天气的变化对便利店的影响包括如下几个方面:天气的变化对于门店的订货数量和销售额将会产生重大的影响,其温度、湿度、风力的高低以及紧急的天气变化例如暴雨、地震、飓风等,这些影响都将对商品的订货和库存计划产生影响;如天气变化与实际的商品陈列和堆头的影响,如果预报在未来的天气变化中将会出现持续的阴雨,那么就需要对适合阴雨天气的商品进行一些排面的调整;天气变化与门店硬件设施的投入方面,如门店外正在下雨,温度急速下降,门店的空调系统就需要做一些适度的调整,根据顾客体表的温度与天气变化情况进行相应的调整。当然,天气变化还会对相应的客户服务、配套体系等产生较大的影响。

　　总之,充满不确定的气候对营销的影响将越来越明显,作为厂家和商家来说,需要知己知彼,知天知地,善于利用人们对天气变化的敏感反应和把握气候变化带来的商机,进而在合适的时间、合适的地点提供最合适的商品,并在竞争中保持自己的领先地位。

第3节　天气与商业经营管理

　　随着我国经济的快速发展,气象信息受到越来越广泛的关注,从人民生活到经济建设,从城市保障到商业活动都与气象信息息息相关,天气这个话题已经不再仅仅是出门是否带伞的简单问题,它融入工农业生产生活的方方面面,诸如服装加工、家电生产、农机器械制造、饮品市场、旅游行业、便利店和超市销售等行业都是典型的例子。随着中国经济的发展,中国将适时、适度、有序地开放商业气象服务市场。在"气象经济"被炒得热火朝天的时候,有关人士指出,现在中国还没有真正意义上的"气象经济",但中国正在发展专业有偿服务和气象信息产业,并将逐步开放商业气象服务市场。

　　"靠天吃饭",这是服装行业常说的一句话,天气的变化对服装生产业,尤其是对羽绒服装等季节性较强的产品的销售有着极为重要的影响。作为商家,若能提前知道隆冬季节到来的早晚以及天气的冷暖程度,就能科学地对生产和销售做出长远规划,降低投入成本,在经营上获得最大的利润。

　　同样,气温的高低也直接影响到空调企业的生产和销售。在韩国的统计结果表明,盛夏30℃以上的天气每增加一天,空调的销售量就增加4.5万台,而在我国这一数字将会更大。气象专业公司针对空调生产企业的长期气候预测,可为空调企业的生产提供有价值的参考,从而可以避免气温过低出现空调的滞销,或持续高温造成的空调脱销。

此外,人体对冷热的感知不仅仅和气温有关,体感温度同样受到大气的相对湿度、风力等因素的影响。空调开启指数正是综合了各种气象要素做出的短期预报,可为空调企业制定生产和销售计划提供有力的科学支持。向社会提供准确及时的气象信息是我们的宗旨;满足人民对气象信息的多种需求是我们的目标。

目前,中国的许多气象公司已经与国内数百家服装、鞋帽等企业开展多方合作,制作长期气候预测、中短期天气预测信息,如季节起止时间预测、节气气候预测、强冷空气过程预测。帮助这类企业制订生产计划和营销策略,取得很多实实在在的成效。

由于经济发展的需求,从 1985 年开始,经过国务院的批准,中国气象台开始有了专业有偿服务。气象服务就从最初为农业、建筑、仓储等行业服务,发展到后来的为运输、供电、化工等十几个行业服务,气象服务也越来越受到社会各界的广泛重视。

在日本,有这么一家"奇怪"的便利店,为什么日本这家便利店这么奇怪,这么紧张天气呢?因为天气的变化能影响到它的销售。由于天气反常变暖,有一年日本 10 月份的零售业绩比前一年减少了 1.9%。日本经济产业省在其公布的资料中说,由于 10 月上半月分外暖和,影响到西装与外套等冬季成衣的销售,10 月份,百货公司销售业绩下降 3.5%,超级市场零售业绩减少 0.6%,成衣销售降低 3.7%,但食品饮料销售反而上扬 1.1%。10 月份销售特别强劲的是加工奶制品。西方经济学中有一条德尔菲气象定律。这条定律是这样的:气象投入与产出比为 1:98。即企业在气象信息上投资 1 元,便可以得到 98 元的经济回报。在不同的市场条件下应用,经济回报率甚至会更高。如果商家事先知道天气走势,就能够在生产、采购、销售计划中考虑到气象因素,趋利避害,不仅能够避免损失,还能够成为竞争中的优势。那么日本这家公司对天气这么紧张就不难理解了。

在国外,西方的气象公司早已经研制出形形色色的气象指数。比如,法国商人发现,夏季气温每上升 1℃,就会新增 240 万瓶的啤酒销量,气象公司便开发出啤酒指数,供啤酒商参照。天气与商业活动息息相关。连阴雨和洪水、干旱或暴雪等灾害天气影响蔬菜粮食供应是人们熟知的,剧烈的天气变化不但关系到农业生产更影响到商业市场行情的浮动,是常有的事。有人说得好"靠天发财也是一门学问"。

一、商品经营管理与气象

气温的变化直接关系着服装、冷暖设备等商品的库存调整与换季时间;晴天、雨天销售人气、销售额有很大差异。遇到狂风暴雨或大雪纷飞的日子,很少有人去商店买东西,还有遇台风灾害后发建筑物资"灾难"财的(这个不提倡);平时哪个时段雨水多? 哪个地区雨水多? 商店应进多少雨具、什么时候进货最为适宜? 为此,积极了解未来天气情况,再制订进货计划、销售策略,经营就能有的放矢。

1997年春夏之交,江淮大地热浪突起,气温陡升至35℃—37℃,突破几十年来历史同期最高值。一时间,各地"空调世界"热闹非凡,商场出现"几家欢乐几家愁"的局面:有的商场乘机推出新品,小赚了一笔"气候钱";但准备不足的经销商只好坐失良机。而当商家急忙进货后,罕见的凉夏接踵而至,本应是空调、电扇热销的"黄金七月",但"老天爷"脸色总是阴云不散,销量直线下降。据江淮流域某市多家商场统计结果显示,去年春夏季空调器销量竟与气温偏差度(与历年平均值之差)曲线走势一致,呈春高夏低型。喜怒无常的"老天爷"给生意人增添了不少烦恼,使老板们对气象信息倍加关注。在去年秋季召开的"商业与气象"座谈会上,来自各大商场的代表纷纷与气象台签订了来年气象服务合同,以便科学指导商业运作。

其实,近年来在我国"花钱买气象"已不是什么新鲜事,许多地方的商家已经从中尝到不少甜头,减少了许多烦恼和损失。比如,继上海、武汉等大都市数十家"超级商场"花钱买气象之后,西子湖畔杭州市的大中商场也纷纷看好天气预报这"一纸方寸",景福百货大楼、百大、解百等十几家商场都先后订阅气象台的中长期天气预报,或用于防灾防损,或用于组织货源和经营,均取得很好效果。特别在1997年夏季破纪录的漫长高温期间,这些商场巧用气象,运作有方,空调器、电风扇销量比往年增长5倍多。

工业生产是在厂房里进行,不过气象信息的影响也不能忽视。

1998年以来成都市登门买气象的生意人络绎不绝,气象信息出现从未有过的"热销"。据统计,目前市场上至少24%的商品营销,都与气象条件有关。特别是电器、服装等生产经销商及建筑、建材、电力等行业,对气象预报需求迫切,要求最高,因此也是气象台的主顾。去冬今春,我国大部分地区冷暖失常,既给生意人带来诸多困惑,也给商家送来几度欢乐。比如,2007年12月全国大部分地区气温持续攀高,比历年同期偏高1℃—3℃,各地冬季服装等一度滞销,刚入冬,皮衣、毛衣"削价风"四起。但今年元月中旬后,一股强寒流横扫全国大部分地区,平均气温由前期偏高转为明显偏低,黄淮流域及其以北地区比常年同期偏低3℃—7℃,许多地方出现80年代以来历史同期最低或次低值。结果,皮大衣、加厚羊毛衫、电暖器等防寒御寒商品持续热销。大江南北虽然暴雪封门,天寒地冻,但许多商场却人满为患,挤得水泄不通,似乎一年一度的新春佳节喜迎瑞雪提前光临。尽管一件普通的厚毛衫售价高达400元左右,但顾客很少讨价还价,穿上身便付钱。"得天"独厚、备足货源的商场,又一次赚足了"寒流钱"。据统计,2007年以来合肥市接受气象咨询的几家商场,商品零售总额普遍高于上年,增幅高达15%—45%,冬令商品销售情势好于上年同期。这与商场经营谋略、服务质量、宣传广告等因素有关外,也与商家重视气象"参谋",巧看天气"脸色"行事不无关系。

冬去春来,老天最易"变脸"。因为北方仍有寒流阵阵,南方常有暖流催春,忽寒忽暖、忽晴忽雨,正是我国冬末春初的气候特色。具有远见卓识的企业家,务必更多一些关注气象变化,不失"天机"地搞好经营。

日本商人的"气象投资"。日本商人的精明著称于世,我们来看看他们涉足"气象投资"的热情与战绩,便会从心底里感叹:日本人,真是精得出奇。不妨先看一组数字：据日刊报道，日本一些商家为了订购"气象信息"，目前支付给 3 家气象公司的费用，每年不少于 150 亿日元。其中东京两家最大的游乐场，订阅为期 3 天的气象预报，费用是 2 万—3 万日元，再长一点时间的天气预报是 10 万—20 万日元。最近，东京的海事公司、电力厂家和某些信息公司又与气象公司签订了提供气象预报的协议，每月费用为 50 万—100 万日元。有关部门专家认为，日本的"气象投资"潜力十分巨大，可以接近 1000 亿日元。日本商人一掷千金难道是附庸风雅、盲目赌注？不是的，他们追求的和已经得到的都是"气象投资"的丰厚回报。比如，日本经营电冰箱和空调的厂商，购买了大量的气象信息和气象数据，他们用来分析气象变化与销售额的关系，从中得出这样的结论：在日本，盛夏 30 度以上的天气每增加一天，空调的销售量就增加 4 万台；而夏天气温每差 1 度，销售量可上下浮动 30 万台；气温超过 22 度，啤酒开始劲销，气温再每次上升 1 度，大瓶装的啤酒会每天多销 230 万瓶。此外，研究结果还显示：每小时雨量超过 3 毫米，客流量会剧减；气温升至 24 度，泳装开始走俏；29 度时，雪糕比冰淇淋好卖，超过 30 度，冰淇淋的销量则下降（因不解渴），而爽口的清凉饮料此时销量大增。又如严冬车辆的防雪胎、抗冻剂以及皮帽、滑冰等商品也是畅销商品，若掌握了气象情报也能产生很高的营业额。厂商根据这些规律，再出资请气象公司进行气象预测，由此来制定响应的经营方案，适时合理地安排商品生产与调运，取得了巨大的经济效益。

据日本住友综合研究所的测算，仅日本 1996 年 7 月—9 月的气温比常年高 2 度（气象预报正确），便为商界增加了 7500 亿日元的营业额！收益的商家不计其数。日本一家著名的食品超市，1996 年春就订购了全年的天气预报。每天早上 8 时，该部将当天天气预报传给两地 20 家分店，经理们便以每 6 小时的气温、降水概率等数据为依据制订当天的营业方针。后来又增加了未来一周的天气预报，使进货与销量几乎一致，减免了库存和食品变质等损失，利润可观。

日本商人对"气象投资"为何情有独钟？在 1991 年 5 月出现了厄尔尼诺现象,使当年的日本经济受到影响,伴随出现战后最严重的经济衰退。到 1993 年 6 月,日本经济厅宣布本国经济陷入谷底。1993 年 10 月,厄尔尼诺现象结束,经济形势也随之冲谷底露出景气的曙光。日本经济界人士认为这不是偶然的巧合,从这一过程中开始注意到,气候竟能影响世界经济!并有专家指出,气象学家与经济学家有必要携手起来,创立一门新学科——"气象经济学"。随着气象经济学的应运而生,日本很多商家正在考虑高薪聘用气象专业人员甚至设置专职气象部门,而互联网的推广也将为"气象投资"提供最佳坏境。目前,日本的商业与气象"联姻"方式不拘一格,可谓新招迭出。日本神奈川县茅崎市皇冠超级市场,出资与气象协会共同开发了一盘软件,名字叫《第二天来店购物预测体系》。店主依据这个软件及次日天气预报,从而确定进货品种和数量,而且能保证顾客随时购买到新鲜物品。如果第二天是大风雨雪天气,则除少数职员照常营业外,其余大都安排非营业性活动,如盘点、学习、开会等,收到了两全其美的效果。不言而喻,随着市场竞争的日趋激烈,气象经济学必将给商家带来新活力,"气象投资"越来越成为有利可图的新热点,而全球经济的发展也无疑将从中受益。

二、商品不同,要求的气象条件各异

保管纺织品的适宜温度最好控制在 15℃—25℃ 之间,相对湿度在 70% 左右为宜,湿度过高会使霉菌得以繁殖;温度过高会使纺织品过分干燥容易脆化。塑料制品的存贮温度以不低于 0℃ 为宜。存放食糖的温度不宜超过 30℃,果糖应在 18℃—20℃ 以内保存,相对湿度不超过 25%。存放香烟一般要求相对湿度控制在 65%,温度在 20℃—40℃,并避免阳光直射。

西南是我国酒的故乡,尤其是在四川和贵州,盛产美酒之地比比皆是,其中天下闻名的五粮液和茅台酒更是独领中国酒文化风骚。"玉液琼浆饮不够,醉乡犹抱酒半坛",千年佳酿,香飘万里,引无数人垂涎三尺,流连忘返。

西南气候温暖,降水丰沛,得天独厚的气候条件孕育了峨嵋山、九寨沟、黄果树瀑布等旖旎多姿的自然美景。如诗似画之地,亦是美酒飘香之所。美景为独特气候所造就,那么美酒与气候有无密切联系?以五粮液、茅台酒的产地—四川省宜宾市和贵州省茅台镇的气候条件分析,两地均属亚热带季风性气候,冬暖夏热,风微雨多;从地理位置来看,均处于群山合围、相对封闭的盆地式环境之中。有关专家分析,此种气候和地理环境对酿酒微生物的生长十分有利。

"酒为水之形,水为酒之精"。众所周知,美酒飘香与水质的关系非常密切。酿酒之水,一是取于江河,二是取于地下水(即井水)。由于气候原因,充沛的降水一则增加了江河水的流量,改善了河水质量,二则丰富了地下水源。四川和贵州均江河众多,地下水十分丰富。据专家科学检验,西南江河水质非常优良:无色透明,微甜爽口,酸碱适度,钙镁离子含量、硬度均符合优质饮用水标准。这为酿酒业的兴旺提供了先决条件。此外,西南的酿酒业还依天时而行,巧妙地避开了洪水期。如茅台酒的下沙、蒸煮、晾晒等,就选择在当年重阳节至次年端午节之间,此间雨日较少,赤水河河水清澈、甘洌,用于酿酒十分相宜;而天气多晴朗,对酒糟的晾晒也极为有利。从酿酒制作工序所需的温湿条件分析,西南高温高湿的气候具有其他地方不可比拟的优势。在酿酒过程中,须经摊凉、加曲、高温堆积、入池发酵等一系列工序。气温较高、湿度较大,酒糟可以自然发酵,其不含人为因素的自然发酵首先保证了酒纯正天然的品质。其次,西南名酒蒸馏时的接酒温度一般高达40℃以上,这与其他地方低温接酒相比,高温接酒能最大限度地排除酒中的有害物质,如醛类及硫化物等,此外,空气湿度大,在酒蒸馏时,易挥发的物质大多被蒸发了,而不易挥发的大多保留了下来。因此,西南酒中易挥发物质少,不易挥发物质多,这种酒对人的刺激小,不上头,不辣喉,不烧心,酒质纯正,对人体有害无益,常饮能强身健体。

西南美酒飘香还有一个重要因素:酿酒业在西南地区千百年来传承不息,使得空气中活跃着大量的微生物群,由于西南地区大多地形封闭,风力较小,这些小精灵般的微生物大量弥漫,在开放式发酵过程中被充分网罗到曲醅里,对西南美酒神奇品质的孕育功不可没。看来,西南美酒飘香,与灵秀的西南山水一样,是大自然慷慨的恩赐。位于四川西部的"雨城"雅安,自古便有"华西雨屏"、"雅州天漏"之称。一年365 天,雅安霪雨纷纷、愁雾惨淡的雨日便有 218 天之多,年均降雨量1800 毫米,降水时数高达 2319 小时,真可谓名副其实的"雨城"。唐代诗人李商隐曾感叹:"何当共剪西窗烛,共话巴山夜雨池。"

雅安民间也有"蜀犬吠日"、"雅无三日晴"之苦恼。那么,"雨城"为何"天漏"呢?

关于"雨城天漏",在雅安还有一个美丽而感人至深的神话故事呢。传说上古时天被苍龙撞破,人类始祖女娲炼五彩石补天。当别处天空都已补全,唯剩雅安一方天空时,女娲已精疲力竭,她勉强托起最后一块五彩石飞临雅安上空,几番努力,终因劳累过度坠于雅安地界,呕血而亡。从此雅安便被霪雨笼罩,而女娲也化为"雨城"的一座山峰,怅恨地守望在碧波翻卷的青衣江边。

神话终归是神话,"雨城天漏",其实是由雅安自身所处的特殊地理环境造就的。雅安的西侧,是号称世界屋脊的青藏高原,而东面则是平畴千里的四川盆地。雅安处于这两种天壤之别的地貌环境之间,常受高原下沉气流和盆地暖湿气流的交互影响,再加上从印度洋来的南支西风挟带大量暖湿气流,常被迫绕高原东移进入雅安境内,这几种气流相互作用,致使雅安不但雨日多、雨时长,而且雨量大。

"雨城"多雨,还有一个重要原因,那便是雅安别具一格的地理形状造就的。我们把目光投向雅安四周的山脉就不难发现,原来"雨城"好像是一个受气的"小媳妇",其"人身自由"完全被"丈夫"和"公公"、"婆婆"控制了:它的西面是高大雄峻的二郎山,西北方是险峻的夹金山,南部又有大相岭横亘相向,只有东面一个出口。这样的地形组成"喇叭"形状,东来的暖湿气流只能进不能出,一到夜间,四周山上的冷气流下沉,冷暖气流一经交汇,"雨城"这一受气的"小媳妇"就只能"以泪洗面"——下起淅淅沥沥的雨来。此外,"雨城"还受太平洋副高和偏南气流的影响——有这么多的暖湿气流"光临"雅安,难怪"雨城"的天空要漏个不休呢。

影响商品的气象因子很多,主要有:

1. 空气中的氧,它能使许多商品氧化、腐蚀、霉变。

2. 阳光,太阳光中的紫外线会引起塑料、橡胶、化纤的老化,食品变质纺织品褪色。例如英国气象局为了赚取更多的业务经费以应付日常的巨大开销,从1990年开始成立了所谓的"看天气行动"商业服务小组,这种商业服务小组专门向各个公司和商业单位提供中长期的天气预测,并据此针对个别商品的未来需求走势作出分析报告,为客户提供应时应市的消费指引。例如巧克力制造商最怕艳阳高照、气温升高的天气,若知道未来几周以晴天为主,他们便可以预先在产品的储存和运送上采取防热措施,以减少巧克力遇热融化的损失。卫生纸的销售量不仅仅只在温度降低、流鼻涕人口增加时才销路大升,在空气干燥、花粉劲吹的季节也是畅销的时候。掌握天气情况将会有助于商家对产品的生产和销售控制。

目前,英国气象局的"看天气行动"服务小组定期预测分析的商品约有40种,如汽水、猫食、猪排、卫生纸和感冒药等。使用这些资料的商家每周约可节省3000英镑的支出。就一个超级市场连锁集团来说,每年所省下的金额约在5000万至8000万英镑之间。英国森默菲尔超市集团发言人表示,天气走向的预测分析,除了有助于公司正确满足顾客的需求外,采购部门也可早一步和时鲜蔬果批发商议价,以便争取更优惠的进货价格,为公司赚进更多的利润。

3. 温度,它对易腐、易挥发商品影响最大。我国的部分城市从20世纪90年代初就开始了商业气象预报。如1994年"三大火炉"之一的武汉市,武汉商场的采购部事先从武汉中心气象台得到有关"今年夏季气温比常年偏高"的信息,果断决定扩大空调的采购量,并及时投放市场,取得了丰厚利润。在上海市,上海第六百货商店根据上海气象台提供的"夏季出现高温旱,持续时间长"的信息,特别举办了电扇展销会,仅 20 天时间,销售额就突破百万元。

利用天气预报特别是中长期天气预报,决定商品的进货量,达到盈利的目的,已经成为商业界心照不宣的事。那么还有哪些商品的销售与气象有关呢? 应该说凡是有销售淡旺季的商品多少都与气象有关,关系比较密切的有,食品类的饮料(啤酒)、冷饮、西瓜,服装服饰类的棉衣、太阳帽、太阳伞、墨镜,家电类的风扇、加湿器、电暖气,化妆品类的防晒霜等。

4. 湿度,湿度大时,使电器、金属制品容易腐蚀、锈蚀电路。

第 4 节　我国加快气象信息服务商业化措施

我国的气象信息有偿服务始于 20 世纪 80 年代,其最初的出发点是为了从一定程度上弥补气象事业经费的不足。1998 年全国气象工作会议在上海召开,此次会议正式提出了商业性气象服务的概念,并明确了其内涵。2000 年全国气象工作会议,将气象服务分为公众气象服务、决策气象服务、有偿气象服务和商业性气象服务四大类,至此商业性气象服务成为气象服务的一个重要组成部分。随着气象专业有偿服务面的拓宽、我国加入世界贸易组织以及在国际性气象信息服务商业化潮流的带动下,我国在气象信息有偿服务方面取得了较多经验,其商业化步伐明显加快。但目前我国的气象信息服务仍以有偿服务为主,其商业化服务仍处在初级阶段。因此,为了加快我国气象信息服务商业化的进程,借鉴国外气象信息商业化服务的成功经验、认识气象信息服务商业化的必要性、认清气象信息服务商业化进程中的若干问题是十分必要的。

一、国外的气象信息商业化模式

国外的商业气象信息服务起步于 20 世纪初,到了 20 世纪 80 年代后,商业性气象服务呈现出迅速发展趋势。目前,国外开展商业化气象信息服务采用的模式主要有以下三种。

第一,商业化气象信息服务完全由国家气象部门承担。新西兰等国家采用这种模式,特别是在新西兰,各气象局对外也称气象公司,1992 年起全面实施商业化气象信息服务,公司下设三个服务实体,分别开展航空气象服务、气象信息服务和国家天气气象业务。

第二,国家气象部门从事公益无偿气象服务,商业化气象服务由私人公司承担。美国、日本等国家采用的是此模式。美国大约有注册的私营天气预报公司 300 多家,值得一提的是从事国际性综合气象信息服务的 WSI(Weather Serves International)公司。该公司除了开展公众气象服务以及为政府部门提供决策依据之外,主要经营范围涉及航空航天、能源交通、远洋运输导航、国防、电子信息等多个领域。而加盟摩根集团的阿姆斯风险管理决策公司(RMS)也在从事商业化气象服务,其经营业务主要是帮助客户评估和减少由于自然灾害带来的风险,为金融保险事业的发展提供决策依据。截止到 1998 年 1 月,日本的私营气象服务公司达到了 50 家,其中最著名的属民间气象公司 WNI(Weather New Information),该公司面向日本国内外 24 个行业提供气象信息服务,并向 50 家电视台提供天气预报节目。

第三,国家气象部门既可从事公益气象服务又能开展商业化气象信息服务,同时也允许私人公司经营商业化气象信息服务。欧洲的不少国家就采用这一模式。如在英国,除允许私营气象服务公司从事商业气象信息服务之外,英国气象局也在开展商业化气象信息服务,并下设一个专门的商业服务部来从事气象信息服务工作,其商业化服务份额占英国整个气象服务市场份额的 70%,而私营气象公司仅占有份额的 50%。

二、实现气象信息服务商业化的必要性

(一)增强部门活力,减轻政府负担

气象信息服务商业化是经济体制转轨之后大力发展气象服务业的

必然趋势,开展商业化信息服务,一方面可以增强气象事业和气象部门的活力,进一步发挥气象高新技术的优势,不断拓宽气象服务的领域,迅速提高气象服务的效益;另一方面可以减少国家财政对气象事业的补贴,气象信息商业化服务业的发展,不仅有利于气象部门尽快适应市场竞争,也有利于国家减轻对气象部门的财政负担。

(二)满足社会公众或客户的多样性需求

气象信息服务商业化对气象服务人员在研发气象信息产品和提供优质服务上提出了更高要求,未来气象信息服务产品必须满足社会公众日益增长的多样化需求,才能充分占有市场,这在客观上增强了气象服务人员的竞争意识和服务意识,也促使气象服务人员树立"用户至上"的服务理念,不断制定和采取新的经营策略,针对社会公众的当前需求或潜在需求开发出高利用率气象信息产品,切实为企业或商家提供决策信息支持。

(三)气象信息服务商业化进程中存在的若干问题

尽管我国的气象信息商业化服务在上海、广东、山东等沿海省市已经启动,但对中西部地区而言,在加快气象信息服务商业化进程中还存在若干具体问题。

首先,我国目前气象信息服务市场还不够完善,提供气象信息服务的机构主体暂时还缺乏独立参与市场经济活动的能力,此外市场上商业化气象信息服务产品的种类还比较单一,其发布渠道和经营模式都还没有统一的标准和规范。

其次,气象信息商业化服务的法制建设和部门监督管理有待完善。目前,我国国家性气象法律只有一部《中华人民共和国气象法》,还缺乏配套的气象专业有偿服务法律法规,虽有一些现成气象有偿服务规定,如《关于气象部门开展专业服务收费及其财务管理的几项规定》、《关于气象部门专业服务收费及其财务管理的补充规定》、《关于发布气象部门专业服务收费的通知》等(均由气象部门制定),其法律效力有限,不足以规范气象信息服务商业化运作。

　　第三,气象信息服务商业化体制不够健全。现行气象信息服务主体多数是国家事业机构,其服务收费是一种成本补偿或抵偿性收费,并非完全以盈利为目的。由于服务主体的生存压力较小,其紧迫感和危机意识不强,缺乏新产品开发的强大动力。另外,其服务成本难以计算。这种现行体制在一定程度上制约了气象信息的商业化进程。

　　第四,旧的思想观念的束缚。气象信息服务人员思想比较保守,不愿丢掉事业单位的铁饭碗。虽然,气象有偿服务主体可以通过转制将其变成企业,使之向商业性气象服务公司转化。但由于长期受计划经济时代思想观念的影响以及其他各种因素,从事气象有偿服务的主体难以与气象事业单位彻底分离成为自主经营、自负盈亏的企业实体。

三、加快气象信息服务商业化进程的对策

　　从当前实情来看,我国气象信息服务还未完全从其计划经济体制下的运作思维中解脱出来,这显然与气象信息服务商业化趋势不相适应。在现阶段应着重处理好三种关系。

　　(一)处理好公益性气象服务和商业化气象服务的关系

　　公益性气象信息服务是以社会效益为目的。《中华人民共和国气象法》第三条指出:"气象事业是经济建设、国防建设、社会发展和人民生活的基础性公益事业,气象工作应当把公益性气象服务放在首位。"1992 年,湖北省物价局明确了公益气象服务的范围,即为各级党政军领导机关指挥生产、组织防灾抗灾提供气象服务,为军事和国防科学提供天气预报,以及向全社会提供气象服务。气象信息商业化服务则以盈利为目的。一定意义上,气象信息商业性服务是公益性气象服务的一种延伸。为了在做好公益性气象服务的前提下积极推进气象信息服务商业化,首先要正确引导气象信息产品消费,宣传气象信息服务商业化的社会意义,转变公众的气象信息产品消费观念;其次,要把气象服务的社会效益始终放在首位,绝不能为追求其商业利益而损害气象部门的社会形象;第三,加强气象信息服务现代化建设,不断提高气象信息服务水平和能力,尽量满足用户需求。

(二)处理好新旧气象服务体制的关系

加快气象信息服务商业化进程,必然涉及对不适应其商业化的气象服务体制的改革。由于原有的气象服务体制存在事企不分、责权利不明等弊端,不利于气象信息服务商业化,所以改革不适应市场经济的气象服务体制势在必行。未来的气象服务体制应该表现出事企分明、企业化管理、自主经营、自负盈亏等特征,当前应为"转制"积极创造条件,在政策法规上做好准备,促使气象服务体制平稳过渡。

(三)处理好市场竞争与规范化经营的关系

随着气象信息服务商业化进程的加快,气象信息商业化服务市场的竞争将日趋激烈。如果这种竞争最终演变成无序竞争,气象信息服务商业化必然走进"死胡同"。因此,在培育气象信息市场和鼓励其市场竞争的同时,还要确保其经营的规范化。为达此目的,一方面要尽快制定出一套适应气象信息服务商业化的法律法规,为规范气象信息服务市场提供法律依据;另一方面要有专门的气象行政法规管理执法部门对气象信息服务商业活动实行监督管理,保证气象信息服务在有序竞争的条件下实现其经济效益最大化。

第 8 章

气候变化与国际公约

研究气候变化的历史,弄清现代气候变化的趋势,这一方面具有重大的理论意义,另一方面更为我们按照气候演变规律,采取适当措施及早预防和抗御异常气候灾害,合理地利用气候资源,改造气候条件提供科学依据,其实用价值越来越明显。

第 1 节　气候变化

一、什么是气候变化

气候变化是长时期大气状态变化的一种反映。气候变化主要表征大气各种时间长度的冷与暖或干与湿的变化。冷与暖或者干与湿相互交替组成了不同的变化周期。但是,这些变化的周期是不严格的,一个周期内前后阶段往往不具有对称性,而且不同周期的长度还可以相差很大。气候变化就是这样一种比较复杂而且是周而复始地准周期变化。气候变化存在着多种不同的周期,气候变化的周期越长,变化的幅度越大。现代资料能分辨出几年周期的气候变化,是研究气候变化的基本资料。历史气候史料能反映几十至几百年的气候变化,是现代气候变化的重要背景。地质资料能反映上万年的气候变化,给出这一期间气候变化的总趋势。地质资料与史料虽然是古代资料,但是它们所反映的气候变化周期对现代气候变化有制约作用。

世界上任何事物,要知道它的未来,必先了解它的过去,气候也是这样。研究长时期内的气候变化是十分有意义的。长时期尺度的气候是较短时间气候状态的背景和分析依据。不知道过去的气候变化,就弄不清当前气候的来龙去脉,也就不能认识和评价现在的气候与预测未来的气候。

二、地球气候变化

地球成为行星的时间尺度大约为 50 亿年左右。据地质沉积层资料的分析与推断,约在 20 亿年前地球上就有大气圈和水圈。地球气候史的上限,可追溯到 20 ± 2 亿年。

从时间尺度和研究方法来看,地球气候变化史可分为三个阶段:地质时期的气候变化、历史时期的气候变化和近代气候变化。地质时期气候变化时间跨度最大,从距今 22 亿—1 万年,其最大特点是冰期与间冰期交替出现。历史时期气候一般指 1 万年左右以来的气候。近代气候是指最近一二百年有气象观测记录时期的气候。

(一)地质时期气候变化

根据古地质资料研究,亚、欧、非、北美和澳大利亚的大部分地区中,都发现了冰碛层,说明这些地方曾经发生过具有世界规模的大冰川气候。我国长江中下游广大地区都有震旦纪冰碛层,表示这里曾经历过寒冷的大冰期气候。同时在黄河以北地区震旦纪地层中发现有石膏层和龟裂纹现象,说明那里当时曾是温暖而干燥的气候。

当时整个世界气候都比较温暖,特别是石炭纪是古气候中典型的温和湿润气候。当时森林面积极广,最后形成大规模的煤层,树木缺少年轮,说明当时树木终年都能均匀生长,具有海洋性气候特征,没有明显季节区别。

我国三迭纪的气候特征是西部和西北部普遍为干燥气候。到侏罗纪,我国地层普遍分布着煤、黏土和耐火黏土等,由此可以认为我国当时普遍在湿热气候控制下。侏罗纪后期到白垩纪是干燥气候发展的时期,当时我国曾出现一条明显的干燥气候带。西起新疆经天山、甘肃,向南伸至大渡河下游到江西南部都有干燥气候下的石膏层发育。到了新生代的早第三纪,世界气候更普遍变暖,格陵兰具有温带树种,我国当时的沉积物大多带有红色,说明我国当时的气候比较炎热。晚第三纪时,东亚大陆东部气候趋于湿润。晚第三纪末期世界气温普遍下降。喜热植物逐渐南退。

据研究,在距今 1.8 万年前为第四纪冰川最盛时期,一直到 1.65 万年前,冰川开始融化,大约在 1 万年前大理亚冰期(相当于欧洲武木亚冰期)消退,北半球各大陆的气候带分布和气候条件基本上形成现代气候的特点。

古气候学研究利用对气候敏感的指示物的变化,推断过去数百年至数百万年时间尺度的气候变化。这些代用数据(如树木年轮宽度)可能会同时受到局地温度和其他因子(如降水)的共同影响,并通常代表特定的季节而非全年。

气候是一段长时期的大气状况,由于时间跨度大,所以气候反映的大气状况不同于天气。天气主要指的是一次天气过程,如一次降水天气或一次冷空气活动等。气候则是许多次天气过程的综合表现,一般用降水量或温度等气象要素的统计值表现出来。

气候变化,就是这些统计值的变化。在地球大气的历史中,曾出现几次很大的气候变化。根据地质资料和生物化石的差别,可以判断,温暖时期大约占其历史的 90%。温暖时期的气候是十分温暖的。在那时地球上不存在冰雪,甚至冬季也看不到冰雪。在这样的时期里夏季也不太热。这种情况使人们想起《圣经》里所描述的“伊甸园”。是适宜生物生长的时期。身躯庞大的恐龙就是生存在这样的时期里。

但是在漫长的温暖时期里却插进了几次大冰期。在大冰期的极盛时期,过去的温带已变成了银装素裹的冰雪世界。冰期时期虽然比温暖时期短暂得多,但过去曾出现的大冰期也有几千万年的时间长度。

大约在过去 200 万—300 万年前,地球上出现了一次新的大冰期,叫第四纪大冰期。大冰期的到来对生物界是一次空前的大劫难。很多不能适应寒冷冬季的物种灭绝了,少数能存活下来的物种则增强了抗寒性能,演变成新的物种。

冰河时期和温暖时期的生物品种很不相同,遗留下来的生物化石也不相同。人们正是根据化石的差异和冰雪与洪水等物理过程留下来的遗迹,才得以知道这两种冷热截然不同的时期是交替轮流出现的。这就构成了万年以上气候变化的主要途径。

应当指出,在冰河期与温暖期的气候也不是一成不变的。它们各自也包括多次显著的变化,只是变化的幅度比冰河期与温暖期的差别要小一些。如在一次大冰期中就有多次回暖,这种回暖叫做间冰期。间冰期之间则是冰盛的亚冰期或副冰期。

学术界一般习惯于指出,大约在1万多年前最后一次冰河期消失,近一万多年就是人类文化发展的时代,属于冰后期。

在冰后期之前消失的这次冰期,究竟是否算是"最后一个"?看起来,还不能这样说,很多学者认为第四纪大冰期并未结束,结束的只是大冰期中的一个盛冰期,以后还有新的盛冰期的到来,这个看法是有道理的。因为:

第一,过去几次大冰期的长度达到几千万年,而第四纪大冰期至今不过二三百万年,说它已经结束,理由未免不足。

第二,现在并不温暖,同冬天全球无冰雪的温暖期相比,现在还是寒冷的。

第三,就大冰期的形成原因来说,现在还仍然存在。关于大冰期形成的原因有许多学说。其中,最有物理意义的是海陆的分布。魏格纳1915年著成《海陆的起源》学说,他认为大陆是移动的,这一学说后来又为其他许多学说所证实,已经成为地学者的理论基础。到了现代利用卫星定位技术,已经能准确测定各块陆地和岛屿每年移动的方向与速度,大约移速每年可达1厘米—4厘米。这个速度对我们有生之年的确微不足道。但是对几千万年来说,距离就大得足以惊人。每年1厘米,1亿年就是1000公里。浩瀚的大西洋就是两亿年前因美洲与欧、亚、非洲大陆走向不同,因而分开和出现的。

因此,人们认为,当大陆挡住了洋流南北交汇之时,北方就得不到足够的热量,便会冷却结冰,是形成大冰期的原因。

现在的南极就是一块大陆,温暖的洋流自然无法到达,所以这里成为全球最大的冰雪世界。这也许就是第四纪大冰期形成的地理条件。

这样的海陆分布在短时间内是不会消失的。这就是第四纪大冰期没有结束的理论解释。

冰后期的 1 万多年里虽然气候变化的幅度减少了,但仍然存在着显著的变化。在这一时期里,由于人类已经进入文化时代,所以可以通过考古发现的文物推断出当时的气候特征。特别是有了文字之后。有了更多的文字记载,人们对当时气候的认识就更清楚了。

(二)历史时期气候变化

历史时期的气候变化,距今大约 1 万年左右。根据对历史文献记载和考古发掘等有关资料的分析,可以将 5000 年来我国的气候划分为 4 个温暖时期和 4 个寒冷时期,如表 8.1 所示。

表 8.1 我国近 5000 年的寒暖变化:4 个温暖时期和 4 个寒冷时期

第一次温暖时期 公元前 3500 年—公元前 1000 年左右 (仰韶文化到河南安阳殷墟时代)	黄河流域有象、水牛和竹等,估计当时大部分时间年平均气温比现在高 2 度,1 月温度约比现在高 3℃—5℃,年降水量比现在多 200mm 以上,是我国近 5000 年来最温暖的时代。
第一次寒冷时期 公元前 1000 年—公元前 850 年 (西周时期)	《竹书纪年》中有公元前 903 年和公元前 897 年汉水两次结冰,紧接着又是大旱,气候寒冷干燥。
第二次温暖时期 公元前 770 年—公元初 (秦汉时期)	气候温暖湿润,《春秋》中提到鲁国(今山东)冬天没有冰,《史记》写到当时竹、梅等亚热带植物分布界限偏北,表明当时气候比现在温暖。
第二次寒冷时期 公元初—6 世纪 (东汉、三国到六朝)	据史书记载公元 225 年淮河结冰,在公元 366 年前后从昌黎到营口的渤海海面连续三年全部结冰,物候比现在晚 15 天—28 天。

第三次温暖时期 7 世纪—9 世纪 (隋唐时期)	公元 650 年、669 年和 678 年的冬季,当时长安(今西安)无冰雪,梅和柑橘都能在关中地区生长,8 世纪梅树生长于皇宫,9 世纪初西安还种有梅花。
第三次寒冷时期 10 世纪—12 世纪 (宋代)	华北已无野生梅树,公元 1111 年太湖全部冻结,公元 1131 年—1260 年杭州每 10 年降雪最迟日期是 4 月 9 日比 12 世纪以前推迟 1 个月左右。公元 1153 年—1155 年苏州附近的南运河经常结冰,福建的荔枝两次冻死(公元 1110 年—1178 年),当时的气候比现在寒冷得多。
第四次温暖时期 13 世纪 (元代)	短时间回暖,公元 1200 年、1213 年、1216 年杭州无任何冰雪,元代初期西安等地又重新设立"竹监司"的衙门管理竹类,显示气候转暖。
第四次寒冷时期 15 世纪—19 世纪 (明清时期)	长达 500 年,当时极端初霜冻日期平均比现在提早 25 天—30 天,极端终霜日期平均比现在推迟 1 个月,北京附近的运河封冻期比现在长 50 天左右,估计 17 世纪的冬温要比现在低 2℃左右。·

　　大约在 3000 年—7000 年之前的一段时间,地球是非常温暖潮湿的。西安半坡村遗址是 6000 年之前的遗物,安阳殷墟是 3000 年前殷商的首都,以后又出现了夏朝首都王城岗遗址等,都证明了那时的温暖气候。在这些遗址里发现竹鼠、水牛等亚热带动物的骨骼,特别是在殷墟发现许多野象的遗骨,一片甲骨文中还记载打猎时捕获的一头野象,说明当时河南北部有不少野象生存。这也证明当时的黄河流域气候与现在的长江流域气候相近。

　　历史上也出现过比现在更冷、更旱的时期。例如,南北朝时期就比现在寒冷很多。竺可桢比较了《齐民要术》的记载与现代生物开花、结实的具体时间,发现那时比现在要迟约 1 个月。那时黄河中下游的气候同现在的北京差不多。说明近 500 年又是一个寒冷时期。

　　从公元前 1000 年的周朝初期以后,气候有一系列的冷暖变动。这一时期气候变化的主要特征是:温暖期愈来愈短,温暖的程度愈来愈

低。从生物分布可以看出这一趋势。例如,在第一个温暖时期,我国黄
河流域发现有象;在第二个温暖时期象群栖息北限就移到淮河流域及
其以南;第三个温暖时期就只在长江以南广东、云南才有象。而 5000
年中的四个寒冷时期相反,长度愈来愈大,程度愈来愈强。从江河封冻
可以看出这一趋势。在第二个寒冷时期只有淮河封冻的例子,第三个
寒冷时期出现了太湖封冻的情况,而在第四个寒冷期时长江也出现封
冻现象。

气候波动是全球性的,虽然世界各地最冷年份和最暖年份发生的
年代不尽相同,但气候的冷暖起伏是先后呼应的。

历史时期的气候,在干湿上也有变化,不过气候干湿变化的空间尺
度和时间尺度都比较小。根据湿润指数 I 的计算方法为:I = 2F/(F +
D),式中 F 为历史上有记载的雨涝频数,D 是同期内所记载的干旱频
数,I 值变化于 0—2 之间,I = 1 表示干旱与雨涝频数相等,小于 1 表示
干旱占优势。对中国东南地区而言,求得全区湿润指数平均为 1.24,
将指数大于 1.24 定义为湿期,小于 1.24 定为旱期,在这段历史时期中
共分出 10 个旱期和 10 个湿期。

表 8.2 中国东南地区旱湿期

公元	年数	湿润指数	旱或湿润	公元	年数	湿润指数	旱或湿润
0—100	100	0.66	旱	1051—1270	220	1.08	旱
101—300	200	1.44	湿	1271—1330	60	1.46	湿
301—350	50	0.94	旱	1331—1370	40	1.00	旱
351—520	170	1.48	湿	1371—1430	60	1.50	湿
521—630	110	0.96	旱	1431—1550	120	1.08	旱
631—670	40	1.60	湿	1551—1580	30	1.48	湿
671—710	40	0.98	旱	1581—1720	140	1.02	旱
711—770	60	1.50	湿	1721—1760	40	1.40	湿
771—810	40	0.88	旱	1761—1820	60	1.02	旱
811—1050	240	1.44	湿	1821—1900	80	1.30	湿

(三) 近代气候变化

目前,我们比较关心的是近百年来的气候变化。近百年的气候变化已经可以用气象观测数据表示。近百年来全球气候变化最突出的特征是温度的显著上升。几乎所有的温度观测记录分析都表明,从19世纪末期到20世纪90年代,全球平均温度上升了大约0.6℃,增暖速率为0.5℃/100年。气候的变暖造成世界上许多的冰川消融,甚至消失,全球平均冰川物质平衡为负;近百年全球海平面平均也上升了15厘米,其中一半估计是由于海水的热力膨胀造成的,另一半是由于冰雪融化造成的。北半球春季和夏季的雪盖面积,从1987年以来已经减少了10%。这些间接的证据也都说明了20世纪气候在变暖。

在过去100年里,气候主要可归纳为两个特点。一个是两次明显升温,另一个是降水量呈现波动性变化。

第一次升温大约从19世纪的末期开始,全球也包括中国的气温明显上升,30年代到40年代是气温的最高期。

第二次升温到20世纪的80年代就很明显了。90年代更达到了温度的最高期。在我国升温最多的是北方,全世界也是高纬度地方比低纬度地方升温明显。

由于高纬度等地区升温多,这就使得南北温度差异减小了。这和大气运动与温度分布不均匀有密切关系。温度差别越大,引起的气流也就越强。现在南北温差减小,自然也就引起气流减弱。从大洋输入大陆的水汽就减少了。加上升温又引起蒸发加强,所以有的科学家预测在人口稠密的中纬度地区有干旱化的可能。

因此,全球升温被看作是引发许多灾害的祸根,得到了科学界高度重视,各国际科研协作纷纷展开。不少国家元首和政要也纷纷发表声明,许多国际会议和政府间的协作也接连出台,表现了人们对气候与气候变化从未有过的关心。

我国近百年来的温度变化与世界的平均情况基本相似,20世纪30年代至50年代是温度较高的时期,以后略有回降,到20世纪80年代

又上升到一个新的高值。据中国气象局近来的统计资料,从 20 世纪
50 年代至 80 年代间,升温比较明显的是在我国北方,而长江流域和西
南各省气温反而有所下降。升温最多的省份是黑龙江(0.7℃)、内蒙
古(0.83℃)、北京(0.88℃)、河北(0.84℃)、吉林(0.65℃)、辽宁
(0.64℃)、山西(0.65℃)等省(市);降温最多的是四川(−0.92℃)、
湖北(−1.09℃)。因此,近百年我国的温度变化是北方升温趋势明
显,南方不明显,有些地方甚至出现降温的情况。

　　因此,从 20 世纪末以来,我国气温总的变化趋势是上升的,这在冰
川进退、雪线升降中也有所反映。如 1910 年—1960 年 50 年间天山雪
线上升了 40 米—50 米,天山西部的冰舌末端后退了 500 米—1000 米,
天山东部的冰舌后退了 200 米—400 米,喜马拉雅山脉在我国境内的
冰川,近年来也处于退缩阶段。

　　20 世纪我国降水的总趋势大致是从 18、19 世纪的较为湿润时期
转向较为干燥的过渡时期。由于降水的区域性很强,各地降水周期的
位相很不一致,表 8.3 列出北京、上海、广州三站每 10 年年平均降水量
R(毫米)及其距平百分率△R%。由此表可见,在 20 世纪 30 年代是少
雨时期,50 年代是多雨时期,60 年代和 70 年代降水量又明显偏少,结
合 20 世纪气温资料分析,我国东部北纬 40°以南的气候状况可归纳为
表 8.4 的配置。

表 8.3　北京、上海、广州三站每 10 年年平均降水量
R(毫米)及距平百分率△R　　　　　(%)

地点　　　年份 　　项目	1910— 1919	1920— 1929	1930— 1939	1940— 1949	1950— 1959	1960— 1969	1970— 1979	多年平均
北京　R	642	604	583	567	820	618	605	609
△R	9	1	−4	−7	35	2	−1	
上海　R	1225	1093	1195	1248	1239	1048	1084	1142
△R	7	−4	−3	9	10	−8	−5	
广州　R	1696	1853	1461	1737	1773	1617	1719	1678
△R	−5	10	−13	4	6	−4	2	

表 8.4　20 世纪以来每 10 年我国气候特征

年份	1910—1919	1920—1929	1930—1939	1940—1949	1950—1959	1960—1969	1970—1979	1980—1989
特征	湿冷	干暖	干(冷)	温暖	湿冷	干(暖)	干冷	湿暖

综上所述,全球地质时期气候的变化,以冰期和间冰期的出现为特征,气温变化幅度在 10℃ 以上。冰期来临时,不仅整个气候系统发生变化,甚至导致地理环境的改变。历史时期的气候变化是近 1 万年来,主要是近 5000 年来的气候变化,变化的幅度最大不超过 2℃—3℃,大都是在地理环境不变的情况下发生。近代的气候变化主要是指近百年或 20 世纪以来的气候变化,气温振幅在 0.5℃—1.0℃ 之间,由于人为活动的影响,全球变暖的趋势更为明显,已引起全世界科学家和政府高度重视。

第 2 节　气候变化影响因素

影响气候变化既有自然因素,也有人为原因,基于对大量更新和更全面的数据分析,对气候变化不确定性范围有更进一步的认识:人类活动在气候变暖和变冷方面作用更为明显。

一、人为因素和自然因素与气候变化

大气中温室气体和气溶胶含量的变化、太阳辐射变化以及地表特性的变化,都会改变气候系统的能量平衡。这些变化用辐射强迫①一词表述,它被用于比较各种人为和自然驱动因子对全球气候的变暖或降冷的作用。

自从 1750 年以来,人类活动导致全球大气中二氧化碳、甲烷及氮

---

①　辐射强迫,是对某个因子改变地球—大气系统射入和逸出能量平衡影响程度的一种度量,它同时是一种指数,反映了该因子在潜在气候变化机制中的重要性。正强迫使地球表面变暖,负强迫则使其降冷。本文中的辐射强迫值,是 2005 年相对于工业化前(定义为 1750 年)的差值,并以瓦/平方米(W/m²)为单位表述。

氧化物浓度显著增加,目前已经远超过了工业革命之前的值。全球二氧化碳浓度的增加主要是由化石燃料的使用及土地利用的变化引起的,而甲烷和氮氧化物浓度的增加主要是农业引起的。

二氧化碳是最重要的人为温室气体。全球二氧化碳浓度从工业革命前的280ppm[①]上升到了2005年379ppm。据冰芯研究证明,2005年大气二氧化碳浓度远远超过了过去65万年来自然因素引起的变化范围(180ppm—300ppm)。过去10年二氧化碳浓度增长率为1.9ppm/a,而有连续直接测量记录以来的增长率为1.4ppm/a。

化石燃料燃烧释放的二氧化碳从20世纪90年代的每年6.4Gt[②],增加到2000年—2005年的每年7.2Gt。在20世纪90年代,与土地利用变化有关的二氧化碳释放量估计是每年1.6Gt—5.9Gt。

全球甲烷浓度从工业革命前的715ppb增加到了20世纪90年代的1732ppb,2005年达到了1774ppb。2005年甲烷浓度远远超过了过去65万年来自然因素引起的变化范围(320ppm—790ppb)。但是,其浓度增长率在20世纪90年代早期开始降低。

全球氮氧化物浓度从工业革命前的270ppb增加到了2005年的319ppb。其增长率从20世纪80年代以来基本上是稳定的。氧化亚氮总排放量中超过三分之一是人为的,主要来自于农业。

(一)人类活动与气候变化

人类活动是全球气候系统中的重要成员之一,也是气候变化的一个重要影响因素。以前,由于人类生产力水平低下,人类活动主要是为了人类自身适应不断变化着的自然,而对环境的影响则是非常微弱,并且局限在一定的时间空间内。而工业革命以后,大机器工业迅猛发展所带来的生产力的高速增长以及人对自然界无节制的索取,使人类活动对自然环境的破坏,不但在强度上有了质的飞跃,而且影响到世界各

---

① ppm(百万分之一)或ppb(十亿分之一)是温室气体分子数目与干燥空气总分子数目之比。如300ppm的意思就是,在每一百万个干燥空气分子中,有300个温室气体分子。

② Gt(十亿吨)。

个角落,并且成为影响地球环境变化的第三驱动力。

人类活动对气候变化的影响以及两者之间的联系,是 20 世纪 70 年代以来的热门话题。由于近百年来全球气温有变暖的趋势,同时科学家们又注意到人类向大气中排放的微量气体浓度明显增加,因此,两者之间是否有因果联系等,是各国科学家、公众和政策制定者关注的问题。

在人类出现于地球后的数万年发展过程中,绝大部分时间是被动地适应居住环境和相应的气候条件。在此期间,人类并未对环境和气候产生足够大的影响,气候仍在其基本因子的作用下变化着。但在世界工业革命后的 200 年间,地球上人口剧增,科学技术发展和生产规模的迅速扩大,人类对环境的破坏和对气候的影响越来越大,地球表面及大气的自然状态受到破坏。由于砍伐森林和燃烧矿物燃料,大气中的二氧化碳浓度迅速增加,造成温室效应加剧。20 世纪 60 年以来,氯氟烃等微量气体的增加,又加速了这一过程。同时,由于过度放牧,破坏原始森林及自然植被改变了地表的物理状况,城市的扩展造成热岛效应,大气污染,平流层臭氧受到破坏使南极臭氧洞扩大。这些都直接或间接改变了气候系统的状况。

自从工业革命(1750 年)以来,人类由于使用煤炭、石油和天然气等化石燃料,以及加速毁林和破坏草原,大气中温室气体如:二氧化碳、甲烷、一氧化二氮的浓度分别增加了 30%,145%,15%(1992 年资料),这些变化主要归因于人类活动。许多温室气体可在大气中存在很长时间(例如,二氧化碳和甲烷可存在几十年到数百年),具有增温作用。因此,它们将在很长时间内起作用。

目前,这种因人类活动造成的气候变化,在数十年到百年时间尺度的气候变化中,其影响程度已可达到和自然因子影响同等的程度。因此,若不加以合理规划和控制,人类活动对气候的影响将日渐加剧,不仅会破坏人类赖以生存的居住环境,还将危及社会的可持续发展。人类活动对气候和环境的影响,许多可以后延数十年乃至上百年,在相当长的时间内难以恢复。如何评价人类活动对气候环境的影响,如何采取有效措施存利去弊,以改善人类居住环境和气候状况,确保社会的可持续发展,便成为摆在人们面前的一个重大问题,也是摆在各国政府面前的一个迫切需要解决的问题。我国处于世界气候脆弱带,全球变暖必将对我国经济和社会发展带来重大影响。

(二)地球环境与气候变化

亿万年以来,地球气候系统变化要由两大因素所控制,一类是地球外天体和宇宙环境的变化,其中尤以太阳活动所造成的影响为显著;另一类是地球内部各自然圈层的活动,如地壳运动、海洋运动、火山爆发等。自从有人类的生产活动以来,人类活动始终是影响地球环境变化的一个不断发展的因素。

地球在自己的公转轨道上,接受太阳辐射能。而地球公转轨道的三个因素:偏心率、地轴倾角和春分点的位置都以一定的周期变动着,这就导致地球上所受到的天文辐射发生变动,引起气候变化。

地球绕太阳公转轨道是一个椭圆形,目前,地球绕太阳公转轨道的椭圆偏心率(e)大约为 0.016。偏心率是在 0.0—0.06 之间变动,周期为 9.6 万年,地球在近日点获得的天文辐射量比远日点的辐射量约大 1/15。如果冬季在远日点,夏季在近日点,则冬季长而冷,夏季热而短,一年之中冷热差异大。

当地轴倾斜度增加时,高纬度的年辐射量要增加,赤道地区的年辐射量会减少,倾斜度越大,地球冬夏接受的太阳辐射量差值就越大,特别是高纬度地区必然是冬寒夏热,气温年较差大;相反,当倾斜度小时,会使冬季变暖,夏季变冷,气温年较小。

太阳黑子活动大概是 11 年为周期,太阳活动增强时,太阳辐射也增强,气温一定上升。我国近千年来的气候变化与太阳活动的长期变化也有一定联系。

而太阳辐射的变化,火山爆发将大量悬浮物质带入大气层,阻碍地面接受太阳辐射,而导致降温,这些都不可能逆转未来大气温室效应增加。另外根据科学家使用全球气候模式的分析结果认为:地球平均表面和低层大气将增温,而大气平流层将降温;全球平均降水量和蒸发量增加,且随气温变暖,它们的增长也越多。

对不同地区而言,北半球高纬度地区冬季增温较大,而热带增温较少。中纬度地区冬季降水增加;副热带干旱地区降水变化较小。对我国而言,冬季西伯利亚高压环流将显著减弱,这意味着我国冬季寒潮强度将减弱。而夏季亚洲大陆沿海地区及附近海域气压增强,而大陆地区则气压降低,意味着海陆气压差增大,海陆气压差是形成沿海夏季风的基本原因,这意味着夏季风增强,沿海夏季降雨也可能增加。

近百年全球变暖的证据,除气温外,还表现在诸多方面,近几十年的观测记录表明,从地表到对流层低层和中层均存在增暖特征,陆地土壤温度及海洋表层海温也在变暖。另外,探测资料还显示,对流层高层与平流层低层有变冷的趋势。此外,全球大部分陆地区域的日最低温度升高,因此日较差明显减小。近百年全球海平面平均上升了20厘米—30厘米;全球中高纬度冰雪融化,冰川范围向高纬度收缩,尤以北美与欧亚大陆北部最为明显,高山雪线也明显收缩。

在过去100年里,气候变化主要可归纳为两个特点。一个是两次明显升温,另一个是降水量呈现波动性变化。在第一次升温大约从19世纪的末期开始,全球也包括中国的气温明显上升,30年代到40年代是气温的最高期;第二次升温到20世纪的80年代就很明显了,90年代更达到了温度的最高期。在我国升温最多的是北方,全世界也是高纬度地方比低纬度地方升温明显。

由于高纬度等地区升温多,这就使得南北温度差异减小了。这与大气运动与温度分布不均匀有密切关系。温度差别越大,引起的气流也就越强。现在南北温差减小,自然也就引起气流减弱。从大洋输入大陆的水汽就减少了。加上升温又引起蒸发加强,所以有的科学家预测在人口稠密的中纬度地区有干旱化的可能。

二、气候变化对人类社会经济影响

气候变化与经济和社会发展息息相关。全球变暖对农业生产造成极大危害,在一些农业生产脆弱区,虫害增加和干旱可能造成粮食减产,从而改变粮食贸易格局。此外,全球变暖对自然地球生态系统影响也十分明显,由此造成的社会经济后果将非常严重,特别是对于生态脆弱区。这些地区的社会经济发展严重依赖于自然生态系统,生态系统的改变,将对粮食、燃料、医药和建筑材料等产生影响,危及人类生存。

其中,由于气候变化而引起的海平面升降、农业和粮食的供给、环境污染、生态系统变化、淡水资源以及人类健康等方面的影响问题最受关注。人类活动引起的温室效应增强,是目前最为重要的全球环境问题之一。

在寒冷地区的农业生产中,为使农作物如蔬菜等能够在寒冷气候中正常生长,经常建造玻璃(或透明塑料)房屋,将农作物种植在里面。利用玻璃可以让太阳短波辐射通过的原理,保持白天室内足够温暖的温度。又利用夜晚室内地面长波辐射被玻璃返回地面的原理,继续保持室内夜间温暖的温度。人们称这样的玻璃房屋为温室。大气中有些微量气体,如水汽、二氧化碳、氧化亚氮、甲烷等,能够起到类似玻璃的作用,即大气中的这些微量气体能够使太阳短波辐射的某些波段透过,达到地面,从而使近地面层变暖;又能使地面放射的长波辐射返回到地表面,从而继续保持地面的温度。人们把大气中微量气体的这种作用称为大气中的温室效应,而把具有这种温室效应的微量气体称作“温室气体”。据研究,如果大气中没有这些温室气体,地表平均温度要比现在低 33℃。所以这些温室气体的存在,对于在地表形成今天这样适宜生物生存的温度是十分重要的。

全球变暖对水循环的影响,在脆弱的干旱与半干旱地区更加明显。例如,我国的干旱和半干旱地区近 50 年来有明显变干的趋势,一些河流和湖泊已经干枯。全球变暖将可能使华北地区变暖变干,造成该地区干旱加剧,水资源更加短缺。一些对水资源脆弱和敏感的地区,将可能承受不了这种压力。全球变暖及相应的一系列气候变化,对人类健康也会有直接或间接的影响。

研究表明,随着全球变暖,夏季高温日数将明显增加,心脏病和高血压病人犯病和死亡率都将增加。气候的急剧变化,如寒潮爆发或春季强冷空气的入侵等,对人的健康会有影响,尤其是一些病人和体弱的人群。全球变暖引起的病虫害增加和细菌繁殖,对人类健康的危害极大。例如高温与高湿可能造成蚊蝇孳生,导致霍乱病、疟疾病和黄热病等发病率增加。高温与干旱可能导致一些传染病增加,这在人口聚集区危害更大。温度和降水的变化,可能从根本上改变病媒传染的疾病和病毒性疾病的分布,使其移向较高纬度地区,令更多人口面临疾病危险。许多发展中国家由于医疗设备和药物条件较差,而面临更大威胁。

全球变暖造成冰雪大量融化和海水热膨胀,将加快海平面上升,改变海洋环流和海洋生态系统,对社会经济造成重大损失。全球海平面上升将直接危及低岛屿、低海岸带,及地势低洼地区和国家,许多城市坐落在海岸附近,那里人口密集,工农业发达。海平面上升,海水可能淹没农田,污染淡水供应,还可能改变海岸线。

全球变暖将对人类居住环境、能源、运输和工业等部门产生影响。人类居住环境对于发展迅速的气候变化的潜在响应是脆弱的,世界上一些三角洲地区对海平面升高的响应很脆弱,这包括埃及的尼罗河三角洲、孟加拉国的恒河三角洲、中国的长江和黄河三角洲、中印半岛的湄公河三角洲、南美的亚马逊河三角洲、美国的密西西比河三角洲等。海面上升、海水入侵,还将使巴西、阿根廷和中国等国家沿海人口密集的工业区经济蒙受极大损失。海面上升淹没耕地,迫使人口大规模迁移,同时还会影响渔业生产。

20世纪90年代连续出现影响全球气候的厄尔尼诺现象;1998年夏季中国长江流域发生500年一遇的特大洪水,中国北方地区持续干旱;1997年—1998年间发生的超强厄尔尼诺对东南亚各国的经济发展,也产生了巨大的影响。这些气候现象的发生极大地影响了从普通老百姓的日子到政府决策,从一个国家一个地区的经济政治发展到世界范围内的经济、军事和外交格局的建立,而全球气候变化和未来气候发展趋势,以及它对于全球社会、经济和环境发展可能产生的影响,也成为 21 世纪世界各国领导人、科学家和企业家及广大人民大众所关注的一个焦点问题。

近些年来,人类社会花费了巨大的人力物力,组织科学家联合攻关,试图寻找自然界气候变化的相互制约的机制,但是影响未来气候变化的因子实在太多太复杂,而且各因子相互作用机理尚未搞清楚,因此,要对未来气候变化的发展趋势进行预测是非常困难的。可以说当前的全球气候变化是迄今人类遇到的一个最复杂的地球系统科学问题之一。

三、近些年全球重大异常气候回顾

进入 2008 年,由于拉尼娜现象导致的大气环流异常,中国南方大部分地区和西北地区东部发生大规模罕见降雪和低温天气,造成雨雪冰冻灾害,引起世界各国关注。在气候变暖的大背景下,过去几年全球异常气候不断发生:

2007 年 1 月至 4 月,北美地区频遭暴风雪袭击,共造成美国和加拿大 100 多人死亡,多条铁路和公路交通中断,千余次航班被迫取消。

5 月至 9 月,受季风导致的强降雨影响,东南亚地区遭遇 30 年来最严重的洪灾,造成至少 3000 人死亡,数千万人受灾。此外,罕见高温天气还袭击了亚洲、欧洲和美洲的部分地区。巴基斯坦、意大利、美国、日本等国均出现创历史纪录的高温,导致数百人丧生。

6 月,强热带风暴"古努"在阿拉伯半岛东部沿海地区登陆,造成至少 25 人死亡,并使阿曼、伊朗、阿拉伯联合酋长国和沙特阿拉伯等国沿海地区遭受不同程度的损失。此前,海湾地区极少出现强热带风暴。

6 月至 7 月,英国威尔士以及英格兰中西部地区遭受 60 年不遇的洪灾,造成牛津等 5 个郡的大片地区和数以万计的房屋被淹,多条铁路和公路交通中断。

7月至9月，非洲东部、西部和中部的22个国家遭到强降雨引发的洪灾袭击，造成约300人死亡，100多万人受灾，其中苏丹、埃塞俄比亚和尼日尔等国灾情严重。

11月，几十年罕见的强热带风暴"锡德"袭击了孟加拉国，导致4000多人死亡或失踪，800多万人受灾，经济损失逾23亿美元。

12月至2008年1月，暴风雪持续袭击美国，引发雪灾、暴雨和洪水，造成数十人丧生，多条高速公路被迫封闭。

2008年5月2日，热带风暴"纳尔吉斯"在缅甸登陆。2万余人死亡，4万多人失踪，仰光电力供应中断，数个地区交通瘫痪。

因全球气候变暖，而导致各国自然灾害多，死亡人数增加，不能不引起人类的高度关注。

第3节　气候变化与国际公约

对气候变化问题，虽然社会对气候变暖的程度、成因、主要责任以及解决问题的路径方面还存在这样那样的不同看法，但是主流观点已经逐渐趋于一致，至少形成以下四点共识：

一是全球气候变暖已经是一个不争的事实。

二是气候变暖对自然生态环境和人类生存和发展的环境已经产生了严重的后果。

三是气候变化的原因除了自然因素影响以外，与人类的活动，特别是使用化石燃料，像煤炭、石油，在使用化石燃料过程中排放二氧化碳的幅度密切相关。

四是大家认为气候无国界。气候变暖是人类共同面临的挑战，需要国际社会共同应对，中国政府历来重视气候变化问题，愿意和国际社会共同减缓气候变暖的事实。

一、气候变化的适应对策

我们只有一个地球，它是我们共同的家园，保护人类赖以生存的地球环境,是世界各国人民共同关心的问题。气候变化影响着人类的生存环境和社会经济的发展,人类活动反过来又影响到气候变化。因此,人类活动、气候变化与环境变化之间,存在着相互作用和相互反馈的复杂过程,涉及多学科的交叉;有关气候变暖及其影响等问题的解决,需要多学科的科学家、管理人员以及政府官员的共同参与。气候与环境问题无国界,世界各国只有积极参与,全球采取步调一致的行动,正确处理好资源、环境与发展问题,才能够通过几代人的不懈努力,最终实现人类的可持续发展。面对全球变暖的形势,目前我们采取的对策主要有以下三个方面:

首先是减少目前大气中的二氧化碳。在技术上最切实可行的是广泛植树造林,加强绿化;停止滥伐森林。用阳光的光合作用大量吸收和固定二氧化碳。其他还有利用化学反应来吸收二氧化碳的办法,但在技术上都不成熟,经济上更难大规模实行。

其次是适应,这是无论如何必须考虑的问题。所以除了建设海岸防护堤坝等工程技术措施防止海水入侵外,有计划地逐步改变当地农作物的种类和品种,以适应逐步变化的气候。例如日本北部就因为夏季过凉,过去并不种植水稻,或者产量很低,但是由于培育出了抗寒抗逆品种,现在连最北的北海道不仅也能长水稻,而且产量还很高。

由于气候变化是一个相对缓慢的过程,只要能及早预测出气候变化趋势,是能够找到适应对策并顺利实施的。另外是削减二氧化碳的排放量。1992 年巴西里约热内卢世界环境与发展大会上,各国首脑共同签署的《气候变化框架公约》要求,在 2000 年发达国家应把二氧化碳排放量降回到 1990 年水平,并向发展中国家提供资金,转让技术,以帮助发展中国家减少二氧化碳的排放量。因为近百年来全球大气中的二氧化碳绝大部分是发达国家排放的。发展中国家首先是要脱贫、要发展。发达国家有义务这样做。但是,由于公约是框架性的,并没有约束力。而且削减二氧化碳排放量直接影响到发达国家的经济利益,因此有些发达国家不仅没有减排,甚至还在增排,2000 年根本不可能降到 1990 年水平。在 1997 年 12 月 11 日结束的联合国气候变化框架公约缔约方第三次大会上(日本京都会议),发展中国家和发达国家展开了尖锐紧张的斗争。最后发达国家做出让步,难产的《京都议定书》终于得到通过,议定书规定,所有发达国家应在 2010 年把 6 种温室气体(二氧化碳、一氧化二氮、甲烷和三种氯氟烃等)的排放量比 1990 年水平减少 5.2%。这虽与发展中国家的要求,到 2010 年减少 15%,到 2020 年再减少 20% 的目标相差很大,但毕竟这是一份具有法律约束力的国际减排协议。

二、国际公约

目前有关气候变化的国际公约主要指的是《联合国气候变化框架公约》和《京都议定书》这两大国际公约。

(一)联合国气候变化框架公约

1992 年 6 月在巴西里约热内卢举行的联合国环境与发展大会上,150 多个国家制定了《联合国气候变化框架公约》(United Nations Framework Convention on Climate Change,简称《框架公约》)。《公约》的最终目标是将大气中温室气体浓度稳定在不对气候系统造成危害的水平。

《框架公约》是世界上第一个为全面控制二氧化碳等温室气体排放,以应对全球气候变暖给人类经济和社会带来不利影响的国际公约,也是国际社会在应对全球气候变化问题上进行国际合作的一个基本框架。据统计,目前已有 191 个国家批准了《公约》,这些国家被称为《公约》缔约方。

《公约》缔约方作出了许多旨在解决气候变化问题的承诺。每个缔约方都必须定期提交专项报告,其内容必须包含该缔约方的温室气体排放信息,并说明为实施《公约》所执行的计划及具体措施。

《公约》于 1994 年 3 月生效,奠定了应对气候变化国际合作的法律基础,是具有权威性、普遍性、全面性的国际框架。

《公约》由序言及 26 条正文组成。公约有法律约束力,旨在控制大气中二氧化碳、甲烷和其他造成"温室效应"的气体的排放,将温室气体的浓度稳定在使气候系统免遭破坏的水平上。公约对发达国家和发展中国家规定的义务以及履行义务的程序有所区别。公约要求发达国家作为温室气体的排放大户,采取具体措施限制温室气体的排放,并向发展中国家提供资金以支付他们履行公约义务所需的费用。公约建立了一个向发展中国家提供资金和技术,使其能够履行公约义务的资金机制。

《公约》规定每年举行一次缔约方大会。自 1995 年 3 月 28 日首次缔约方大会在柏林举行以来,缔约方每年都召开会议。

第 2 至第 6 次缔约方大会分别在日内瓦、京都、布宜诺斯艾利斯、波恩和海牙举行。

2000 年 11 月份在海牙召开的第 6 次缔约方大会期间,世界上最大的温室气体排放国美国坚持要大幅度折扣它的减排指标,因而使会议陷入僵局,大会主办者不得不宣布休会,将会议延期到 2001 年 7 月在波恩继续举行。2001 年 10 月,第 7 次缔约方大会在摩洛哥马拉喀什举行。2002 年 10 月,第 8 次缔约方大会在印度新德里举行。会议通过的《德里宣言》,强调应对气候变化必须在可持续发展的框架内进行。2003 年 12 月,第 9 次缔约方大会在意大利米兰举行。这些国家和地区温室气体排放量占世界总量的 60%。2004 年 12 月,第 10 次缔约方大会在阿根廷布宜诺斯艾利斯举行。2005 年 11 月,第 11 次缔约方大会在加拿大蒙特利尔市举行。2006 年 11 月,第 12 次缔约方大会在肯尼亚首都内罗毕举行。2007 年 12 月,第 13 次缔约方大会在印度尼西亚巴厘岛举行,会议着重讨论"后京都"问题,即《京都议定书》第一承诺期在 2012 年到期后如何进一步降低温室气体的排放。15 日,联合国气候变化大会产生了"巴厘岛路线图",决定在 2009 年前就应对气候变化问题的新安排举行谈判。

(二)京都议定书

为了人类免受气候变暖的威胁,1997 年 12 月,《联合国气候变化框架公约》第 3 次缔约方大会在日本京都召开。149 个国家和地区的代表通过了旨在限制发达国家温室气体排放量以抑制全球变暖的《京都议定书》。《京都议定书》规定,到 2010 年,所有发达国家二氧化碳等 6 种温室气体的排放量,要比 1990 年减少 5.2%。具体来说,各发达国家从 2008 年到 2012 年必须完成的削减目标是:与 1990 年相比,欧盟削减 8%、美国削减 7%、日本削减 6%、加拿大削减 6%、东欧各国削减 5% 至 8%。新西兰、俄罗斯和乌克兰可将排放量稳定在 1990 年水平上。议定书同时允许爱尔兰、澳大利亚和挪威的排放量比 1990 年分别增加 10%、8% 和 1%。

《京都议定书》需要占 1990 年全球温室气体排放量 55% 以上的至少 55 个国家和地区批准之后,才能成为具有法律约束力的国际公约。中国于 1998 年 5 月签署并于 2002 年 8 月核准了该议定书。欧盟及其成员国于 2002 年 5 月 31 日正式批准了《京都议定书》。截至 2005 年 8 月 13 日,全球已有 142 个国家和地区签署该议定书,其中包括 30 个工业化国家,批准国家的人口数量占全世界总人口的 80%。2007 年 12 月,澳大利亚签署《京都议定书》,至此世界主要工业发达国家中只有美国没有签署《京都议定书》。

截至 2004 年,主要工业发达国家的温室气体排放量在 1990 年的基础上平均减少了 3.3%,但世界上最大的温室气体排放国美国的排放量比 1990 年上升了 15.8%。2001 年,美国总统布什刚开始第一任期就宣布美国退出《京都议定书》,理由是议定书对美国经济发展带来过重负担。

2007 年 3 月,欧盟各成员国领导人一致同意,单方面承诺到 2020 年将欧盟温室气体排放量在 1990 年基础上至少减少 20%。

《京都议定书》建立了旨在减排温室气体的三个灵活合作机制——国际排放贸易机制、联合履行机制和清洁发展机制。以清洁发展机制为例,它允许工业化国家的投资者从其在发展中国家实施的并有利于发展中国家可持续发展的减排项目中获取"经证明的减少排放量"。

2005 年 2 月 16 日,《京都议定书》正式生效。这是人类历史上首次以法规的形式限制温室气体排放。为了促进各国完成温室气体减排目标,议定书允许采取以下四种减排方式:

第一,两个发达国家之间可以进行排放额度买卖的"排放权交易",即难以完成削减任务的国家,可以花钱从超额完成任务的国家买进超出的额度。

第二,以"净排放量"计算温室气体排放量,即从本国实际排放量中扣除森林所吸收的二氧化碳的数量。

第三,可以采用绿色开发机制,促使发达国家和发展中国家共同减排温室气体。

第四,可以采用"集团方式",即欧盟内部的许多国家可视为一个整体,采取有的国家削减、有的国家增加的方法,在总体上完成减排任务。

三、发达国家对气候变化的责任与义务

从人类历史上看,发达国家在其实现工业化、现代化的过程中,无约束地、大量地排放了温室气体,主要是二氧化碳。资料显示,从工业革命开始到 1950 年,人类由于化石燃料燃烧释放的二氧化碳的总量中发达国家占了 95%;从 1950 年到 2000 年,这五十年来,发达国家的排放量仍占到总的排放量的 77%。因此,发达国家对气候变化负有不可推卸的主要责任,也应当承担主要的义务,包括自身因为实现了工业化,有条件再进一步减少排放,也有经济实力,也有义务为发展中国家应对气候变化提供资金和技术的支持。

四、发展中国家对气候的责任与义务

对于发展中国家,由于历史累积排放量少,人均排放量低,当前的首要任务依然是要发展经济,消除贫困。因此,在应对气候变化的过程中,国际社会理应充分考虑发展中国家的发展权和发展空间。在应对气候变化过程中,国际社会应当尊重发展中国家的发展权,并为其发展

留出一定的排放空间,限制发展中国家的发展所带来的后果,远比气候变化带来的后果更为严重。

当前应继续坚持根据"共同但有区别的责任"原则,发达国家应该正视自己的历史责任和当前人均排放高的现实,严格履行《京都议定书》确定的减排目标,并在 2012 年后继续率先减排。国际社会应该加大对发展中国家的支持,发达国家应该履行对发展中国家的技术转让和资金支持承诺,切实帮助发展中国家提高减缓和适应气候变化能力。发展中国家则要在可持续发展的框架下,努力转变经济增长模式,推进技术创新,特别是要注重引进、消化、吸收先进清洁技术,走"低碳经济"的发展道路,为全球减缓温室气体排放不断做出努力和贡献。

第 4 节　我国应对气候变化的战略思考

气候变化是国际社会普遍关心的重大全球性问题。气候变化既是环境问题,也是发展问题,但归根到底是发展问题。《联合国气候变化框架公约》指出,历史上和目前全球温室气体排放的最大部分源自发达国家,发展中国家的人均排放仍相对较低,发展中国家在全球排放中所占的份额将会增加,以满足其经济和社会发展需要。《气候公约》明确提出,各缔约方应在公平的基础上,根据他们共同但有区别的责任和各自的能力,为人类当代和后代的利益保护气候系统,发达国家缔约方应率先采取行动应对气候变化及其不利影响。《气候公约》同时也要求所有缔约方制定、执行、公布并经常更新应对气候变化的国家方案。

《气候公约》规定:"发展中国家缔约方能在多大程度上有效履行其在本公约下的承诺,将取决于发达国家缔约方对其在本公约下所承担的有关资金和技术转让承诺的有效履行,并将充分考虑到经济和社会发展及消除贫困是发展中国家缔约方的首要和压倒一切的优先事项"。我国愿在发展经济的同时,与国际社会和有关国家积极开展有效务实的合作,努力实施本方案。

一、我国气候变化状况

为应对气候变化,促进可持续发展,中国政府通过实施调整经济结构、提高能源效率、开发利用水电和其他可再生能源、加强生态建设以及实行计划生育等方面的政策和措施,为减缓气候变化做出了显著的贡献。

在全球变暖的大背景下,中国近百年的气候也发生了明显变化。有关中国气候变化的主要观测事实包括:中国年平均气温升高了0.5℃—0.8℃,略高于同期全球增温平均值,近五十年变暖尤其明显。从地域分布看,西北、华北和东北地区气候变暖明显,长江以南地区变暖趋势不显著;从季节分布看,冬季增温最明显。

中国年均降水量变化趋势不显著,但区域降水变化波动较大。中国年平均降水量在50年代以后开始逐渐减少,平均每10年减少2.9毫米。从地域分布看,华北大部分地区、西北东部和东北地区降水量明显减少,平均每10年减少2毫米—4毫米,其中华北地区最为明显;华南与西南地区降水明显增加,平均每10年增加20毫米—60毫米。

近五十年来,中国主要极端天气与气候事件的频率和强度出现了明显变化。华北和东北地区干旱趋重,长江中下游地区和东南地区洪涝加重。1990年以来,多数年份全国年降水量高于常年,出现南涝北旱的雨型,干旱和洪水灾害频繁发生。

中国沿海海平面年平均上升速率为2.5毫米,略高于全球平均水平;中国山地冰川快速退缩,并有加速趋势。

中国未来的气候变暖趋势将进一步加剧。中国科学家的预测结果表明:

一是与2000年相比,2020年中国年平均气温将升高1.3℃—2.1℃,2050年将升高2.3℃—3.3℃。全国温度升高的幅度由南向北递增,西北和东北地区温度上升明显。预测到2030年,西北地区气温可能上升1.9℃—2.3℃,西南可能上升1.6℃—2.0℃,青藏高原可能上升2.2℃—2.6℃。

二是未来 50 年中国年平均降水量将呈增加趋势,预计到 2020 年,全国年平均降水量将增加 2%—3%,到 2050 年可能增加 5%—7%。其中东南沿海增幅最大。

三是未来 100 年中国境内的极端天气与气候事件发生的频率可能性增大,将对经济社会发展和人们的生活产生很大影响。

四是中国干旱区范围可能扩大、荒漠化可能性加重。

五是中国沿海海平面仍将继续上升。

六是青藏高原和天山冰川将加速退缩,一些小型冰川将消失。

二、气候变化对我国的影响

(一)对农牧业的影响

气候变化已经对中国的农牧业产生了一定的影响,主要表现为自 20 世纪 80 年代以来,中国的春季物候期提前了 2 天—4 天。未来气候变化对中国农牧业的影响主要表现在:农业生产的不稳定性增加,如果不采取适应性措施,小麦、水稻和玉米三大作物均以减产为主;农业生产布局和结构将出现变动,种植制度和作物品种将发生改变;农业生产条件发生变化,农业成本和投资需求将大幅度增加;潜在荒漠化趋势增大,草原面积减少。气候变暖后,草原区干旱出现的几率增大,持续时间加长,土壤肥力进一步降低,初级生产力下降;气候变暖对畜牧业也将产生一定的影响,某些家畜疾病的发病率可能提高。

(二)对森林和其他生态系统的影响

气候变化已经对中国的森林和其他生态系统产生了一定的影响,主要表现为近五十年中国西北冰川面积减少了 21%,西藏冻土最大减薄了 4 米至 5 米。未来气候变化将对中国森林和其他生态系统产生不同程度的影响:

一是森林类型的分布北移。从南向北分布的各种类型森林向北推进,山地森林垂直带谱向上移动,主要造林树种将北移和上移,主要造林树种和一些珍稀树种分布区可能缩小。

二是森林生产力和产量呈现不同程度的增加。森林生产力在热带、亚热带地区将增加 1%—2%，暖温带增加 2% 左右，温带增加 5%—6%，寒温带增加 10% 左右。

三是森林火灾及病虫害发生的频率和强度可能增高。

四是内陆湖泊和湿地加速萎缩。少数依赖冰川融水补给的高山、高原湖泊最终将缩小。

五是冰川与冻土面积将加速减少。到 2050 年，预计西部冰川面积将减少 27% 左右，青藏高原多年冻土空间分布格局将发生较大变化。

六是积雪量可能出现较大幅度减少，且年际变率显著增大。

七是将对物种多样性造成威胁，可能对大熊猫、滇金丝猴、藏羚羊和秃杉等产生较大影响。

（三）对水资源的影响

气候变化已经引起了中国水资源分布的变化，主要表现为近四十年来中国海河、淮河、黄河、松花江、长江、珠江六大江河的实测径流量多呈下降趋势，北方干旱、南方洪涝等极端水文事件频繁发生。中国水资源对气候变化最脆弱的地区为海河、滦河流域，其次为淮河、黄河流域，而整个内陆河地区由于干旱少雨非常脆弱。未来气候变化将对中国水资源产生较大的影响：

一是未来 50 年—100 年，全国多年平均径流量在北方的宁夏、甘肃等部分省（区）可能明显减少，在南方的湖北、湖南等部分省份可能显著增加，这表明气候变化将可能增加中国洪涝和干旱灾害发生的几率。

二是未来 50 年—100 年，中国北方地区水资源短缺形势不容乐观，特别是宁夏、甘肃等省（区）的人均水资源短缺矛盾可能加剧。

三是在水资源可持续开发利用的情况下，未来 50 年—100 年，全国大部分省份水资源供需基本平衡，但内蒙古、新疆、甘肃、宁夏等省（区）水资源供需矛盾可能进一步加大。

（四）对海岸带的影响

气候变化已经对中国海岸带环境和生态系统产生了一定的影响，

主要表现为近五十年来中国沿海海平面上升有加速趋势,并造成海岸侵蚀和海水入侵,使珊瑚礁生态系统发生退化。未来气候变化将对中国的海平面及海岸带生态系统产生较大的影响:

一是中国沿岸海平面仍将继续上升。

二是发生台风和风暴潮等自然灾害的几率增大,造成海岸侵蚀及致灾程度加重。

三是滨海湿地、红树林和珊瑚礁等典型生态系统损害程度也将加大。

(五)对其他领域的影响

气候变化可能引起热浪频率和强度的增加,由极端高温事件引起的死亡人数和严重疾病将增加。气候变化可能增加疾病的发生和传播机会,增加心血管病、疟疾、登革热和中暑等疾病发生的程度和范围,危害人类健康。同时,气候变化伴随的极端天气气候事件及其引发的气象灾害的增多,对大中型工程项目建设的影响加大,气候变化也可能对自然和人文旅游资源、对某些区域的旅游安全等产生重大影响。另外由于全球变暖,也将加剧空调制冷电力消费的增长趋势,对保障电力供应带来更大的压力。

三、我国应对气候变化采取的措施

自然资源是国民经济发展的基础,资源的丰度和组合状况,在很大程度上决定着一个国家的产业结构和经济优势。中国人口基数大,发展水平低,人均资源短缺是制约中国经济发展的长期因素。世界各国的发展历史和趋势表明,人均二氧化碳排放量、商品能源消费量和经济发达水平有明显相关关系。在目前的技术水平下,达到工业化国家的发展水平意味着人均能源消费和二氧化碳排放必然达到较高的水平,世界上目前尚没有既有较高的人均 GDP 水平又能保持很低人均能源消费量的先例。未来随着中国经济的发展,能源消费和二氧化碳排放量必然还要持续增长,减缓温室气体排放将使中国面临开创新型的、可持续发展模式的挑战。

第一,调整经济结构,推进技术进步,提高能源利用效率。从 20 世纪 80 年代后期开始,中国政府更加注重经济增长方式的转变和经济结构的调整,将降低资源和能源消耗、推进清洁生产、防治工业污染作为中国产业政策的重要组成部分。通过实施一系列产业政策,加快第三产业发展,调整第二产业内部结构,使产业结构发生了显著变化。

第二,发展低碳能源和可再生能源,改善能源结构。通过国家政策引导和资金投入,加强了水能、核能、石油、天然气和煤层气的开发和利用,支持在农村、边远地区和条件适宜地区开发利用生物质能、太阳能、地热、风能等新型可再生能源,使优质清洁能源比重有所提高。在中国一次能源消费构成中,煤炭所占的比重由 1990 年的 76.2% 下降到 2005 年的 68.9%,而石油、天然气、水电所占的比重分别由 1990 年的 16.6%、2.1% 和 5.1%,上升到 2005 年的 21.0%、2.9% 和 7.2%。

通过加快转变经济增长方式,强化能源节约和高效利用的政策导向,加大依法实施节能管理的力度,加快节能技术开发、示范和推广,充分发挥以市场为基础的节能新机制,提高全社会的节能意识,加快建设资源节约型社会,努力减缓温室气体排放。到 2010 年,实现单位国内生产总值能源消耗比 2005 年降低 20% 左右,相应减缓二氧化碳排放。

第三,通过加强对海平面变化趋势的科学监测以及对海洋和海岸带生态系统的监管,合理利用海岸线,保护滨海湿地,建设沿海防护林体系,不断加强红树林的保护、恢复、营造和管理能力的建设等措施,到 2010 年左右,力争实现全面恢复和营造红树林区,沿海地区抵御海洋灾害的能力得到明显提高,最大限度地减少海平面上升造成的社会影响和经济损失。

第四,推进生物质能源的发展。以生物质发电、沼气、生物质固体成型燃料和液体燃料为重点,大力推进生物质能源的开发和利用。在粮食主产区等生物质能源资源较丰富地区,建设和改造以秸秆为燃料的发电厂和中小型锅炉。在经济发达、土地资源稀缺地区建设垃圾焚烧发电厂。在规模化畜禽养殖场、城市生活垃圾处理场等建设沼气工程,合理配套安装沼气发电设施。大力推广沼气和农林废弃物气化技术,提高农村地区生活用能的燃气比例,把生物质气化技术作为解决农村和工业生产废弃物环境问题的重要措施。努力发展生物质固体成型燃料和液体燃料,制定有利于以生物燃料乙醇为代表的生物质能源开发利用的经济政策和激励措施,促进生物质能源的规模化生产和使用。通过上述措施,预计2010年可减少温室气体排放约0.3亿吨二氧化碳当量。

积极扶持风能、太阳能、地热能、海洋能等的开发和利用。通过大规模的风电开发和建设,促进风电技术进步和产业发展,实现风电设备国产化,大幅降低成本,尽快使风电具有市场竞争能力;积极发展太阳能发电和太阳能热利用,在偏远地区推广户用光伏发电系统或建设小型光伏电站,在城市推广普及太阳能一体化建筑、太阳能集中供热水工程,建设太阳能采暖和制冷示范工程,在农村和小城镇推广户用太阳能热水器、太阳房和太阳灶;积极推进地热能和海洋能的开发利用,推广满足环境和水资源保护要求的地热供暖、供热水和地源热泵技术,研究开发深层地热发电技术;在浙江、福建和广东等地发展潮汐发电,研究利用波浪能等其他海洋能发电技术。通过上述措施,预计2010年可减少二氧化碳排放约0.6亿吨。具体地说:

1. 在工业生产过程中大力发展循环经济,走新型工业化道路。按照"减量化、再利用、资源化"原则和走新型工业化道路的要求,采取各种有效措施,进一步促进工业领域的清洁生产和循环经济的发展,加快建设资源节约型、环境友好型社会,在满足未来经济社会发展对工业产品基本需求的同时,尽可能减少水泥、石灰、钢铁、电石等产品的使用量,最大限度地减少这些产品在生产和使用过程中产生的二氧化碳等温室气体排放。

2. 在农业中继续加强农业基础设施建设。加快实施以节水改造为中心的大型灌区续建配套,着力搞好田间工程建设,更新改造老化机电设备,完善灌排体系。继续推进节水灌溉示范,在粮食主产区进行规模化建设试点,干旱缺水地区积极发展节水旱作农业,继续建设旱作农业示范区。狠抓小型农田水利建设,重点建设田间灌排工程、小型灌区、非灌区抗旱水源工程。加大粮食主产区中低产田盐碱和渍害治理力度,加快丘陵山区和其他干旱缺水地区雨水集蓄利用工程建设。

推进农业结构和种植制度调整。优化农业区域布局,促进优势农产品向优势产区集中,形成优势农产品产业带,提高农业生产能力。扩大经济作物和饲料作物的种植,促进种植业结构向粮食作物、饲料作物和经济作物三元结构的转变。调整种植制度,发展多熟制,提高复种指数。

选育抗逆品种。培育产量潜力高、品质优良、综合抗性突出和适应性广的优良动植物新品种。改进作物和品种布局,有计划地培育和选用抗旱、抗涝、抗高温、抗病虫害等抗逆品种。通过加强农田基本建设、调整种植制度、选育抗逆品种、开发生物技术等适应性措施,到 2010年,力争新增改良草地 2400 万公顷,治理退化、沙化和碱化草地 5200万公顷,力争将农业灌溉用水有效利用系数提高到 0.5。遏制草地荒漠化加重趋势。建设人工草场,控制草原的载畜量,恢复草原植被,增加草原覆盖度,防止荒漠化进一步蔓延。加强农区畜牧业发展,增强畜牧业生产能力。

加强新技术的研究和开发。发展包括生物技术在内的新技术,力争在光合作用、生物固氮、生物技术、病虫害防治、抗御逆境、设施农业和精准农业等方面取得重大进展。继续实施"种子工程"、"畜禽水产良种工程",搞好大宗农作物、畜禽良种繁育基地建设和扩繁推广。加强农业技术推广,提高农业应用新技术的能力。

3. 在森林和其他自然生态系统中,要大力开展植树造林,加强生态建设和保护。改革开放以来,随着中国重点林业生态工程的实施,植树造林取得了巨大成绩,据第六次全国森林资源清查,中国人工造林保存面积达到 0.54 亿公顷,蓄积量 15.05 亿立方米,人工林面积居世界第一。全国森林面积达到 17491 万公顷,森林覆盖率从 20 世纪 90 年代初期的 13.92% 增加到 2005 年的 18.21%。除植树造林以外,中国还积极实施天然林保护、退耕还林还草、草原建设和管理、自然保护区建设等生态建设与保护政策,进一步增强了林业作为温室气体吸收肺的能力。

中国城市绿化工作也得到了较快发展,2005 年中国城市建成区绿化覆盖面积达到 106 万公顷,绿化覆盖率为 33%,城市人均公共绿地7.9 平方米,这部分绿地对吸收大气二氧化碳也起到了一定的作用。据专家估算,1980 年—2005 年中国造林活动累计净吸收约 30.6 亿吨二氧化碳,森林管理累计净吸收 16.2 亿吨二氧化碳,减少毁林排放4.3 亿吨二氧化碳。

通过加强天然林资源保护和自然保护区的监管,继续开展生态保护重点工程建设,建立重要生态功能区,促进自然生态恢复等措施,到2010 年,力争实现 90% 左右的典型森林生态系统和国家重点野生动植物得到有效保护,自然保护区面积占国土总面积的比重达到 16% 左右,治理荒漠化土地面积 2200 万公顷。

制定和实施与适应气候变化相关的法律法规。为提高森林和其他自然生态系统适应气候变化能力提供法制化保障。

对天然林禁伐区实施严格保护,使天然林生态系统由逆向退化向顺向演替转变。实施湿地保护工程,有效减少人为干扰和破坏,遏制湿地面积下滑趋势。扩大自然保护区面积,提高自然保护区质量,建立保护区走廊。加强森林防火,建立完善的森林火灾预测预报、监测、扑救助、林火阻隔及火灾评估体系。积极整合现有林业监测资源,建立健全国家森林资源与生态状况综合监测体系。加强森林病虫害控制,进一步建立健全森林病虫害监测预警、检疫及防灾减灾体系,加强综合防治,扩大生物防治。

加大技术开发和推广应用力度。研究与开发森林病虫害防治和森林防火技术,研究选育耐寒、耐旱、抗病虫害能力强的树种,提高森林植物在气候适应和迁移过程中的竞争和适应能力。开发和利用生物多样性保护和恢复技术,特别是森林和野生动物类型自然保护区、湿地保护与修复、濒危野生动植物物种保护等相关技术,降低气候变化对生物多样性的影响。

4. 强化水资源管理。坚持人与自然和谐共处的治水思路,在加强堤防和控制性工程建设的同时,积极退田还湖(河)、平垸行洪、疏浚河湖,对于生态严重恶化的河流,采取积极措施予以修复和保护。加强水资源统一管理,以流域为单元实行水资源统一管理,统一规划,统一调度。注重水资源的节约、保护和优化配置,改变水资源"取之不尽、用之不竭"的错误观念,从传统的"以需定供"转为"以供定需"。建立国家初始水权分配制度和水权转让制度。建立与市场经济体制相适应的水利工程投融资体制和水利工程管理体制。

加强水利基础设施的规划和建设。加快建设南水北调工程,通过三条调水线路与长江、黄河、淮河和海河四大江河联通,逐步形成"四横三纵、南北调配、东西互济"的水资源优化配置格局。加强水资源控制工程建设、灌区建设与改造,继续实施并开工建设一些区域性调水和蓄水工程。

加大水资源配置、综合节水和海水利用技术的研发与推广力度。重点研究开发大气水、地表水、土壤水和地下水的转化机制和优化配置技术,污水、雨洪水资源化利用技术,人工增雨技术等。研究开发工业用水循环利用技术,开发灌溉节水、旱作节水与生物节水综合配套技术,重点突破精量灌溉技术、智能化农业用水管理技术及设备,加强生活节水技术及器具开发。加强海水淡化技术的研究、开发与推广。通过合理开发和优化配置水资源、完善农田水利基本建设新机制和推行节水等措施,到 2010 年,力争减少水资源系统对气候变化的脆弱性,基本建成大江大河防洪工程体系,提高农田抗旱标准。

加大技术开发和推广应用力度。加强海洋生态系统的保护和恢复技术研发,主要包括沿海红树林的栽培、移种和恢复技术,近海珊瑚礁生态系统以及沿海湿地的保护和恢复技术,降低海岸带生态系统的脆弱性。加快建设已经选划的珊瑚礁、红树林等海洋自然保护区,提高对海洋生物多样性的保护能力。

加强海洋环境的监测和预警能力。增设沿海和岛屿的观测网点,建设现代化观测系统,提高对海洋环境的航空遥感、遥测能力,提高应对海平面变化的监视监测能力。建立沿海潮灾预警和应急系统,加强预警基础保障能力,加强业务化预警系统能力和加强预警产品的制作与分发能力,提高海洋灾害预警能力。

强化应对海平面升高的适应性对策。采取护坡与护滩相结合、工程措施与生物措施相结合,提高设计坡高标准,加高加固海堤工程,强化沿海地区应对海平面上升的防护对策。控制沿海地区地下水超采和地面沉降,对已出现地下水漏斗和地面沉降区进行人工回灌。采取陆地河流与水库调水、以淡压咸等措施,应对河口海水倒灌和咸潮上溯。提高沿海城市和重大工程设施的防护标准,提高港口码头设计标高,调整排水口的底高。大力营造沿海防护林,建立一个多林种、多层次、多功能的防护林工程体系。

第 9 章

气候变暖对人类社会影响及对策

第 1 节　全球气候变暖

全球气候变暖是目前全球面临的严重的环境问题之一。人们的生活环境已经受到了严重的威胁,不仅仅是人类,还包括活在地球上的一切生物都面临着这个巨大挑战。

气候是人类赖以生存的自然环境的一个重要组成部分,它的任何变化都对自然生态系统以及社会经济产生不可忽视的影响。因此,应加强研究全球气候变化,寻找应对策略,最大限度减少全球气候变化带来的不利影响,使地球向着可持续发展的方向前进。科学研究表明,近百年来,全球气候正经历一次以变暖为主要特征的明显变化。农业作为我国主要气候脆弱生态系统领域、水资源自然生态系统和其他领域等,任何程度的气候变化都会给农业生产及其相关过程带来潜在的或明显的影响。在我国这样一个农业大国,尤其是在我国西部以农业为主的地区,研究气候变暖对农业的影响是十分必要的。

一、全球气候变暖的背景

全球气候变暖是一种"自然现象"。由于人们焚烧化石矿物以生成能量,或砍伐森林并将其焚烧时产生的二氧化碳等多种温室气体,由于这些温室气体对来自太阳辐射的可见光有高度的透过性,而对地球反射出来的长波辐射具有高度的吸收性,也就是常说的"温室效应",导致全球气候变暖。近百年来,全球平均气温经历了冷—暖—冷—暖两次波动,总的看为上升趋势。进入 80 年代后,全球气温明显上升。1981 年—1990 年全球平均气温比 100 年前上升了 0.48℃。

2007 年 1 月 18 日,欧洲北部地区遭遇近年来罕见特大暴风雨袭击。之后,美联社 22 日的一则报道又密集出现在各路媒体。该报道指出,由于欧洲大陆冰层一直在缓慢融化,阿尔卑斯山冰川将在 2050 年前消失殆尽。

奥地利因斯布鲁克大学生态学院科学家罗兰·普森纳对位于奥地利阿尔卑斯省境内的阿尔卑斯山进行研究后发现,山上冰川的体积每年缩小约 3%,厚度每年减少约 1 米。他说,预测 2050 年冰川消失是保守估计,如果阿尔卑斯山冰川按照目前速度融化,大部分冰川在 2037 年前就会消失。

位于瑞士苏黎世的世界冰川监测机构跟踪监测了全球 9 大山脉的 30 个冰层。监测结果表明,这些冰层一直在消融。原因都是气候变暖。

为了向国际社会和各国政府提供气候变化的科学、技术信息,1988 年 11 月,世界气候组织和联合国环境规划署建立了“政府间气候变化专门委员会”(IPCC)。该委员会分别于 1990 年、1995 年、2001 年出版了三次气候变化评估报告。

2007 年 2 月 2 日,在全球的高度关注中,IPCC 第四次评估报告在巴黎公布。报告显示,与工业革命之前相比,全球气温已经增长了 0.74℃,预测到 2100 年,全球海平面将比现在上升 0.13 米至 0.58 米,全球气温将上升 2℃至 4.5℃,有的地区气温甚至有可能上升 6℃。报告明确指出,对于过去 50 年来的全球暖化现象,人类活动要负 90% 的责任。

虽然目前世界各国对于气候变化的关切和政治觉醒已达到历年来的最高程度,但 IPCC 主席帕里乔仍然认为还远远不够,他希望这份报告能够“震动”公众和政府,使其采取更加严肃认真的行动。

就日趋严峻的全球变暖问题,2006 年 10 月 30 日,前世界银行首席经济师、英国政府经济处主任 Nicholas Stern 爵士曾发表长达 700 页的报告。报告说,升温带来的经济破坏规模与重大战争和经济大萧条相比不相上下。报告估计,升温趋势如果得不到逆转,全球经济将在今后 10 年间付出 3.68 万亿英镑(约合 5.9 万亿美元)的代价。

　　报告认为,因为全球变暖,各国将遭受如下影响:印度次大陆、东亚部分地区和南美洲:冰川融化会导致洪水危害,淡水供应减少。东南亚、加勒比和太平洋岛屿:海平面上升,许多国家需要更多的沿海保护措施。据估计,更猛烈的洪灾和干旱可能造成 2 亿人永远失去家园。欧洲:热浪 2003 年造成 3.5 万人死亡,农业损失 1500 万美元。到 2050 年,这样的热浪将在欧洲常见。美国:随着海洋温度的升高,飓风风速将增加 5%—10%,导致每年飓风造成的损失翻倍。加拿大、俄罗斯和斯堪的纳维亚:农业产量增加,冬季人口死亡率下降,供暖需求降低。高纬度地区经历的气温上升速度最快。亚马逊地区:高温会严重破坏热带雨林,且这种破坏无法逆转。

　　不能不说,全球变暖的后果相当严重。如果人类对此不采取任何行动,目前的情形持续下去,在 2050 年之前,甚至可能在 2035 年,大气中的温室气体会占 550ppm。气温也会随之上升。有 77% 到 99% 的可能性,到 2050 年之前气温会上升 2℃—3℃,在 21 世纪末气温会上升 5℃。

　　从根本上说,气候变暖源于人类的生产活动,尤其是快速推进的工业化进程。

　　人类经济社会的发展总是会在相当大的程度上对自然生态施加影响,从而改善生态环境、影响自然气候。第一个发现这种关系的人是 19 世纪一个叫 Svante Arrhenius 的科学家。他预计工业排放废气会在 3000 年内把二氧化碳含量增加一倍,从而导致整个地球升温。

　　1938 年,一个叫 Guy Callendar 的英国工程师给皇家计量学协会讲演,称自己确定了世界正在变暖的事实。他被当成一个怪人。

　　事实上,地球逐渐变暖并不奇怪,而是必然的。因为随着人类经济活动规模的逐渐加大,向大气层中排放的二氧化碳等温室气体必然也逐渐增多。

二、全球气候变暖的历史

全球变暖是真实的,而且正在进行!在人类近代历史才有一些温度记录。1860 年出现类似全球温度仪器记录,到了 1979 年,人类开始利用卫星温度测量来量度对流层的温度。这些记录都来自不同的地方,精确度和可靠性都不尽相同。根据仪器记录,相对于 1860 年至 1900 年期间,全球陆地与海洋温度上升了 0.75℃。自 1979 年,陆地温度上升速度比海洋温度快一倍(陆地温度上升了 0.25℃,而海洋温度上升了 0.13℃)。根据卫星温度探测,对流层的温度每 10 年上升 0.12℃至 0.22℃。在 1850 年前的一两千年,虽然曾经出现中世纪温暖时期与小冰河时期,但是大众相信全球温度是相对稳定的。

根据美国国家航空航天局戈达德太空研究所的研究报告估计,自 1800 年代有测量仪器广泛地应用开始,2005 年是最温暖的年份,比 1998 年的记录高了摄氏百分之几度。世界气象组织和英国气候研究单位也有类似的估计,曾经预计 2005 年是仅次于 1998 年第二温暖的年份。

在 2000 年后,各地的高温纪录经常被打破。例如:2003 年 8 月 11 日,瑞士格罗诺镇录得摄氏 41.5 度,破 139 年来的纪录。同年,8 月 10 日,英国伦敦的温度达到摄氏 38.1,破了 1990 年的纪录。同期,巴黎南部晚上测得最低温度为摄氏 25.5 度,破了 1873 年以来的纪录。8 月 7 日夜间,德国也打破了百年最高气温纪录。在 2003 年夏天,台北、上海、杭州、武汉、福州都破了当地高温纪录,而中国浙江省更快速地屡破高温纪录,67 个气象站中 40 个都刷新纪录。2004 年 7 月,广州的罕见高温打破了 53 年来的纪录。2005 年 7 月,美国有两百个城市都创下历史性高温纪录。2006 年 8 月 16 日,重庆最高气温高达 43 度。台湾宜兰在 2006 年 7 月 8 日温度高达 38.8 度,破了 1997 年的纪录。2006 年 11 月 11 日是香港整个 11 月最热的一天,最高气温高达 29.2

度,比 1961 年至 1990 年的平均最高温 26.1 度还要高。

三、我国气候变暖的事实及未来变化趋势

(一)我国气候变暖的事实

温度升高。全球气候变暖已经是"毫无争议"的事实。政府间气候变化专门委员会 IPCC 第三次评估报告认为:全球平均地面气温 20 世纪升高了 0.6±0.2℃。在全球变化的大背景下,近一百年中国地表年平均气温明显增加,升温幅度约为 0.5℃—0.8℃。1985 年以来,我国已连续出现了 16 个全国大范围暖冬,其中 2001 年—2002 年的冬季为近 40 年来第 2 个最暖的冬天,第 1 个为 1998 年—1999 年冬季。全球气候变暖在我国主要表现在温度和降水量两个方面,丁一汇等研究指出,在未来气候变暖的背景下,所有的模式都预测了高纬地区未来的降水和温度会增加。我国各地的年平均气温将明显上升,增温幅度将明显高于全球的增温值 1.5℃—4.5℃,冬季的增温幅度一般要高于夏季,低纬地区的增温幅度一般要小于高纬地区,沿海地区的增温幅度一般小于内陆地区。我国气候变暖具有明显的地域特征。近 40 年来,我国年平均气温以 0.04℃/10 年的速度上升,其中东北、华北、华南和西北区的年平均气温增速是正的,最大增温区在东北,高达 0.192℃/10 年,其次是华北,为 0.104℃/10 年。长江中上游、中下游及西南区均为负增速,最大降温在长江中上游区,达 -0.141℃/10 年。冬季除西南区外,其他 6 个区均为正增速,最大增温在东北和华北,增速分别为 0.467℃/10 年和 0.462℃/10 年。夏季则相反,除华南区外,其他 6 个区均为负增长,最大降温在长江中上游区,为 -0.2979℃/10 年。

降水变化。降水变化远较温度变化复杂,具有明显的区域性和季节性特征。一般认为,全球平均降水趋势不如温度变化明显。北半球中高纬度地区降水有所增加,高纬度大陆地区冷季降水增加较多,其中俄罗斯和加拿大近一百年来降水量明显增多,而其他地区变化趋势不明显。我国降水的总趋势大致是从 18、19 世纪较为湿润的时期向 20 世纪较为干燥的时期转变。在过去 50 年中,我国年平均降水量变化趋

势不明显,而降水量年际变化和区域性差异则较为明显。50 年代降水明显偏多,60 年代降水大幅度减少,70 年代降水继续减少至最低值,90 年代比 80 年代降水量略有增加,但仍未达到五六十年代的水平。

我国降水量减少主要在夏季,干旱明显的地区是华北,其次是南方的长江中下游、华东和西南地区。IPCC 第三次评估报告指出,全球气候变暖后,21 世纪全球降水趋于增多,大多数热带地区平均降水将增多,副热带大部分地区平均降水将减少,高纬度地区降水也趋于增多。此外,预计气候变暖后北半球夏季季风降水的年际变化可能加大。

二氧化碳浓度升高。二氧化碳是温室气体的一种。温室气体是大气中的微量气体,包括水汽、二氧化碳、甲烷、氧化亚氮等,其中对气候变化影响最大的是二氧化碳,它产生的增温效应占所有温室气体总增温效应的 63%。

二氧化碳气体具有吸热和隔热的功能。它在大气中增多的结果是形成一种无形的玻璃罩,使太阳辐射到地球上的热量无法向外层空间发散,其结果是地球表面变热。据全国气候模式的数值模拟结果,如果 CO_2 浓度增加 1 倍,约在 2020 年前后,全球平均气温将升高 1℃—4.3℃平均 2.65℃;约在 2030 年前后,全球平均气温将升高 1.5℃—4.5℃平均 3℃;2030 年—2050 年,温度仍将进一步升高,约 0.5℃—1.5℃平均 1℃。温室气体增加使地球变暖后,大气中保存的水蒸气的数量也会增加。水蒸气也是一种温室气体,可以导致气候变暖。地面气温变暖后,覆盖在地面上的冰雪将会融化,反射阳光减少,致使地球变暖。

在过去 40 年里对大气进行的直接观测表明,大气中二氧化碳的含量在稳定增长,自 1750 年工业时代以来,大气中的二氧化碳增加了 30% 以上,相对于过去的 750 年,二氧化碳增加的主要原因是矿物燃料的燃烧和森林大火。温室气体的寿命很长,可达几十年乃至几个世纪,而且由于海洋对于热量变化的响应很慢,因而气候一旦变暖,其逆转变化将会很慢。

（二）我国气候未来变化趋势

根据 IPCC 于 2007 年 1 月 29 日—2 月 2 日发布的评估报告,按正常的排放方案:即温室气体以前的排放速度继续增长,未来的气候状况将是:

①全球气候将继续变暖,并且这种增温的分布在全球是不均匀的,即热带地区的增温小,约为全球平均增温的 50%,两极地区增温大,约为全球平均值的 1 倍。

②全球平均降水量约增加 3%—15%,高纬度和非洲季风区,年降水量增加,冬季中纬度地区的降水也是增加的。2100 年我国年平均降水量可能增加 14%,但不同地区降水量差异较大,其中西北、华北和华南可能增加 10%—25%,而渤海沿岸和长江口地区可能会减少。北方降水日数增加,南方大雨日数增加,局部强降水事件也可能增多。

③高纬度冬季土壤湿度增加,北半球中纬度地区大陆变干。

④海冰和季节性雪盖面积减少,全球海平面将上升。2007 年 3 月 113 个国家的科学家在巴黎发布了具有里程碑意义的报告,预测到 21 世纪末,如果人类不采取措施,气温会上升 1.1℃—6.4℃,海平面会升高 18 厘米—58 厘米。如果最近令人意外的极地冰层融化持续下去,那么海平面还可能再升高 10 厘米—27 厘米。

（三）全球气候变暖的原因

全球气候变暖是有一定原因的。自然的变化,主要包括太阳活动的变化和火山爆发,但它们不是全球变暖的根本原因。使得全球变暖最主要的原因,目前普遍认为是人类活动,主要是温室气体排放日益增加,以及森林砍伐,耕地扩大等土地利用的变化。

1. 二氧化碳

自工业革命以来,各种工业迅猛发展,对能源的消耗也越来越多。人类每年烧掉大量的化石燃料,如煤、石油和天然气等,使得大量的二氧化碳和甲烷被排放到大气中。大气中的二氧化碳平均浓度已从工业化前的 280ppm(百万分之一)上升到 2008 年初的 394ppm,甲烷的浓度已由工业化前的0.7ppm上升到1.79ppm。温室气体的大量排放,使得大气中的二氧化碳不断的增加。这个因素产生的增温效应,经科学家计算,要大于其他所有增温效应的结果。成立于1988年11月的"政府间气候变化专门委员会",是由世界气象组织和联合国环境规划署建立的机构,它在去年发表的评估报告中也指出,近50年的气候变暖主要是人类使用化石燃料排放的大量二氧化碳等温室气体的增温效应造成的。1896年,瑞典的科学家就发现,当大气中二氧化碳浓度加倍时,全球平均气温将增加5到6度。1957年,一些科学家发表论文指出,增加大气中二氧化碳等温室气体的浓度,就有可能产生气候变化。这是因为大气中的二氧化碳等气体,可以让属于短波辐射的太阳光畅通无阻地照射到地面,使地球表面升温;但却能阻挡地球表面向宇宙空间反射回去的一部分长波热辐射,这部分热辐射就会使大气和地表增温。简单说来,温室效应就好像暖房的玻璃一样,它阻挡了热辐射的向外放射,所以暖房里很暖和。像一个盖在我们地球上的一个棉被,棉被也阻挡了我们人体向外的热辐射,所以你也会觉得棉被下十分暖和。由于二氧化碳等气体的这一作用与"温室"的作用类似,所以把它叫作"温室效应",二氧化碳等气体则被称为"温室气体"。

温室效应原本也属于大自然的正常变化,在过去漫长的岁月里,正是它使得地球表面的平均温度由零下18℃上升到零上15℃,这个温度,使当今的自然生态系统和人类能够生存。但是,人类活动导致大气中的温室气体浓度迅速增加,使温室效应加剧,全球变暖步伐加快。除了二氧化碳外,目前发现的人类活动排放的温室气体还有甲烷、氧化亚氮、六氟化硫等。但是,对气候变化影响最大的是二氧化碳,而且由于它的生命期很长,一旦排放到大气中,最长可生存200年,因而最受关注。专家指出,全球温室气体排放量与日俱增,主要是近百年来发达国家工业化进程的结果。目前发达国家仍然是温室气体的主要排放者。发达国家人口虽然仅占全球的20%,但排放的二氧化碳却占到全球的66%,其中美国名列第一,在全球二氧化碳排放量中占到四分之一。科技发展的同时,也给我们带来了不可预计的危害。

2. 水蒸气

2001 年,两位瑞典的气候学家建立了一种计算未来气温的新模式,对全球变暖的成因提出了一个新的解释。他们发现,地球确实像其他研究人员所认为的那样,正在进入一个逐渐变暖的时期,除了由于大气中二氧化碳的增多外,产生这一变化的原因还由于地球轴心在向太阳倾斜,使地球与太阳之间的距离在逐渐缩短。随着气温的升高,地球大气层中的水蒸气也逐渐增多。而水蒸气和二氧化碳一样,也是温室气体,因此,他们提出,造成温室效应的原因还包括不断增多的水蒸气。

水蒸气和气温之间是相互促进的。自从工业革命以来,二氧化碳在大气中的含量明显上升,但水蒸气含量同样也上升了。由于化石燃料燃烧时,生成物中最多的两种物质,一是二氧化碳,另一个就是水蒸气。而且水蒸气与大气温度能够形成正反馈的机制:温室效应会导致气温升高,液态水蒸气量增加,更多的水蒸气进入到大气中,吸收原本该返回太空的辐射,气温于是继续升高。

瑞典科学家把水蒸气在全球大气中的影响因素加进原来的气候模型中,得到了不同气体对温室效应的最新贡献率:水蒸气占 60%,二氧化碳占 26%,其他气体中,臭氧占 8%,甲烷和一氧化二氮——明显由人类活动而产生的气体占了剩余的温室效应的贡献率。由此认为,造成全球气候变暖的气体主要是二氧化碳和水蒸气。

第 2 节　气候变暖对农业的影响及对策

气候是人类赖以生存的自然环境的一个重要组成部分,它的任何变化都对自然生态系统以及社会经济产生不可忽视的影响。因此,应加强研究全球气候变化,寻找应对策略,最大限度减少全球气候变化带来的不利影响,使地球人类社会向着可持续发展的方向前进。科学研究表明,近百年来,全球气候正经历一次以变暖为主要特征的明显变化。农业作为我国主要气候脆弱生态系统领域:农业、水资源、自然生态系统等,任何程度的气候变化都会给农业生产及其相关过程带来潜在的或明显的影响。在我国这样一个农业大国,尤其是在我国西部以农业为主的地区,研究气候变暖对农业的影响是十分必要的。

全球气候变暖对中国传统农业正产生越来越多的影响。总体而言,未来气候变化对农业影响因地而异,但以负面影响为主,农业生产的不稳定性和脆弱性进一步加大。

一、气候变暖对我国农业的影响

(一)极端气候事件趋强趋多

1. 干旱、洪涝灾害频繁发生

国家气象中心生态与农业气象专家吕厚荃表示:气候变暖将使我国夏季区域性高温天气出现的频率增多。2006 年重庆、四川的高温天气持续了近两个月,2007 年福建、广东等地出现四十多天的持续高温,其发生时间早、持续时间长、出现范围广、灾害强度大、危害程度重等特点均创下 1951 年当地气象记录的最高值。

我国是世界上严重缺水的国家之一。资料统计显示,2006 年中国水资源总量为 25500 亿立方米,农业年用水量在 3600 亿立方米左右,约占全社会用水总量的 64%。每年农业灌溉缺水 300 亿立方米,有近 1 亿亩水地得不到有效灌溉。根据国家水资源发展规划,到 2030 年灌溉用水供给量将基本维持零增长,农业用水矛盾将更加突出。

气候变暖将使降水更趋极端化,高纬度地区气候变得干热,沙漠化扩大,冰川雪线进一步北退和缩小,暴雨洪水等强对流天气经常发生,这些气候异常加剧了水资源分布的不均匀性,区域水环境问题更加突出。气温升高还会增大地表水的蒸发量,土壤有效水分将会减少,导致农作物的水分胁迫加重,农业水资源短缺加剧。

据国家防总最新统计,截至 2007 年 5 月 17 日,全国耕地受旱面积 2.24 亿亩,比多年同期平均值偏多 4500 万亩。目前,全国受旱区域主要分布在北方的华北、西北、黄淮及东北西部,南方的海南、云南、四川、重庆的局部地区旱情也比较严重。

　　总之，水资源的短缺和时空分布不均，决定了旱灾是影响粮食生产的最大灾种。

　　2."暖冬"现象敲醒粮食安全警钟

　　2006 年冬季，中国平均气温 9.92℃，成为五十多年来创记录的暖年。受暖冬影响，我国黄淮海、华北、西北等冬麦区小麦受害严重。乌鲁木齐市 3.48 万亩冬小麦，有 8000 亩左右枯萎死亡；贵州省小麦生长过快，提前进入成熟期，夏粮产量比同期减产 5000 吨左右，河南、山东今春 40% 的小麦发生不同程度的冻害；山西 2007 年夏粮产量比同期减产约 25%。以上数据表明；"暖冬"现象对粮食生产的影响已不容忽视。

　　"暖冬"对农业生产有利有弊，但总体而言是弊多利少。一方面，异常暖冬导致我国麦区相当一部分小麦冬旺严重，麦田密度过大，养分消耗过多，抗冻能力和抗逆性显著降低，对小麦正常返青拔节带来严重影响，同时还使小麦生育期缩短，产量和品质下降。此外，异常暖冬使病虫越冬基数增加，加大了病虫害爆发流行的风险。另一方面，暖冬利于温室蔬菜和花卉生产，便于农田水利建设。

　　(二)气候变暖引起农业生产布局和结构的变动

　　气候变化对我国农业的影响表现在两个方面：

　　1. 温度、水平衡、大气成分和极端气候事件的变化对农作物产量及质量产生直接影响；

　　2. 土壤、病虫害、杂草及其他指标性因子的分布和发生频率的变化对农作物产量和质量产生间接影响。

　　大范围的气温升高，使各地的热量条件得到不同程度的改善，喜温高产作物的种植区域向北和向高海拔地区推移。由于气温升高引起的干旱化，即气候类型的暖干组合，又将在一定程度上影响整个农业生产的布局。气候变化对农业影响表现得最为明显的地区主要在目前的各气候带交界区。目前对此影响已有大量的科学工作者作了研究证明。

　　李艳丽等指出,气温升高使我国积温及持续天数增加,种植界限北移,复种指数提高,有利于农作物产量的增加,还会使生长期延长,促进农业生产。但是温度愈高,生长期愈长,害虫繁殖愈快,也容易成灾,增加了控制的难度。暖冬也破坏了植物原有的生态平衡,使农作物减产。而且,气候变暖也加剧了我国北方地区的旱情,农业灌溉受到很大的影响。

　　杨尚英等指出,气候变暖使我国年平均气温上升、积温增加、生长期延长,从而导致种植区成片北移。当年平均温度增加1℃时,大于或等于10℃积温的持续日数全国平均可延长约15天。全国农作物种植区域将北移,如冬小麦的安全种植北界将由目前的长城一线北移到沈阳—张家口—包头—乌鲁木齐一线。LiC. etal 指出,气候变暖使我国作物种植制度发生较大的变化。到2050年,气候变暖将使目前大部分两熟制地区被不同组合的三熟制取代,三熟制的北界将北移500公里之多,从长江流域移至黄河流域;而两熟制地区将北移至目前一熟制地区的中部,一熟制地区的面积将减少3.1%。

　　刘德祥等通过研究西北干旱区作物种植结构得出,气候变暖气温升高,导致热量资源增加,喜温作物的种植范围向海拔比较高的地区扩展,喜温作物的种植范围扩大,在水资源可承受的条件下,对扩大喜温作物的种植比较有利。

　　邓可洪等根据以往的相关研究分析表明,由于受到气候变化的影响,未来我国的种植制度格局会发生变化,一熟制种植区面积会减少,而三熟制种植区面积会增加,以现有生产方式经营的主要粮食作物和经济作物会不同程度减产,牧业和渔业也会受到气候变化的负面影响。

　　云雅如等研究发现,随着温度的升高,许多作物的种植界限发生了一定的变化,总体表现为向高纬度和高海拔移动的趋势。

　　郑小华等用 TuynthwhiteMemoral 理论模式计算了气候变暖对陕西省农业气候生产力的影响。其结果显示,气候变暖使陕西农业生产的热量资源增加,降水量减少,气候生产力也降低。

王建源等选取山东省 86 个地面监测站的温度资料,研究结果表明,山东省 20 世纪 80 年代后期气候明显变暖,热量资源增加,对冬季大棚蔬菜等设施农业的生产有利,喜温作物面积扩大,复种指数提高;同时,干旱发生的几率加大,病虫等越冬存活率上升,防治难度加大。

陆魁东等利用 GIS 技术探讨了未来二氧化碳倍增导致气温升高对农业熟制的影响,在分析湖南省气温和界限温度变化的基础上,建立了平均气温与地理因子纬度、经度、海拔高度之间的关系。通过相关统计模型和技术分析,研究了气候变化对农业生产的影响,并根据二氧化碳增加将导致气温升高,定量估算了湖南熟制的变化趋势,为今后作物品种熟性搭配和布局提供理论依据。

刘颖杰等利用国家统计局《中国农村统计年鉴》1984 年—2003 年的数据和同期年平均温度的观测数据,分析了不同地区温度变化、农业生产资料投入以及播种面积变化与粮食总产的关系。研究表明,以温度升高为主要特征的气候变化对东北地区粮食总产增加有明显的促进作用,对华北、西北和西南地区的粮食总产增加有一定抑制作用,对华东和中南地区的粮食产量的影响不明显。

华北目前推广的冬小麦品种(强冬性),因冬季无法经历足够的寒冷期以满足春化作用对低温的要求,将被其他类型的冬小麦品种(强冬性)所取代。比较耐高温的水稻品种将在南方占主导地位,而且还将逐渐向北方稻区发展。东北地区的早熟玉米品种逐渐被中、晚熟品种所取代。

在气温升高而降水量不增加的情况下,将会使我国农牧交错带向南扩展。东北与内蒙古接壤地区农牧交错带的界限将南移 70 公里左右,华北北部农牧交错带的界限将南移 150 公里左右,西北农牧交错带的界限将南移 20 公里左右,农牧交错带南移使得草原面积有所增加,但同时也加大了荒漠化的可能。

(三)气候变暖增加了农业生产的不稳定性

最新的研究表明,气候变化将对我国的农业生产产生重大影响,如果不采取任何措施,到 2030 年,我国种植业生产能力在总体上可能会下降5%—10%。到21世纪后半期,我国主要农作物如小麦、水稻和玉米的产量最多可下降37%。今后20年—50年的农业生产将受到气候变化的严重冲击,气候变化将严重影响我国长期的粮食安全。

在气候变化的情况下,研究作物产量变化是一个相当复杂的问题。直接采用现有研究成果,利用各种作物产量统计式来分析气候变化对农业产量的影响,可信度较低,原因是未来的气候变化有可能超出气候自然振动的范围。因此,应采用各作物生长的数值模式来模拟气候变化后的农作物产量。

多数研究结果表明,气温升高将减轻冬季冻害和夏季低温的威胁,利于作物生长,尤其利于喜温的水稻作物的生长。但是气温升高后,夏季的高温和干旱将抑制作物的生长发育。也有研究认为,二氧化碳浓度增大,将刺激作物的光合作用,提高作物的水分利用效率,从而提高单产,而且C4作物增产幅度大于C3作物。另外,气温增高后,在遇到降水量相应增多时,高温高湿天气将有利于各种农业病虫害的发生和传播,并促进各种杂草旺长,这将不利于作物产量的提高。周锁铨等利用3种大气环流模式预测的气候情景,推测出我国主要作物水稻、小麦和玉米产量的可能变化趋势。

秦大河研究认为,气候变化对农业的影响是负面的。预计到2030年,我国三大作物即水稻、玉米、小麦,除了灌溉冬小麦以外均减产。陈国燕等认为,大气二氧化碳浓度增加将增强作物的光合作用,提高水分的利用效率,在最适条件下增加二氧化碳的浓度可促进作物生长。这是因为叶片内外浓度梯度加大,有利于更多的二氧化碳进入叶片,有利于光合作用。另外,在高二氧化碳浓度条件下,气孔开度变小,可以阻碍一部分水汽释放,减弱蒸腾作用,提高水分利用效率。有关研究还表明,二氧化碳浓度倍增可在一定程度上补偿或减缓因高温和干旱带来的减产效应。

(四)气候变暖使农业成本和投资大幅度增加

气候变暖条件下极端天气与气候事件的频率将增加。最近40

年—50年中,我国极端最低温度和平均最低温度都出现了增高的趋势,尤以北方冬季最为突出。同时,寒潮频率也趋于减少,雨日明显减少。据Burton等人估计,世界上主要自然灾害的90%来自4种危险:洪水、热带气旋、地震和干旱。

我国极端气候事件的改变首先表现在极端降水事件趋多、趋强。极端降水平均强度和极端降水值都有增强的趋势,尤其在20世纪90年代长江及长江以南地区降水量和极端降水量比例趋于增大,首先是江淮流域暴雨洪涝事件发生频率增加,其次是夏季高温热浪增多。极端天气事件具有影响范围大、持续时间长、不可躲避性的特点,尤其是对于受制于自然环境的农业生产,极端天气事件的影响是不可避免的。另外,随着极端天气的增多,多种灾害的发生频率增加,从而导致粮食生产的不稳定,提高了农业生产成本。例如1997年—1998年的厄尔尼诺事件就给世界上不同地区的农业造成严重损失。厄尔尼诺ENSO是赤道太平洋大范围海域海表温度出现异常的增温,以赤道太平洋为中心的气候系统被破坏,对整个太平洋地区的气候变化有短时期影响的现象。各方面的研究表明,厄尔尼诺引起了全球性的气候异常变化。厄尔尼诺现象的持续时间一般为1年至2年,循环周期为5年至7年,且其周期有缩短的趋势。

厄尔尼诺对我国气候影响主要表现为对我国东南沿海地区,特别是长江中下游地区造成干旱或短时间内大量降雨洪涝成灾,其次是加剧夏、秋季热带风暴给我国东南部造成的危害,使得我国西北地区干旱少雨气候恶化等。何燕等针对1997年初夏至1999年夏出现的厄尔尼诺现象对广西农业的影响进行了分析,研究指出,厄尔尼诺现象引起1997年夏天广西异常的阴冷,导致早稻损失严重,晚稻受影响;厄尔尼诺现象导致1997年秋广西出现近四十多年来罕见的寒露风天气,致使晚稻受危害严重,产量损失巨大;厄尔尼诺现象导致1997年底至1998年春广西出现新中国成立以来罕见的冰雹、大风、暴雨等局地性强对流天气,致使广西工农业受到严重影响;厄尔尼诺现象导致1998年春广西出现历史上罕见的严重"倒春寒"天气,严重危害早稻秧苗生长;厄尔尼诺导致1998年初夏广西出现百年罕见的特大洪涝灾害,广西工农业损失惨重,农作物受灾面积达67百万平方米,成灾面积5018百万平方米,绝收2812百万平方米,损失粮食94万吨;厄尔尼诺致使1998年8月广西出现长时间的高温酷热少雨天气,造成广西较大面积干旱,全区农作物受旱面积达26193百万平方米,其中晚稻受旱面积达12151百万平方米,严重干裂面积达4196百万平方米,旱地作物受旱面积达14142百万平方米,其中旱情特别严重的桂林地区农作物受旱面积为10163百万平方米,晚稻受害面积为4103百万平方米,占实插面积的36.8%。粮食总产量减产近四成。

在较暖的气候条件下,土壤有机质的微生物分解加快,长此下去将造成地力下降。在高的二氧化碳浓度下,虽然光合作用的增强能够促进根生物量的增加,在一定程度上可以补偿土壤有机质的减少,但土壤一旦受旱后,根生物量的积累和分解都将受到限制。这意味着需要施用更多的肥料以满足作物的需求。

肥效对环境温度的变化十分敏感。温度升高1℃,能被植物直接吸收利用的速效氮释放量将增加4%,释放期将缩短3.6天。因此,要想保持原肥效,每次的施肥量将增加4%左右。施肥量的增加不仅使农民投入增加,而且对土壤和环境不利。

异常暖冬有利于病菌和虫卵安全越冬,农作物病虫害越冬基数会显著增加,极大的增加了农作物生长期尤其是春季农业病虫害爆发和流行的风险指数。另外,气温升高使昆虫在春、夏、秋三季繁衍的代数增加,危害时间延长,作物受害程度加重;同时,为各种杂草的生长提供了优越条件。这些都需要相应地增加农药和除草剂的用量。

(五)气候变暖使粮食生产面临严重威胁

1. 自然灾害导致粮食减产

随着全球气候变暖,我国农业自然灾害总体呈加重趋势。农业部种植管理司的资料显示,从新中国成立以来,我国农作物受灾、成灾、绝收面积虽然在年际间有波动,但总的趋势是加重的(1960 年和 1961 年的特殊年份除外),2000 年达到最高。其中,1991 年至 2003 年,农作物受灾、成灾、绝收面积分别在 8 亿亩、4 亿亩、1 亿亩的高位上波动。近三年来农作物年平均受灾面积 5.74 亿亩,因灾损失粮食 730 多亿斤,农业直接经济损失 950 亿元。

2. 作物自身产量下降

大气中二氧化碳浓度增加时,温度升高,作物生长发育速度加快,生育期缩短,农作物干物质积累减少,是作物产量下降的主要原因。根据动力模式模拟结果,到 2030 年,中国种植业生产能力总体上因气候变暖可能会下降 5%—10%,其中水稻、小麦和玉米三大作物均以减产为主,到 2050 年以后受到的冲击会更大。

总之,气候变暖对我国传统农业的发展会产生巨大的不利影响。在我国不稳定的气候背景下,再叠加气候变化带来的水分胁迫、高温热害、暴雨洪涝增加带来的危害等负面效应,很可能加大农业生产的不稳定性和脆弱性。气候变暖还会导致生物带的转移,使部分物种灭绝,农业病虫害频繁发生,作物和牲畜病虫害的地理范围扩大,危害期延长,直接影响我国农业的可持续发展。

二、对策

针对未来气候变化对传统农业的可能影响,应分析未来光、热、水资源的分配和农业气象灾害的新格局,改进作物品种分布,强化优势农产品的规模化、区域化布局;应充分利用气候变化带来的有利因素,科学地调整农业结构和种植制度,变对抗性种植为适应性种植,减缓气候变化对农业的不利影响;应选育抗逆农作物品种,大力推广高产、稳产的集约化农业技术;应加强农业基础设施建设和农田基本建设,改善农业生态环境,不断提高对气候变化的适应能力;应发展农田节水项目建设,把它作为确保我国粮食安全的战略性措施来抓,进行系统规划、整合投入、强化落实;应加强农业系统对气候变化脆弱性和适应性、区域气候模式输出、作物动态模型等相关方面的研究,客观地评估气候变化背景下的粮食生产安全,为各级政府决策提供可靠的科学依据。

气候变暖对农业生产的不利影响已经受到国际社会的普遍关注,许多国家的科学家对此展开了深入持久的研究,其中比较著名的是由联合国粮农组织和气象组织以及有关国际农业和全球气候变化研究组织启动的"全球环境变化与食物系统"研究计划。我国科学家也对气候变化对粮食生产的影响进行了许多研究,尤其集中于作物产量对气候要素变化和二氧化碳浓度升高的反应方面的研究。当前我国农业正处于由传统农业向现代农业的转型发展期,因此如何应对全球气候变暖也成了这一转型期的一个重要课题。

从适应全球气候变暖角度看,农业现代化转型过程中有许多事情可以去做,这包括四个方面的内容:

首先,要建立现代农业生产气象保障系统,加强对气候的监控与预测,提高农业对气候变化的应变能力和抗灾减灾水平。例如,在科技手段越来越先进的情况下,可以把气象科学技术、遥感技术和计算机通信网络技术方面的先进手段综合起来,针对气候变暖问题建立国家级、区域级现代农业生产气象保障系统。

其次,更新农作物品种。针对未来气候变化对农业的可能影响,选用一些更能适应新的气候条件的农作物品种,突出高产、稳产和高品质农作物的生产。加强农业基础设施建设,改善水管理和灌溉系统。如调查作物种植结构,更换一些新的作物或作物品种,变换最适宜的播种时间,选育抗逆农作物品种,发展包括生物技术在内的新技术,强化优势农产品的规模化种植带。采用高产、稳产措施,增强农业抗灾能力。与此同时,还要根据现代农业和生物技术的进展,改进作物品种的布局,提高农作物的区域适应性。

再次,增加对农业的科技投入,深化农业科技推广体制改革,提高农业人员的教育水平,加强培训,建立健全农业科技服务体系;大力发展农村第三产业和农产品加工业。加强农业科技,防治可能出现的各种新型病虫害。要加大对新农药开发的支持力度,推进农药产品的更新换代,开发研制效率高、成本低的新型农药;同时还可以开展生物防治,把自然天敌对病虫害的调控作用充分发挥出来,以应对因气候变暖导致病虫害加重的严峻挑战。

最后,正确认识异常气候与极端天气事件的关系。认真总结过去极端天气事件发生的特点、特征,加强对极端天气形成机理的研究,提高对极端天气事件的预报、预警能力,达到减灾防灾的目的,以最大限度减少极端气象事件对农业的影响。

加强生态环境建设,降低农业生产对气候变化的敏感性。要依法保护和合理利用土地、矿山、水、森林、草原和气候资源,提高资源综合利用率;加强生态环境保护和治理,加快重点治理工程建设,改善重点流域、区域、城市、海域的环境质量,有效地控制和降低污染物的排放;大力植树、种草,加强湿地的保护,建立环境保护和防灾减灾的保障体系。

积极开展生态环境的治理,提高应对气候变化的能力。加强有关提高农作物对气候变化的适应性、抗御病虫害蔓延、治理农业环境污染以及调整农业结构等问题的研究。坚持以市场需求为导向,从实际出发,发展特色农业、旱作农业和生态农业。具体而言,要大力引进农业新技术、新品种,改变传统的耕作方式,在有条件的地方大力发展经济作物、经济林果业,发展特色农业;要合理利用水资源,积极推广节水灌溉技术,减少大水灌溉;要使用优良抗旱抗病新品种,发展旱作农业;要改变土地利用方式,减少乃至停止坡耕地种植,把治理水土流失与提高土壤肥力、提高土地生产潜力等结合起来,走生态农业和高效农业的道路;争取在较短的时间内改造中低产田为高产田、优质田,进而提高土地资源对气候变化和可能灾害的抗御能力。

发展节水农业。发展节水农业是一项系统工程,它包括水资源时空调节、充分利用自然降水、高效利用灌溉水以及提高植物自身水分利用效率多个方面的内容,其根本目标是提高水资源的利用效率。为此,可以根据不同地区地理与气候环境的多样性和当地的特色资源,因地制宜,大力推广耐旱节水高产作物品种,优化和建立节水高效种植结构。与此同时,还可以通过有效利用水资源、控制水土流失,采取包括工程、农艺、生物等综合节水措施,以及旱作农业与灌溉农业的互通,实现提高水资源利用效率的目标。

第 3 节 气候变暖对人类环境的 影响及对策

一、气候变暖对陆地环境的影响

陆地是人类赖以生存的环境主体,对人类持续发展有着重要意义。与海洋生态系统不同,陆地环境对温度的缓冲能力弱,森林、草原、荒漠、湿地以及农田等陆地生态系统极易受气候变化冲击。因此,探讨气候变化对陆地生态系统的影响及其内在机理具有理论和现实意义。气候变化存在区域不均衡性,同时陆地植被的反应也存在不均衡性。这是分析陆地生态系统对气候变化响应的依据。

(一)气候变暖对森林生态系统分布的影响

气候条件是林木生长不可缺少的生态因子,它对树种的传播和萌发、生长和发育、开花和结果,以及森林的组成、演替和地理分布都有重要影响。同时,森林又通过同周围大气不断进行物质和能量的交换,从而影响并改变森林内及其周围地区的气象要素结构。因此研究森林和气候条件间的相互关系,可以了解森林生态系统中的客观规律,为合理开发利用森林资源、科学的营造森林、保护自然资源和维护良性的生态平衡,为发展工农业生产和改善人们生活环境服务。

太阳辐射通过林冠时,树木叶片对不同波长辐射的反射和吸收规律是不同的,这种反射、吸收和透过林冠的不同波段辐射的比例,还同太阳高度角、林冠的几何结构有关;林冠每次可截留 3 毫米至 10 毫米以下的降水,每年的截留量随树种、林冠的郁闭程度、该年的降水量、降水性质及降水的时间分配等而变;冠层气象学还研究林冠中二氧化碳的分布和枝叶对它的吸收,林冠层枝叶的蒸发和蒸腾,以及林冠中风的分布等。冠层气象学是利用森林调节气候和科学营造森林、提高森林生物生产力的理论基础。

全球气候变暖,特别是北半球高纬度地区气温升高趋势最明显,该地区植被对温度的敏感性也很强。据观测,由于 20 世纪以来的气温升高,俄罗斯北部森林植被已向北迁移,原来的冻原带上开始有森林发育。吴正方等研究发现,东北阔叶红松林(由 20 多个主要树种组成,红松是其优势树种)分布区在二氧化碳倍增条件下,将出现明显的暖干气候变化,这将使阔叶红松林的适宜分布区明显减少。

红松现代自然分布区的北界在俄罗斯远东的格林河口至别列尔河口(北纬 52°),南界在韩国境内的釜山(北纬 35°),西界自黑龙江省黑河胜山林场向南延至哈尔滨—长春—沈阳—宽甸一线,东界越日本海至日本本洲 4 国(东经 138°)。而其实际分布中心在东北东部的长白山、张广才岭、小兴安岭和完达山山地。俄勒冈州立大学(OSU)和地理信息系统外壳(GISS)模拟结果表明,阔叶红松林分布南界向北退近 1 个纬度,以长白山为腹地的最适分布退到北纬 44°附近张广才岭的南段和小兴安岭。

原连片分布的最适区北撤缩小成围绕山地的岛状分布,且分布的海拔高度上升。油松中心分布纬度变化范围在北纬 33.04°—42.27°之间,经度变化范围在东经 104.96°—123.9°之间。郭泉水等指出,根据全球气候预测模型预测的 2030 年气候变化结果,油松的极限分布区将发生不十分明显的北移,北界东部约向北移 1.4 个纬度,南界约向北移 0.2 个纬度,东西界向分布中心有所收缩。油松分布面积的减少,主要发生在海拔 1.3×10^3 米—2.2×10^3 米的地区。中心分布区的升高,不同地理纬度上的高山林线海拔高度受林线所处位置的热量亏缺和干燥度影响,尤其是在半干旱地区,南坡林线上界比北坡高。

气候变暖使北半球气候带普遍北移,这对野生动物的分布产生影响。蝴蝶是全球变暖的敏感指示物种之一,研究发现,生活在北美洲和欧洲的斑蝶,其分布区在过去的27年中向北迁移达2×10^2公里,斑蝶每年春末从美国加利福尼亚北部迁飞到加拿大度夏,冬季再去墨西哥越冬。由于气候变暖,斑蝶在南部的分布区正在消失,其分布区向北部和高海拔地区扩展。加拿大狐、北极狐由于气温升高,其分布区也向北扩展。

在我国,油松毛虫原分布在辽西、北京、河北、陕西、山西、山东等省,现已向北、向西水平扩展,广泛分布在北起内蒙古赤峰市(约相当于北纬42.5°或1月均温$-8℃$等温线)以南,东部南端(相当于1月均温$0℃$等温线)以北,垂直扩展呈岛状,分布于海拔8×10^2米以上,或西北黄土高原海拔5×10^2米—7×10^2米的油松林之间。

(二)气候变暖对森林生态系统演替的影响

周晓峰等2002年在大兴安岭从南到北的松岭林业局、新林林业局、塔河林业局一线选择典型的蒙古栎—兴安落叶松林样地进行调查,结果表明:影响3个样地蒙古栎历年更新的气象因子主要是生长季低温因子。在3个样地中,蒙古栎均为进展种,松林和塔河样地演替趋向于以蒙古栎为优势的阔叶林,新林样地趋向于兴安落叶松和蒙古栎等多种阔叶树形成的混交林。通过蒙古栎地境与年龄关系推算蒙古栎历年更新量,结果表明,蒙古栎在其分布区的西北边缘群落中呈明显的种群进展趋势。

吴正方研究表明,气候变暖将迅速改变阔叶红松林的组成结构,使之演变为阔叶林,变暖幅度不同,阔叶红松林树种结构的改变也不同。在GISS和OSU情景下,云冷杉阔叶红松林中云冷杉比重将逐渐减少,红松进一步增加,演变成枫桦紫椴阔叶红松林,地球物理流体动力学实验室(GFDL)和英国气象局(UKMO)情景下,云冷杉连同红松等树种将消失,阔叶红松林将向以蒙古栎、紫椴、裂叶榆为主要组成部分的阔叶林发展。

哥斯达黎加热带山区过去20多年来的气温升高已造成20多种青蛙和蟾蜍类动物的灭绝以及鸟类和爬行类动物的减少。气候变化引发的物种的退化,终将导致生态系统的演替。

(三)气候变暖对草原生态系统分布的影响

李金贵等指出,气候变暖,温度高水分降低,气候暖干化程度加重,使原本就干旱的西北和东北地区旱情加剧。据调查,每年因春旱严重导致草原植物返青率平均下降 10%—20%;严重干旱使得土壤水分蒸发量大于降水量,盐随水分蒸发被带到地表使大量盐分积聚于地表,加剧了次生盐渍化,造成盐碱浓度增加,进一步加剧了草原退化进程;再加上大风影响,使西北地区沙化加剧,沙层深度每年以 0.1 厘米的速度增加,严重影响了草原植被的正常生长,草产量和质量明显下降。

气温上升使青海省海南藏族自治州地区冰川消退,雪线上升,冻土层下降,河流干涸,土壤融冻侵蚀严重,水土流失加剧,严重影响了牧草的正常生长发育,牧草生育期提早或推迟,干物质积累减少,产量下降。另外,冻土层的下降为鼠类的生存提供了有利条件,加速了鼠害的形成和发生,导致草地荒漠化形成。

海南藏族自治州气象资料表明,近 50 年内该区每 10 年的平均降水量呈下降趋势。由于气温上升,蒸发量加大,降水量减少,使河水流量下降,海南藏族自治州贵南县两条主要河流茫拉河和沙沟河在近 40 年流量趋于减少。由于土壤水分的减少,牧草长期处于生理干旱期,加之季节性降水差异趋于不明显,草地生态系统变得更加脆弱,导致草地荒漠化。但气候变暖并非对所有草原都产生不利影响。如陈素华等研究指出气候变暖使内蒙古地区积雪量减少,积雪持续时间缩短,使牧草和牲畜都能良好生长,从而使草原不易退化。

(四)气候变暖对草原生态系统演替的影响

在美国新墨西哥州的 Sevilleta 野生动物保护区所在的生态过渡带中,从 1989 年—1998 年 10 年的研究期内,气温呈上升趋势,主要优势植物 Boutelouaeriopoda 的密度有上升趋势,而 B. grncilis 的密度则有下降趋势。并且 B. eriopoda 与 B. grncilis 的密度比值大于 1,有上升趋势。随高原气候暖干化,高原植被群落特征也在发生变化。对比青藏公路 124 道班华扁穗草群落在 1975 年、1996 年的调查结果表明,该群落在气候变暖过程中,受冻土环境退化的影响,群落呈现明显退化趋势。湿中生的扁华穗草群落由中生型的矮蒿草群落取代,矮蒿草群落为高山蒿草群落取代,高山蒿草则进一步干旱化演变为沙生苔草群落。

(五)气候变暖对荒漠生态系统分布与演替的影响

目前全球干旱面积 5169.2 平方公里,占土地面积的 40%,其中约 20% 发生不同程度退化。如 Tucker 等用 1980 年—1989 年 10 年间归一化植被指数(NDVI)的变化得出撒哈拉沙漠年扩展率为 4.1×104 平方公里,沙漠年际变化的 83% 是降水引起的。但也有相反情况,林培松等研究表明:20 世纪 80 年代中期以来,海南岛西增温增湿趋势明显,暖湿气候导致水分循环变化,使岛西年平均相对湿度一般都达到 80% 以上,其中旱季相对湿度比 80 年代中期以前增加 8.45%,而年蒸发量、年均风速和大风日数都出现下降趋势。较高的空气湿度与较低的蒸发量、较低的风速相配合,有利于保持土壤水分,使土壤水分增大,并使风蚀侵蚀力随之减弱,地表土层有机质、沙物质及种苗都不易被吹蚀,有利于植被的恢复和生物多样性的增加,这对沙漠化的逆转十分有利。二氧化碳增加环境下,沙漠生产力的年际变异增大,同时一些外来 1 年生植物对二氧化碳的增加更加敏感,这将导致多年生灌木为多样性的 1 年生植物所代替,从而使生态系统功能发生显著退化。

(六)气候变暖对湿地生态系统分布与演替的影响

湿地生态系统是陆地生态系统的重要组成部分。主要包括:沼泽、湖泊、河滩、海岸滩涂、盐沼及稻田等。气候变暖可使湿地分布面积缩小,模拟研究表明,温度每增加 3℃ 将导致稀疏草原区湿地面积减少 56%。干旱半干旱地区的湿地对全球变暖极为敏感,Brock 等研究显示,气温升高 3℃—4℃,欧洲南部半干旱地区适于水生植物生长的湿地面积在 5 年之内将减少 70%—80%。

我国松嫩平原嫩江下游地区的莫莫格湿地,由于 1999 年—2001 年连续 3 年的干旱,加上上游水库的修建和不合理抽取地下水,湿地地表已经完全干涸,地下水水位从 3 米—5 米下降到了目前的 12 米左右,大片的芦苇、苔草湿地退化为碱蓬地甚至盐碱光板地。

喜马拉雅山山脉冰川的融化使亚洲半干旱地区永久性河流短期到中期内出现流量增加现象,但冰川的消失终将使流量减少。气候变化引起的生物群落的变化,有可能导致一些种群的变化,甚至有的种群可能会逐渐消失。在一定水域,水位变化是植物群落分布的主要影响因子,短期的干旱对湿地植物群落变化的影响不大,但长期季节性干旱则对植物群落的影响较大。水生植物不如湿生植物,其地下根系不太发育,易受干旱气候影响,水位的持续降低,再加上缺乏季节性补给,原来的优势种群不断退化,新的物种不断侵入,并且逐渐发育成新的优势种群。在塞舌尔,小面积湿地的丧失,有可能造成当地爬行类和小型鸟类的灭绝。

（七）气候变暖对农作物分布与产量的影响

随气候变暖及农业技术发展,农作物也有北移趋势。如 20 世纪 60 年代,大兴安岭地区少有茄子、西红柿、青椒等喜温性作物的种植,而现在已很普遍。该地区 6 月份霜冻现象逐渐减弱(甚至不发生),使生长季延长,原来不能成熟的豆角、玉米等作物 20 世纪 90 年代后期已都能成熟。

东北地区 40 年来作物生长季气温变化虽有波动,但有明显增温趋势,平均升高 0.28℃,作物生长季气温变化与粮食产量呈正相关,20 世纪 80 年代以来,气温持续偏高,粮食产量有大幅增长。温度升高使有效积温增加,进而使晚熟品种播种面积扩大,提高了粮食生产潜力。

山东省近 40 年来气温变化与全国气温变化特征一致,有明显变暖趋势,且冬季最突出。20 世纪八九十年代相对暖干的气候背景下,气温和降水对粮食产量均有显著影响,气温偏高、降水量偏少时不利于粮食的增产,而当气温偏低、降水量较常年丰沛时有利于粮食增产。影响的关键期从气温因子来看是冬季,从降水因子来看为夏、春季。

(八)气候变暖陆地生态系统变化的生态学机理

1. 直接影响

大气二氧化碳浓度升高直接影响植物的生理活动和生化反应,使植物的生理生态、形态结构和化学成分发生变化。二氧化碳含量保持在一定范围内,随其浓度升高植物光合作用加强,呼吸作用受抑制,气孔导度降低,水分利用率提高,生物量和产量增加,关键蛋白质、酶和非结构性碳水化合物含量增加,组织中氮、硫含量减少,根系和花的发育提前。

二氧化碳浓度升高还可增加农田土壤团粒的保水性,从而增加植物对水的利用率。近100年来,中纬度地区暖期雨量减少,冷期潮湿,雨量变化与地区平均气温变化呈反位相关,导致暖期干旱,给植物带来水分胁迫和高温胁迫。高温条件下,光合作用被严重抑制,净光合速率明显下降,高温的损伤作用表现在对光系统Ⅱ的破坏,使光系统Ⅱ的量子产率降低,而初始荧光升高,植物还以释放较低的异戊二烯的方式在内部机制上调整生化合成速率,以免受高温损伤。

一般认为,温度升高可使气孔关闭,叶肉细胞间的二氧化碳浓度升高,提高叶片的水分利用率。高二氧化碳浓度能缓解干旱胁迫作用,增加植物抗旱性,二氧化碳浓度、干旱和高温胁迫时间对叶片净光合速率与气孔导度的影响存在显著互作效应。

Ha merlynck 等研究了沙漠灌木三齿拉瑞阿[Larreatridentata(DC) Cov.]幼苗在3个二氧化碳浓度梯度、2个水分处理下对不同高温时间长度的响应与适应机制,指出中午期间供水良好,幼苗水势无显著变化,但干旱处理的幼苗在温度升高时,可缓和因干旱胁迫所造成的水势降低。由于全球气候变化在不同地区存在较大差异,且不同植物对气候变化的响应机制亦有区别,故气候变化对植物有害还是有利不可一概而论,应具体问题具体分析。

2. 间接影响

长期的自然选择使世界各种气候带都有其独特的植被类型,各植被的生理过程都已适于它原来所处的变化而又相对稳定的气候模型，忽略植物发生的适应环境变化的基因突变，多数植物对气候的适应都要经过漫长的过程。往往在极端气候条件下，一些物种会衰退甚至灭亡，而能适应气候变化的物种会占据更多空间，这样便发生物种演替。如20世纪30年代—50年代，在美国华盛顿州和加拿大不列颠哥伦比亚省一带的加州山松发生林冠顶梢枯死。1936年，该地区异常的冬天解冻条件及其以后的若干年内夏天的高温胁迫和水分胁迫，破坏了加州山松的根系组织，使水分运输受到阻碍，从而影响木质部组织的正常生长及功能的运行，导致木质部的空化，便发生顶梢枯死现象。

Cohen的模拟实验也指出，全球变暖可通过树木对日温的反应而直接地、也可通过提高蒸散作用并因此增加干旱胁迫而间接地影响森林的生长，全球变暖将使森林发生衰退，某一森林主要树种将被另一树种所取代。气候变化影响物候，进而影响陆地生态系统。居辉指出，冬季增温使树木物候期推迟，秋季增温使树木物候期提前，促进芽发育。在未来气候变暖条件下，春季提前而秋季推迟，使绿叶期延长，果实和种子成熟期提前，且春季物候期提前幅度较大，北方物候期提前和推迟程度大于南方。

暖冬有利于病虫害越冬、滋生和蔓延，也会使病虫害发生期提前，危害期延长和危害程度加重，对森林和草原以及农田不利。在欧洲和北美洲，鸟类迁徙时间每10年春季早到1.3日—4.4日，繁殖期每10年提前1.9日—4.8日。灰鹤在俄罗斯及我国东北繁殖，历史上它在我国华南地区越冬，在黄河三角洲只是旅鸟，而现在它们不仅在黄河三角洲越冬，而且在辽宁省瓦房店地区也发现了灰鹤的越冬种群。

（九）对策

气候变化对陆地生态系统的影响已引起国际社会的警觉，并唤起人类遏止气候变化的行动。为此在技术方面应做到：提高对未来气候变化格局预测的精度和准确度；加强以全球变化为背景的关键生态因子与不同尺度上陆地生态系统互相影响的研究，揭示其适应机理；积极控制二氧化碳等温室气体的排放,减缓大气中温室气体增加的速度;通过杂交和遗传工程培育适应气候变化的植被,大力开展良种选育工作。在政策方面应考虑:积极保护和营造植被,增加温室气体被吸收固定的数量,同时依靠绿色植被增强地区调节小气候的能力,对植被带和种植带北移的可能性采取规划措施,选择和培育适应区域气候变化的农牧渔业种类和品种;重视生态原理的应用,强调高新技术的开发和应用;健全环境立法,呼吁世界各国严格遵守已有的国际公约,如《气候变化公约》、《臭氧层保护条约》等。

削减二氧化碳的排放量。1992 年巴西里约热内卢世界环境与发展大会上,各国首脑共同签署的《气候变化框架公约》要求,在 2000 年发达国家应把二氧化碳排放量降回到 1990 年水平,并向发展中国家提供资金,转让技术,以帮助发展中国家减少二氧化碳的排放量。因为近百年来全球大气中的二氧化碳绝大部分是发达国家排放的。发展中国家首先是要脱贫、要发展。发达国家有义务这样做。但是,由于公约是框架性的,并没有约束力。而且削减二氧化碳排放量直接影响到发达国家的经济利益,因此有些发达国家不仅没有减排,甚至还在增排,2000 年根本不可能降到 1990 年水平。在 1997 年 12 月 11 日结束的联合国气候变化框架公约缔约方第三次大会上(日本京都会议),发展中国家和发达国家展开了尖锐紧张的斗争。最后发达国家做出让步,难产的《京都议定书》终于得到通过,议定书规定,所有发达国家应在 2010 年把 6 种温室气体(二氧化碳、一氧化二氮、甲烷和三种氯氟烃等)的排放量比 1990 年水平减少 5.2%。这虽与发展中国家的要求,到 2010 年减少 15%,到 2020 年再减少 20% 的目标相差很大,但毕竟这是一份具有法律约束力的国际减排协议。

二、全球变暖对海洋环境的影响

近年来,由于全球变暖造成海平面不断上升,海洋、气候和环境科学工作者的担忧与日俱增,联合国和世界各国领导人也高度重视,并采取了各种针对全球变暖的举措。

全球变暖是指 20 世纪后半叶气温发生剧烈的上升。近 150 年来,全球的平均气温约升高了 1℃,年平均升高值为 0.01℃。这个数字对气象工作者来说是一个不可小视的数字。根据美国海洋与大气管理局公布的数据,2002 年 1 月,全球绝大部分陆地区域表面温度都高出往常,这导致全球陆地表面平均温度达到了 1880 年有纪录以来该月的最高点。

地球气候变暖与海洋有密切联系。2005 年 2 月 17 日,参加美国科学促进协会年会的科学家分析研究了美国国家海洋与大气管理局搜集的数据,结果发现海洋温度在持续上升,全球气候正在变暖,同时海洋对气候变异也十分敏感,全球气候变暖导致海平面升高,海洋酸化。因此,全球变暖的趋势和海平面上升也是当今海洋科学五大热点问题之一。

(一)全球变暖的危害

1. 海平面上升

全球气候变暖,海水膨胀、冰川和冰冠融化,导致海平面不断上升已有大量实测数据证实。海平面升高将直接给人类带来灾难,特别是世界上一些低海拔地区将被海水淹没,饮用水也受污染。同时,海平面上升对人类的生存和经济发展也是一种缓发性的自然灾害,往往导致海岸线后退、海堤受损、农田盐碱化,威胁着人类的生存。

海平面上升已开始影响太平洋岛国的生存。科学家估计,到 2100 年将会有一半的海岸湿地消失,埃及等一些低海拔国家将面临严重威胁。南极蕴藏着全世界 90% 的淡水资源。如果南极冰川融化 1%,全世界海平面就会上升 0.6 米,一旦全部融化,将会使海平面升高 50 米—60 米。中国的珠江三角洲、印度、孟加拉国、越南和一些太平洋岛屿国家和地区将面临最为严重的威胁。

2. 海洋温度上升

全世界海洋温度在过去的 40 年间显著上升,其中海洋表层下 300 米内的海水温度平均升高了 0.31℃,3000 米内水温平均升高 0.06℃。

3. 珊瑚礁遭到破坏

全球气候变暖,海洋温度升高导致珊瑚礁褪色是最大的危险,40%的珊瑚礁都直接受其影响。世界近 2/3 的珊瑚礁面临褪色和其他环境恶化的威胁。近年来,印度洋的马尔代夫和塞舌尔群岛 90% 的珊瑚礁因海水温度上升而死亡,而全世界死亡的珊瑚礁已超过 26%。

4. 古代遗迹遭受毁坏

全球变暖引发的洪水毁坏了泰国北部有 600 年历史的古城遗址和大城遗址,与此同时,越来越高的气温正在影响洪都拉斯伯利兹城的堤礁。

5. 沿海湿地遭到破坏

全球气候变暖,海平面不断升高,则使海水侵入西班牙多尼亚纳国家公园的湿地。近年来持续出现的暖冬是地中海数百头海豚致死的原因之一。由于靠近两极地区的冰雪的迅速融化,南极企鹅和阿拉斯加黑海鸥等物种的数量在不断减少。

6. 冰川融化

欧洲阿尔卑斯山的冰川自 1850 年以来已经消失了一半。印度次大陆、东亚部分地区和南美洲,由于冰川融化会导致洪水危害,淡水供应减少。非洲的肯尼亚山和乞力马扎罗山上的积雪越来越少,影响了山体附近河流的水源补给,并对农业产生了巨大冲击。

7. 灾难性的暴风雨频发

由于气温上升,地中海地区的降水也将大幅增加,而且多以灾难性的暴风雨形式出现。科学家预计,随着气候变化,撒哈拉以南非洲地区将会愈发干燥,而世界另外一些地方则会越来越多地出现洪水泛滥的情况。

8. 海水变淡

20 世纪 60 年代以来,北大西洋的大部分海水正在变得越来越淡,造成这一现象的部分原因是由于全球变暖导致淡水增加。科学家分析,北半球的气候变化促使冰川融化,带来了更多的雨水,使更多的淡水注入海洋。

（二）阻止全球变暖的对策

目前，国际社会对全球变暖趋势的主要对策是通过减少温室效应气体的排放，使升温变缓，海平面上升幅度减小。特别是要限制世界上发达国家温室气体排放量以抑制全球变暖。

1. 联合国阻止全球变暖的措施

一是每年召开联合国气候变化大会，磋商《联合国气候变化框架公约》和《京都议定书》条款落实的一系列国际会议；二是开展国际科学合作，实施世界气候研究计划。《京都议定书》规定从 2008 年到 2012 年期间，35 个主要工业发达国家的温室气体排放量要在 1990 年的基础上平均削减 5.2%，其中美国削减 7%，欧盟 8%，日本 6%。世界气候研究计划始于 1980 年，是由世界气象组织，国际科学联盟政府间海洋委员会共同组建的，共有两个主要目的：确定在何等程度上能够预测气候及人类对气候的影响程度。为实现该目标，该计划积极推动一系列基础性研究工作，以了解物理气候系统的基本行为。该计划增强了全球关于气候变化与人类影响气候系统的公众意识。

2. 各国政府阻止全球变暖的对策

美国政府提出自愿减少温室气体排放的税务刺激措施。美国是世界上最大的能源消费国，也是温室气体排放量最大的国家。2002 年 2 月 14 日，布什总统提出了一项鼓励企业、农场主和个人自愿减少温室气体排放的税务刺激措施，该政府确定了两项最紧迫的任务：一是清洁空气，二是解决全球气候变化问题。为降低温室气体的排放量，目前具体办法是对减少排放的公司给予税务方面的鼓励、寻找替代能源、加强自然资源的保护以及加强对减少污染技术的开发研究等。

英国政府对付全球变暖比美国要重视，提出征收大气污染税的措施，还采取"大胆而坚定的行动"，减少二氧化碳排放。此外，英国政府还大力推动海洋能发展，尤其是波浪能和潮汐能发电技术等。

a. 政府将投资 200 万英镑在奥克尼郡建立一个海洋能量测试中

心,及两个潮汐能示范工程:黄貂鱼工程和海流工程。

b. 资助 200 万英镑以促进现有及新的潮汐能和波浪能技术的研发。

c. 制订出新的资金资助计划以支持波浪能和潮汐能项目工程,总金额将不少于 500 万英镑。计划到 2050 年减少 60% 的二氧化碳气体排放量。

澳大利亚政府拟投巨资控制全球变暖。澳大利亚政府将投入 5 亿澳元开发新能源技术,减少温室气体排放,控制全球变暖。

日本政府部门开始研究海平面上升对策。日本国土交通省从 2002 年开始,同农林水产省、水产厅、环境厅等政府有关部门协商,就如何预防海平面上升而开展具体研究,研究包括加高海岸堤坝、增建护岸设施以及加强潮位观测等。目前,国土交通省已把日本中部地区的伊势湾和三河湾作为试点,开始进行内部模拟研究,并打算把在这里取得的数据用于全国范围的调查和研究。

3. 科学家研究应对全球变暖的方法

发射具有海平面测高功能的海洋卫星。法国和美国共同开发并于 1992 年发射成功一颗测量海平面高度的测高卫星,该卫星的特点是测高精度高,目前全世界有 3 颗具有海平面测高功能的卫星。

建立监测和研究全球气候变化的永久性气候研究站。1998 年,美国能源部建成第二个永久性气候研究站,用于监测和研究全球气候变化。这个气候研究站建在位于赤道太平洋附近的瑙鲁共和国。科学家从瑙鲁共和国获得数据,将有助于人们加深对云层和热带地区大气温度之间的关系认识。

建立监测海平面变化的观测网。澳大利亚提出,建立一个用来记录南太平洋海平面不断变化的监测网络。在基里巴斯塔拉瓦召开的"南太平洋论坛"的一次年会上被采纳。该组织包括太平洋的一些小岛国,以及澳大利亚和新西兰等国。为建立这一监测网络,澳大利亚计划拨款 325 万英镑,建立 12 个观测站。它们将分别设立在汤加、西萨摩亚、巴布亚新几内亚、马绍尔群岛、库克群岛、基里巴斯、图瓦卢、瑙鲁、所罗门群岛、瓦努阿图、斐济和新西兰的纽埃。测得的资料将通过地球同步卫星传送给在澳大利亚的研究中心。

将二氧化碳掩埋到海底。英国政府建议各国通过将二氧化碳掩埋到海底的方法减少大气中的温室气体，缓解全球变暖的趋势。英国环境部官员呼吁把二氧化碳贮存到海底废弃的石油和天然气油田中。支持此项建议的英国专家称，二氧化碳气体可以在海床下安全地贮存上万年，让人类有足够的时间找到对付全球变暖的方法。

培育海藻帮助控制全球气候变暖。培育海藻可以有效地帮助控制全球气候变暖，因为它们可以吸收大量的二氧化碳。在东京以南150km 伊豆群岛中的式根岛沿海的热泉出口周围培植了一种集胞藻属的小海藻，该海藻吸收二氧化碳的能力比热带雨林高 3 倍。

科学家考虑建海底新城市。瑞士人和摩纳哥公国的居民已在着手考虑应付海平面升高的办法。在摩纳哥市的海岸边已选好一块地，将在上面建世界上第一座深水城市，已由一家地质工程公司经理、瑞典人克洛德·斯里特万绘制出设计图。

利用海底回声研究海平面变化。美国科学家从停泊在新泽西州附近海域的“莫里斯·尤因”号调查船上，制作出大的声响，并记录下从海底产生的回声，以此研究世界海平面发生变化时的迹象。这是美国科学家实施的一项研究计划的第一步。实施这项研究计划的目的，是为了确定海平面是否在上升并最终淹没世界沿海城市。

我国沿岸近几十年的每年海平面正以 2.5 毫米的速度上升，应对此问题有以下建议：

a. 把防范全球变暖导致海平面上升问题提上重要议事日程，要尽快普及海平面上升知识，加强关于这方面的研究工作。

b. 建立海平面变化监测网，对原验潮站进行分级管理，更新观测设备，增建新的验潮位站，并建立高精度的 GPS 监测网；开展对卫星测高、测温等资料的处理分析，逐步完善海平面变化数据库。

c. 建立海平面上升和潮灾地理信息系统,及时定期对我国重要经济区和城市的海平面上升及潮灾的后果进行评估,向有关部门提供防灾减灾的对策及与此有关的经济发展战略决策咨询建议,对海洋环流和水文结构的了解,对深入理解气候波动具有十分重要的意义。海洋专家还建议,我国应大力发展海洋能技术,特别是海水温差能发电技术。

第4节　气候变暖对社会经济发展的影响及对策

一、全球变暖对社会经济发展的影响

(一)全球变暖将加快调整农业结构

气候变化将使农作物品种的布局发生变化,并影响到种植制度,种植界限北移西延的风险也将加大。据估算,到2030年,我国种植业产量在总体上因全球变暖可能会减少5%到10%左右,其中小麦、水稻和玉米三大作物均以减产为主,只有一项,就是灌溉春小麦是增产的。此外,全球变暖有利于农业病虫的越冬和繁殖,导致更严重的农业病虫与杂草危害。我国已连续出现了16个大范围的暖冬,从20世纪50年代以来降水逐渐减少。气象专家认为,全球和我国气候变化未来50年至100年的预测表明,全球变暖将继续下去。这种趋势对全球和我国农业结构都将会产生重大影响。所以我国只有适应全球变暖的趋势加快农业结构调整,才能使农业产量满足人们的生活、生产的需要。

(二)全球变暖将促进我国调整能源结构

我们知道导致全球气候变暖的最大元凶就是化石能源燃烧排放的温室气体。温室气体加起来可能有二三十种。现在《京都议定书》控制的主要是其中六种。我们可以看大量的都是和能源相关的二氧化碳和能源相关的甲烷排放。现在我们国家一直在倡导实现科学发展、可持续发展。那么怎样才能实现经济的可持续发展呢?就要发展循环经济、生态经济,使人类经济活动符合自然规律。但是,经济要发展必然离不开能源的支持。世界能源需求预测里面,说煤炭仍是最重要的能源,天然气、石油仍然还会在今后占有主要的地位。可再生能源也会有所发展。预测世界煤炭的主要增加也在中国这里。所以从长期发展来看,我国要实现经济的可持续发展必然面临能源结构调整的重大课题。从我国实际情况出发,将会把除了煤炭以外的所有的能够大规模生产的技术上比较成熟的,能在近期、中期真的起作用的可再生能源尽可能开发利用出来,实现能源的多元化,同时市场也要采取措施,支持清洁能源和清洁技术的推广。

就全球范围来说,对能源工业而言,全球气候变暖减少较寒冷地区冬季供暖能源消耗,同时增加较温暖地区制冷所需的能源消耗。这一点在发达国家尤其明显。对于广大发展中国家而言,能源消耗的增长更强烈的依赖于经济发展。气候变暖在电力设施建设中应加以充分考虑。以水力发电为例,未来某些地区可利用的径流水量减少还是增加是十分重要的。就我国来说,即使未来季风性降雨有所增加,可利用水量是否增加也是值得怀疑的。一个原因是蒸发量也随增温而增加,另一个原因则是未来强对流降水频率可能增加,在汛期这类降水不仅可能不好利用,还会因造成洪涝灾害而近一步要求增加电力设施的基础建设投资。未来的全球环境格局还将对工业活动产生间接但重大的制约。那些产生大量温室气体的工业活动将受到越来越多的政策性压力和税收负担,而节能节水装置,耐高温作物研究技术或生物技术工程等则可能获得广阔的市场。

(三)全球变暖对水资源的影响

IPCC第三、第四次评估报告指出,受气候变暖的影响,在高纬度地区和一些湿润的热带地区,可供使用的水资源有可能在本世纪增加;但水资源原本已出现短缺的中纬度和干旱热带地区,水资源的短缺将进一步加剧,受干旱困扰的地区有可能会增加。报告还指出,极端降水的强度和出现的频率也有可能增加,将会加大洪水灾害的危险。另外,全球气候变化使极端气候变化出现的频率发生改变,气候系统变得异常敏感,导致高温热浪、强台风、强降水、持续干旱等极端事件发生的频率增加。

1. 北旱南涝

根据我国降水和气候资料分析,20 世纪 80 年代和 90 年代,我国北方干旱缺水与南方洪涝形成北旱南涝的局面。增加 80 年代和 90 年代资料后,我国水资源总量的最新评价结果仍为 2.8 万亿立方米,但地区组成发生了变化。北方水资源总量从占全国 18% 下降到 16%,南方从 82% 上升到 84%。

2. 夏季雨带演变特征

根据国家气候中心分析,近几十年来我国东部夏季雨带有明显的年代际南北演变特征,20 世纪 90 年代影响我国的主要多雨区位于长江中下游地区,21 世纪初多雨带北上至淮河流域,黄河中下游降水趋势也显著增加。气象专家预计,从现在起未来 4 至 5 年黄淮海地区的降水强度要比 50 年代有所增加,极端强降水事件发生的概率增加。

3. 南旱北涝

由于近年我国东部温度的多雨带逐步北上、长江中下游及东南部地区降水减少,我国的雨型可能由"南涝北旱"向"南旱北涝"转变。这一转变将对我国的国民经济建设和社会发展带来影响。

4. 高温热浪

重庆市和四川省 2006 年盛夏 7 月—8 月平均气温 23.6℃,为历年最高,而夏季平均降水量 345.9 毫米,为 1951 年以来历史同期最少,遭受了历史罕见的特大旱灾和持续的高温热浪。这类高温热浪的发生表明多雨带的北上、副热带高压北抬西伸的影响发生了作用,预计高温热浪在我国长江流域及其以南地区发生的概率增加。根据 2006 年中国水资源简报估算,2006 年长江全年来水量仅 8092 亿立方米,比正常年份来水偏少 1568 亿立方米,约减少了 18.8%。

5. 强台风频率增加

IPCC 第四次评估报告指出,热带风暴的强度可能会增大,已经观测到的热带风暴增强同海面温度的升高密切相关。我国 2006 年台风出现的频率增加,全年登陆我国的台风共 7 次,登陆时间比常年提早了四十余天,登陆时段集中,移动路径复杂,影响持续时间长、范围广、强度大、灾情重,为历史罕见。强热带风暴"碧利斯"深入内陆影响 9 省长达 120 小时,当减弱为低气压后和西南季风共同影响,使江南南部和华南大部出现了持续性暴雨和大暴雨天气,引发严重的洪涝、滑坡和泥石流灾害;百年一遇的超强台风"桑美"登陆时最大风力达 17 级,浙江、福建两省遭受狂风暴雨袭击,受灾严重。据气象专家预测,未来强台风出现的频率可能增加,受厄尔尼诺频繁出现的影响,台风路径和登陆地点有向北移的趋势。

6. 全球变暖对水循环的影响

在脆弱的干旱地区与半干旱地区更加明显。例如,我国的干旱与半干旱地区近 50 年来有明显变干的趋势,一些河流和湖泊已经干枯(表 9.1)。全球变暖将可能使华北地区变暖变干,造成该地区干旱加重,水资源更加短缺。水循环变化,将改变农业、生态系统和其他方面的用水方式,这将对本已处于干旱状态的区域(如非洲撒哈拉地区)的农业和水力发电等造成严重后果。一些对水资源脆弱和敏感的地区,将可能承受不了这种压力。

表 9.1　我国西北主要湖泊面积变化　(单位:平方公里)

湖名	50 年代统计	60 年代地形图量	70 年代卫星照片量	90 年代统计
艾湖比	1070	823	522	413
博斯腾湖	996	980	930	804
布伦托海	835	790	770	715
玛纳斯湖	550		59	0
塞里木湖	454	454	457	437
巴里坤湖	140	114	88	82
艾丁湖	124		23	0
青海湖	4568			4312

湖泊作为降水和有效降水的历史和现代记录,更能反映气候变化

的空间变化和区域特征。以我国青海湖为例,气候变化可能是导致其水位下降和湖面萎缩的因素之一。青海湖水位在 15 至 19 世纪的近五百年间尽管存在较大的升降波动,但出现明显的直线式下降趋势却是在近百年,特别是 20 世纪 20 年代以来,仅在 1908 年—1986 年间就下降了约 11 米,湖面缩小了 676 平方公里。有实测记录以来,1957 年—1986 年间就下降了 2 米—3 米,湖面缩小了 264 平方公里。

另外,我国西北各大湖泊,除天山西段塞里木湖外,水量平衡均处于入不敷出的负天然平衡状态,自 20 世纪 50 年代以来,湖泊均向萎缩方向发展,有的甚至干涸消亡。

有关研究表明,在未来气候增暖而河川径流量变化不大的情况下,平原湖泊由于水体蒸发加剧,入湖河流的来水量不可能增长,将快要萎缩、含盐量增长,并逐渐转化为盐湖,对湖泊水资源的开发利用不利;高山、高原湖泊中,少数依赖冰川补给的小湖(如帕米尔高原的一些湖泊),可能先因冰川融水增加而扩大,后因冰川缩小后融水减少而缩小;地处山间盆地以降水、河川径流或降水与冰川融水混合补给的大湖,其变化趋势引人注目,如青海湖长期处于较大的负平衡状况,湖水位呈下降趋势。如未来温度继续升高,湖区水面蒸发和陆面蒸散均会有所增加,若多年平均降水量仅增加 10%,仍不足以抑制湖面的继续萎缩,仅趋势减缓,如降水量增加 20% 或更多,湖泊来水量会增加,湖泊会扩大,水面上升,湖水淡化,有利于湖泊渔业和湖周地区生态与环境的改善。这样的机遇有可能在下个世纪某个时间出现。

(四)全球变暖将引发各种自然灾害,导致经济损失严重

世界银行前经济师尼古拉斯爵士受英国资源大臣委托起草了一份长达 700 页的研究报告。该报告对全球气候问题作了广泛的经济性分析,报告计算出如果人类任由全球气温继续升高,那么气候变化最终带来的危害有可能相当于每年损失掉全球 GDP 的 20%。同时报告指出,气候变化将让全球陷入最严重经济衰退,所耗费的成本将超过两次世界大战的总和,数百万人将因此流离失所。举例来讲,全球变暖会使高

温热浪增加,这将引起与热有关的疾病和死亡的增加。此外,洪涝的增加还将增加溺水危险及腹泻和呼吸道疾病蔓延的可能。据统计,仅我国因全球气候变化及相关的极端事件所造成的经济损失,在过去 40 年平均上升了 10 倍。尽管世界各国在加强基础设施和灾害防治方面做了大量工作,但天气气候灾害事件的经济损失依然快速上升。

二、对策

根据《联合国气候变化框架公约》的规定,以及中国国情和落实科学发展观的内在要求,按照国务院部署,国家发展改革委组织有关部门和几十名专家,历时两年,编制了《中国应对气候变化国家方案》。《国家方案》回顾了我国气候变化的状况和应对气候变化的不懈努力,分析了气候变化对我国的影响与挑战,提出了应对气候变化的指导思想、原则、目标以及相关政策和措施,阐明了我国对气候变化若干问题的基本立场及国际合作需求。

我国的《国家方案》是发展中国家颁布的第一部应对气候变化国家方案。全球气候变暖已是不争的事实,并对自然生态系统和人类生存环境产生了严重影响。气候变化对我国生态系统、农业、林业、水资源,以及经济社会发展和人民生活产生的影响日益明显。

我国高度重视应对气候变化问题,采取一系列政策措施,推进结构调整,转变增长方式,节约能源,发展可再生能源,实施生态建设工程,控制人口增长等,为减缓全球气候变化做出了贡献。应对气候变化,事关我国经济社会发展全局和人民群众的切身利益,事关国家的根本利益。各地区、各部门要充分认识应对气候变化的重要性和紧迫性。要坚持以科学发展观为指导,统筹经济发展与生态建设、国际与国内、当前与长远,把应对气候变化与实施可持续发展战略,加快建设资源节约型社会、环境友好型社会和创新型国家结合起来,纳入国民经济和社会发展总体规划和地区规划,努力控制温室气体排放,不断提高适应气候变化的能力,促进我国经济发展与人口、资源、环境相协调,为改善全球气候做出贡献。

　　应对气候变化要坚持五个原则:一是坚持在可持续发展框架下应对气候变化,二是坚持"共同但有区别的责任",三是坚持减缓与适应并重,四是坚持综合治理,五是坚持广泛合作。气候变化无国界。应对全球气候变化是国际社会共同面临的重大挑战,要依靠世界各国共同努力。要加强应对气候变化的领导,各地区、各部门要认真贯彻落实《中国应对气候变化国家方案》中各项政策措施,不断增强应对气候变化的能力。加强应对气候变化的宣传,提高全社会保护环境意识,充分发挥科技进步和科技创新的基础和支撑作用。完善政策,健全体制与机制,努力形成应对气候变化的合力。

第 10 章

2008 年初中国南方异常天气及影响

第 1 节　中国南方异常天气及
对社会经济生活影响

一、我国各地异常天气

主要指我国南方地区的连续暴风雪以及相应北方的降雪偏少,总体气温异常寒冷。大致包括浙江、安徽、江西、河南、湖北、湖南、广东、广西、重庆、四川、贵州、云南、陕西、甘肃、青海、宁夏、新疆。其中河南、陕西、甘肃、青海等地雨雪持续日数超过百年一遇,江苏、山东等地达到50 年一遇。

二、特点

(1)降雪量比往年要多很多;

(2)降雪范围比往年要广;

(3)持续降雪时间比往年长;

(4)主要降雪影响地区比往年偏南;

(5)降雪带来的灾害性比往年严重。

三、异常天气对社会经济生活的影响

2008 年 1 月中旬到 2 月上旬,我国南方地区连续遭受四次低温雨雪冰冻极端天气过程袭击,总体强度为 50 年一遇,其中贵州、湖南等地为百年一遇。全国先后有 20 个省(区、市)和新疆生产建设兵团不同程度受灾。低温雨雪冰冻灾害给电力、交通运输设施带来极大破坏,给人民群众生命财产和工农业生产造成重大损失。

交通运输严重受阻。京广、沪昆铁路因断电运输受阻,京珠高速公路等"五纵七横"干线近2万公里瘫痪,22万公里普通公路交通受阻,14个民航机场被迫关闭,大批航班取消或延误,造成几百万返乡旅客滞留车站、机场和铁路、公路沿线。

电力设施损毁严重。持续的低温雨雪冰冻造成电网大面积倒塌断线,13个省(区、市)输配电系统受到影响,170个县(市)的供电被迫中断,3.67万条线路、2018座变电站停运。湖南500千伏电网除湘北、湘西外基本停运,郴州电网遭受毁灭性破坏;贵州电网500千伏主网架基本瘫痪,西电东送通道中断;江西、浙江电网损毁也十分严重。

电煤供应告急。由于电力中断和交通受阻,加上一些煤矿提前放假和检修等因素,部分电厂电煤库存急剧下降。1月26日,直供电厂煤炭库存下降到1649万吨,仅相当于7天用量(不到正常库存水平的一半),有些电厂库存不足3天。缺煤停机最多时达4200万千瓦,19个省(区、市)出现不同程度的拉闸限电。

工业企业大面积停产。电力中断、交通运输受阻等因素导致灾区工业生产受到很大影响,其中湖南83%的规模以上工业企业、江西90%的工业企业一度停产。有600多处矿井被淹。

居民生活受到严重影响。灾区城镇水、电、气管线(网)及通信等基础设施受到不同程度破坏,人民群众的生命安全受到严重威胁。据民政部初步核定,此次灾害共造成129人死亡,4人失踪;紧急转移安置166万人;倒塌房屋48.5万间,损坏房屋168.6万间;因灾直接经济损失1516.5亿元。

(一)雪灾对越冬作物的影响

小麦:小麦已陆续停止生长,进入越冬期。对冬小麦生产利大于弊。有利因素为,首先,处于越冬期的冬小麦且有积雪覆盖,减轻了冻害发生;其次,气温降低减缓小麦旺长的势头,有利于改善群体结构,低温过程冻死一些晚弱苗,群体结构更趋合理;第三,低温大雪降低越冬的虫口密度,抑制病害蔓延,对减轻来年病虫害有利。不利方面为,对一些雨雪量偏大的地区,如果覆盖在小麦上的冰雪层融化而气温又长期稳定在零下时,就有可能对小麦产生冻害。

油菜:雪灾发生时,淮河以南油菜处于第五真叶期,个别早播油菜已开盘。对油菜生产造成了不利影响,主要危害:首先是降雪持续时间长,雪量过大,油菜较高和脆弱的植株体经不起重压造成茎秆折断等机械损伤;二是持续低温雨雪,尤其是大别山区和沿江江南大面积的冻雨,对油菜造成冻害,早播已开盘的油菜冻害较重;第三,长期的雨雪过程过多的增加了农田土壤湿度,不利于油菜形成壮苗。

(二)对设施农业的影响

此次大雪对设施农业的影响最为明显,尤其是对大棚蔬菜的危害最大。由于降雪时间过长、积雪过厚,降低了棚内温度和透光性,影响大棚蔬菜的正常生长。由于持续低温,大棚蔬菜、露地蔬菜受冻,用于早春栽培的幼苗也易冻死。更为严重的是大部分地区出现蔬菜大棚、食用菌棚倒塌现象,受灾最重的是蚌埠,有 2000 多个蔬菜大棚倒塌,家禽大棚也有倒塌现象。

(三)对林业的影响

连日大雪给林业生产造成了严重的危害,重灾区主要出现在大别山区和皖南山区。大量毛竹、杉木、果树被积雪压断,苗木被积雪压塌。由于气温较低,树木上的冰挂易造成其枝条压裂、压断和压倒。同时,长期的阴雨雪天气也造成林地、圃地、果园地的田间积水、湿度过大。气温持续偏低,造成开采茶园、幼龄茶园、茶树良种苗圃冻害严重。

(四)对养殖业和渔业的影响

寒冷天气使牲畜大量失热,增重速度下降,幼畜、病弱畜、家禽往往经不起寒流降温而造成死亡。部分特种水产幼龟、幼鳖冻死。一些地方牲畜禽圈舍倒塌损坏,牲畜被砸死。部分渔棚倒塌、围栏网受损,池塘埂塌方。羊场场房、圈舍倒塌。

（五）对春季农业生产的影响

就淮北地区来说，对农业生产的影响利大于弊。除了以上提到的有利影响外，冬季降雪补充了土壤底墒，对春旱发生频繁的淮北地区，可有效缓解春旱，促进小麦增产。

就江淮和长江以南地区来说，对农业生产有不利影响。最主要的是大雪导致农田土壤水分过大，对春季易发生涝渍危害的我国江淮南部地区来说更为不利。

另外春季的气象条件也决定了遭受冻害油菜的恢复程度。如果气温正常回暖，水热配合适宜，受冻的油菜可望逐步恢复，争取较好的产量。

由于连续低温雨雪天气增加了对大棚蔬菜的管理难度，再加上大棚损失严重，影响到春季蔬菜的供应量。

第2节　南方天气异常变化的原因及应对措施

2008年南方天气异常，暴雪成灾，从宏观气候到微观天气的顺序可探求此次气象灾害的原因。

一、拉尼娜对中国的影响

今年全球的气候大背景是拉尼娜，厄尔尼诺我们较熟悉，但对于它的姐妹拉尼娜我们还很陌生。

拉尼娜是同厄尔尼诺相反的气候现象，是指赤道太平洋东部（秘鲁附近）海水大范围持续异常变冷现象，海水表层温度低出气候平均值0.5℃以上。小小的0.5度，又远在南美洲，但却对我国造成了极大影响。

（一）南太平洋的气温偏低是怎样扩散到全球的

海洋表层的洋流运动主要受海表面风的牵制。信风的存在使得大量暖水从东太平洋（即秘鲁）吹送到赤道西太平洋地区（即中国、日本),在赤道东太平洋地区暖水被刮走,主要靠海面以下的冷水进行补充,赤道东太平洋海温比西太平洋明显偏低,使得气流在赤道太平洋东部下沉,从而加剧气流在西太平洋的上升运动,实际上削弱了西太平洋的副高,加强了信风和西风,进一步加剧赤道东太平洋冷水的发展,形成恶性循环。最终将拉尼娜的影响从秘鲁扩散到全球,特别是中国。

(二)西太平洋上升运动的加强对中国的影响

西太平洋的上升运动加强,导致了本来在冬半年就已经远离中国大陆进入太平洋的副热带高气压带进一步远离大陆,对大陆冷气团的牵制抵抗作用进一步降低,很明显,没有了副高的阻拦,副高两侧的风带,一是北方强大的寒冷西风带,二是南方印度洋上的信风带可以长驱直入大陆,横扫全亚洲,而中国恰恰就在这两个风带的控制之下。

(三)风带加强对中国的影响

1. 西风带。西风带对中国造成的影响主要来自两个方向:一个是对北方来自西伯利亚的强冷空气起到了推波助澜的作用。冷空气团是从极地方向过来的,冷气团比较寒冷,冷空气强度比较强,因为北冰洋的蒸发作用小,空气极为干燥,以大风、降温过程为主,不会出现大范围的降雪,以前对我国造成影响最大、印象最深的就是这股冷空气。今年主要受北方气团影响的东北降雪量就很少。二是从西路过来的,这是我们很少关注的,但它借助西风带加强从冰岛大西洋沿途过来,经过欧洲地中海横扫整个亚欧大陆,由于来自较湿润的大西洋,这股冷空气带来了大量的降雪。事实证明了这一点,今年因为这股强冷湿空气,巴格达这种极度干旱的地方降了百年以来第一次雪,中亚地区,特别是阿富汗山区积雪超过两米。甘肃这种比较干旱的地方今年降雪量超过常年的两倍,为 60 年之最。多有趣,我们天上下的雪竟然来自大西洋的海水。

2. 信风带。由于太阳直射点的南移,信风带在过去对中国的影响并不大,但由于拉尼娜的加强,加上西风带受到青藏高原阻挡,分流至喜马拉雅山脉南翼逐渐加热加湿的气团,使得中国南部受到了来自印度洋大量的暖湿气流,造成云贵高原的气温甚至比常年的还要高。

3. 共同影响。由于太平洋上的副高减弱,因而南北两股冷空气可以长驱直入中国内陆,信风带来的暖湿气流控制南方,像深圳这段时间湿度都高达90%。过去北方的冷空气南下就单一的控制全国,全国都是寒冷干燥,但今年拉尼娜引导着信风带来大量水汽,同北方干燥寒冷的气团在长江中下游地区交汇,从而形成了大范围的暴雪。从影响范围看,灾害程度从东向西递减,沿海省份影响较小,可见水汽主要来自印度洋而非太平洋,信风影响巨大。

二、局部分析

1. 长江中下游、安徽、湖北:这一地域处于北纬30度附近,正好是西风带同信风带交汇的地方,南北气流交汇,势必造成大量降雪。另外,长江中下游地区湖泊众多,当地水面蒸发的大量水汽也是降雪的来源之一。

2. 湖南。由于南岭的阻挡,将剩余的冷空气都集中在了湖南郴州、衡阳一带,也就是南岭山脚下,从而将冷空气最后的力量全部发泄在湖南。

3. 广西、贵州。云贵高原过去一直就是同时受到南北两股气团的共同影响,只是今年的强度特别大,过于湿润,又过于寒冷,造成严重的凝冻,冻雨。

4. 北方。过去印象中的北国风光、千里冰封、万里雪飘依然没变,东北主要受到北方的干燥冷气团,所以降雪量没有太大变化,从卫星云图上看今年基本没怎么下雪。倒是西北地区由于强大的西风带来了大量的来自大西洋的水汽,降雪较常年偏多。

三、降雪对南方的影响

下雪是自然现象,北方年年都下,即使有暴雪,也没造成严重问题。为什么南方降雪会产生这么多问题呢? 这里主要同严寒的北方进行对比分析。

1. 冻雨。现在南北地面温度都长时间低于0℃。但北方是从低空到高空都是稳定的冷空气,所以降下的都是雪花。南方由于冷空气势力已经有所减弱,暖空气势力又异常强大,因此在 1500 米至 3000 米上空形成一个温度高于 0℃ 的暖空气层,再往上 3000 米以上温度又低于 0℃。大气垂直结构呈上下冷、中间暖的状态,即近地面存在一个逆温层。大气层自上而下分别为冰晶层、暖层和冷层。如此,从高空冰晶层掉下来的雪花通过暖层融化成雨滴,接着进入靠近地面的冷气层时,雨滴便迅速冷却,虽还没有来得及结成冰,但温度已降至 0℃ 以下,便形成了冻雨。

2. 结冰。北方落下的都是雪,而且由于温度低,落地不融化,所以不会结成冰。即使白天温度高融化了,由于北方完全受极干燥的冷气团控制,融化的水很快就会蒸发,又回到空气中,地面总是干的。树上、电线上结冰十分罕见。

而在南方,当冻雨落在地面及树枝、电线等物体上时,便集聚起来布满物体表面,由于物体温度都低于零度,所以立即冻结成冰凌。降下的雪花在白天温度高于零度时表面上的冰会有所融化,但由于受到暖湿气团的控制,湿度极大,根本蒸发不了,冰水还是留在地面物体上;到了晚上,温度又下降到零度以下,水立刻又结成了冰。

3. 降雪量。北方看似是千里冰封,万里雪飘,但那不怎么厚的雪是整整一个冬天积累的,由于西伯利亚的冷空气极干燥,所以每次下雪并不多,总是小雪、中雪,也就是每小时只下 5 毫米左右的雪。一个冬天总共才下了几厘米的积雪。

南方本来湿度就高,再加上拉尼娜带来的信风,使得降雪量非常大,湖南、安徽常常是暴雪,一小时就下 14 毫米以上的雪,现在很多地方积雪竟然厚达 20 多厘米,远远超过了北方一年的降雪量,所以南方的雪灾更严重。

4. 由于超重引起的冻害。北方的降雪不易结冰,所以电线、屋顶上虽然有落雪,但一旦积累到体积过大、无法保持平衡时,就会自动从电线上落到地面上,所以电线表面只会留有少部分积雪,对电线的强度影响并不大,不至于超过电线所承受的重量,也不会压塌屋顶。南方的降雪、降雨最终转化为冰凌,落在电线上的雨雪,晚上一结冰,就将电线牢牢的包裹住,冰就固定在电线上,这样每一天冰都可一层层的将电线包裹起来,形成一种像树木年轮样的情况,积累几天,这个厚度就不容忽视了,看新闻说电线上冰的厚度超过电线直径的两倍,相当于电线二分之一的重量压在电线上,电线自然承受不了,最终断裂。屋顶、高压线的铁塔都是这样被厚厚的冰块严严实实的包裹起来,最终倒塌,这种情况主要发生在湿度极高、温度较低的南岭山脚下,所以郴州、衡阳一线的 70 多座高压线铁塔有近三分之一都被压垮。高压线高高的钢塔在下雪天时会承受 2 倍—3 倍的重量,但如果是结冰,会承受 10 倍—20 倍的电线重量。电线水管还有一个问题,就是因为异常的低温,所以电线由于热胀冷缩已经超出设计限度的紧绷在铁塔之间,强度大大降低,直接导致了电力系统严重瘫痪,郴州已经连续 5 天断水断电,特别是京广铁路韶关到郴州段。电力机车没有电,可以换内燃机车,但信号灯也没有电,道岔也没有电,所以哪怕是内燃机车,也只有慢慢的靠眼睛看路边的人工指挥通过,道岔也都必须有人工搬,这使得内燃机车在这一段根本跑不出平时的速度,使得铁路运输更加困难。

5. 公路冻害。北方公路上也会有积雪,但都不会化,而且量不会很大,即使化了也会很快蒸发掉,不会在地面上留下积水,冻结成冰。经汽车压实雪的摩擦力比冰高很多,即使要爬坡,安上防滑链,就可以在雪面上前进。

南方一方面积雪特别厚,很多地方没过脚。更重要的是这些雪融化成水,由于湿度极高,这些水很快就冻结成冰,也跟电线一样,一层一层覆盖在路面上,有些地方竟有 10 厘米厚,汽车在冰面上摩擦力很小,自然就会打滑。另一方面,由于冰比雪硬的多,所以给车轮安上防滑链根本没有用,这一北方最实用的方法在南方失去了作用,反倒会使摩擦力更小,行车更危险。

第 3 节　2008 年初雪灾带来的反思和对策

一、雪灾给我们的反思

雪灾发生的日日夜夜里,我们一直在思考:一些地方电网为何看上去显得如此脆弱?气象预警如何更及时和更具指导性?政府应急机制如何更快启动?部门之间、地区之间在紧急状态下如何更好地联动与沟通?年年春运大潮背后体现的城乡二元体制如何从根本上打破?民间组织如何更好地参与到灾害拯救中来……

二、抗灾救灾措施及效果

灾情发生后,党中央、国务院高度重视,迅即部署开展大规模的抗灾救灾斗争。在党中央、国务院正确坚强领导和统一指挥下,受灾地区各级党委、政府带领广大党员、干部和人民群众奋起抗灾,各有关部门和单位迅速行动,人民解放军、武警部队勇挑重担、顽强拼搏,社会各界同舟共济、相互支援。经过全国上下的共同努力,在较短时间内,取得了抗灾救灾斗争重大胜利。

（一）及时启动应急响应机制,全面部署抗灾救灾工作

根据中国气象局发布的天气预报,国务院办公厅于 1 月 10 日至 21 日发出四次灾害预警通知,要求有关地区和部门落实防范措施,做好应对准备。1 月 14 日,发展改革委启动跨部门协调机制,部署增产和抢运电煤工作。1 月 18 日,铁路部门提前 5 天进入春运,公安、交通部门相继启动交通应急管理。1 月 25 日,温家宝总理亲赴河北和北京视察春运工作,并在北京西站召开办公会议,紧急部署春运、电煤抢运和节日物资运输等工作。

1 月 25 日后,贵州和湖南电网出现网架垮塌、大面积停电的严峻局面,京广、沪昆等铁路干线部分区段运输受阻,京珠高速公路出现严重阻塞。1 月 26 日,国务院办公厅召开紧急会议,研究煤电油运和应急抗灾工作;1 月 27 日,国务院召开电视电话会议进行具体部署;1 月

28 日,国务院决定成立煤电油运和抢险抗灾应急指挥中心(以下简称"应急指挥中心"),统筹协调抗击灾害和煤电油运保障工作。1 月 29 日和 2 月 1 日,中央政治局会议和国务院常务会议专题研究抢险抗灾工作。其间,国务院办公厅连续下发了做好雨雪天气交通、煤炭、电力和鲜活农产品保障等紧急通知。国家减灾委召开会议,部署灾区群众生产生活保障工作。气象局、民政部和电监会及时启动重大气象灾害、救灾和电网大面积停电应急预案,铁道部、交通部、公安部、保监会等部门全面启动应急预案,财政部、发展改革委紧急下达抢险救灾应急资金,灾区各级人民政府迅速进行动员部署,电网、电信等国有企业认真履行社会责任,人民解放军、武警部队发扬人民子弟兵的优良传统,全力奋战在抢险抗灾第一线。

应急指挥中心在综合分析研判灾情的基础上,按照中央要求,迅速确定了工作重点,并成立了"煤电油运保障"、"抢通道路"、"抢修电网"、"救灾和市场保障"、"灾后重建"、"新闻宣传"6 个指挥部,分别加强对重点领域的指挥协调。

(二)迅速行动,全力打好"五个攻坚战"

根据党中央、国务院"保交通、保供电、保民生"的总体要求,应急指挥中心、各有关部门和灾区各级政府,在人民解放军、武警部队和公安民警的大力支持下,以高度的政治责任感,迅速组织开展了五个攻坚战。

一是动员全社会力量,打好抢通道路攻坚战。动员社会各方面力量特别是人民解放军和武警官兵除雪破冰,及时抢通受阻公路并疏导滞留车辆;调集内燃机车和发电设备疏通京广、沪昆铁路,并采取迂回运输等应急措施;动员民工留在当地过年,以减轻春运压力;加强统一指挥和信息发布,实施省际交通联动协调和跨区域分流,以避免造成新的交通拥堵,抢通道路攻坚战取得重大胜利。1 月 31 日京广、沪昆铁路运输能力基本恢复,2 月 3 日主要机场全部开放,2 月 4 日京珠高速全线贯通,2 月 5 日广州地区 350 万铁路旅客全部疏运完毕。

　　二是合理安排生产调运,打好抢运电煤攻坚战。各主要产煤省
(区)和重点煤炭生产企业,顾全大局,千方百计增加煤炭生产。铁路、
交通部门组织突击抢运电煤,铁路电煤日均装车量达 43 万车,同比增
长 53.9%,大秦铁路日均完成 100 万吨运量,同比增长 22%;秦皇岛港
等北方四港日装船 130 万吨,同比增长 24%。加强电煤产运需协调,
对告急骨干电厂实行煤矿、铁路和电厂的"点对点"衔接。经过各方面
共同努力,2 月 24 日,直供电厂存煤达到 14 天用量,基本恢复并保持
在正常水平。

　　三是集中优势兵力,打好抢修电网攻坚战。国家电网公司、南方电
网公司在全国调集了大批技术力量赴重灾区抢修受损供电设施,解放
军、武警官兵和社会各方面全力支援,奋战在电网抢修一线人员最多时
达 42 万人。2 月 6 日除夕,全国因灾停电的 170 个县城以及 87% 的乡
镇基本恢复用电;3 月 8 日,国家电网公司、南方电网公司系统电网全
面恢复运行;3 月底,各地已基本完成电网修复重建任务,受损电网基
本恢复供电。

　　四是落实政策措施,打好保障灾区群众生活攻坚战。按照保吃饭、
保御寒、保有住处、保有病能医的要求,灾区各级政府和有关部门及时
组织向灾区调拨粮食、棉衣被、发电机、成品油等救灾物资,妥善安置受
灾群众,及时救助滞留旅客;中央财政紧急下拨中央自然灾害生活救助
资金 18.24 亿元,安排救灾综合性财力补助资金 10 亿元,增拨重灾省
份城乡低保对象临时补助 7.1 亿元;各级卫生部门先后派出 2.5 万支
医疗卫生队伍救治因灾伤病人员,防止疫病流行,确保大灾之后无
大疫。

　　五是加强组织调运和市场监管,打好保障灾区市场供应攻坚战。
坚持一手抓抢险抗灾、一手抓灾区市场供应,各有关部门适时投放储备
肉及其他生活必需品,组织蔬菜、成品粮、食用油调运;及时组织灾区农
民抓紧修复损毁设施,采取抢种速生蔬菜等多种形式扩大生产;加强信
息引导,组织灾区和非灾区之间鲜活农产品产销对接活动,引导灾区和

销区农产品批发市场联手保障灾后市场供应；实施运输"绿色通道"，免收车辆通行费。同时，加强市场监管，对生活必需品、救灾物资实行临时价格干预措施，有力保障了灾区重要商品价格的基本稳定。

（三）强化政府信息引导，把握正确舆论导向

为了增强抢险抗灾信息发布的权威性、及时性、准确性和综合性，应急指挥中心、中宣部、新闻办强化信息发布工作，为抢险抗灾创造了良好的舆论环境。

一是加强抢险抗灾的信息指导。先后发布22期公告，引导各地和各有关方面做好疏导滞留旅客、妥善安排务工人员就地过年、稳定市场价格等方面工作，指导灾区加强公共卫生防疫，做好动植物疫病等次生灾害的预防工作。

二是建立新闻发布制度，营造良好舆论氛围。多次组织新闻发布会和媒体吹风会，在主要媒体以及重点网站开设"权威发布"等栏目，每天发布抢险抗灾工作进展情况。中央和地方新闻媒体、重点新闻网站大力宣传抗灾救灾中涌现出来的先进典型，为抢险抗灾提供了有力的舆论支持。

三是争取国际社会的理解和支持。大力加强抗灾救灾对外宣传，积极引导互联网舆论，组织境外媒体赴灾区采访，及时向各国驻华使节和国际组织通报情况，国际社会对我抢险救灾工作普遍予以积极评价。

三、农业部门对雪灾采取的对策

为把雪灾损失降到最低，农业部门在雪后应做到以下几点：

1. 各地在雪融化后及时做好"三沟"的清理工作。加强麦菜的田间管理，中耕松土施肥，铲除杂草，提高其抗寒能力。

2. 雪融化后及时摘除油菜冻薹，及时追肥：对已经受冻的早薹油菜，应在晴天及时摘薹，切忌雨天进行，以免造成伤口腐烂。摘薹后随即追施速效肥料，补偿植株体内养分，促进恢复生长，以利早生、快生、多生分枝。对叶片受冻的油菜，也应适当追施速效肥，促使尽快恢复生长。

3. 大棚蔬菜基地要及时清除大棚积雪,减轻塑料薄膜压力,防止大棚倾塌。采用增加立柱和斜撑数量,提高设施的抗压力。通过增日光温室内悬挂大功率灯泡,进行补光加温,有条件的可在大棚内使用加温炉进行增温,减少蔬菜病害的发生,保障蔬菜的正常生产供应。

4. 菜农可利用当前秋延蔬菜的换季茬口,在大棚内抢播一季速生菜,争取在春节后2月底上市。大棚蔬菜如果连续一周低温、无光,就可能影响蔬菜的品质和产量。因此,只要太阳一出来,农户就要揭除棚上草帘透光。

5. 关好畜禽舍的门窗,防止舍内温度大幅度变化;在外放养的畜禽如羊、牛、土鸡等要及时赶回;在畜禽舍内辅上垫草,防止畜禽受冻。养殖场户要备足饲料和饲草,防止饲料饲草供应和运输困难;同时要注意畜禽舍的通风换气,保持畜禽舍空气新鲜,防止疾病的发生。

6. 及时清除各类林木,特别是常绿树木、经济果木林、苗木枝梢的积雪、冰挂,防止压折造成损失。及时处理断裂枝干,对完全折断的枝干应及早锯断削平伤口,涂以保护剂,以防腐烂;对已撕裂未断的枝干,不宜轻易锯掉,宜先用绳索吊起或支撑起,恢复原状,受伤处涂以保护剂并绑牢,促其愈合恢复生长。同时要及时施肥、恢复树势;树体伤口多易引起病虫害,应加强病虫害的防治。林地、圃地、果园地的田间积水也要尽快排除,防止涝渍和冻害。

四、雪灾留给我们的体会

我国在短时间内战胜这场历史罕见的特大自然灾害,取得抗灾救灾斗争的决定性胜利,最大限度地减轻了灾害造成的损失和影响,国内外均给予了积极评价。我们的体会主要是:

(一)党中央、国务院高度重视、及时决策,是抢险抗灾取得决定性胜利的根本保证。中共中央政治局常委会和中央政治局、国务院多次召开会议,深入分析低温雨雪冰冻灾情,研究部署"保交通、保供电、保民生"等重点工作,及时制定灾后重建政策措施,确保了应急抢险抗灾、煤电油运保障和灾后恢复重建等各项工作的高效有序开展。中央领导同志亲赴灾区视察灾情,慰问受灾群众,协调指导抗灾救灾工作,极大地鼓舞了全国人民全力以赴战胜灾害的信心和决心。

(二)各地区、各部门各司其职、密切配合,是抢险抗灾取得决定性胜利的重要保障。各地区、各部门坚决贯彻中央的决策部署,按照《突发事件应对法》等法律法规的要求,及时启动相关应急预案,团结一致、相互支持,全面做好灾害防范预警、交通秩序疏导、基础设施抢修、受灾群众救助、灾后恢复重建等工作。各企事业单位特别是国有企业认真履行社会责任,切实发挥抢险抗灾骨干作用,充分体现了社会主义国家集中力量办大事、渡难关的优越性。

(三)人民解放军、武警官兵勇挑重担、冲锋在前,是抢险抗灾取得决定性胜利的坚强后盾。解放军和武警部队主动请战,充分发扬不怕困难、勇往直前的光荣传统,积极承担了大量的破冰通路、抢修电网、转移受灾群众、抢运救灾物资等的应急抢险救援任务。广大公安民警坚守岗位、连续奋战,全力做好救助群众、疏导车辆、维护机场车站和社会秩序等工作。事实再次证明,人民子弟兵是克服艰难险阻、夺取抢险抗灾胜利的中流砥柱和坚强后盾。

(四)把握正确舆论导向,广泛发动群众,是抢险抗灾取得决定性胜利的重要条件。各有关地区和部门及时发布抢险抗灾进展和政府采取的措施等权威信息,有效提高了抗灾救灾工作的透明度。各新闻媒体坚持正面宣传的舆论导向,深入报道抗灾救灾先进人物和典型事迹,为应急处置工作营造了良好的舆论氛围。广大群众积极响应党和政府的号召,充分发扬"一方有难、八方支援"的优良传统,万众一心、众志成城,有力保障了抗灾救灾工作的顺利进行。

2008年,一个令人骄傲的一年,奥运会即将在北京举行;2008年,一个不寻常的一年。1月:当风雪阻断归路,我们彼此取暖;3月:当主权面对挑战,我们亮出利剑;4月:当圣火遭遇屈辱,我们义无反顾;4月:当病毒吞噬生命,我们用爱弥补;4月28日:当列车冲出轨道,我们竭诚互助;5月12日:当震撼撕裂大地,我们开山辟路;伟大的祖国又面临一场巨大的灾难,我们共同祈祷,天灾无情人有情,中华儿女众志成城,一定能够战胜各种灾难。

主要参考文献

1. 周淑贞主编:《气象学与气候学》,高等教育出版社 1997 年版,第 226—235 页。

2. 么枕生编著:《气候学原理》,科学出版社 1959 年版,第 25—36 页。

3. 谭冠日著:《气候变化与社会经济》,气象出版社 1992 年版,第 14—28 页。

4. 傅抱璞等编著:《小气候学》,气象出版社 1994 年版,第 26—46 页。

5. 王绍武著:《气候系统引论》,气象出版社 1994 年版,第 32—38 页。

6. 邓根云主编:《气候变化对中国农业的影响》,北京科学技术出版社 1993 年版,第 82—86 页。

7. 程序等编著:《可持续农业导论》,中国农业出版社 1997 年版,第 28—36 页。

8. 唐永顺主编:《应用气候学》,科学出版社 2004 年版,第 22—36 页。

9. 韩湘玲等著:《农业气候资源开发利用》,北京农业大学出版社 1987 年版,第 52—58 页。

10. 冯秀藻、陶炳炎主编:《农业气象学原理》,气象出版社 1994 年版,第 52—126 页。

11. 沈亨理主编:《农业生态学》,中国农业出版社 1993 年版,第 62—72 页。

12. 姜会飞主编:《农业气象学》,科学出版社 2008 年版,第 82—92 页。

13. 马晶泽著:《气候变化》,上海科学技术文献出版社 2006 年版,第 56—82 页。

14. J·Houghton 著,戴晓苏等译:《全球变暖》,气象出版社 1992 年版,第 28—68 页。

15. 李克让主编:《中国气候变化及其影响》,海洋出版社 1992 年版,第 32—48 页。

16. 林而达等著:《气候变化对社会经济与自然环境的影响和对策研究》,《国家"八五"科技攻关课题(85—913—03)各专题研究报告》,1995 年版,第 26—32 页。

17. 陈耀邦著:《在〈气候变化框架公约〉第三次缔约方会议高级别会议上的发言》,日本京都。

18. 王继伟著:《气象经济与企业》.《企业经济》2002 第 11 期,第 24—27 页。

19. 马鹤年著:《气象服务学基础》,气象出版社 2001 年版,第 42—56 页。

20. 王海啸著:《国际气象商业化发展情况》,《山东气象》2000 年第 2 期总第 20 期,第 42—43 页。

21. 王达文等著:《气象大使说天气》,气象出版社 2006 年版,第 230—240 页。

22. 孙林海、赵振国著:《我国暖冬气候及其成因分析》,《气象》,2004 年第 12 期总第 30 期,第 24—26 页。

23. 李国琛著:《全球变暖成因分析》,《自然灾害学报》2005 年第 5 期总第 14 期,第 28—36 页。

24. 王雪臣等著:《气候变化的科学背景研究》,《中国软科学》

2004 年第 1 期,第 28—30 页。

　　25.　林而达等著:《气候变化国家评估报告——气候变化的影响与适应》,《气候变化研究进展》2006 年第 2 期,第 24—28 页。

　　26.　郑有飞著:《气象与人类健康及其研究》,《气象科学》1999 年第 4 期,第 22—26 页。

　　27.　中国农业气象编辑部编:《中国农业气象:有关国内外农业气象科学综述的文章》,1990—2002 年各期。

　　28.　政府间气候变化专门委员会:《气候变化 2007 自然科学基础报告(第一工作组)》,2007 年。

　　29.　陈良著:《低山丘陵区水土保持治理与生态环境效应——以江苏省盱眙县为例》,《长江流域资源与环境》2004 年第 4 期,第 370—374 页。

　　30.　陈良著:《江苏省金湖县农业生态示范区可持续发展能力初探》,《中国农村经济》2004 年第 6 期,第 54—60 页。

　　31.　陈良著:《江苏丘陵区不同类型生态农业发展模式与效益分析——以盱眙县为例》,《人文地理》2004 年第 6 期,第 6—10 页。

　　32.　陈良著:《里下河地区发展绿色食品的生态环境优势及措施》,《地域研究与开发》2004 年第 2 期,第 52—55 页。

　　33.　陈良著:《气候与人类》,校内用自编教材。

　　34.　陈良著:《论淮安市农业经济可持续发展的临界值》,《经济地理》2003 年第 2 期,第 259—262 页。

　　35.　叶正伟、朱国传、陈良著:《洪泽湖湿地生态脆弱性的理论与实践》,《人大全文复印资料》2006 年第 2 期,第 24—28 页。

　　36.　陈良著:《涟水县生态农业功能区划与模式分析》,《生态经济》2005 年第 5 期,第 69—71 页。

　　37.　陈良著:《农业循环经济的客观必然性与模式选择》,《农村经济》2006 年第 10 期,第 89—91 页。

　　38.　陈良著:《绿色食品生产基地农业生态环境综合评价模式构

建——以苏北里下河地区为例》,《人文地理》2007 年第 5 期,第 72—75 页。

39. 陈良著:《土地整理与我国农业可持续发展》,《自然杂志》2003 年第 5 期,第 301—304 页。

40. 叶正伟、朱国传、陈良著:《苏北废黄河资源现状与利用模式探讨》,《江苏农业科学》2003 年第 6 期,第 28—32 页。

41. 山义昌、徐太安、郑学山等著:《潍坊市四类疾病与气象环境的关系》,《气象》2007 年第 11 期,第 52—54 页。

42. 黄静著:《天气舒适度的分析与应用》,《气象》2007 年第 11 期,第 11—13 页。

43. 高绍凤、陈万隆、朱超群等著:《应用气候学》,气象出版社 2001 年版,第 68—119 页。

44. W. N. Hess, 1974. *Weather and Climate Modification.* John Wiley & sons. 1974(2):11—20.

45. Yu rucon, Wang Bin , Zhou Tianjun. 2004. Tropospheric cooling and summer monsoon weakening trend over East Asia[J]. Grophysical Research Letters. 2004,31(L22212):1—4.

46. McCabe G. J. , Clark M. P. , Serrece M. C. 2001. Trends in Northern Hemisphere surface cyclone frequency and intensity [J]. Journalof Climate, 2001,14,2763—2768.